【中国通史】第七册

蔡美彪

周良霄 周清澍 张岂之

范 宁 朱瑞熙 严敦杰 著

人民出版社

内蒙昭乌达盟出土元全宁路铜祭器

北京市出土元螺钿漆盘

内蒙乌兰察布盟出土元黑釉葡萄酒瓶

元景德镇窑青花瓶

北京出土元影青观音像

山西永济元纯阳万寿宫壁画

山西洪洞广胜寺元杂剧壁画

元王蒙《葛稚川移居图》

第七册编写说明

（一）本册包括元代的政治、经济史和宋金元时期文化概况，共两章。

元王朝在一二七一年正式建立大元国号，但它实际上是一二〇六年成吉思汗所建立的蒙古国家的延续。本册元代一章，自蒙古建国时期叙述，包括了本书第五、第六两册所述南宋、辽、夏、金与蒙元有关的史实。内容侧重方面不同，可互为补证，请读者参阅。

本册元代章所述史实的下限是明兵攻下元大都，元室北迁。此后的北元及蒙古汗的活动，将在本书第八册内叙述。

（二）自成吉思汗建国至元室北迁，前后凡一百六十二年。元朝建号至灭亡，不到百年。作为一个统一的王朝，统治的时间并不很长久。但元朝却是中国历史上一个重要的朝代。它为中国历史的发展带来了两个方面的影响。一个方面是：元朝结束了宋、辽、夏、金以及吐蕃、大理等长期并立的局面，建立起多民族的统一的国家，从而加强了各民族间的多方面的联系，并且基本上奠立了中华民族的版图。另一个方面是：蒙古奴隶主所建立的国家，在统治了汉族及其他民族的封建制的地区后，不能不经历一段对新的生产方式的适应和过渡的过程。奴隶制因素的注入，使得宋代发展起来的封建经济遭到挫折，经历了迂回曲折的发展道路。

不同民族、不同的社会制度的矛盾，反映到蒙、汉统治集团的内部，不断出现反复的斗争。元朝始终没有能够建立起稳定的统治，蒙古统治者也没有象前朝的女真和后来清朝的满族那样接受汉族的文化。元朝的统治因而不能维持长久。蒙古民族却因而在元朝亡后能以继续保持本民族的传统，对历史的发展作出自己的贡献。

本书企图通过具体的史实，对元朝统治的某些特征有所表述，请读者指正。

（三）元朝是多民族的国家。各民族同处于元朝的统治之下，但又各有其自己的历史特点。本册元代章设立专节，概述元代蒙古族、藏族及西北、西南诸民族的发展状况，借以表明各民族共同创造了元代中国的历史。不过，由于记载的缺乏和研究的不足，叙述还只是很简略的。

（四）宋金元时期是学术文化繁荣昌盛的时期。适应着新的历史条件的需要，传统的儒家经学，吸收佛、道而形成哲学化的理学或道学。宋代的理学以三纲五

2

常为核心，为维护封建统治提供理论，从而构成完整的封建意识形态，对宋元以后的整个封建社会产生了深远的影响。宋元的学术研究则转而趋向务实，出现大批的卷帙浩繁的文史著述。在文艺领域里，宋词、元曲（剧）相继以新的艺术形式反映新的历史内容，在我国文学史上竞放异彩。宋元时代也是科学与技术最为发展的时期，出现不少居于世界前列的创造发明。本册的第七章作为本书第四编的最后一章，对宋金元时期的文化概况作了简要的评介。

（五）本册是中国通史第四编宋辽金元时期的最后一册。本书由蔡美彪任主编。本册第六章元代部分一至八节，主要由蔡美彪、周良霄编写，周清澍参加了蒙古建国时期的部分编写工作。第九节元朝统治下的各民族是周清澍写成的。第七章宋金元文化部分，经学、哲学、理学一节由张岂之、朱瑞熙写成初稿，蔡美彪写定。文学与艺术节由范宁、周良霄编写。学术著作节由朱瑞熙编写。科学与技术节由严敦杰编写。文化交流由朱瑞熙、周良霄编写。全书由蔡美彪作了统一体例、修订文字等工作。

本册所附插图，由周清澍、周良霄、朱瑞熙等编选。地图和地名表是周良霄、周清澍分别编制的。韩志远同志为本册编制了农民起义年表、元代纪年表和人名索引，并参加了书稿的校录。

本书是中国社会科学院近代史研究所中国通史研

究室组织编写的。本册编者所在的其他单位：内蒙古大学蒙古史研究所、西北大学历史系、中国社会科学院文学研究所、中国科学院自然科学史研究所，对本书编写工作的进行，给予很大的支持。本册书稿付印前，承陈得芝、丁国范同志仔细校阅，多所指正。杨讷同志也对农民战争节的初稿提供过很好的意见。徐苹芳、贾洲杰、王冠倬等同志对本册插图的编选给予很多帮助。中国社会科学院考古研究所、中国历史博物馆、泉州海外交通史博物馆及其他有关单位为本书提供了照片。编者谨向他们表示深切的感谢。

目　录

第四编　宋辽金元时期

第 四 编

宋辽金元时期

第 六 章

元朝多民族统一国家的建立

第一节 蒙古部落的发展和国家的建立

早在唐朝统治时期，有关蒙古部落的活动，就已在汉族的文献里有了纪录。《旧唐书》和《新唐书》里，都记载着俱轮泊(呼伦湖)和望建河(额尔古纳河)东南①，居住着蒙兀部。人们把她看作是属于室韦的部落。波斯史家拉施德的《集史》中也记载蒙古最早的居地是额儿古纳昆，昆的意思是"山崖"。

八四〇年，统治着北方草原的回鹘汗国，被黠戛斯攻灭。回鹘部民被迫向天山南北一带迁徙。大约在稍后的一段时间里，居住在额尔古纳河附近的一些蒙古部落便逐渐向西，迁移到原属回鹘统治的广阔草场，直到怯绿连(克鲁伦)河、斡难(鄂嫩)河和土兀剌(土拉)河三河的发源地不儿罕山(大肯特山)一带。此后，蒙

---

① 本书于古今音译不同的同一地名，在初次出现时用古译，注用今译。以后叙事概用今译名，以便读者。

古各部落即在西起三河之源，东至呼伦贝尔地带的广阔草原上游牧。

辽朝统治时期，塔塔儿（鞑靼）成为草原上强大的部落，并进而组成了部落联盟，构成辽朝的强大威胁。蒙古部落也受到塔塔儿的压迫。金朝统治时期，蒙古各部落才逐渐有了较快的发展。著名的成吉思汗在一二〇六年建立了蒙古国家。

（一）蒙古诸部落的发展

一、孛儿只斤和答儿列斤部落

《元朝秘史》中保存着丰富的历史传说，说到一只受天命而生的苍色的狼和一只惨白色的鹿，来到鄂嫩河源不儿罕山下，生子名巴塔赤罕。这个传说显然和契丹族关于男子乘白马、女子驾青牛在木叶山下生子的传说一样，反映着以狼和鹿作为崇拜象征的两个部落或氏族生育了蒙古各部落的共同的男祖先。它只是蒙古部落迁到不儿罕山时期的一段记忆。

古代蒙古人中，流传着巴塔赤罕以来历代祖先的谱系，作为他们所属氏族的由来，以及兄弟氏族之间的血缘关系的证据。据说：巴塔赤罕传九世至脱罗豁勒真，生二子：都蛙锁豁儿和朵奔蔑儿干（蔑儿干，男子称号，意为善射者）。朵奔蔑儿干掳掠豁里秃马惕的女子阿阑豁阿（豁阿，女子称号，意为美女）为妻，生二子。朵

4

奔死后，阿阑豁阿又生三子：不忽合塔吉、不合秃撒勒只和孛端察儿。不忽合塔吉的子孙组成为合答斤部，不合秃撒勒只的子孙组成为散只兀部，孛端察儿的子孙组成为孛儿只斤部。这三个部落逐渐发展为较强大的部落。

《元史·太祖纪》、《元朝秘史》和《集史》（第一卷，第二册）所记载的传说是：阿阑豁阿在朵奔死后，梦白光化为金神来到卧榻，生孛端察儿。孛端察儿的子孙繁衍为日益众多的氏族和部落。孛端察儿的嫡子合必赤，生蔑年土敦。蔑年生七子，繁衍为七个部落。蔑年的长子合赤曲鲁克生子海都。海都的长子伯升豁儿的子孙组成为乞颜部，次子察剌孩的子孙组成为泰赤乌部。乞颜部和泰赤乌部又逐渐发展成为孛儿只斤诸部落中的两个强大的部落。

保存在人们记忆中的这些关于各部落的起源和发展的过程，大致相当于辽朝统治时期。这些传说和记忆也提供了关于蒙古氏族部落组织的一个大概的轮廓。（一）各部落来源于一个共同的男祖先巴塔赤罕或共同的女祖先阿阑豁阿。为数众多、名称不一的诸部落是由于氏族（斡孛黑）繁衍而逐渐形成。旧氏族中可以分出新的氏族。氏族也可繁衍成为部落。（二）各个氏族、部落依据谱系的记忆，牢固地保持着他们之间的血缘关系，并且表明了成员的辈分。（三）源出于共同祖先的氏族、部落之间禁止通婚。妻子必须是其他部落的成员。(四)为了保持血缘的纯洁，血缘有疑问的人在氏族中要遭到歧视甚至驱逐，他们的子孙另组成新的氏族。孛端察儿掳掠了兀良合部的一个孕妇为妻，生子名札只剌歹。他的子孙另组成为札答阑氏(意为外姓人)。(五)各部落之间主要依靠血缘关系的纽带以保持相互间的联系，但还没有形成部落间的联盟。

《元朝秘史》中记录的这一时期的历史传说，还反映了以下的一些现象：(一)在古老的氏族组织中已经出现了父权制的家庭和私有财产。朵奔的父母一家拥有两匹骏马，一名家僮。朵奔和妻子阿阑豁阿死后，他们所拥有的牲畜，被四个儿子分作四份(忽必)继承，而排斥了第五子孛端察儿。(二)随着私有财产的出现，在氏族和部落成员中不可避免地发生了贫富的分化，有了富人和穷人，并且出现了受别人役使的家僮。朵奔不仅家中有家僮，他自己还用一条鹿腿换来一个邻部穷人的孩童，带回家来役使。(三)出现了对外掳掠。孛端察儿兄弟五人在统格黎河边遇到一个"无个头脑管束，大小都一般"的更为原始的氏族，便把这个氏族掳掠来做为"使唤的人口"，并且掳夺了他们的马群和食物。掳掠妇女更是常见的现象。(四)氏族、部落中还逐渐形成了部落显贵"那颜"。他们在部落中享有声威，并且拥有自己的财富，日益居于一般氏族部落成员之上。

蒙古孛儿只斤系氏族、部落的发展特征，一方面表明血缘关系的纽带仍把氏族、部落的成员紧密地联接在一起。另一方面也表明：随着家庭私有制的确立，部落中形成了特权的显贵，出现了被役使的家僮，并且涌入了掳掠而来的外族人。这就不能不使古老的氏族部落组织不断地受到冲击。

蒙古巴塔赤罕——孛儿只斤系诸部落西迁到三河源头以后，仍有一些蒙古部落居住在额尔古纳河一带。他们世代保持着对他们共同的男祖先奴古思的记忆，并且传说他曾在额尔古纳山中采矿炼铁。这些蒙古部落统被称为答儿列斤。他们的子孙分别组成为兀良合、弘吉剌等部落。弘吉剌繁衍为众多的氏族和部落，在捕鱼儿海（贝尔湖）一带的草原上游牧。他们和孛儿只斤系诸部落出自不同的祖先，因而可以互通婚姻。

二、蒙古周邻诸部落

在广阔的蒙古草原上，还居住着一些强大的游牧部落。

塔塔儿 蒙古的东邻是强大的塔塔儿。塔塔儿名称最早见于唐开元二十年（七三二年）所立的突厥文《阙特勤碑》，碑中称为"三十姓塔塔儿"。他们先后被突厥、回鹘所役属。回鹘破灭，塔塔儿崛兴，汉文史籍中常见有"达怛"、"达旦"、"达靼"、"鞑靼"各种音译。《辽史》中作"阻卜"，《金史》作"阻𩧺"。辽、金之际，已是六个部落组成的部落联盟，占据着呼伦、贝尔两湖一带的

7

广大草原。塔塔儿力量的强大和声名的显赫，甚至使得其他一些部落也往往自称为或者被人看作是塔塔儿人（鞑靼）。蒙古在辽、金史籍中译作"萌古"或"萌骨"。南宋人则把蒙古草原上的游牧民泛称作"鞑靼"而又区分为黑鞑靼、白鞑靼、生鞑靼三种，蒙古被称为黑鞑靼。但在蒙古兴起的过程中，塔塔儿恰恰是她的最强大的劲敌。

克烈　蒙古西面的克烈部，也是由六个部落组成的强大联盟。他们游牧在土拉河和斡耳寒（鄂尔浑）河流域。克烈和蒙古孛儿只斤部的牧地紧相联接，是关系密切的近邻。

乃蛮　克烈部牧地以西，直到阿尔泰山的广阔地带，是乃蛮部的牧地。乃蛮已经建立起更为发展的部落联盟，并任用畏兀儿族官员来维护乃蛮贵族的统治。乃蛮已使用回鹘（畏兀儿）文字记事。他们同克烈部都信奉西方传来的景教，是文化最为发达的游牧部落。

蔑儿乞　蒙古牧地以北，从鄂尔浑河到薛灵哥（色楞格）河流域，居住着蔑儿乞人，是四个部落的联合体。辽、金之际，正在迅速地发展壮大。

库苏古尔湖以西和以北居住着斡亦剌人，他们同蔑儿乞人一样，是介于草原游牧民和森林狩猎民之间的部民。十二世纪时，在蒙古草原争雄的各部中是重要的部落。

汪古部住居在阴山以北，他们自称是沙陀突厥人的后裔。金朝利用他们守护边壕。

处在蒙古的东、西和北部的这些强大的部落或部落联盟，社会发展的水准和实际力量大都超过了蒙古。更南则是强大的金朝。只有北部昂哥剌（安加拉）河和谦河（叶尼塞河）流域的乞儿吉思（黠戛斯）已经衰落下去。贝加尔湖周围森林地带的不里牙惕、伯岳吾、豁里、秃马惕和巴儿忽等部落还处在较蒙古更为原始的状态。

十二世纪初金朝建国时，分散的蒙古诸部落就在这样一个历史环境里，在强大的邻人包围中向前发展。

三、蒙古与塔塔儿的斗争

依据拉施德记录的蒙古传说，孛儿只斤部的海都曾经击溃了克鲁伦河流域的扎剌儿部。海都孙屯必乃时，蒙古孛儿只斤诸部落已经有了很大的发展，逐渐形成了松散的部落联合。乞颜部长合不勒（屯必乃子）被推选为诸部落的共同领袖，开始采用汗的称号。传说合不勒汗曾经朝见过金朝的皇帝，并杀死追捕他的金朝使臣。这大约是金朝初年的事。

这时，松散的部落联合的汗，是由部落成员大会（忽里勒台）推举产生。汗并不限定选自某一部落或家庭，但汗有权提出继任的候选者。合不勒以后的汗是泰赤乌部的俺巴孩。还在合不勒时，蒙古与塔塔儿长期争战，合不勒曾经杀死塔塔儿的一名巫师，塔塔儿

9

起兵复仇，进攻蒙古。当俺巴孩汗去呼伦贝尔地带送女儿出嫁的途中，塔塔儿捕捉了俺巴孩并把他押送金朝处死。蒙古与塔塔儿间为血族复仇而开展的斗争更加尖锐了。

俺巴孩被捕时，遣发他的随从回来，指定由他的儿子合答安或者合不勒子忽图剌为汗。忽图剌被选为汗，率众誓师，决意向塔塔儿和金朝复仇。忽图剌汗和合答安等率领蒙古部众顽强地同塔塔儿先后进行了十三次战斗。金朝和南宋的文献里从一一三五年到一一四七年的十二年间，也不断载有"萌古斯扰边"，与金朝作战的纪事。一一三八年，蒙古兵曾在金上京以北打败金兵。金熙宗派出完颜希尹、完颜宗磐等重臣率领大兵阻挡了蒙古兵的南下（《完颜希尹神道碑》）。蒙古兵在掳掠了一些村寨后便退转了回来。

在当时的蒙古社会里，勇于为部落复仇，勇于作战的人是受到敬重的。忽图剌以他的英勇行动博得了广泛的称誉，草原上流传着对他的赞颂："他的洪亮的声音，好象空谷的雷鸣，强劲的双手，好象厚重的熊爪；把人来折成两截，就好象折箭一般"（拉施德《集史》第一卷第二册）。一一六二年，忽图剌兄把儿坛之子也速该，随从忽图剌去和塔塔儿作战，俘虏了一个叫做帖木真的塔塔儿人。为了纪念这次战斗的胜利，也速该为他刚出生的儿子取名叫帖木真（或译铁木真）。他就是后来创建了蒙古国家的成吉思汗。

10

四、蒙古社会的发展

十至十三世纪，蒙古草原诸部社会生产力的发展是不平衡的。一些长期以来与辽、金及畏兀儿毗邻的部落，在先进文化的影响下，生产力的发展较高。蒙古诸部落从狩猎民转化为草原游牧民的时间较短，他们在畜牧业方面生产水平还比较低，狩猎经济的作用还很明显。

辽朝对蒙古地区的直接统治，对草原诸部社会的发展无疑带来了很大的影响。海拉尔地区、克鲁伦河流域等地都是辽移民和屯军戍守的地方，辽在这里兴修了城市，发展了农业。草原诸部与辽朝保持着密切的臣属关系。通过市易，诸部以牛羊马驼和毳罽等物与辽进行交换，络绎不绝。蒙古部（萌古部）开始与辽发生了朝贡关系。金朝与草原诸部继续保持密切的贡赐交换。由于金朝对契丹人的镇压与歧视，不少契丹人逃亡到了草地。金朝废行铁钱，大量铁钱北流入草原诸部，铁制生产工具和武器的使用逐渐普遍。这些都对诸部落的社会发展起了促进作用。

畜牧是蒙古人取得生活资料的主要来源。牲畜包括羊、牛和马。牛、羊的肉与牛、马的奶和奶制品是主要的食物，皮可制衣服，毛可制成毡毯与绳线，是制作毡帐的主要材料。马作为主要的交通工具而特别受到珍视，非大宴会不杀马。牛也用来拉车。大车用前后两组各十一头牛并排拉动。贵族的大车上可以载运不需拆卸的帐幕。每一个氏族都有大致固定的地域,牧民们每年冬夏,沿着习惯形成的路线在牧地间迁移。由于畜牧业的水平还比较低,而且极不稳定,因此狩猎仍然在经济生活中占有重要的地位。冬猎是以部族为单位联合举行的。奶制品和皮毛加工都还是家庭手工业。但已出现了专业的铁匠、木匠和弓匠。由于自然经济占统治地位,在部族内部几乎不存在商业交换,与邻境的交换经由西域商人进行。部落首领也通过入贡的方式保持同中原王朝的交换关系。分工与交换的发展使社会财富逐渐集中到一些有权势的贵族手里。对财货、奴隶的贪欲大大地刺激了部落间的掠夺战争。

蒙古父权制的氏族部落组织,在内部不断分化和与邻族的斗争中,逐渐地有了发展。在成吉思汗出生前后,蒙古的氏族部落组织中,呈现如下的一些新现象:

那颜 蒙古氏族的贵族那颜,日益成为高居于氏族成员之上的显贵。他们拥有显示尊贵的称号,如巴阿秃儿(勇士)、薛禅(贤智)、伯颜(富翁)、太子等,以表明他们的特殊的社会地位。他们不仅拥有自己私有的牲畜和财产,而且还置蓄私家的奴隶——"梯己奴隶"(奄出·孛斡勒),成为奴隶的主人(图思)。

那可儿 贵族那颜的身边,出现了被称作那可儿的集团。那可儿是那颜的仆从,又是那颜的护卫和助手。他们来自和那颜不同的氏族，为那颜服役，但他们效忠于主人那颜，得到倚信，本人又可以在对外掳掠时获得财富和奴隶。他们可以上升为贵族，又可以下降为奴隶。从这个意义上说，它和春秋时代的"士"，有某些相似之处。但这只是国家产生以前的原始意义的"士"。《元朝秘史》把"那可儿"译为"伴当"。因为宋元以来汉语白话中，"伴当"的含义是主人的仆从或商人的"伙计"。蒙古社会已经发展到这样的程度，部落那颜必须拥有自己的亲信那可儿，才可能胜利展开对外掳掠，发展自己的势力。

门槛内奴隶（孛莎浑·孛斡勒） 门槛内奴隶是那颜贵族私人的家内奴隶。他们主要是僮奴，为贵族从事家内服役。门槛内奴隶或是通过投献，或是俘虏，但都是来自被征服的部落和氏族。他们处于奴隶的地位，但可以上升为那可儿。

亦儿坚（氏族成员） 氏族成员亦儿坚是蒙古社会中的自由民。随着那颜贵族的形成，亦儿坚也在发生贫富分化。但他们作为氏族的成员，仍拥有"平等"的权利，参与氏族部落的选举。他们是所属部落的部民（兀鲁思）。

随着氏族制度的进一步崩溃，在部落中开始分裂为显贵家族和普通平民两类。平民（哈剌抽）无权充当部落首领，无权讨论部落和部落联盟中各种事务。

安答（结盟兄弟） 不同氏族部落的成员，为了相互支援,可以采取结盟的形式,互相成为安答(结盟兄弟)。如也速该与克烈部的脱斡邻,帖木真与札答阑部的札木合,都曾结拜为安答。他们所统属的部落成员,也因此可以互称为安答部民("安答因兀鲁思",《元朝秘史》旁译为"契合的百姓")。这种结盟当然是暂时的,极不巩固的。它只是由于一时相互援助的需要而形成,也可以由于相互间的利益冲突而宣告破裂。

显贵家族和奴隶的出现,日益冲击着古老的氏族、部落组织。掳掠财产、妇女和奴隶,成为草原上常见的现象。各氏族、部落的贵族,为了对付共同的敌人而相互联合,又为了掳掠而相互攻战。在成吉思汗诞生的前夜,蒙古草原上充满了部落间的杀伐。人们记述当时的景况说:"星空旋转着,众部落都反了。不得安卧,你争我夺,抢劫财货。草地翻转了,所有的部落都反了。不得下榻,你攻我打。没有思念的时候,只有彼此冲撞。没有躲藏的地方,尽是相互攻伐。没有彼此爱慕,尽是相互厮杀"(据《元朝秘史》蒙语重译,明人总译无此段)。《元朝秘史》中保存的这些朴素诗篇,正是氏族部落制度灭亡前的征兆。

(二)部落间的联合与斗争

一、乞颜部与克烈部的联合

蒙古孛儿只斤——乞颜部在和东邻的塔塔儿作战

14

的同时，和西方克烈部加强了联系。克烈部也是和塔塔儿部相敌对的部落。据拉施德的记载，克烈部落联盟长马儿忽思也曾被塔塔儿部俘虏，献给金朝处死。马儿忽思的孙子脱斡邻同他的叔父古儿汗（任联盟长）争夺汗位。古儿汗得到乃蛮部的支持，脱斡邻败逃到蒙古部。乞颜部也速该巴阿秃儿出兵协助脱斡邻夺回了部众。古儿汗败走西夏。也速该和脱斡邻在土拉河黑林克烈部的驻地，结拜为安答。乞颜部由此在西方有了强大的盟友。

　　一一七一年，也速该带领他的九岁的儿子帖木真去往塔塔儿部邻近的弘吉剌部求婚。弘吉剌部是和乞颜部世通婚姻的部落。弘吉剌贵族特薛禅把女儿孛儿帖许给了帖木真。按照惯例，帖木真要暂住在特薛禅家。当也速该独自返回时，在途中被塔塔儿部人用毒酒害死。

　　也速该被害后，他的家族中只有寡妻诃额伦（由蔑儿乞部掳来）和帖木真等四个幼小的孤儿、一个孤女。泰赤乌部的贵族塔儿忽台等便抛弃了他们，带领部众离去。原属也速该的部民也随从泰赤乌等部迁走。诃额伦举起纛旗，跨马追赶，夺回了一些部众。但不久之后，这些部众见到也速该家族已没有强有力的领袖，便又纷纷离去，投附了泰赤乌部。

　　原来相互联合、相互支援的泰赤乌部和乞颜部也速该家族，一变而成为相互仇视的敌人。诃额伦依靠采摘山果、野菜来抚养她的子女。帖木真逐渐成长起来，善于射猎，勇于争斗。泰赤乌部众袭击诃额伦的住地，捕走了帖木真，并给他带上木枷在部众中游行。帖木真在夜间乘敌不备，逃出敌营。

帖木真成年后，到弘吉剌部去迎娶孛儿帖。特薛禅的妻子搠坛亲自把女儿孛儿帖送到桑沽儿河畔帖木真的家里。按照惯例，带来黑貂鼠皮袄作为新妇拜见翁姑的礼物。帖木真把这些礼物带到土拉河黑林的克烈部，献给了也速该的安答脱斡邻，对他说："当年，你和我父亲结为安答，就如同是我的父亲。妻子的拜见礼，我拿来献给你。"在氏族部落制的社会里，帖木真这一举动，意义是重大的。他既然和脱斡邻认为父子，也就意味着他的氏族部落将依属于克烈部。脱斡邻高兴地回答说："黑貂鼠皮袄的回赠是：你的离去了的部众我为你完聚。"帖木真由此得到了克烈部的支持。

不久之后，蔑儿乞的三个部落袭击帖木真的住地，并且掳走了孛儿帖，以报复当年也速该掳夺诃额伦的仇恨。帖木真到克烈部去求援，脱斡邻立即答应出兵援助，并要帖木真去邀约他幼年时的安答——札答阑部札木合协同作战。按照约定的日期，脱斡邻、札木合和帖木真在鄂嫩河畔会师，分路出击，大败蔑儿乞三部，夺回了孛儿帖。蔑儿乞兀都亦部长脱脱败逃。帖木真在克烈等部的支持下，取得了重大胜利。

战斗之后，帖木真从胜利中获得了大批的奴隶和牲畜，壮大了自己的力量。他再一次与札木合结拜为安答，并且住在札木合的驻地豁儿纳黑主不儿。这时，一些离散的孛儿只斤——乞颜氏族和部民也聚汇到札木合这里，因此，帖木真又得以和原来的部民相聚。帖木真在和札木合同住一年多之后，产生不和，他便在夜间率领原属他父亲也速该的一些氏族和部民背着札木合而离去。依附札木合的一些贵族和部众，如合不勒汗长子的后裔撒察别乞和泰出，忽图刺汗的幼子阿勒坛、也速该兄捏坤太子的儿子忽察儿等也跟随了帖木真。帖木真和随之而来的各氏族、部落贵族回到了不儿罕山前的桑沽儿河畔。依据撒察别乞、泰出和阿勒坛、忽察儿等的提议，共同推选帖木真为各部落的领袖——汗。

拥戴帖木真的各部落，仍然是暂时的、不巩固的联合。在选举大会上，汗和贵族们都以誓约的形式表示，他们将在汗的率领下去掳掠奴隶和财富，参加狩猎活动并对掳掠的财富进行适当的分配。

帖木真随即以自己的那可儿来扩充和强化在他周围担任宿卫的"怯薛"组织，分配各人负担专门的职务：有带弓箭的箭筒士（豁儿赤）、带刀的云都赤，负责军情侦察的远箭士、近箭士，管理饮膳的分配和司厨的博儿赤，专管驭马的阿黑塔赤，牧马的阿都兀赤，管牧羊的火你赤，管修造车辆、房子的木匠（抹赤），以及管理"家内人口"等专职的人员。早就投附帖木真做那可儿的阿鲁剌氏博尔朮和兀良合氏者勒蔑，被任命为众人之长。这些人员既是汗的侍卫又是汗的助手。这种设置虽然还很原始和粗糙，但在蒙古氏族、部落组织中，却是一个重要的新发展。因为它不再是由氏族、部落长老分别管理本部落的事务，而是按照对外作战和进行生产和分配的需要，由军事首领帖木真直接任命自己的亲卫军来负责各种职务。它为国家机构的出现准备了条件。

帖木真选为蒙古各部落的汗，也得到了克烈部的支持。帖木真做汗后，派遣使者去向脱斡邻报告。脱斡邻回答说："我的儿子帖木真做了蒙古的汗，好极了。蒙古没有汗，你们怎生过呢？"在克烈部的支持下，蒙古孛儿只斤——乞颜部联盟的势力又重新向前发展了。

二、乞颜部与周邻诸部落的斗争

蒙古乞颜部自帖木真称汗后的十几年间，先后和札答阑、泰赤乌以及塔塔儿部进行了斗争，在斗争中迅速地发展壮大起来。

十三翼之战 帖木真脱离札木合，聚集部众自立，不能不引起札答阑部札木合等的敌视。札木合结集泰赤乌等部共十三个部落，据说有众三万人，大举袭击帖木真。札木合处的两个亦乞列思族人向帖木真报告了消息。帖木真把他的部众，分组为十三翼（古列延，或译圈子）迎敌。第一翼是帖木真母亲诃额伦统属的部众。第二翼是帖木真直属的部众，包括他的那可儿和护卫军（怯薛），是全军的主力。其余各翼大都是孛儿只斤——乞颜部有着血缘关系的各部落或氏族。两军在鄂嫩河附近的答阑版朱思展开激战。帖木真军败退到一个狭长地带拒守。札木合俘掳了帖木真的一些部众，得胜而回。但是大战之后，札木合统属下原属乞颜部的一些部众，见到乞颜部的重新强盛，纷纷离开札木合来投奔帖木真。帖木真部在战败之后，仍拥有强大的力量。

克烈、乞颜部与塔塔儿之战 在蒙古与塔塔儿的长期斗争中，塔塔儿各部落依附金朝，一再杀害蒙古部落贵族。一一九五年（金章宗明昌六年），塔塔儿部在金朝边地侵扰。金左丞相夹谷清臣率师北伐。次年，金右丞相完颜襄又自临潢（今内蒙古昭乌达盟巴林左旗）出师，分两路进剿。从东向西的一路遭到塔塔儿的包围。完颜襄亲自统率的西路军，乘敌不备，急速进击，与被围的金军相呼应，获得大胜利。塔塔儿溃不成军，残余部众以蔑古真薛兀勒图为首，沿着斡里札（乌勒吉）河逃窜。

帖木真得到塔塔儿败逃的消息，便与克烈部脱斡邻联络，出兵截击。帖木真与脱斡邻沿着乌勒吉河迎击塔塔儿败军，捕杀蔑古真薛兀勒图，并掳掠了大批财物和俘虏。帖木真与脱斡邻联军的这次胜利，不仅报复了与塔塔儿的世仇，并且得到了金朝的封赏。金朝加给克烈部落联盟长脱斡邻以"王"的称号。脱斡邻此后即以"王罕"而驰名。帖木真被授予"札兀惕忽里"（其义当为诸部落统领）。这些称号只不过是对他们的实际地位的承认，但帖木真却由于得到金朝的官封而进一步巩固了他的地位。

曾经支持帖木真称汗的撒察别乞和泰出，是主儿乞氏族的长老。当帖木真出征塔塔儿时，撒察与泰出拒绝出兵并乘机劫掠了帖木真的老小营（奥鲁）。帖木真得胜回军后，即进攻主儿乞氏，把撒察别乞和泰出逮捕处死，并从他们那里得到了许兀慎人博尔忽和札刺亦儿人木华黎。他们后来都成为帖木真的忠实的将领。

札答阑、泰赤乌和塔塔儿部的败灭　一一九八年（金承安三年），金朝完颜襄再次出兵北伐。金完颜宗浩部首先征服了塔塔儿的南邻弘吉刺部，并进而向移米（伊敏）河北进，攻打呼伦、贝尔两湖以东的蒙古合答斤、散只兀等部，斩首千余级，俘掳了大批车帐和人、畜。被金朝击败的各部落纷纷向西方去求发展，这就又和孛儿只斤——乞颜部、克烈部等发生了冲突。

一二〇一年，札木合部结集帖木真的敌人泰赤乌、蔑儿乞、塔塔儿部和合答斤、散只兀、弘吉刺、朵儿边、亦乞列思等部以及西方的斡亦刺、乃蛮部等首领集合盟誓，组成暂时的军事联合。各部落推举札木合为古儿汗（普众之汗），联合出兵，去袭击帖木真和王罕。

帖木真再次联络王罕，共同出击。联军经过严密的组织。在阵前地带设置了三个哨所，并派遣了三支联合组成的先锋军。帖木真派出有声威的老一辈的贵族阿勒坛、忽察儿和答里台；王罕派出他的儿子桑昆和他的弟弟札合敢不、必勒格别乞，分别担任先锋军的统帅。帖木真、王罕和札木合的联军在阔亦田地带（辉河南奎腾河附近）激战。札木合军大败，人马堕入山涧中。各部落纷纷逃散。乃蛮部不亦鲁黑向西回军。蔑儿乞部长脱脱逃向色楞格河。斡亦剌部奔向丛林。泰赤乌部沿鄂嫩河逃走。札木合掳掠了拥戴他的部众奔向额尔古纳河。帖木真与王罕分军进击残敌。王罕沿额尔古纳河收降了札木合部众。帖木真进击泰赤乌部，在鄂嫩河展开决战。帖木真额部中箭，乞颜部付出重大牺牲。当泰赤乌部在夜间逃走时，帖木真率众进击，一举消灭了泰赤乌部，杀死了泰赤乌部的贵族，俘掳了部众。射伤帖木真的青年只儿豁阿歹前来投顺，帖木真把他改名为者别（意为箭），作为自己的那可儿。

帖木真在消灭泰赤乌部后，又乘胜向塔塔儿部进兵。这时的塔塔儿是四个部落的联盟。一二〇二年春，帖木真在经过周密的准备后，向塔塔儿四部大举进攻。作战前，帖木真颁布军令：不准在作战中私自掠取财物；掳掠敌人的人、畜要归众人分配；战败时要返回杀敌，逃走者斩首。帖木真的大军自彻彻儿山出发，顺利地战胜了塔塔儿四部，一直追逐到兀鲁灰（乌尔浑）河。为了报复蒙古孛儿只斤部父祖的世仇，帖木真还把俘掳来的塔塔儿壮年男子全部杀死，将塔塔儿妇女也遂和也速干姐妹作了他的第二和第三个妻子。

在消灭塔塔儿的作战中，蒙古贵族阿勒坛、忽察儿和答里台违反帖木真的军令，自行掳掠财物。战争过后，帖木真严肃军令，没收了他们掳掠来的财物。阿勒坛、忽察儿和答里台由此怨恨帖木真，去投奔了克烈部的王罕。

当帖木真战胜塔塔儿时，王罕进击蔑儿乞部的脱脱，也获得了胜利，杀死了脱脱的长子脱古儿别乞，并俘掳了大批的部民。

一二〇二年大战之后，蒙古草原上，帖木真与王罕形成为两支巨大的势力。但是，草原西部与克烈部邻接的乃蛮还是他们共同的敌人。乃蛮是一个强大的部落联盟，占有阿尔泰山及其西面的广大的领域。北起也儿的失（额尔齐斯）河，南与畏兀儿邻接。但这时联盟内部开始分裂。太阳汗脱儿鲁黑继承着联盟长的职位，脱儿鲁黑弟不亦鲁黑汗则脱离太阳汗自行占据阿尔泰山附近。不亦鲁黑汗参加札木合集团作战失败，越阿尔泰山逃走。王罕、帖木真俘掳了不亦鲁黑统率的乃蛮部民。但是，乃蛮联盟仍然是足以与王罕、帖木真抗衡的强大势力。

三、蒙古与克烈、乃蛮的斗争

帖木真与王罕的斗争　帖木真、王罕联合作战获得胜利后,投降到王罕部下的札木合便向王罕进谗说:帖木真可能与乃蛮勾结。王罕心怀疑虑地离开了帖木真,却随即遭到乃蛮部的反击。王罕子桑昆在作战中遭到惨重的失败,克烈部众被俘掳。王罕不得不再向帖木真求援。帖木真出兵,援助王罕击退乃蛮,夺回了克烈部众。王罕与帖木真在土拉河黑林重申父子之盟,以恢复破裂了的联系。

但是,王罕与帖木真之间的斗争已经无法遏止了。王罕、桑昆和札木合都把帖木真看作必须铲除的敌人。蒙古贵族阿勒坛、忽察儿等投到王罕部下,也与帖木真为敌。他们共同制定了袭击帖木真的作战计划,迫使王罕同意。一二○三年春天,桑昆等率领部众突然包围帖木真于金界壕附近的驻地。帖木真率领他的护卫军仓促应战,护卫长博尔朮被敌人射中战马败回。帖木真第三子窝阔台中箭负伤。帖木真也在突围中失掉马匹。他们只得溯乌尔浑河和失连真(色野尔集)河而上,撤军到答阑捏木儿格思平原,然后,沿着合勒合(哈拉哈)河而下。帖木真等收集部众约二千六百人,向贝尔湖附近弘吉剌部驻地进发。和乞颜部通婚姻的弘吉剌部,这时已渐衰落,被帖木真收降。后来帖木真又转移到班朱尼湖边。跟着他的军士,只剩下十九人。帖木真弟合撒儿在合剌温山(大兴安岭南脉)被克烈军击败,也到帖木真处会集。帖木真在湖边向天发誓说:"使我克定大业,当与诸人共甘苦。苟渝此言,有如河

23

水!"帖木真等在这里立足后,便派遣使者向王罕求和,徐图再举。

王罕许和。札木合和阿勒坛、忽察儿等蒙古贵族大为失望,策划谋害王罕,夺取克烈部众。王罕发觉了这个阴谋,首先发动进攻。札木合、阿勒坛、忽察儿等率领部众投奔了乃蛮。王罕在战胜帖木真后,却极大地削弱了自己。

一二〇三年秋季,帖木真得知了克烈部的虚实,在王罕举行宴会的一天,帖木真军突然包围了王罕的营帐,展开连续三昼夜的激战,王罕、桑昆父子突围逃去。克烈部众全成了蒙古军的俘虏。帖木真拆散了这些俘虏的氏族部落组织,把他们分给蒙古贵族作奴隶。王罕逃入乃蛮界,被哨望的兵士杀死。桑昆经西夏亦集乃城逃到波黎吐蕃部,被当地人驱走,又逃到苦叉(库车)地方,被当地酋长杀死。帖木真转败为胜,一举消灭了克烈部。

蒙古与乃蛮的斗争 帖木真消灭克烈部后,实际上已经成为全蒙古的首领。帖木真的强大引起乃蛮太阳汗的敌视。太阳汗和乃蛮的贵族们议论说:"东边的蒙古人把老王罕逼出来。王罕死了,难道他们也要做可汗吗?天上有日月两个,地上还能有两个大汗吗?"帖木真的宿敌札木合、蒙古贵族阿勒坛、忽察儿、答里台、蔑儿乞部长脱脱,以及克烈部札合敢不等的部众,也都逃到乃蛮,策划反击帖木真。太阳汗派遣使者与驻守阴山以北金边壕的汪古部联络，邀约夹击蒙古。汪古部拒绝了太阳汗，并把消息报告给帖木真。

帖木真聚集士卒，准备与乃蛮决战。当时蒙古部众的一再离合和外族分子的不断涌入，已不可能再按照原来的氏族组织作战。帖木真重新编组了蒙古军队，依十进制组成百户、千户，分别由百户长、千户长统领。帖木真选拔了八十名亲信那可儿充当宿卫（客卜帖兀勒），七十名那可儿充当散班（秃鲁华）。又从那颜子弟中挑选一千名战士组成强劲的护卫军（怯薛），由札剌亦儿人阿儿孩合撒儿统率，平时充护卫，战时作先锋。

一二〇四年四月，帖木真的大军自克鲁伦河向乃蛮部进发。乃蛮太阳汗在杭爱山聚集部众，渡过鄂尔浑河，在纳忽山崖列阵迎敌。帖木真亲自率领先锋军出战，乃蛮部众节节败退，无数军士坠崖而死。蒙古军围住山岭，先锋军与中军、后军合围而上，太阳汗身受重伤，死在山顶。太阳汗子屈出律向他的叔父不亦鲁黑的驻地逃去。克烈部札合敢不被杀。札木合仓皇逃跑。札木合所结集的散只兀、合答斤、塔塔儿等残部纷纷投降。帖木真以寡胜众，迅速地击败乃蛮，取得重大的胜利。

蔑儿乞部的溃灭　乃蛮战败，蔑儿乞部长脱脱率众北走。一二〇四年秋季，帖木真整军乘胜追击残敌。蔑儿乞的几个部落已经各自逃散。帖木真首先降服了蔑儿乞的兀洼思部,不久,他们又在中途叛去。冬季,帖木真在阿尔泰山附近驻营,派遣博尔忽和沈白去追剿。一二〇五年春,帖木真又亲自领兵北进,先后征服了蔑儿乞的四个部落。兀洼思部也又被沈白等征服。脱脱率领残部逃奔乃蛮的不亦鲁黑汗。大批的蔑儿乞人被俘掳。帖木真说:"让他们在一起,还是会造反的。"他按照处置克烈部众的办法,也把蔑儿乞的氏族部落组织拆散,分配给蒙古贵族。

帖木真胜利回师的路上,捉到了逃跑的札木合。帖木真接受了札木合的请求,赐他"不出血而死"。帖木真对乃蛮作战中擒捕的阿勒坛、忽察儿也这样被处死,依蒙古贵族礼葬埋。只有帖木真的叔父答里台被赦免。

一二〇五年夏,帖木真乘胜向西夏进兵。但只是在西夏边地掳掠后,便又退还。

(三)蒙古国家的建立

一二〇六年,帖木真回到鄂嫩河源。全蒙古的贵族聚集在这里举行大会,推举帖木真为全蒙古的汗,号"成吉思汗"(意为雄武之王)。

这时,帖木真已占领东起兴安岭、西迄阿尔泰山,南达阴山界壕各部的牧地,控制着极其广阔的地区。对于如此广大的领域和众多的被征服者,残破的氏族

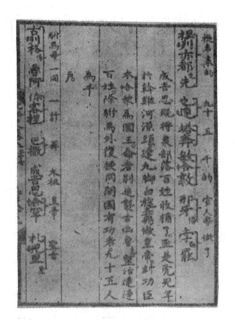

《元朝秘史》书影

组织显然是无法统治了。成吉思汗作为蒙古奴隶主贵族的首领，为了保护奴隶主的利益，实行对广大奴隶的统治，必须建立起一套统治机构。顺应这种历史要求，作为阶级压迫机关的蒙古国家出现了。

一、国 家 制 度

千户制的普遍建立　成吉思汗建国前，蒙古各氏族部落早已到处杂居了。随着战争的发展和部落贵族间的斗争，原来的部落组织已经不断地分裂而遭到破坏。大批原部落以外的人被吸收进来，各部被掳掠来的奴隶的数目急剧地增长，新占领的地区也远远超出蒙古部原居地的范围。为了保障奴隶主贵族集团的既得利益，成吉思汗将新占领地区的人户编为九十五个千户，分封给开国功臣和贵戚，分别进行统治。

成吉思汗将一些千户分配给自己的母亲、诸弟和子侄，其余的千户则分为左、右两翼，由他直接统治。右翼各千户分布在直到阿尔泰山的蒙古西部地区，大体上相当于克烈、乃蛮、斡亦剌和汪古部的旧地，以博尔尤和博尔忽为正副首领（《元朝秘史》称为右手万户）。左翼各千户分布在直到大兴安岭的东部地区，以木华黎和纳牙阿为正副首领（《元朝秘史》称为左手万户）。征服鄂毕河至额尔齐斯河的森林部落以后，成吉思汗又封八邻部贵族豁儿赤为镇守林木中百姓的万户。在成吉思汗周围，还建立了一支直属于他的护卫中军，由纳牙阿任中军万户那颜。

在千户以下，又分为百户、十户。这种十进位的组织，分别由万户、千户、百户那颜（长官）统属。它已完全不是氏族部落的血缘组织，而是在新兴的蒙古国家统辖下的各级军事、行政机构。军事系统和行政系统相结合，是蒙古国家的一个明显的特点。

怯薛 成吉思汗建国前所设置的护卫军怯薛，发展成为蒙古国家中枢的庞大的统治机构。成吉思汗把怯薛扩充到一万名。原来的八十名宿卫扩充为一千名。七十名散班扩充为八千名，与一千名作战时充先锋的勇士军合共万人,仍由阿儿孩合撒儿统领。

一万名怯薛军主要是由各级那颜和贵族的子弟选充,只有一小部分是选自平民(白身人)的子弟。成吉思汗规定:怯薛千户子弟可自带十名随从,百户子弟可带五名,十户及一般贵族子弟可带三名。此外,各级贵族子弟都还可带来一名兄弟入卫。入卫的怯薛,都由依附民户供纳马匹和财物,负担科敛。

怯薛在对外作战时,作为成吉思汗直接统领的主力军去掳掠人畜,优先获得财物;平时则作为蒙古国家的实体附属物捍卫着以成吉思汗为首的贵族统治,镇压被压迫者的反抗。怯薛分为四班,每三天轮流入值,每班有怯薛长统领。怯薛的职务还包括:冠服、弓矢、饮食、文史、车马、庐帐、府库、医药、卜祝之事。怯薛长也协助处理国家事务。怯薛是汗的亲军,也是国家的中枢行政机构。四怯薛长由博尔忽、博尔朮、木华黎、赤老温四人分任,号为"四杰"。

断事官 怯薛中的札鲁忽赤,可以说是具备国家雏形时的专职官吏。成吉思汗在建国以前,就已任命他的异母弟别勒古台为札鲁忽赤之长。建国以后,他又任命义弟失吉忽秃忽为最高的札鲁忽赤,同时就札鲁忽赤的职权作出明确的规定。他说:"当我被长生天护祐着,使天下百姓绥服时,你要给我做耳目,把天下住毡帐的、住房屋的百姓都分成份子,分配给母亲、我们、弟弟们和诸子侄,任何人都不得违背你的话。众百姓中如有盗贼诈伪的事，你惩戒着，可杀的杀，可罚的罚。"又说："凡是将众百姓分成份子和断了的事都要写在青册上。经过失吉忽秃忽和我商量拟议过而写在青册白纸上的，直到子孙万代不许更改，更改的要治罪。"札鲁忽赤汉译为"断事官"，从成吉思汗规定的职权范围看，它具体负责属民的分配和罪犯的判决，后来逐步形成为兼管财政和司法的官职。

法律（札撒） 在蒙古建国前，部落首领发布的号令称为"札撒"。据《集史》（第一卷第二册）记载，成吉思汗在一二〇三年战胜王罕以后，"召开了大会，制定了完美而确切的札撒。"一二一八年西征以前，他又召开了忽里勒台，"在他们中重新规定了规章（额延）、法律（札撒）和自古以来的习惯法（约孙）。"随着大汗权威的不断提高，成吉思汗的命令被记录下来就是札撒，并被奉为神圣的法律条规。札撒具有保护私有财产和奴隶主贵族利益的强烈阶级性，它确认奴隶主的父权、夫权和财产继承权，以及可以任意处置奴隶的权力。奴隶反抗主人，私藏俘虏和逃奴，私自给囚犯衣食，临阵退缩等，都要处以极刑。札撒对巩固新建的奴隶制国家和奴隶主的统治起了显著的作用。

制文字 蒙古原来没有文字。调发兵马用结草或刻木记事。一二〇四年，成吉思汗战胜乃蛮时，捉到乃蛮的掌印官塔塔统阿。塔塔统阿借用畏兀儿文（回鹘文）的字母拼写蒙古语，创造了蒙古族的文字，教给蒙古贵族子弟学习。蒙古文字的制作是蒙古历史上的一个重大的创举。

成吉思汗还从塔塔统阿那里学到了使用印章以为信验的办法；同时又采用了金朝通用的牌子制度，把汗的旨意（札儿里黑）刻在牌子上，作为调发兵马，传达命令的凭据。

新建立的蒙古国家制度，当然还是很不完备、较为原始的。但是，蒙古国家的出现，结束了草原长期以来的部落纷争，蒙古社会由此进入阶级社会，确立了奴隶制。这是蒙古族历史上，也是全中国历史上的一个重大的事件。它对中国各民族的历史，以至欧、亚两洲许多国家的历史，都产生了重大的影响。

蒙古畏兀字
成吉思汗石拓本

二、敌对势力的消灭

蒙古国家建立后，成吉思汗即着手消除各种敌对势力，以巩固他的统治。

打击巫师势力 蒙古在氏族制时代，信奉原始的巫教。巫作为天的代表,传达天的意志,支配氏族部落事务,具有很大的权威。也速该临死时,即嘱托以巫为业的晃豁坛部人蒙力克照顾他的家族和孤儿帖木真。一二〇六年成吉思汗建国时,蒙力克的儿子阔阔出充当部落的神巫(帖卜腾格里),代天发言,宣布成吉思汗是承受天命而降生。但是,蒙古国家建立后,成吉思汗随即发现:帖卜腾格里是对汗的势力的一个重大的威胁。阔阔出和他的兄弟们擅自把成吉思汗的兄弟合撒儿捕来吊打,并向成吉思汗说:长生天曾有指示,令合撒儿掌管国政,从而引起成吉思汗对合撒儿的怀疑,夺取了原来分给合撒儿的部分部众。此后,阔阔出又把成吉思汗封赏给各贵族的操不同语言的百姓陆续收归自己,甚至成吉思汗的幼弟铁木哥斡赤斤的一些部众也去投附阔阔出。当铁木哥去索要部众时,竟被阔阔出迫令罚跪。成吉思汗逐渐看到了巫师势力的威胁,他以摔跤比武为名,命铁木哥和力士们折断阔阔出的脊骨,把他处死。成吉思汗向部众宣告说:"帖卜腾格里将我的兄弟们打了,天不爱他,连他的身命都将去了。"又对蒙力克老翁说:"他与我齐等,所以将他送了。"成吉思汗处死阔阔出,不仅仅除掉一个巫师,而且是铲除了产生于原始社会的巫师代天立言,干预部落事务的制度。成吉思汗这一果决的行动,巩固了汗的最高权力。

追击乃蛮、蔑儿乞和北征 成吉思汗建国时,太阳汗统治的乃蛮部虽然已被消灭,但不亦鲁黑汗所统治的残部仍然占据兀鲁塔黑山的西麓莎合水（索果克河）一带，宣称继承太阳汗的大统。太阳汗的儿子屈出律和蔑儿乞部的脱脱也逃来这里，与不亦鲁黑汗结聚在一起。这些残余的力量，仍然是蒙古汗国的严重威胁。

一二〇六年，成吉思汗建国时，就派兵向西进发，追击残敌，对聚集在索果克河的不亦鲁黑汗、屈出律和脱脱发起突然袭击。乘其不备，将不亦鲁黑汗赶过阿尔泰山，沿兀泷古（乌伦古）河而下，直到乞湿泐巴失海子（布伦托海）擒杀了不亦鲁黑汗，掳获了大批的牲畜和家口（奴隶），从而最后消灭了乃蛮。屈出律和脱脱西逃。

一二〇七年，成吉思汗派遣他的长子术赤领兵北进。

成吉思汗在建国前的连年作战中，已先后征服了蒙古草原上的游牧民，即所谓"毡帐里的百姓"。蒙古草原的北面便是所谓"林木中百姓"，即森林地带的狩猎部落。临近草原的狩猎部落是斡亦剌部。他们的一支居住在库苏古尔湖以西、色楞格河北源德勒格尔河一带，曾经参预札木合、王罕和乃蛮太阳汗反成吉思汗的军事联合。术赤统率的蒙古军到来时，此部的首领忽都合别乞即率先投降。

术赤军由忽都合作向导，进军到失思失惕河（锡什锡德河）流域，征服了斡亦剌各部落，进而招降八河地区（贝加尔湖以西，安加拉诸源流）的秃马部、贝加尔湖以南的不里牙惕部和巴尔古津河流域的巴儿忽等部。

在叶尼塞河流域,西南至阿浦水(阿巴坎河),东北直到安加拉河一带,是乞儿吉思及其附庸昂哥剌部的驻地。乞儿吉思在唐代史书上译作"黠戛斯",曾在八四〇年与唐朝合力击溃回鹘汗国,接受唐朝的册封,但他们很快又衰落下去。契丹建国后,臣事辽朝,成为辽的属部。放牧牛羊是他们的主要职业,但在谦河一带,也有从事农业经营的。成吉思汗的使者来到这里时,乞儿吉思部的首领也迪亦纳勒(亦纳勒是首领的称号)不战而降。也迪携带白海青、白骟马、黑貂鼠等礼物来拜见术赤。乞儿吉思部的那颜们还去朝见成吉思汗,贡献礼物。

成吉思汗把草原以北森林地带的属民交付他的长子术赤去统治。斡亦剌部编为四千户,仍任忽都合为首领。豁儿赤受命去统治秃马部。秃马部女首领孛脱灰答儿浑等进行反抗,豁儿赤被拘捕。成吉思汗命忽都合去救援,也被秃马部民捉去。号称"四杰"之一的博尔忽领兵往征,在森林中被射死。成吉思汗在秃马部民的反抗下,屡遭失败,最后派遣朵儿伯多黑申率领大兵,从林中小路进军,登上山顶,才征服了秃马部。成吉思汗把俘掳来的孛脱灰答儿浑赐给忽都合为妻。一百名秃马部民被赐给博尔忽的家属作奴隶。

秃马部发动对蒙古征服者的反抗时,成吉思汗遣使到乞儿吉思部征兵,遭到乞儿吉思的拒绝,同时起而反抗。成吉思汗又令尤赤领兵征讨,沿叶尼塞河而下,招降了秃巴思(即谦谦州人)、乌思、撼合纳等部。乞儿吉思人无力抵抗,向西溃逃。尤赤一直追到亦马儿河(鄂毕河上游)撤军,同时招降了脱额列思、帖良古、客失的迷、失必儿等森林中的部落。

为成吉思汗立了功的忽都合,受命统治秃马部旧地。成吉思汗并将他的女儿和长子尤赤的女儿嫁给忽都合的两个儿子为妻。忽都合的女儿斡尤立海迷失成为成吉思汗的孙儿贵由(窝阔台子)的妻子。成吉思汗家族通过婚姻关系,和斡亦剌部忽都合结成"安答和忽答"(亲家)(《集史》第一卷,第一册)。八邻部的贵族豁儿赤驻守在乞儿吉思以西直到额尔齐斯河,充当镇守脱额列思、帖良古、客思的迷等"林木中百姓"的万户。

三、畏兀儿等部的降附

成吉思汗征服了北方诸部落。一二○八年,又继续进军去追击脱脱和屈出律两个残敌。屈出律和脱脱在索果克河遭到突然袭击后,率残部越过阿尔泰山的阿来岭(奎屯岭),逃到额尔齐斯河的支流不黑都儿麻(布克图尔玛)河发源处。蒙古军在斡亦剌部忽都合引导下,追上了脱脱和屈出律。脱脱在作战中,中流矢而死。成吉思汗又消灭了一个顽敌。

屈出律作战失败,经过畏兀儿人的别失八里、曲先等处,以及巴尔喀什湖东面哈剌鲁(唐代的葛罗禄)人的住地，逃往垂河（楚河），投奔西辽。脱脱子火都（《集史》作脱脱弟，今从《秘史》）渡额尔齐斯河南逃，企图进入畏兀儿地界。

畏兀儿族的降服 元代文献中所记载的畏兀儿，其统治者是唐代回鹘汗国的后裔，居住在天山以南的哈剌火州（即吐鲁番）和以北的别失八里（旧称北庭）一带。宋代史籍称他们为"高昌"或"西州回鹘"。辽朝西迁后，畏兀儿处在西辽的控制之下。西辽在这里设有"监国"（少监），对畏兀儿人征收苛重的赋敛，并监督君主（亦都护）的活动。当蒙古军西进时，畏兀儿亦都护巴而朮阿而忒的斤便奋起杀死西辽的少监，派遣使臣向成吉思汗进贡珠宝方物。一二〇九年，归服于蒙古。

蔑儿乞部脱脱的儿子火都战败南逃，派遣使者到哈剌火州要求收容。巴而朮阿而忒的斤拒绝了这个要求，杀死火都的使者，并领兵拒战。畏兀儿军在楚河一带与速不台率领的蒙古军击溃了火都的残部，并遣使把作战的经过报告了成吉思汗。

一二一一年，巴而朮阿而忒的斤亲自到克鲁伦河畔谒见成吉思汗。按照氏族收养子的旧例，成吉思汗收认巴而朮阿而忒的斤为第五子。成吉思汗又把自己的女儿也立安敦公主嫁给巴而朮阿而忒的斤为妻。畏兀儿的亦都护由此与蒙古的汗族建立了婚姻关系，而被纳入贵戚之列。

畏兀儿的归服，对于新建的蒙古国家来说，是具有重大意义和深远影响的事件。从畏兀儿往东南，可直接威胁西夏，往西则打开了进军西辽的通途。成吉思汗还因而得到一批有较高文化的畏兀儿的人才，在蒙古国家的发展中，起了显著的作用。

哈剌鲁等部的降服　住居在巴尔喀什湖南的哈剌鲁，也受西辽的控制。哈剌鲁的马木笃汗驻在海押立（卡帕尔城附近），西辽在这里也派遣"监国"进行统治。马木笃汗的父亲，前一代的汗即被西辽逼迫自杀而死。西辽的残暴统治，早已引起哈剌鲁贵族的强烈不满。

屈出律逃到西辽后，即与哈剌鲁马木笃汗联络，企图联合反抗西辽。一二一一年，成吉思汗派大将忽必来率兵西进，到哈剌鲁境。哈剌鲁的阿尔思兰汗（一说即马木笃、一说马木笃之弟，见《巴托尔德全集》第二卷上册）杀西辽监国，投降蒙古，并随忽必来往见成吉思汗。成吉思汗把名叫阿勒合别姬的公主，赐给他为妻。哈剌鲁从此归属于蒙古统治。

伊犁河谷地区，占据阿力麻里（霍城西北、克根河西岸、阿尔泰古城）一带的脱黑鲁儿汗不扎儿是这里的伊斯兰教徒的首领。由于西辽强迫信奉佛教，他们正在联合起来以反抗西辽的统治。蒙古军到来时，脱黑鲁儿汗也投降了蒙古。

蒙古国家顺利地征服了西辽的这些属国，它的统治区便和西辽接壤了。

第二节 对外侵掠和领域的扩展

蒙古国家建立后,在西部邻接着西辽和西夏,在南方,面临着地域广阔的金朝。成吉思汗在巩固了他的统治后,随即对金朝展开了大规模的侵掠,并转而西向灭亡了西辽和花剌子模。在他的暮年,又消灭了西夏。成吉思汗的继承者窝阔台(太宗),进而灭亡了金朝,占领了金朝统治下的广大地区,并继续展开对西方各国侵掠。贵由(定宗)和蒙哥(宪宗)统治时期,继续侵掠南宋,并进而统治了吐蕃、云南和西亚两河流域的八哈塔(巴格达)哈里发。蒙古国家的领域,在建国后的半个世纪里,一直在不断的向西方和南方扩展。

在蒙古国家不断扩展的过程中,面临着如何对占领地区进行统治的问题。成吉思汗和他所委付的攻金主将木华黎,已经开始意识到不能满足于奴隶制的掳掠,而应在中原地区建立统治并接受原有的封建剥削方式。窝阔台在耶律楚材等人的辅佐下,适应金朝地区的状况,逐渐建立起相应的统治制度。

蒙古奴隶主国家建立后,仍然保留着氏族部落制时期选汗和议事的旧制(忽里勒台)。这就不能不一再引起争夺汗位的纷争。蒙古国家在贵族之间争夺政治权力的斗争中,逐步陷于事实上的分裂。

（一）侵掠金朝和灭辽、灭夏

一、侵 掠 金 朝

蒙古孛儿只斤——乞颜部在它的发展过程中，起先是遭到金朝支持下的塔塔儿部的胁迫，后来是依附金朝战胜塔塔儿，并接受金朝的封号，向金纳贡。一二〇六年成吉思汗建立蒙古国家后，随即到净州向金朝进贡。金章宗派遣武定军节度使卫王允济为使臣，来接受贡献。《元史·太祖纪》记载说，成吉思汗"见允济，不为礼。"他显然要求金朝承认蒙古汗国的地位，而金朝当然不会容忍属部蒙古的独立建国。这次会见以破裂而结束，此后蒙古即不再和金朝保持朝贡关系。

一二〇九年金章宗死，卫王允济即皇帝位。次年，金朝使臣来到蒙古，带来新皇帝的诏旨，传谕成吉思汗应跪拜接

蒙古军骑士形象
（采自《拉施德世界史》插图）

39

旨。成吉思汗听说金朝新皇帝就是同他会见的允济，唾骂说："我以为中原皇帝是天上人做。这个庸弱无能的家伙也配做皇帝吗？拜他做什么？"成吉思汗把金朝使臣羞辱了回去。蒙古与金朝的关系正式宣告破裂了。

成吉思汗逐渐得知了金朝内部的衰乱状况，决计出兵南侵金朝。一二一一年二月，成吉思汗在克鲁伦河畔聚众誓师。他按照蒙古的古老传统，解下腰带挂在颈上，向天祈祷说："长生天啊！金朝皇帝杀害了我的祖先，倘若你允许我复仇，就请援助我吧！"成吉思汗利用氏族复仇的惯例，作为出兵南侵的借口，使人们相信"长生天"会为他们"添气力"。他只留下两千名骑兵驻守草原，把全部军马都调来出征。蒙古骑兵从克鲁伦河草原出发，开始了为时七年的大规模的南侵。

蒙古大军的掳掠 蒙古大军进兵阴山。金净州界壕由汪古部驻守，汪古部长阿剌兀思早已投降蒙古，引蒙古军顺利地越过了阴山。者别率领先锋军向乌沙堡进攻，占领乌月营。金行省事于边地的平章政事独吉思忠仓皇撤军，被金朝撤职，改由参知政事完颜承裕主持兵事。蒙古军分为两路：一路由成吉思汗的三个儿子尤赤、察合台、窝阔台率领，向西和西南去攻掠；另一路由成吉思汗和四子拖雷统率，向东南追击。

蒙古西路军先后攻下云内、东胜、武州、朔州，包围金西京。成吉思汗大军直指抚州（今内蒙兴和境），完颜承裕退走。蒙军接连在野狐岭和宣平附近的浍河堡，大败金兵，进而顺利地攻下了居庸关南口，驻兵龙虎台。者别率领先锋军攻打中都。金兵坚守，者别暂且退军。

一二一二年秋天，成吉思汗再次发兵攻打金西京府城。成吉思汗在进军的路上，大败金奥屯襄率领的援军，但在攻打西京时，中了流矢。西京不能攻下，成吉思汗回军阴山附近驻营。

这年，者别率领的蒙古军攻下了金东京城，获得大胜。

一二一三年秋季，成吉思汗会集大军，乘秋高马壮，再次出发。成吉思汗经宣德、德兴，在怀来大败金左丞相完颜纲和尤虎高琪率领的金兵，乘胜至居庸北口。因金兵在这里凭险坚守，成吉思汗便留下一支军兵驻扎在居庸以北。蒙古大军则避开居庸关向西，通过山间小路绕过长城，南出紫荆关。蒙古军入关后，一面分兵令者别从后面攻居庸南口，出其不备，大败金兵，进兵至北口，与驻守关外的蒙古军会合。一面又分一支军队围困中都。他自己则领兵攻下涿、易等州。随即把蒙古大军分为三路。右路由尤赤、察合台、窝阔台率领，沿太行山东麓南下，连破诸州，再绕太行西麓北行，到代州而回。左路由成吉思汗弟合撒儿等统领，取蓟州，循海而东，破平、滦、辽西等郡返回。中军由成吉思汗和拖雷统领，自易州南下，至今河北省南部，再经河南省东北部,至山东登州一带,直抵海滨,攻掠了山东全境。

　　一二一三年秋到一二一四年春之间,蒙古三军几乎侵掠了黄河以北华北平原的金朝领土。只有中都、真定等十一城未下。成吉思汗统率的蒙古大军仍然沿用游牧部族奴隶主的掳掠作战法,满足于劫杀掠夺,攻下一地后便掳掠而去, 而并不打算长驻城池。一二一四年春,蒙古三军在各地掳掠了大批的奴隶、牲畜、财物后,会集到中都城北,围困中都。

　　当蒙古军在金朝境内四出掳掠时, 金中都城内发生了夺取皇位的政变。纥石烈执中等谋杀了金帝卫王允济,另立宣宗(完颜珣)。一二一四年三月,金宣宗纳贡求和,并把允济女岐国公主献给成吉思汗,成为他的第四个妻子。成吉思汗统率蒙古军驱掳大批奴隶和牲畜财货, 撤兵北返。

　　纠汉诸军的降附　蒙古军自中都撤退后,一二一四年五月金宣宗逃离中都,南迁汴京。进至涿州,良乡一带的纠军(纠音扎zā。是金朝北边的一些部族分子的泛称, 由诸纠组成的军队称纠军)发动叛乱,派遣使者投降成吉思汗。成吉思汗这时在鱼儿泊(达里诺尔)驻夏。他得知金朝迁都,纠军叛降后,随即派遣蒙古大将三木合拔都和一二一二年投降蒙古的契丹人石抹明安领兵与投降的纠军合兵攻打中都。

　　成吉思汗统率的蒙古军,几年来在金朝各地屠杀和掳掠，并不能征服不屈的各族人民。蒙古军驱掳大批农民北上，但很快就发现除了手工匠外，掳去的农民在游牧生产中并没有多少用处，于是在退出居庸北上的路上，又把大批俘虏杀死。石抹明安向成吉思汗建策说：这些人本来都应当杀死，倘让他们继续生存，一些尚未降附的人们就会闻风来降。成吉思汗采纳了这个建策，蒙古侵金的战争逐渐地变杀掠为招降，并利用降附的乣汉诸军去攻打金朝。

一二一四年秋，三木合拔都和石抹明安等领兵先后征服了景、蓟、檀、顺等州。一二一五年初，在通州收降了金朝的右副元帅蒲察七斤，许他仍任原职。金中都孤立无援，守将完颜承晖自杀。五月初，石抹明安的大军不战而进入中都。

成吉思汗得到攻下中都的报告，随即派遣失吉忽秃忽等三人赶往中都收集财物。蒙古军把库藏的大量财宝席卷而去，奉献给成吉思汗。

在石抹明安围攻中都的同时，由木华黎统率的另一支蒙古军正在攻打辽东。一二一三年，木华黎军攻打金北京大定府。随同领兵的契丹人石抹也先建策限制杀掳，招纳降人。金北京军出降。城中部众杀主帅，推举乌古伦寅答虎为帅降蒙。木华黎命寅答虎权代北京留守。金军都统北京土豪田雄也率众降木华黎，随蒙军征掠。木华黎招纳降人作战和统治占领的州县，由此成功地攻占了众多的城邑，蒙古侵金的战争得到顺利地发展。

辽东的叛服　一二一二年，金北边千户、契丹人耶律留哥逃还隆安、韩州，率部众自立，数月，众至十余万，推留哥为都元帅，耶的为副，占据辽东。成吉思汗遣按陈那颜军至辽东，留哥率众降附。留哥在蒙古军的声援下，大败来攻的金军六十万。一二一三年，众推留哥为王，建国号辽，又战败金辽东宣抚使蒲鲜万奴军四十万。一二一五年，进破东京。属部耶厮不等劝留哥称帝，留哥不从，往依成吉思汗。部众推耶厮不称帝，在澄州建国号辽，改元天威。耶厮不建号七十余日，被部下杀死。

当耶律留哥进据东京的同时，金蒲鲜万奴在开元，称天王，立国号大真，改元天泰。一二一六年，万奴降蒙古，以其子帖哥入侍，既而又叛，称东夏国，割据辽东。

一二一六年，成吉思汗返回离开六年的克鲁伦河草原。一二一七年，他召回木华黎说："太行以北，我自去经略，太行以南的事，你去尽力料理吧！"他把侵金战争委付给了木华黎；并按照汉人的习称，封木华黎为"太师国王"，赐给金印，又颁赐作为大汗象征的白色大纛旗一面。成吉思汗告谕诸将说："木华黎建此旗发号令，如同我亲自发令一样。"木华黎由此成为蒙古对金作战的全权统帅。

木华黎所统帅的军队，只有弘吉剌等五部的一万三千名蒙古兵士，万名汪古骑兵。其它兵力，主要是招降的糺汉诸军。糺军主要是金北京一带的各族兵，由吾也而统率。另有耶律秃花率领的契丹军，早年降蒙，随蒙古军南侵作向导。这时各地降附的汉人地主武装，史秉直一家以外，还有一二一二年降蒙的刘伯林、刘黑马父子。此后，金中都经略使张柔、济南治中严实等地主军阀也相继降蒙。木华黎下令军中"敢有剽掳者以军法从事"。蒙古兵以掳掠奴隶、财物为目标的战争转变为木华黎领导的、以糺汉诸军为主力的争城夺地的战争了。

二、灭 西 辽

一二一七年，成吉思汗把进行了七年的侵金战争交付给木华黎以后，便又把他的兵力指向了西方。

蔑儿乞部长脱脱的儿子火都和乃蛮太阳汗的儿子屈出律战败西逃后，仍在西方活动。屈出律篡夺了西辽的王位，原臣属于西辽的花剌子模兼并了撒麻耳干（撒马尔罕）。成吉思汗统率的蒙古军主力在此后的七年间相继消灭了这些残敌。

灭火都 成吉思汗统率蒙古军南下侵金的年代，火都又乘机逐渐结集蔑儿乞的残部，在乃蛮旧地以西一带图谋再起。一二一七年秋，成吉思汗命令速不台率领一支蒙古军从土拉河出发（据《集史》第一卷第二册、《圣武亲征录》），对他说："火都要是生了翅膀飞上天去,你变成雄鹰也要把他捉来。""你翻越高山,横渡大海,去歼灭仇敌蔑儿乞吧!"成吉思汗还授权给速不台,只要捉到火都,不需押回,就地处死。

速不台把战车的车轮钉满了铁钉,越过重山峻岭,来到楚河,终于找到了蔑儿乞的残部。速不台作战大胜,杀火都,尽灭蔑儿乞的残余,得胜而回。

灭西辽 一二一一年,屈出律与花剌子模的算端相结合,推翻了西辽直鲁古汗,夺取了西辽政权。屈出律在可失哈耳(喀什噶尔)、和田等地,西至锡尔河右岸地区建立起他的统治,已经延续六年之久了。乃蛮原来信奉景教。屈出律娶西辽公主,信奉佛教。屈出律强迫他的统治区内的广大伊斯兰教徒改奉佛教或景教,引起了强烈的反抗。

一二一八年,成吉思汗派遣大将者别领兵二万去攻打屈出律。这时,屈出律已经捕杀了阿力麻里的不扎儿汗,并在攻打阿力麻里。者别军到来,屈出律自阿力麻里撤退,向西逃跑。者别军击溃西辽军的阻击,顺利地进驻西辽都城八剌沙衮。屈出律又逃往喀什噶尔。者别向未征服地区宣布:准许居民信奉本民族传统的宗教,从而得到伊斯兰教徒广泛的支持。喀什噶尔等地的居民纷纷起来杀死监视他们的西辽士兵。屈出律逃往巴达哈伤地区,在撒里豁勒地方被蒙古军追及。者别当即把他杀死,并割下他的首级在喀什噶尔、鸭儿看(莎车)、和田等地传首示众。各城相继降附。

灭花剌子模 花剌子模曾被西辽所统治。屈出律依靠花剌子模算端的支持，得以夺取西辽王位。成吉思汗在灭西辽前，曾派遣商队去花剌子模。灭屈出律后，再次派遣商队去见花剌子模算端。讹答剌城的守将杀死了成吉思汗派遣的商队，成吉思汗决计发动西侵。

蒙古军作战图

（采自《拉施德世界史》插图）

一二一九年，成吉思汗亲自率领蒙古大军出发，到达额尔齐斯河畔。成吉思汗的四个儿子：尤赤、察合台、窝阔台、拖雷和大将速不台、者别等随行。畏兀儿、哈剌鲁、阿力麻里等部兵也来会集。秋季，蒙古兵进围讹答剌。成吉思汗留察合台与窝阔台率军围攻讹答剌城。尤赤进攻毡的。他与拖雷率领大军直逼不花剌（布哈拉）。一二二〇年二月，蒙古军攻下布哈拉，进而攻打花剌子模的新都撒马尔罕，守城的法官教长投降。讹答剌与毡的也在这以前被攻陷。成吉思汗便令尤赤、察合台与窝阔台三子共同进攻玉龙杰赤（乌尔根奇）。在巴里黑附近的花剌子模算端摩诃末听到兵败的消息，西走你沙不儿。成吉思汗令大将者别与速不台率轻骑越过阿母河（阿姆河）穷追。摩诃末仓惶西走，最后逃到里海的一个小岛上病死。者别与速不台的军兵更进而向西越过高加索，打败斡罗思和钦察突厥的阻击，大行掳掠，然后绕道里海北岸回军。

当花刺子模算端摩诃末死时，其子札阑丁奉遗嘱即位。他从呼罗珊走哥疾宁，组织反击。一二二一年初，成吉思汗南渡阿姆河，屠巴里黑城，并派遣拖雷进攻呼罗珊。拖雷自巴里黑西进，沿木尔加布河北上，攻马鲁，再折向西南，屠你沙不儿。然后折回，围也里城，城降；回军塔里寒城与成吉思汗会师。与此同时，尤赤、察合台、窝阔台也已攻下乌尔根奇。之后，尤赤径自返还额尔齐斯河地区的斡耳朵；察合台与窝阔台则到塔里寒与成吉思汗会合。成吉思汗追击札阑丁至申河（巴基斯坦境内印度河）。札阑丁战败泅水而逃。一二二二年，成吉思汗军沿申河追击札阑丁的余众，回军阿姆河驻营。

丘处机的会见 一二二二年，成吉思汗在阿姆河畔的营帐，会见了来自遥远的山东莱州的全真道道士长春真人丘处机。

一二一九年，成吉思汗在西征的路上，派遣工匠出身的汉人官员刘仲禄去莱州，邀请丘处机来讲授长生之术。丘处机作为全真道的领袖，也作为金朝汉人地主的代表，在一二二一年，远道来到了蒙古军刚刚占领的撒马尔罕城下。

一二二二年四月,成吉思汗在阿姆河营帐第一次会见丘处机。八月再次召见。九月论道三日,由契丹人耶律阿海作翻译。丘处机率直地说,他没有什么长生不老之药,而只有养生的方法。在和成吉思汗的密谈中,他针对蒙古军的屠杀和掠夺,一再讲述了封建的政治观点:为治之方"以敬天爱民为本",长生之道"以清心寡欲为要"。成吉思汗指令耶律阿海把丘处机的谈话记录下来,说是要传给他的子孙;并赐给丘处机一张诏书,免除道士的赋税、差发。

三、灭 西 夏

一二二四年,成吉思汗回军到额尔齐斯河驻夏。一二二五年春,回到了土拉河黑林旧营。

成吉思汗回军后不久,尤赤在他的封地病死。木华黎也早已于一二二三年在闻喜病死。由木华黎子孛鲁统领军兵同西夏作战。

自蒙古建国以来,党项人所建立的夏国一直是难以征服的劲敌。一二一八年,蒙古追击屈出律时,要求夏国协同进军,被夏国拒绝。成吉思汗出兵西征的路上,曾去围攻西夏中兴府,不能攻下,只好撤围而走。成吉思汗宣布说:"倘若长生天保护,从回回(指花剌子模)处回来时,再来征讨!"

一二二五年秋,成吉思汗留下察合台驻守草原,带领窝阔台、拖雷统率大军向西夏进发。但在进军的路上，成吉思汗射猎堕马，身负重伤。将士们建策暂停进军，派遣使者到西夏去招降。西夏献宗德旺坚持抗蒙救亡，送回使者。成吉思汗大怒说："我们死也不能回去!"坚持带病出战。

一二二六年夏，成吉思汗统领大兵，自北路入夏境。春夏之间，连破黑水城(亦集乃)、肃州、甘州。六十五岁的成吉思汗老病交加，把窝阔台、拖雷叫到身边说："我大概快要寿终了。我为你们创下汗国基业，没有别的嘱咐，你们一定要同心协力，才能长久。我死后，你们要奉窝阔台为主。"成吉思汗有了将死的预感，但仍要以残存的年岁作最后的搏斗。十月，西夏献宗病死，侄晛继立。同年秋，蒙古军攻打西凉府，夏守将投降，再从西凉府继续进兵，取搠罗、河罗等县，越过沙漠，至黄河九渡，取应里等县，侵入夏州。十一月，围攻灵州，夏遣大将嵬名令公来援。成吉思汗率兵渡过黄河，与夏军展开激战。蒙古军占领灵州后，十二月，围攻夏都中兴府。

一二二七年春，成吉思汗命大将阿朮鲁等领兵围困中兴府。他自己统率大军侵入金境，攻下积石州等地。闰五月，成吉思汗自隆德县至六盘山驻夏，派遣使臣察罕去中兴府谕降。六月，西夏末帝晛向蒙古投降，请求宽限一月献城。

成吉思汗驻军在清水县，金朝派使臣来到成吉思汗的驻地。成吉思汗要臣下向金使宣告：此后蒙古军攻下城邑，不准再屠杀掳掠，并且要把这个旨意写入诏书，布告各地。成吉思汗得知西夏投降时，已经病在垂危。他在临死前嘱咐人们，暂时秘不发丧，以防西夏又因此发生变故。一二二七年七月十二日，成吉思汗结束了戎马一生，病死在营中。

成吉思汗死后三天，夏国王晛献城出降，被蒙古军杀死。

（二）灭金和统治制度的建立

成吉思汗在世时曾把蒙古的占领地区，分封给诸子，作为世袭的封地。长子朮赤封地包括巴尔喀什湖西的康里、不里阿耳及其以西地区。察合台封地自畏兀儿地西至阿姆河。窝阔台封地的中心在叶密立（额敏）河和霍博（和布克）河一带。拖雷则继承蒙古建国时的鄂嫩河、克鲁伦河地区。

成吉思汗建立的蒙古国家，并没有采用汉族封建国家立太子和长子继承的制度。蒙古家庭的传统惯例是，父亲死后，由正妻所生的最小的儿子（蒙语斡赤斤，意为守灶者）承继财产，管理家务。蒙古大汗的产生，仍然保存着贵族议事会忽里勒台的选举制。大汗必须经过大会选举，才算合法。成吉思汗病死后，暂由幼子拖雷"监国"。两年以后，一二二九年八月，诸王贵族在克鲁伦河畔举行大会,遵照成吉思汗的遗嘱,选举窝阔台继任蒙古汗,并且采用了"合罕"(可汗)的称号。

窝阔台(太宗)当选后,把成吉思汗掳掠得来的珍宝等遗物,分赐给诸王将士。并按照蒙古奴隶主的习俗,命令自贵族那颜家中,选美女四十人,作为人殉杀死,祭祀成吉思汗。又杀骏马多匹供祭。

窝阔台在位十三年间,灭亡了金朝,在金朝旧地建立起统治秩序,同时继续展开对南宋和西方诸国的侵掠。

一、灭亡金朝

一二二七年春,成吉思汗攻打西夏时,另一支蒙古军就在侵掠金统治下的陕、甘地区。成吉思汗死后,侵陕的蒙古军在一二二八年进入大昌原,被金朝完颜陈和尚军战败。一二二九年,蒙古贵族在选举窝阔台为大汗的大会上,决定全力伐金。十月,由朵忽鲁率领的蒙古军进入庆阳,次年正月,被金援军狙击,退走。秋季,窝阔台、拖雷率主力攻山西,破代州、石州,十月,围攻卫州武仙军。金兵来援。蒙古军败退。十一月,速不台统率的蒙古军攻打潼关,不胜。一二三一年初,退守倒回谷口。二月,窝阔台、拖雷军引兵入陕西,攻占凤翔。

蒙古分兵作战,金军往来救援,两军互有胜负。一二三一年五月,窝阔台在官山九十九泉(今内蒙古卓资县北灰腾梁)召集诸将会议,商讨作战方略。决议兵分三路,中军攻河中府,入洛阳;左军进兵济南;右军自凤翔经宝鸡,绕道南宋境,捫汴京之背。三军预定明春在汴京合围,灭亡金朝。十月,窝阔台亲率中路军猛攻河中,十二月城破。蒙古军士从白坡渡过黄河,遣军与拖雷军会合。拖雷将右军,破宝鸡后,九月,又破大散关,入宋境。十二月,拖雷军顺汉水而下,由房、均州向北进入金邓州境,直指汴京。次年正月,拖雷军与金军遇于钧州三峰山,大败金兵。金主帅完颜合达败死,移剌蒲阿被擒,金军主力全部溃灭。三月,窝阔台与拖雷北返官山,留速不台军攻打金都汴京。九月,拖雷病死。

一二三二年七月,窝阔台遣使臣唐庆去汴京招降,被金军兵士杀死。速不台围困汴京。十二月,金哀宗逃离汴京奔归德。次年正月,金汴京守将崔立发动政变,投降蒙古。一二三三年四月,速不台进驻汴京。金哀宗逃到归德后,六月间又逃到蔡州。蒙古与宋朝通使,约定联合出兵灭金。宋将孟珙与塔察儿所领蒙古大军围攻蔡州。一二三四年初,金哀宗在蔡州自杀。金亡。

二、中原华北地区统治制度的建立

成吉思汗和他委付的木华黎,在侵掠金朝的过程中,已经面临着对占领地如何进行统治的问题。窝阔台攻灭金朝,全部占领了金朝统治下的广大北方地区。

这里居住着众多的汉人，和汉化了的女真人、契丹人，进行着以农业为主的社会生产，有着发展的封建经济和文化。蒙古奴隶主用以征服和统治草原游牧部落的方法，显然是不能适用了。窝阔台倚用耶律楚材等金降臣和汉族地主武装的首领，在金朝旧地逐步建立起统治秩序。

耶律楚材是辽太祖长子东丹王突欲的八世孙。父耶律履在金世宗朝任尚书右丞。金宣宗南迁，耶律楚材任左右司员外郎，留守燕京，成吉思汗破燕，曾被召见，其后又去蒙古。耶律楚材一家是早已汉化的契丹贵族。他本人研习汉文化，兼通天文、历数、医药、占卜。耶律楚材曾随成吉思汗西征，主要是由于长于天文、卜筮而见信用。但在窝阔台时，耶律楚材等则作为亡金地主阶级和汉文化的代表人，在促使蒙古适应中原的统治制度中起了一定的作用。

赋税制度的订立 蒙古奴隶主侵占了原属金朝的广大汉族地区，面对着以农业生产为主的封建社会。这种生产方法和统治制度与蒙古族原来以游牧为主的奴隶制度，不能不发生尖锐的矛盾。这种矛盾反映到统治集团的内部，形成为关于统治方法的争论。窝阔台即位后不久，近臣别迭建策说："汉人没有什么用处，不如将他们都除去，把农田改做牧场，使草木畅茂。"别迭的建策反映了蒙古奴隶主贵族中保守派的主张。耶律楚材向窝阔台说："怎么能说汉人没有用处呢？现在陛下将要南伐,正需要军资,如果均定中原地税、商税和盐、酒、铁冶、山泽的收利,一年就可以得银五十万两,帛八万匹,粟四十万石,足够供给。"窝阔台说:"你可以给我试试看!"耶律楚材奏立燕京等十路征收课税使,选择汉人儒者担任,在各地征收赋税。一二三一年秋,窝阔台到云中,十路课税使将已征收到的仓廪米谷的簿籍和金银布帛等陈放到他面前,都符合耶律楚材原奏之数。窝阔台大喜,对耶律楚材说:"你没有离开我左右,怎么就能收到这么多的钱米。南国还有象你这样的能人么!"从此,耶律楚材就以窝阔台亲信的必阇赤(主管汉文文书)的身分掌管汉地民事,被称为中书令或中书丞相、中书侍郎。另两个必阇赤克烈部人镇海(一说畏兀人)和金朝降臣、女真贵族粘合重山分任右丞相和左丞相。

蒙古侵金过程中,继续进行掠夺。军将所攻下之地,即归他统治,因此"自一社一民,各有所主,不相统属"。各军将在作战中所俘掳的人口,也即成为他的奴隶。这些奴隶不断增加,但又不可能全都随军迁往漠北,因而大多寄留在各州县设官管领,其总数几达当时人口的一半。汉人军阀也各据州郡,总领军民钱谷,权力极大。下至将校,也各占民为部曲,称之为"寨脚"。一二三四年灭金之后,窝阔台命大臣胡土虎(失吉忽秃忽)检括中州户口,规定"如是军前掳到人口,在家住坐作驱口,因而在外住坐,于随处附籍,便系是皇帝民户。"共检得户八十七万三千余,口四百七十五万四千余。窝阔台把一些州县民户分赐宗亲贵族,作为食邑。耶律楚材建议各食邑官吏应由朝廷任命,除规定的常赋外,不许诸王擅自征敛。于是制定赋税制度:每二户出丝一斤,交朝廷作为国用;每五户出丝一斤给予封地诸王贵族。另订地税:上田每亩三升,中田二升半,下田二升。水田每亩五升。商税三十取一。又定盐价为银一两四十斤。

为了改变各路官长总领军民钱谷、权力过重的局面,耶律楚材又奏请以长吏管理民事,万户府总管军政,课税所掌钱谷,三者分治,不相统属。

耶律楚材关于加强集权和限制蒙古贵族权力的建策,不能不引起蒙古贵族和地方军阀的反对。燕京路长官石抹咸得不挑动铁木哥斡赤斤(成吉思汗幼弟)派使臣对窝阔台说:耶律楚材多用南朝旧人,恐怕会有二心,不宜重用。又诬陷多端,意欲谋害。窝阔台察知诬枉,驱逐来使,仍然信用耶律楚材。

赋税制度的订立,限制了蒙古奴隶制的发展,使金朝的封建剥削方法在汉地逐步地得到了恢复。

窝阔台还采纳汉人于元的建策,恢复了金朝的钞法,印造交钞万锭通用。

汉人儒臣的任用　耶律楚材立各路课税所,任用汉人降臣。一二三四年金朝灭亡,蒙古兵入汴京后,耶律楚材派人找到孔子五十一代孙孔元措,奏请袭封衍

56

圣公。又召亡金的名儒梁陟、王万庆、赵著等在燕京设立编修所，在平阳设立经籍所，以保存儒学典籍。耶律楚材又对窝阔台说：制造器物必用良工，统治国家必用儒臣，儒臣的事业非积累几十年不能有成就。窝阔台说：如果真是这样，可以让他们做官。耶律楚材命宣德州宣课使刘中随郡考试，分经义、词赋、论三科，儒人被掠做奴隶者也可应试。经过考试得儒士四千三十人。被俘为奴的儒生有四分之一因此得到放免，成为儒户。不久之后，太原路转运使吕振、副使刘子振贪赃治罪。窝阔台责问耶律楚材说："你说孔子之教可行，儒者都是好人，为什么还有这些人？"楚材回答说："君父教臣子，并没有要他们干坏事。三纲五常，治理国家的人都要遵守，不能因为个别人的过失就把它废弃。"

和林的兴建 窝阔台灭金时，从中原俘掳大批汉人工匠带回蒙古草原。一二三五年春，在鄂尔浑河畔回鹘汗国古城的旧址附近，兴建蒙古第一个城市哈剌和林及大汗的宫殿万安宫。万安宫的建造，由汉人工匠依仿汉族宫殿的传统仪制雕饰。宫殿的周围有诸王贵族的居邸。城内居民区分为两部分：一部分为伊斯兰教穆斯林和使臣的住区，也是市场的所在地；另一部分主要是汉人工匠的住地。哈剌和林从此成为蒙古的都城。

三、南伐和西征

一二三四年，蒙古最后灭亡金朝，窝阔台在答兰答八思之地建行宫，召集诸王大臣大会，宣布各项条令，以约束诸王大臣，巩固汗的权力；同时决议继续对外扩张。南伐的大军去侵掠南宋，西征军继续向西方远征，侵掠东欧，东征军东侵高丽。

侵宋战争　大会以后，窝阔台立即派大将塔海绀卜征四川，国王塔思(一名查老温)南下攻宋。一二三五年，窝阔台调集蒙古、乣汉等各族军队增援先行的军队。各路大军全面出动。一路由次子阔端率领侵入陕西、四川，一路由三子阔出和诸王忽都秃、口温不花等率领南侵襄汉。

阔端统率的蒙古军侵入巩昌。宋将汪世显投降，引蒙古军南下。一二三六年秋，阔端在阳平关大败宋军，宋将曹友闻败死。蒙古军长驱入蜀。阔端在成都等地掳掠后，返回陕西。

阔出军在一二三五年攻下宋郢州，掳掠人畜数万。次年秋，蒙古宗王口温不花攻下宋枣阳、光化军。冬季，张柔等攻下郢州。蒙古军进占襄阳。一二三七年，口温不花军在黄州被宋孟珙军击退。一二三八年，宋军收复荆襄。察罕军企图进攻江南，宋军坚守各要地。察罕领兵北还。宋蒙使者往来谈和。

对高丽的侵掠　辽东耶律留哥归降蒙古后，部下契丹军逃入高丽,据江东城。一二一八年,成吉思汗命哈赤吉等领兵征讨,高丽国王王瞮派赵冲来助。此后蒙古每年都派遣使者到高丽索取贡物。窝阔台三年,盗杀使者于途。此后,高丽连续七年使信断绝。窝阔台令撒礼塔率兵进讨。兵至王京,王瞮遣其弟怀安公请降。撒礼塔在王京及各州县置达鲁花赤七十二人镇守,然后还师。明年六月,王瞮尽杀蒙古所置达鲁花赤,退守江华岛。蒙古复命撒礼塔进讨,中流矢死。一二三三年窝阔台消灭东夏国,占有辽东。以后,高丽连年遭到蒙古军的侵掠。一二四一年,王瞮投降,以族子倎为己子,入质蒙古。

对西方的侵掠 一二三四年大会后,窝阔台继承成吉思汗的事业,派出一支军队去远征波斯,追击札阑丁;另一支军队去继续攻打钦察、不里阿耳等部。一二三四年,蒙古灭金时,西征的蒙古军基本上已征服波斯全境,札阑丁兵败逃亡,被曲儿忒人杀死。远征钦察的军队受到当地人民的顽强抵抗,窝阔台于是在一二三五年派出强大的西征军作为支援。察合台认为"长子出征呵,则人马众多,威势盛大。"成吉思汗四子的长子或长孙:尤赤的长子斡儿答和次子拔都,察合台的长孙不里,窝阔台长子贵由,拖雷的长子蒙哥,都参加了这次远征。其他领有兀鲁思的诸王和万户、千户、百户、十户那颜,以及公主、驸马也都派长子从征。尤赤王位的继承者拔都总领诸军。在上次西征和灭金战争中卓著战功的速不台也被调充西征主将。

一二三六年，诸军会师，首先进攻伏尔加河中游的不里阿耳。速不台军一举征服不里阿耳部众。一二三七年，蒙古诸军进攻钦察。钦察部大将八赤蛮被蒙哥捕斩。蒙古占领里海以北地区后，即大举侵入斡罗思。

一二三七年底蒙古军攻下也烈赞（梁赞城），继而攻入兀拉基米尔公国，并连续攻下莫斯科等十四城。一二三八年二月，蒙古军攻陷兀拉基米尔城，屠掠后把城市焚毁。一二三九年，蒙古军进围乞瓦（基辅），破城后，掳掠而去。

一二四〇年，蒙古军进而侵入波兰。次年四月，攻下波兰累格尼察城。西里西亚公亨利二世败死。蒙古军在波兰摩拉维亚等地屠掠后，进而向马札儿进军。

拔都亲自统率的大军与诸军会师，侵入马札儿。拔都、拜答儿（察合台子）、合丹（窝阔台子）和速不台分三路进军，大破马札儿军，马札儿王逃走。拔都派遣一支军队追击马札儿王，直到达尔马提亚的海滨。拔都的大军驻营于马札儿平原，准备在一二四二年春深入西欧。一二四一年末，窝阔台死讯传来，蒙古军自巴尔干撤回到伏尔加河上。

以拔都为统帅的西征军，仍然继续蒙古奴隶主以掳掠为光荣的传统，在斡罗思、波兰、马札儿等地进行了屠杀和掳掠。直到在斡罗思领地建立统治后，才在一些大城市中设立课税使征收赋税。

西征军中，不里、贵由同拔都不和。一二四〇年冬，窝阔台下令召长子贵由班师返回蒙古。次年十一月，五十六岁的窝阔台病死，贵由尚在途中。成吉思汗的幼弟铁木哥斡赤斤，于一二四三年领兵开赴和林，企图夺取汗位。但这时，贵由已带兵回到叶密立封地。铁木哥见形势不利，只好引兵退回。

(三)汗位争夺与继续侵掠

一、脱列哥那后执政

窝阔台死后，成吉思汗的嫡子只剩下察合台一人。一二四二年，六皇后脱列哥那氏暂摄国政。不久，察合台也病死。

脱列哥那后原来是蔑儿乞部长的妻子，成吉思汗灭此部，把她俘掳，赐给窝阔台为第六妻。窝阔台第三子阔出，一二三六年冬季死于侵宋军中。阔出子失烈门，由窝阔台抚养，曾想要他继承汗位。但脱列哥那后则主张传位给长子贵由。汗位的继承必须由诸王贵族举行忽里勒台大会选举。当时同辈的诸王中，以尤赤子拔都最长，并且总领西征军事，实力与威望最高。但拔都素来与贵由不和，拒不参加大会，选汗会议迟迟不能进行。脱列哥那后摄政近四年之久。

窝阔台晚年，重用以奥都剌合蛮为代表的推行"回回法"的官员，一二四〇年，任用奥都剌合蛮充提领诸路课税所官。脱列哥那后信用从波斯俘掳来的女巫师法迪马，继续任用奥都剌合蛮一派势力。脱列哥那后曾以钤有御玺的空头文书交付奥都剌合蛮，由他随意**填写发布**，由于耶律楚材反对而停止实行。

蒙古汗位虚悬，脱列哥那与拔都两大势力形成对峙。中书右丞相、畏兀人镇海往西凉，投依处于中立地位的宗王阔端（窝阔台第二子）。 忽里模子人牙老瓦赤，原受任主管汉民公事，因诬告燕京行省长官刘敏及贪贿掌事获罪，也逃往阔端处避祸。其子麻速忽原主管河中地区，被罢免，投依拔都。波斯地区长官阔里吉思被处死。脱列哥那争取阔端和东部诸王的支持，取得了胜利。

一二四六年秋，脱列哥那召集诸王，举行大会。拔都派遣弟别儿哥代他来参加。大会推选贵由（定宗）继承汗位。次年冬季，脱列哥那后病死。

二、贵由汗的短暂的统治

定宗贵由当选大汗时，已四十一岁。在位不满**两**年即病死。他在位期间，有以下几件大事。

追查铁木哥事件 窝阔台死后，铁木哥斡赤斤企图谋乱未遂。贵由即汗位，首先追查此事，委付皇弟蒙哥（拖雷子）及斡儿答（尤赤子）审处有关人员。铁木哥的部下官员多人被处死。

任用被黜官员　贵由陆续起用脱列哥那摄政时期罢黜的官员。镇海是"先朝旧臣",恢复了中书右丞相的官职。牙老瓦赤仍受命管理汉民政事。麻速忽也恢复原职,管理河中一带。阿儿浑代阔里吉思治波斯。

脱列哥那信用的波斯女巫法迪马,被控以巫术谋害宗王阔端罪。贵由处死法迪马及其党羽多人。贵由又借故杀奥都剌合蛮,对他所代表的一派政治力量,给予沉重的打击。

察合台死后,其封地(兀鲁思)原应由他的孙子哈剌旭烈承嗣。贵由左祖也速蒙哥(察合台子),以为有子不应先传孙,命也速蒙哥继承父位,主管察合台兀鲁思事。

招致吐蕃　早在窝阔台即汗位时,便将原来西夏的部分地区赐给他的儿子阔端作封地。阔端率领大批军队驻于河西,着手经营吐蕃。

一二三六年,阔端奉命率西路军入四川。命宗王末哥分兵由甘南进军,以按竺迩为先锋,破宕昌、阶州,攻文州,由古阳平道入川。这些州县多为汉藏杂居地区。按竺迩招徕了吐蕃酋长勘陁孟迦等十族。阔端任命一些吐蕃的首领为边州长官。

一二四〇年,阔端派遣部将朵斡耳答答刺罕率军侵入吐蕃地区。由于窝阔台病死,朵斡耳答撤军。阔端根据朵斡耳答的报告,知道萨迦派是吐蕃最有影响的教派,由款氏家族世袭统治。于是写信给主持萨迦寺的萨迦·班底达·公哥监藏，邀请他来访凉州附近的阔端王府营帐。一二四四年，萨迦·班底达携带他的两个侄儿，九岁的八思巴和六岁的恰那朵儿只，应召前往凉州。一二四七年，萨迦·班底达会见了从和林选汗归来的阔端，代表吐蕃各地方、各教派僧俗势力同阔端达成协议，承认吐蕃归属蒙古。萨迦·班底达发出一封《致乌思藏纳里僧俗诸首领书》。在信中，他借用阔端的话，强调蒙古诸王承认他是吐蕃各部的"头"，"其余未附者为足"。他并传达了阔端的谕令：凡各地俗官中在职官吏，皆仍任原职不变；任命萨迦的金符官和银符官为各地的达鲁花赤。各地官吏名单、俗众人数、应纳贡赋的数目，都要缮成清册，上报给阔端和萨迦寺。从此，蒙古汗通过萨迦·班底达这位宗教领袖确立了对吐蕃的统治，而萨迦统治集团也依靠蒙古汗的支持，取得了吐蕃政教领袖的地位。各地方、各教派僧俗封建主仍保持原有地位，对蒙古纳贡称臣。

西征的继续 贵由在一二四六年即位后，继承成吉思汗和窝阔台的事业继续扩张。他把南伐宋朝的任务仍委任察罕。但除汉人降将张柔、史权等在边地有过小规模的作战外，察罕并不曾有计划地大规模南侵。贵由显然更为重视西方的波斯。一二四七年秋，他命野里知吉带领兵西行，以平定波斯境内新附诸国。一二四八年春，贵由以和林气候不宜他的病体为理由，亲自去叶密立封地。人们担心贵由西征，将不利于拔都。拖雷妻唆鲁禾帖尼派遣使臣密告拔都注意防备。拔都东行至阿剌塔黑山来迎。三月间，贵由行至横相乙儿之地病死。

这年，蒙古草原大旱，河水干涸，野草自焚，牛马死亡十分之八九，人不聊生。自从脱列哥那摄政以来，诸王和各部贵族贪求无厌。有的派使者到燕京以南各州县搜括钱财、货物、弓矢、鞍勒等，有的派人到中亚和畏兀儿勒索珠玉，有的派人往黑龙江下游猎取鹰鹘，驿骑络绎不断，人民生活日益穷困。《元史·太宗纪》编者说："自壬寅（一二四二年）以来，法度不一，内外离心，而太宗之政衰矣。"

三、汗位争夺与蒙哥统治的确立

贵由统治两年后病死，汗位的继承再次引起纷争。

定宗贵由后斡兀立海迷失，是蒙古斡亦剌部长之女，在贵族中有较高的地位。贵由死，她留居贵由的封地叶密立摄政。和林汗位空悬。

拔都以王室之长的资格，在阿剌塔黑山邀集诸王集会选汗。尤赤及拖雷系后王应邀到会，但窝阔台、察合台系的后王，以大会应在蒙古本土举行为理由，拒绝参加。成吉思汗四子中，尤赤、拖雷与窝阔台、察合台的后裔宗王，逐渐形成两个对立的派系。按照幼子继承的惯例，成吉思汗直接统领的部兵十二万九千人，作为家庭的遗产，由拖雷继承了十万一千人，其余分给诸子，因而拖雷在诸王中有较强的兵力。拖雷正妻唆鲁禾帖尼生四子：蒙哥、忽必烈、旭烈兀和阿里不哥。蒙哥幼时曾由太宗窝阔台抚养，并曾随拔都西征，攻打钦察和斡罗思。定宗贵由死后，拔都提议选举蒙哥继承大汗。海迷失后派遣使者八刺参加大会，提出异议。他以太宗窝阔台曾有意于阔出长子失烈门为理由，主张推举失烈门为汗。忽必烈反驳说："窝阔台有命立失烈门，但前者脱列哥那后已经立贵由。你们早已背弃窝阔台遗命，还有甚么可说！"大将兀良合台说："蒙哥聪明睿智，谁都知道。拔都的提议很对。"大将忙哥撒儿也竭力主张推选蒙哥。但是，按照传统的惯例，诸亲王不到，选汗仍不能定议。拔都等议定，派别儿哥等率军偕蒙哥返回蒙古本土，再邀约各系宗王在鄂嫩河畔重开忽里勒台，正式选汗。

但是，反对蒙哥的亲王，仍然有很大的力量。除窝阔台系失烈门而外，贵由的两子火者和脑忽都企图继承汗位。察合台系的也速蒙哥也主张汗位应属窝阔台后人。拔都和唆鲁禾帖尼多次遣使往来商议，不得一致，前后迁延约两年之久。一二五一年六月，拔都定议，由唆鲁禾帖尼在克鲁伦河和鄂嫩河源的阔帖兀阿阑之地，正式举行大会，推选蒙哥（宪宗）即汗位，违反札撒者处斩。

蒙哥在诸系亲王意见分歧的情况下继承汗位。随即镇压反对派，更改政制，以巩固他的统治。

镇压窝阔台后王的反抗 选举蒙哥为大汗的大会，失烈门、火者、脑忽等均拒不参加。选举之后，失烈门、脑忽和脱脱（窝阔台孙，哈剌察儿子）率领军兵而来，企图以祝贺为名，策划在诸王欢宴时发动叛乱。蒙哥得知后，派遣大将忙哥撒儿领兵二、三千人出迎，随即把三王逮捕审问，杀从叛将士七十人。贵由所任命的驻波斯的将军野里知吉带，也因二子参与谋乱，被处斩。

次年，蒙哥以巫蛊罪，处死了贵由后海迷失和失烈门母，并谪迁从叛诸王。

蒙哥又命哈剌旭烈往代也速蒙哥主持察合台兀鲁思。哈剌旭烈在途中病死，其妻兀鲁忽乃杀也速蒙哥，自任摄政。

更改政制 蒙哥继位后，随即任命亲信官员，并对政制作了某些更改，以加强大汗的权力。

大将忙哥撒儿拥立蒙哥时有功，被任命为大断事官（也可札鲁忽赤）。景教徒孛鲁欢掌管文书，宣布号令及朝内外闻奏诸事。以晃兀儿驻守和林，掌管宫廷、帑藏诸事，阿蓝答儿为副。

蒙哥任命弟忽必烈主管漠南汉地军政诸事，驻在爪忽都，即诸乣地带，并统领陕西和河南地区。又派札鲁忽赤前往各地主持政事。汉文资料中沿袭金制把这些官员称为行尚书省事。如以牙老瓦赤、布智儿任燕京等处行尚书省事，麻速忽等任别失八里等处行尚书省事,阿儿浑任阿姆河等处行尚书省事,分别管理当地财赋和民刑公事。

窝阔台时南侵宋朝的军队分布在各地,蒙哥任命察罕、也柳干统两淮等处蒙古汉军,带答儿统四川等处蒙古汉军,和里觯统吐蕃等处蒙古汉军,继续侵宋和吐蕃未降诸部。

蒙哥又依惯例拘收前朝所发付的牌印、诏旨、宣命。对诸王和官属向民间的征敛,也做了若干限制。阿儿浑自波斯来参加推选蒙哥的大会,大得蒙哥的嘉奖。阿儿浑返回波斯后,也制定了按贫富征赋税的制度。

蒙哥统治确立后,随即向四方展开侵掠:命其弟旭烈兀领兵征掠西亚的木剌夷和巴格达的阿拔斯王朝哈里发;命塔塔儿人撒里等征欣都思(印度)和怯失迷儿(克什米尔);命忽必烈南征云南的大理等国,并绕道侵宋;命宗王也古(合撒儿子)、札剌亦儿带火儿赤等领兵侵高丽。

四、旭烈兀西征

一二五三年十月,旭烈兀统领大军出发,目标首先指向木剌夷地区。

灭木剌夷 木剌夷是伊斯兰教亦思马因派的一个特殊宗教区。亦思马因是古代伊斯兰教什叶派一个未就任的教长的名字。他的儿子摩诃末继承传教,形成一个特殊的派别。十世纪时,占领埃及、叙利亚和阿拉伯的一部分, 建立起与黑衣大食匹敌的强国。十一世纪,此派的哈撒撒巴到波斯传教,占据阿剌模忒堡,逐渐发展势力,在里海以南占据众多的堡寨,实际上形成独立的宗教国。阿拉伯语称此教派为木剌夷,义为"外道"。木剌夷经常出外暗杀和抢掠财货,在波斯诸大城中造成恐怖。蒙哥随从拔都西征时, 已经得知木剌夷的祸患,决意把他们消灭。

旭烈兀出发前,蒙哥曾命令各宗王抽出兵士从征,并随带汉人工匠千人管理投石发弩和发射石油等火器。旭烈兀大军途经阿力麻里,察合台王妃兀鲁忽乃设宴迎劳。至河中地区,麻速忽等将官来迎。一二五五年秋,到达撒马尔罕,留驻四十日。至碣石城,波斯行省阿儿浑前来迎接。旭烈兀在这里派遣使者告谕西亚诸王,协同消灭木剌夷。

一二五六年初,旭烈兀军渡过阿姆河。六月,到达木剌夷界。由大将怯的不花(乃蛮人)率领的先锋军一万二千人已经攻下木剌夷的寨堡数处。木剌夷首领鲁克那丁派遣弟沙歆沙来求和,旭烈兀指令鲁克那丁亲自来降。鲁克那丁拖延不决。十一月,旭烈兀军发动猛攻,鲁克那丁被迫出降。十二月,蒙古军又攻下阿剌模忒堡。一二五七年初,鲁克那丁请求入朝蒙哥汗,蒙哥拒不接见,并派军校在他返回途中把他杀死。他的族人也都被处死。亦思马因派人多被屠杀,木剌夷被完全消灭了。

灭黑衣大食 旭烈兀灭木剌夷后，曾回到哥疾云城暂驻。一二五七年三月，自哥疾云到哈马丹。驻守阿塞拜疆的拜住来见。旭烈兀偕同拜住等继续向西进军，指向黑衣大食的都城巴格达。

黑衣大食是建立于八世纪的伊斯兰教古国。七四九年，伊拉克地主阿布·阿拔思建阿拔思朝，取代了倭马亚朝哈里发。阿拔思朝衣尚黑，故唐代史籍称为"黑衣大食"。哈里发是伊斯兰教的最高教主，他具有如象基督教教皇那样的宗教权力，同时又直接统治黑衣大食国。信奉伊斯兰教的其它国家，都要向哈里发称藩，接受哈里发的册封。当旭烈兀进兵时，哈里发名谟思塔辛，在位已十五年。巴格达城是黑衣大食的首都，也是整个伊斯兰教世界的都城。它在底格里斯和幼发拉底两水之间，地处东西方交通的要道，又是繁荣的商业城市。

一二五七年冬，旭烈兀、拜住等分三路进军，围攻巴格达。一二五八年一月，三军合围，同时发动进攻，用炮石攻打巴格达城楼，连攻六日，城门的戍楼被炮火击毁。二月，哈里发出城投降。旭烈兀入城，把巴格达五百年积藏的金银珍宝，全部运走。蒙古兵士在城中杀掠七日后，才下令止杀。旭烈兀随即在军营将谟思塔辛处死，任命阿里八都儿为巴格达城长官。黑衣大食宗教国被消灭了。旭烈兀派遣使臣向蒙哥汗报捷。

蒙哥把阿姆河以外之地，都委付旭烈兀统治。

五、忽必烈治理中原和蒙军的继续南侵

忽必烈在蒙哥汗时受命治理漠南汉地军国大事。他依靠一批汉人儒生幕僚的帮助，几年内，在中原若干地区内建立起统治秩序，并搜罗和培养了一批治国人才。同时，他还奉蒙哥之命，领兵发动了灭亡大理国和侵掠南宋的两次战争。

汉族幕僚集团的形成 忽必烈从青年时代就已结识中原文士，熟悉中原汉地的情况。成吉思汗以来，蒙古诸王都兼容各种宗教，以为各教的教士都能"告天"祈福。燕京大庆寿寺海云和尚早为蒙古大汗所尊崇。一二四二年，忽必烈把他请到漠北帐下，问询"佛法大要"养生之道和安天下之法。海云回答说："我释迦氏之法，恐怕大王不能实行。还是应该访求中原的大贤硕儒，向他们请教古今治乱兴亡之事"。海云去漠北时，路过西京南堂寺，听说寺中的青年僧人子聪博学多才，就邀他同行。子聪十七岁时在邢州当过小吏，不能得志，便到武安山出家，后又寄食南堂寺。他博览群书，精习《易经》和邵雍的《皇极经世书》，通天文、地理、律历和三式、六壬、遁甲等卜算之术。当海云南还时，忽必烈将子聪留在左右。同年，西京怀仁人赵璧也应召到忽必烈左右，被称为秀才。赵璧学习蒙古语，为忽必烈译讲《大学衍义》。忽必烈派蒙古学生十人，向赵璧学习儒

书；又派他驰驿四方，聘请中原名士。

一二四四年，金朝状元王鹗由赵璧荐引到忽必烈王府，为忽必烈讲《孝经》、《尚书》、《易经》及儒家的政治学和历史，常至深夜。一二四七年，僧子聪推荐他的同学张文谦到忽必烈幕下，被任为王府书记。子聪另一个同学张易也被引用。同年，史天泽的幕僚张德辉被忽必烈召见，推荐名士魏璠、元好问等二十余人。一二五二年，张德辉和金朝名儒元好问北上见忽必烈，奉上"儒教大宗师"尊号，忽必烈欣然接受了这个称号，并特准免除儒户的兵赋。

窦默、姚枢和许衡是儒学经师，也先后被忽必烈招揽。一二三五年，阔出太子南伐，译史杨惟中命姚枢随军搜求儒、道、释、医、卜者。蒙古军破德安府，俘掳南宋理学家赵复，姚枢从他那里得到二程、朱熹所著书。窦默在金末由蔡州逃难到德安府孝感县，从县令谢宪子学习伊洛性理之书，阔出军南下时也被杨惟中招致。儒生许衡，因同姚枢、窦默结识，三人一起研习程朱道学。一二四九年和一二五〇年，窦默和姚枢先后被忽必烈召用。窦默为忽必烈讲解"三纲五常"、"正心诚意"之说，姚枢为忽必烈讲解儒家治国平天下之道。

按照蒙古的制度，凡诸王、贵戚封地的汉族官员，须将子弟送往封君处作人质。真定府是唆鲁禾帖尼的采邑，藁城令董文炳之弟文用、文忠先后应召入侍忽必烈。文用曾在真定以词赋应试，被忽必烈留在身边主管文书,并为忽必烈延请亡金遗老。

一二五一年蒙哥即位后,忽必烈受命治理汉地,在以后十年间,继续聚集流落的儒生和地方军阀的门客,在他周围组成一个幕僚集团。忽必烈通过他们以争取汉人地主、士大夫对他的支持。他们也力图影响忽必烈,使之接受以儒学为核心的封建文化和制度,以保护地主阶级的利益。

用汉法治中原　忽必烈首先整治的地方是邢州。一二三六年,窝阔台在中原括户口后,将邢州一万五千户分赐给功臣斡鲁纳氏的两个答剌罕(牧人八答和启昔礼兄弟因报告王罕等偷袭成吉思汗的密谋有功,被成吉思汗赐号答剌罕,意为“大自在的人”,子孙世袭),由他们自派达鲁花赤统治。达鲁花赤肆意敲剥,百姓四处逃亡,十余年后,仅剩下五七百户。两答剌罕于是向忽必烈请求良吏代为治理。僧子聪、张文谦推荐真定儒者张耕、东平严实幕僚刘肃等安抚邢州。他们到邢州后,“洗涤蠹敝,革去贪暴,流亡复归”,据说不到几个月,邢州大治,户口增加几十倍。忽必烈由此更加深信儒吏。

一二五二年,宋军攻打河南边地。忽必烈请准蒙哥在河南设经略司,任命忙哥、史天泽、杨惟中、赵璧为经略使。史天泽等至河南,打击贪淫暴戾的地方军阀刘福,将两个横暴的州县官处死,兴利除害,甚得民心。又组织兵民屯田唐、邓等州,置屯田万户府于邓州,加固城垣。

一二五三年，蒙哥分赏诸王，忽必烈得到京兆封地。忽必烈建立京兆宣抚司，任命孛兰和杨惟中等减关中常赋之半，处死横暴害民的郭千户，军帅的不法行为因而大减。一二五四年夏，忽必烈驻六盘山，命廉希宪代杨惟中为关西宣抚使，姚枢为劝农使，商挺为宣抚副使。廉希宪是汉化的畏兀儿人，自十九岁入侍忽必烈王府，得学汉儒经史。廉希宪等到任后，颇能注意民间疾苦。姚枢荐许衡为京兆提学，郡县都建学校。窝阔台时曾下令不得俘掠儒士为奴，京兆豪强多不奉行。廉希宪下令将俘掠的儒士，一律释放，编入儒籍。忽必烈在关中的一些措施，博得了汉人地主儒生的广泛支持。

一二五六年，忽必烈又增受怀孟州封地。商挺受命兼治怀孟，对豪猾有所打击。一二六〇年，忽必烈派幕僚覃澄为怀孟路总管。覃澄在当地开渠，引沁水溉田，讲求农桑种植之利，促进了当地农业的恢复和发展。

灭大理　一二五二年六月，忽必烈去曲先脑儿（蒙哥驻夏之地）进见蒙哥汗。蒙哥命忽必烈率军征云南，兀良合台总督军事。

云南地区，在唐代曾由一度强大的南诏国统治。宋代，这里建立了大理国。这时，大理已国势衰微，国主段兴智大权旁落，大臣高氏兄弟篡权，内政腐败。统治阶级和被统治阶级之间固有的矛盾更加激化，占统治地位的白蛮、乌蛮同弱小部族之间的矛盾、统治阶级内部的矛盾也有发展。丽江地区的么些蛮(纳西族)已逐渐摆脱了大理国的统治；为南诏所征服的白夷、金齿(傣族)也恢复故地，势力越来越强；建昌府乌白蛮诸部的首领段氏，并吞诸部，自为府主。大理国主的号令不行，内部分崩离析。一二五三年，忽必烈率领大军在六盘山度夏。秋天，大军经过临洮进入藏族地区，到达甙刺(今四川松潘)地方，分兵三道前进：兀良合台率兵取西道；诸王抄合、也只烈率军取东道；忽必烈自领中路大军经大雪山，过大渡河，又穿行山谷二千余里，抵达金沙江岸。忽必烈军乘皮筏渡江，经由旦当岭(丽江北部)而来的西路军到此会合。一二五四年初，忽必烈军包围了大理城。大理军民杀死来招降的使者，出城迎战失利。段兴智和高祥弃城逃走，大理城陷。忽必烈派大将也古和霸突鲁追击高祥，斩于姚州。

蒙古军灭大理后，忽必烈命兀良合台继续东征未降服的各部，命刘时中为大理宣抚使，以稳定大理国的统治。忽必烈自己率军北返。兀良合台军进克押赤城。段兴智逃往昆泽(今宜良)，被蒙军俘掳。经过两年的激战，又征服了赤秃哥国(即罗施鬼，今贵州西部)，罗罗斯(今四川西昌地区及凉山彝族自治州)，和白蛮波丽国(今元江一带)。白蛮首领细嵯甫被擒。

兀良合台征服大理各部后，遣使向蒙哥汗报捷，并将大理国主段兴智、波丽国主细嵯甫等人作为俘虏上献。蒙哥采取怀柔政策，放他们回去继续统治原属各部。段兴智感激蒙哥便献出地图，并亲自领兵作前锋，引导兀良合台讨平继续抵抗的各部；又向蒙哥提出"治民立赋之法"，以巩固蒙古对云南的统治。

修建开平城　忽必烈受命主持汉地事务，常驻桓、抚二州之间。一二五六年春，忽必烈命僧子聪在桓州东、滦水北选择地址，建开平府城，营造宫室，作为王府常驻之所。召真定人贾居贞，监筑府城。

忽必烈以开平为基地，统治汉地，控制关中，延揽儒士，推行"汉法"，又取得北方军阀严氏、史氏和张柔等的支持。史称他"能用士而能行中国之道"，"得中土心"。他在蒙古统治集团中逐渐形成为一支得到汉地地主阶级支持的势力。

忽必烈势力的发展，引起蒙哥的疑忌。一二五七年，蒙哥命阿蓝答儿等在关中设钩考局，查核京兆、河南财赋。阿蓝答儿等从河南经略司、京兆宣抚司的官员中，罗织一百余条罪状，旨在除灭忽必烈所信用的官员，削弱他的势力。姚枢向忽必烈献策说："汗是君，是兄；大王是弟，是臣 事情难与计较，否则就要受祸。不如王府男女自回朝廷，准备久居。汗的怀疑自然会消除。"忽必烈随即把妻室家属送到和林。这年十二月，又亲自去朝见蒙哥。蒙哥见忽必烈来朝，相对泣下，要他不必再作表白。

侵宋战争　一二五七年秋，蒙哥召诸王集会，决议明年大举伐宋。蒙哥决心亲自出兵，对诸王说："我的父、祖都成大业而享盛名，我也要这样干。"蒙哥命弟阿里不哥留守和林大汗斡耳朵，阿蓝答儿为辅。这年冬天，蒙哥离开和林，一二五八年春到达六盘山。蒙哥与诸将集议分三道侵宋。蒙哥自将兵四万，号称十万攻打四川。宗王塔察儿（铁木哥斡赤斤孙）领东路兵出襄汉。兀良合台这时已征服云南全境，并在一二五七年进兵交趾。一二五八年春，安南国王请降。蒙哥命兀良合台领兵北上，与东路军在长沙会师。三军会师后再围攻南宋首都临安。

蒙哥亲自统率主力军自六盘山出发，分三路并进。蒙哥入大散关，末哥（蒙哥异母弟）入米仓关，孛里叉万户入沔州。纽璘率先锋军向成都进兵，败宋刘整军，破成都。一年之间，蒙古军长驱而下，宋四川各地守军，相继败降。但是东路的塔察儿军却作战不利。一二五八年秋，蒙哥改令忽必烈代领塔察儿军渡淮攻打鄂州。并命宿州的严忠济率师会鄂。忽必烈行至濮州，召严氏幕僚宋子贞、李昶问以治国用兵之要。

一二五九年春，蒙哥亲自领兵攻打合州。宋合州守将王坚凭钓鱼城坚守。蒙军连续攻城数月不能破，被困在钓鱼城下。七月间，蒙哥亲自领兵到城下猛攻。宋军发炮石反击。蒙军败退。蒙哥死在军中。

忽必烈所领的东路军八月进至鄂州对面的长江北岸。九月，末哥遣使告蒙哥死讯，请他北返。忽必烈仍坚持渡江，围攻鄂州，与经广西、湖南北上的兀良合台军会合。十二月，忽必烈得知阿里不哥策划继承汗位，便匆忙地许宋议和，轻骑北上，经燕京返回开平。

第三节 元朝多民族国家的建立

（一）忽必烈的建国与争夺汗位的斗争

一、忽必烈的即位建元

忽必烈在江北，得知蒙哥死讯，渡江围鄂州。这时，忽必烈妻弘吉剌氏自开平遣使臣来，密报阿里不哥在漠北图谋继承汗位。忽必烈在军前召集他的将领、幕僚商议。郝经说："大王虽然素有人望，且握重兵，但是不知道海陵王的故事么？倘若他（指阿里不哥）自称受遗诏，便正位号，下诏中原，大王要回去还能行吗？"郝经建议："断然班师，亟定大计，销祸于未然。"廉希宪说："殿下太祖嫡孙，而且收召才杰，悉从人望，率土归心。愿速还京，正大位以安天下。"忽必烈命廉希宪先行，观察事变。又命他前往赐宗王塔察儿饮膳，乘机提出拥立忽必烈的建议。塔察儿赞同此议，愿首倡推戴。

一二五九年底，忽必烈许宋议和，自己轻车简从北返，驻燕京近郊。一二六〇年三月，返回开平，召集塔察儿等宗王大将，即在开平举行选汗大会。忽必烈弟末哥、东道诸王塔察儿、移相哥（哈撒儿之子）、忽剌忽儿（成吉思汗弟哈赤温子）、爪都（成吉思汗弟别里古台孙），西道诸王合丹（窝阔台子）、阿只吉（察合台子）等拥立忽必烈（元世祖）即汗位。

忽必烈即汗位后，首先任命亲信祃祃、赵璧、董文炳为燕京路宣慰使，以加强对华北的统治。四月，设立中书省，总管内外百司之政，任命山东军阀李璮的幕僚王文统为平章政事，张文谦为左丞。又任八春、廉希宪、商挺为陕西四川等路宣抚使，粘合南合、张易为西京等处宣抚使。

忽必烈即位后，采纳僧子聪等幕僚的建策，依据汉人封建王朝的传统，颁布即位诏，称皇帝。自成吉思汗建立蒙古国家以来，从未建立年号。忽必烈始建元"中统"，下诏说："稽列圣之洪规，讲前代之定制。建元表岁，示人君万世之传。纪时书王，见天下一家之义。法《春秋》之正始，体大《易》之乾元"，表明他是中原封建王朝的继承人。

接着，忽必烈命亲信官员分任十路宣抚使、副使，其中大多是他的汉人幕僚。七月，改燕京路宣慰司为行中书省，以祃祃为丞相，赵璧为平章政事，张易为参知政事，与平章政事王文统同行中书省事于燕京。八月，又立秦蜀行中书省，以廉希宪为中书右丞，行省事。忽必烈巩固了在中原的统治，随即命诸路输马匹、粮草于开平，以备与阿里不哥一战。

二、与阿里不哥之战

按照蒙古传统惯例，选汗的忽里勒台应在鄂嫩河、克鲁伦河之地举行，而且必须有各系宗王参加。忽必烈在汉地自行集会选汗，显然与传统不合。这时，阿里不哥留守和林大斡耳朵，蒙哥死后监国。忽必烈自立为汗后，阿里不哥也随即在和林举行大会。蒙哥诸子阿速台、玉龙答失及察合台系宗王数人，拥立阿里不哥为汗。

蒙古国家军队的主力，原由蒙哥统率侵宋。蒙哥死后，大将哈剌不花率部退据六盘山，与留守这里的浑都海部会合。阿里不哥派出霍鲁怀、刘太平等来陕西，拘收钱谷，企图与六盘山驻军联合，自关中进兵。廉希宪、商挺等来京兆，先发制人。六月，以谋反罪处死霍鲁怀、刘太平，并处死浑都海在四川的党羽乞带不花、明里火者。忽必烈诏令陕西四川宣抚使八春节制诸军，命巩昌权总帅汪良臣统率陕西汉军防御六盘山的军队。

九月，阿里不哥派遣阿蓝答儿领兵南下，至西凉府，与浑都海军会合东来，哈剌不花因意见不和引兵北去。忽必烈命诸王合丹、合必赤与八春、汪良臣等率领蒙、汉军迎战。两军大战于删丹，阿里不哥军溃败。阿蓝答儿、浑都海相继被杀。

忽必烈亲率大军去和林，攻打阿里不哥。七月自开平出发。九月，至转都儿哥之地。阿里不哥败逃，退至乞儿吉思地，派遣使者与忽必烈相约，邀集西北诸王正式选汗。忽必烈命宗王移相哥统领一军留驻和林，以待阿里不哥。十月，忽必烈领兵南返，十二月至燕京，赏赐拥立诸王。一二六一年二月，返回开平。

一二六一年秋，阿里不哥率领斡亦刺等部众，突然袭击移相哥军，乘胜南下。忽必烈得警，急忙征调张柔、严忠嗣、张宏等七处汉军，并令董文炳率射手千人，塔察儿率军士万人随从出征。十一月，忽必烈军与阿里不哥战于昔木土脑儿。诸王合丹、驸马腊真、丞相线真和兀鲁、忙兀二部军为右军；诸王塔察儿、太丑台和史天泽等将左军；诸王哈必赤将中军，合势进攻，斩阿里不哥的大将合丹火儿赤。塔察儿与合必赤分兵奋战，大破斡亦刺军。阿里不哥后军阿速台复至，再战，两军杀伤相当。阿里不哥北撤，忽必烈也还军。

察合台汗领地（兀鲁思）原由兀鲁忽乃妃子摄政。忽必烈即位后，即派遣察合台曾孙阿必失哈偕弟纳邻合丹去阿力麻里主持政事。二王行至途中被阿里不哥捕获。阿里不哥乃派察合台孙阿鲁忽（拜答儿子）去察合台汗地执政，以为声援，并防御在波斯的旭烈兀。阿里不哥远在漠北，从汉地北运的粮食断绝，给养缺乏，便派遣使者去察合台汗领地征敛。阿鲁忽杀使者，转而拥护忽必烈。

一二六二年秋，阿里不哥领兵往征阿鲁忽。阿鲁忽在普剌城迎战，斩阿里不哥大将哈剌不花。阿鲁忽得胜而回，不再戒备。阿里不哥的后军阿速台突然进至阿力麻里地区，阿鲁忽败走和田、喀什噶尔。阿里不哥军遂驻冬阿力麻里，阿鲁忽西走撒马尔罕。

阿里不哥进驻阿力麻里后大肆屠掠，阿鲁忽部下多被杀死。一二六四年春天，又值饥荒，人民死亡甚多。阿里不哥部下将士多逃至驻在阿尔泰地区的扎布汗河上的玉龙答失，共商归降忽必烈。阿里不哥众叛亲离，又怕阿鲁忽报复，走投无路，不得不投附忽必烈。

阿里不哥来见忽必烈请罪。忽必烈问他说：我和你谁对？阿里不哥回答说：在以前，是我对。今天，算你对。忽必烈命宗王和将领审讯拥立阿里不哥的诸臣，孛鲁欢等被处死。忽必烈又分遣使者征询波斯旭烈兀、钦察别儿哥和察合台兀鲁思的阿鲁忽三王，决定赦免阿里不哥及阿速台罪。不久，阿里不哥病死。

三、西北汗国的分立

成吉思汗生前曾把蒙古的广阔领域，分封给朮赤、窝阔台、察合台，而由拖雷直接继承漠北的蒙古地区。随着汗位继承的变动和领域的扩展，到忽必烈建国时，西北实际形成为三个兀鲁思，并且越来越走上独立发展的道路。

钦察兀鲁思——成吉思汗长子朮赤封地，包括自海押立西至撒黑辛、不里阿耳之地。拔都西征，自钦察草原攻破斡罗思地。一二四一年窝阔台死后，拔都在钦察草原实际上已形成一个独立的兀鲁思。一二五六年，拔都病死，子撒儿塔、兀剌赤也先后死去。一二五七年拔都弟别儿哥继承汗位。在忽必烈争夺汗位的斗争中，别儿哥实际上是支持阿里不哥一方，而与支持忽必烈的旭烈兀不和。一二六二年以来，别儿哥与旭烈兀多次作战。阿里不哥败降后，忽必烈邀约亲信诸王在一二六七年集会。别儿哥在一二六五年病死。拔都弟忙哥帖木儿继承汗位。诸王大会未能举行。

察合台兀鲁思——察合台后王阿鲁忽西走撒马尔罕后，兵势复振，迫使进驻阿力麻里的阿里不哥归命于忽必烈。一二六四年，阿鲁忽死。兀鲁忽乃妃子以子木八剌沙继位。察合台曾孙八剌这时在忽必烈处。忽必烈命他与木八剌沙共同执政。八剌回去后废木八剌沙，自立为汗。

伊利兀鲁思——旭烈兀西征波斯，受蒙哥汗命统领阿姆河以西之地。在汗位争夺中，旭烈兀是忽必烈的支持者。一二六四年，旭烈兀在阿剌塔黑驻夏之地兴建宫殿，并任命诸子和将领为各地的长官，形成另一大兀鲁思。领地东起阿姆河，西与叙利亚和鲁木相接。一二六五年二月旭烈兀病死，子阿八哈继位。

窝阔台后王——窝阔台封地原在额敏河一带。蒙哥即位，窝阔台系后王遭到镇压，封地被分裂为几个独立的领地。窝阔台孙海都（合失之子）被封到海押立。海都支持阿里不哥，反对忽必烈。阿里不哥败后，又拒不入朝，逐渐成为忽必烈的一大敌对势力。

忽必烈在汉地称汗建国时，西北的钦察、察合台、伊利三个兀鲁思实际上已经分立。但是忽必烈和他以后的元朝皇帝，在名义上仍是蒙古大汗的继承者。各兀鲁思宗王推戴的君主，有权处理本国的大事，但须向元朝皇帝奏报。各兀鲁思汗位的继承也要得到元朝皇帝的认可。

（二）李璮之乱的平定与元朝的建号、建都

一、李璮之乱的平定

当忽必烈与阿里不哥相持不下的同时，一二六二年二月，山东爆发了军阀李璮的武装叛乱。

李璮是叛降蒙古的南宋民兵首领李全之子。一二三一年李全侵宋败死，李璮承袭父职，辖地称益都行省，成为专制一方的军阀。一二六〇年，忽必烈即位，加封李璮为江淮大都督。忽必烈北征阿里不哥，李璮借口防御南宋，拒不出兵。一二六二年二月，李璮乘忽必烈与阿里不哥作战的时机，起兵反，以涟、海三城献于宋，还军益都，占据济南。忽必烈急召诸路蒙汉军去济南作战，命诸王合必赤总督诸军。三月，史枢、韩世安、阿尤等败李璮于高苑老僧口，李璮退守济南。四月，忽必烈又命右丞相史天泽专征。史天泽与哈必赤定

议，筑环城围济南，进行长期围困。李璮被围四月，城中粮尽。李璮投大明湖，不死，被俘。史天泽斩李璮于军前。

李璮之乱，只局限于益都、济南一隅，而且起兵五月即败死。但是，李璮之乱的爆发却对忽必烈的统治政策和当时的政局产生了深远的影响。

削兵权——金朝末年，各地地主武装，据地自保，形成为具有强大势力的军阀。蒙古侵金，他们投降了蒙古，继续各据一方，世袭兵权，有如藩镇。真定史氏（天泽）、满城张氏（柔）、东平严氏（实）、济南张氏（宏），是其中最强大的几家。忽必烈依靠他们的支持取得汗位，也依靠他们的兵力迅速镇压了李璮，但李璮之乱也暴露出汉人军阀势力的发展对蒙古统治的严重威胁。

李璮败后，一些儒臣上书，说乱事之起，是由于诸侯权太重。姚枢奏请"罢世侯，置牧守"，即解除军阀世袭的兵权，在地方上实行兵民分治。史天泽上奏说："兵民之权，不可并于一门，行之，请自臣家始。"史氏子侄即日解除兵权的有十七人。满城张柔已在一二六一年请致仕，命第八子弘略袭职为顺天路管民总管、行军万户。李璮败后，张弘略解除兵职，宿卫京师。第九子张弘范也罢免军职。东平严实早在一二四〇年病死，子忠济袭职东平路行军万户、管民长官，统领重兵。弟忠嗣、忠范都为万户。一二六一年，严忠济即因威权太盛而被借故罢黜，由严忠范代领。李璮乱后，严忠嗣罢官家居。严忠范也召入京师,任兵刑部尚书。济南万户张宏也解除军职,迁真定路总管。忽必烈又在地方实行军民分治,分益都军民为二,董文炳领军,撒吉思领民。以后这一制度在各地推广,诸路管民官理民事,管军官掌兵戎,从而把各地的兵权进一步集中到朝廷。

杀王文统——忽必烈初建国,沿袭金朝中书省的制度,任命王文统等为中书省官。一二六一年,忽必烈以史天泽为中书省右丞相。耶律楚材子耶律铸原在和林,阿里不哥称汗,耶律铸来附忽必烈,被任为中书左丞相。忽必烈又命蒙古人不花为中书右丞相,忽鲁不花为中书左丞相,王文统、塔察儿、廉希宪、赛典赤为平章政事。王文统建立规模法度,任事甚多。国家财政赋税、差发、盐铁诸事也多由王文统裁处。

忽必烈周围的汉人文臣,来自不同的仕途。一部分原是军阀藩府的幕僚,一部分是业儒的文人。他们同是代表汉人地主的利益,但在某些方面又有歧异。王文统执政,与张文谦不合。张文谦以左丞出朝,行大名等路宣抚司事。窦默、王鹗等在忽必烈面前公然指责王文统"学术不正,不宜在相位"。姚枢也对忽必烈说,王文统"学术不纯","他日必反"。王文统则向忽必烈建策,以姚枢为太子太师,窦默为太子太傅,许衡为太子太保,使姚枢等不能参与朝政。姚枢等以太子未立,辞不受命。

王文统原在李璮的幕府,又以女儿嫁李璮。李璮乱起，人们揭露王文统曾派儿子王荛与李璮通消息。忽必烈查出王文统与李璮的通信，内有"期甲子"的话。王文统辨解说：到甲子，还有好几年。我说这话，是要推迟他的反期。忽必烈召窦默、姚枢、王鹗、僧子聪及张柔等至，拿出王文统的书信，说："你们说文统应当得什么罪！"诸臣都说"当死！"一二六二年二月，忽必烈杀王文统及其子王荛。十二月，忽必烈封皇子真金为燕王，领中书省事（中书令）。

忽必烈杀王文统，从此对汉人幕僚增加了疑虑，逐渐疏远。

任用"色目"——随着蒙古向西方的侵掠，西域和中亚一带的各族人陆续随军东来，也有些人径来汉地经商。他们原属于不同的国家和民族。来到汉地后，统被称为"色目人"，即"诸色名目"人。

从窝阔台任用耶律楚材和奥都剌合蛮以来，蒙古统治集团中就已存在着倚用汉人（包括汉化的契丹、女真人），还是倚用色目人的争论。中统初，忽必烈大力倚靠汉人武将文臣以建立起他的统治，色目人处在次要的地位。

李璮、王文统败亡后，色目人群起向忽必烈进谗说："回回虽时盗国钱物，未若秀才（指汉人官员）敢为反逆"。色目官员多以经商理财擅长。他们是来自中亚的个别分子，可以帮助元朝统治者搜括财富，又不致象汉人军阀那样形成武装叛乱集团。李璮乱后，忽必烈在不得不继续任用汉人的同时,开始重用色目人,以便互相牵制。中亚费纳客忒人阿合马,原来随侍忽必烈皇后察必的父亲弘吉剌氏按陈那颜,因而得出入帝后宫帐,受到信任。一二六二年,忽必烈命阿合马领中书左右部,兼诸路都转运使。一二六四年,左右部并入中书,超授阿合马为中书平章政事,列于相位。一批色目人也由此被任用来管理财赋。

忽必烈兼用汉人、色目,引起统治集团中蒙汉色目之间的重重矛盾,由此出现长期的纷争。

二、元朝的建号与建都

忽必烈战胜阿里不哥,确立了他在蒙古贵族中的统治地位。但是,这时西北诸兀鲁思实际上各自分立,大汗的统治地位和诸兀鲁思与大汗的关系已不同于成吉思汗、窝阔台时代;和林也不再是政治的中心。忽必烈以汉地为根基,依靠汉人地主的支持夺得汗位,因之不能不以汉地为中心,建立起元朝的统治。

建国号 自从一二〇六年成吉思汗建国以来,以族名为国名,称大蒙古国,而没有象北魏和辽、夏、金那样建立国号。忽必烈称汗后,建年号"中统",但也没有另立国名。一二七一年十一月,在建国十多年之后,他的统治地位已经逐渐巩固时,才正式建国号为"大元"。下诏说:"顷者耆宿(指子聪等)诣庭,奏章申请,谓既成于大业,宜早定于鸿名","可建国号曰大元,盖取

《易经》乾元之义"。忽必烈依据汉族的古代文献《易经》，改建国号为"大元"，这就表明他所统治的国家，已不只是属于蒙古一个民族，而是中原封建王朝的继续。

建都城 窝阔台建和林，作为蒙古国家的统治中心。忽必烈建开平，成为称汗建国的基地。但忽必烈已将中原地区作为他的立国基础，开平显然不适于作为国家的都城。一二六三年五月，忽必烈升开平为上都，作为驻夏的纳钵。一二六四年八月，又下诏燕京

元大都大圣寿万安寺白塔

（金中都，金亡后称燕京）仍改名为中都，作建都的准备。

僧子聪是忽必烈在和林最早信用的汉人幕僚。一二六四年，王鹗上奏，说子聪"久侍藩邸，积有岁年，参帷幄之密谋，定社稷之大计"，应当让他还俗作官。忽必烈诏令僧子聪复姓刘氏，赐名秉忠，拜太保，参领中书省事。一二六六年，忽必烈命刘秉忠在中都营筑都城宫室。同年，又命已经致仕的张柔与行工部尚书段天祐等同行工部事，提督宫城的修筑工程。刘秉忠等选择金中都城东北，太液池琼华岛的周围，作为新都的

元大都和义门遗迹

城址,筹画修筑周回六十里的新城。

忽必烈建立"大元"国号后,一二七二年二月,采刘秉忠议,改中都为大都,宣布在此建都。一二七三年,大都宫殿建成。次年正月元旦,忽必烈在正殿接受朝贺。元朝从此即定都在大都(北京市)。大都代替和林,成为元朝多民族国家的政治中心。至此以后,明、清两代,北京一直是国家的首都。元大都的修建,影响是深远的。

造文字 忽必烈在汉地建国建都,但他并不像辽太祖阿保机那样"能汉语",更不像北魏孝文帝或金世宗、章宗那样通晓汉文化。蒙古贵族中通晓汉语文的人,也为数极少。忽必烈建国后,仍然十分注意保持和发展蒙古民族的语言与文化。中统元年十二月,忽必烈封吐蕃萨迦的八思巴为"国师",命八思巴率领一些吐蕃语文学者重新创制蒙古文字。成吉思汗建国时,曾由塔塔统阿依据畏兀字母拼

一三一四年彰德善应储祥宫蒙、汉文圣旨碑(拓本)

91

写蒙古语言，制成蒙古文字行用。这种文字已通用了近六十年。忽必烈命八思巴新制蒙古字，则是适应元朝多民族国家建立后的需要，要求拼写蒙古语的新字，同时还能译写其他民族的语言，主要是汉族的语言。

新字制成后，一二六九年（至元六年）二月，由忽必烈正式颁行。原称蒙古新字，后改称蒙古国字（通称八思巴字），成为国家法定的官方文字。整个元朝统治时期，凡是皇帝的诏旨和一切国家颁发的文告、法令、印章、牌符、钞币等一律使用国字。蒙古国字还用来翻译汉文的经、史等文献，供蒙古贵族子弟学习，加强了蒙、汉、藏等民族的语言文化的交流。

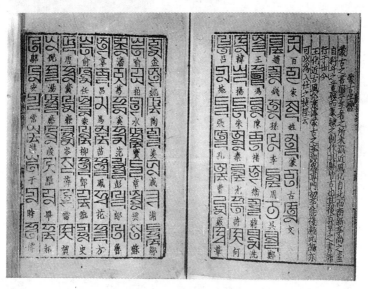

蒙古字体《百家姓》书影

三、灭宋和江南的统一

早在窝阔台灭金的过程中，蒙古贵族就已展开了对南宋的侵掠。但由于江南人民的坚决抵抗，直到一二七一年元朝建号时，南宋王朝依然偏安在江南。不过，这时的南宋小朝廷已经日益衰朽，兵疲财溃，势在必亡了。一二七四年，元朝出动大兵南下，一二七六年便攻下临安，轻而易举地消灭了南宋王朝。广大江南地区完全统一于元朝的统治之下。

占领襄樊——一二六一年宋潼川安抚使、知泸州军州事刘整以泸州十五郡叛宋来降，忽必烈以刘整为都元帅。一二六二年，兀良合台子阿术受命为征南都元帅，统领南征蒙、汉诸军。但这时，忽必烈集中主要兵力与阿里不哥争位，李璮乱后，又相继削减汉将兵权。阿术只是在一二六四年侵掠两淮地界，而没有大举作战。

一二六七年，刘整进策说："自古帝王，非四海一家，不算正统。圣朝有天下十七、八，为什么置一隅不问，自弃正统？"他建言攻宋先攻襄阳，撤除南宋屏障。一二六八年忽必烈命阿术与刘整督率诸军进兵襄阳。一二六九年，蒙古军先攻汉水北岸的樊城。刘整与阿术计议说："我精兵突骑，所当者破，但水战不如宋朝。造战舰，练水军，才能成事。"蒙军造战舰五千艘，练水军七万。一二七一年五月，忽必烈增调东路兵围困襄阳。六月，宋帅范文虎率军十万援襄樊，阿术率诸军迎击，大败宋军。一二七三年初，阿术、刘整军用回回炮攻破樊城。二月，宋襄阳守将吕文焕出降。四月吕文焕入朝，忽必烈封他为襄汉大都督。元军得襄阳，南宋的防御体系被突破了。

攻下临安——阿术及副帅阿里海牙等得胜回朝，即向忽必烈建策，乘胜灭宋。忽必烈召姚枢、许衡、徒单公履等商议，都说"乘破竹之势，席卷三吴，正是时机"。忽必烈任命同知枢密院事伯颜为统帅，大举出兵。伯颜，蒙古八邻部人。曾祖和祖父都是成吉思汗时的功臣。父晓古台从旭烈兀西征，生伯颜于西域。一二六四年，旭烈兀派遣他向忽必烈奏事，被忽必烈留用。一二七四年，忽必烈命伯颜和史天泽同领兵二十万伐宋，任命伯颜、史天泽并为左丞相，阿术为平章政事，阿里海牙为右丞，降将吕文焕为参知政事，同行中书省事于荆湖；又任命合答为左丞相，刘整为左丞，董文炳为参知政事，同行中书省事于淮西（八月，改为行枢密院，以便统一指挥）；并由四川元军配合，大举伐宋。

六月，忽必烈下诏南伐，宣布"将士勿得妄加杀掠。有去逆效顺，别立奇功者，验等第迁赏。"七月，伯颜等陛辞，忽必烈对他说："曹彬不嗜杀人，一举而定江南。你要体会朕意，效法曹彬。"大军至郢州，史天泽因病北还，至真定病死。忽必烈以伯颜领河南等路行中书省，军政大事由他一人专任,所属各部都由他节制。

九月,伯颜大军自襄阳至郢州,宋兵十余万夹汉水,列战舰千艘,又横铁绳锁大舰数十阻遏舟师,元军不能渡。伯颜军绕过郢州南下,攻下黄家湾堡,由小溪挽舟出唐港,入汉江,顺流而下,连破沙洋、新城。十二月,到达汉口。阿里海牙和前锋张弘范攻打阳逻堡。阿朮等领兵抢渡大江,大败宋军,追击至鄂州城门。鄂州守军出降。

一二七五年初,伯颜大军顺江东下,至黄州、蕲州,宋守将相继出降。阿朮军至江州,宋兵部尚书吕师夔在江州降元。舟师至安庆,宋知安庆府范文虎出降。伯颜任范文虎为两浙大都督。二月,宋丞相贾似道到芜湖,遣使求和,伯颜不许。贾似道督率诸路军马十三万,战舰二千五百艘来战。伯颜命元军左右翼夹江而进,发炮猛轰,宋水军全部败溃,贾似道逃往扬州。伯颜进军至建康,宋军出降。三月,伯颜以行中书省驻建康。阿塔海、董文炳以行枢密院驻镇江。阿朮攻取扬州。

五月,伯颜回上都议事。忽必烈进伯颜为右丞相,阿朮为左丞相。八月,伯颜带着忽必烈对南宋谕降的旨意返还军前,伯颜取道益都,调淮东军沿淮河进军。十月,围扬州,召集诸将指授作战方略。伯颜到镇江,罢废淮西行枢密院,以阿塔海、董文炳同署行中书省事。十一月,伯颜分军为三路,指向临安:参政阿剌罕将右军，自建康出四安镇，攻独松关；相威与参政董文炳将左军以舟师从江阴顺江而下，由海道经华亭至澉浦；伯颜和右丞阿塔海由中道节制诸军，水陆并进。伯颜到常州，亲自指挥攻城，城破被屠。十二月至平江。至元十三年（一二七六年）正月，元军会集宋都临安城北。二月，宋谢太后和恭宗赵显奉传国玺及降表降元，宣告了南宋的灭亡。伯颜下令禁止军士入城，遣吕文焕持黄榜安抚临安内外军民。三月，伯颜入临安，发宋府库的礼乐祭器、册宝、仪仗、图书，全部北运。宋皇室被押解到上都。

崖山之战——南宋亡后，原宰相陈宜中、张世杰、陆秀夫等，拥宋朝皇子广王赵昰（九岁）和益王赵昺（六岁）逃到福州。一二七六年五月，拥立赵昰作小皇帝，图谋抗元复宋。宋兵仍有十七万人。南宋右丞相文天祥被元兵押解北上，中途逃脱。七月间，文天祥号召各地起兵，夺取江西。忽必烈命塔出等领兵自江西进攻福建、广东等地；董文炳沿海南下，漳州、泉州、福州、广州相继投降。宋泉州守将蒲寿庚降元。张世杰、陆秀夫等拥赵昰乘船至潮州在海上流亡。同年末，阿里海牙也攻占了湖南、广西诸州之地。

一二七七年四月，宋文天祥部自梅州进入江西。接着攻下雩都、兴国。元江西宣慰使李恒部进攻兴国。文天祥败走南岭山中。一二七八年四月，赵昰在硐洲病死。张世杰、陆秀夫又拥立赵昺。六月间逃到海中的崖山，作为最后的据点。忽必烈任命张弘范为蒙古、汉军都元帅，李恒为副，领大兵进讨。张弘范以弟弘正为先锋，领舟师由海道袭文天祥驻地潮阳。文天祥军退走海丰，被张弘正追及于五坡岭，被俘。一二七九年正月，张弘范的水军至崖山，李恒部自广州来会合，二月，大败宋军。陆秀夫负帝昺投海死。张世杰败走，死在海中。南宋抗元的最后一支兵力，也完全被消灭了。

　　唐末五代以来，辽、宋、夏、金、吐蕃、大理等国长期并立，相互争夺，已有三百余年之久。成吉思汗建国以来的战乱局面也已延续了七十年。元朝灭宋后，结束了诸国并立的局面，形成多民族的统一的国家，北极漠北，南到海南，都入于版图。元朝建号的诏书中说："舆图之广，历古所无"。《元史·地理志》说："自封建变为郡县，有天下者，汉、隋、唐、宋为盛，然幅员之广，咸不逮元"。"其地北逾阴山，西极流沙，东尽辽左，南越海表"。幅员辽阔的多民族国家-——元朝的建立，基本上奠定了中华民族的版图，意义是重大的。

（三）专制主义的封建统治和民族压迫

　　元朝封建国家的建立，从蒙古族来说，是标志着从成吉思汗所建立的奴隶制国家到封建制国家转化的完成。这个转化经历了约六七十年的斗争过程。马克思、恩格斯指出："定居下来的征服者所采纳的社会制度形式，应当适应于他们面临的生产力发展水平，如果起初没有这种适应，那末社会制度形式就应当按照生产力而发生变化"（《德意志意识形态》，《马克思恩格斯选集》第一卷第八十一页）。蒙古奴隶主在征服各民族、主要是征服汉族的过程中，不能不适应汉地的生产力发展水平，而逐渐地采纳和保持汉地原有的封建社会制度，同时也不能不采用与此相适应的国家制度、政治制度。但是，元朝封建国家又不可能是中原封建王朝简单的继续。忽必烈和他的继承者同时也把蒙古奴隶制传统的某些统治制度和统治方法纳入元朝的国家制度，从而使元王朝的封建统治表现为更加强烈的专制主义，对蒙、汉及其他各族人民实行着残酷的阶级压迫。

元朝多民族的统一国家的建立，加强了各族人民之间的联系，但在专制主义的封建统治下，各民族之间当然不可能有任何意义的"平等"。元朝统治者公开地、毫不掩饰地把各民族按照族别和地区划为四个等级。蒙古人为第一等，色目人为第二等，汉人（北方的兀汉，包括契丹、女真）为第三等，南人（南宋统治下的江南人民）为第四等。不同等级的民族在政治上、法律上享有不同的待遇，权利和义务都极不平等。元朝统治者规定蒙古族拥有多种民族特权，从而保证了蒙古贵族优越的社会地位，防止了民族的被同化。元王朝也因此显示出比辽、金等王朝更为浓烈的民族色彩，对各族人民实行着残酷的民族压迫。

元朝的政治制度和军事制度，在元世祖忽必烈统治时期，已经基本上建立起来。它既不同于辽朝的"国制"、汉制两个系统并行，也不同于金朝迁都燕京后的全用汉制。元朝制度基本上沿袭金、宋的旧制，但同时也保存了蒙古的某些旧制，加以变改，并且在政治、军事、法律、科举、学校等各方面都贯穿着民族等级制的民族压迫的原则，从而使元朝制度又带有许多新特点。

一、斡耳朵及怯薛制

元朝建国后，蒙古原有的斡耳朵宫帐制、怯薛制以及投下封邑制等都还继续保存，但也都有了重要的变化。

斡耳朵宫帐制——成吉思汗时建斡耳朵宫帐制，设大斡耳朵及第二、第三、第四等四斡耳朵。据说成吉思汗有妻妾近五百人。四斡耳朵分别由成吉思汗的正妻孛儿帖、次妻忽兰（蔑儿乞部长女）、也遂及妹也速干（塔塔儿部女）等管领，其余妾妃统属于四大斡耳朵。大汗的私人财富，分属四斡耳朵。大汗死后，由四斡耳朵分别继承。《元史·后妃表序》说："然其居则有四（原作曰，误）斡耳朵之分；没，复有继承守宫之法"。

忽必烈建立元朝，在大都城内修筑宫阙，但仍然保留斡耳朵的名称，并且沿袭成吉思汗的旧制，也设四斡耳朵,分别属于帖古伦大皇后(早卒,守大斡耳朵)、察必皇后及妹南必后(第二斡耳朵)、塔剌海后(第三斡耳朵)和伯要兀真后(第四斡耳朵)。各斡耳朵都有自己的封邑。元朝每年还以"岁赐"的名义,给予各斡耳朵的继承者以大批的财富。

元世祖忽必烈以后,定都大都,成宗以后诸帝的后妃都另设专门机构,主管斡耳朵属下户口、钱粮、营缮等事。如长庆寺(掌成宗斡耳朵)、长秋寺(掌武宗五斡耳朵)、承徽寺(掌仁宗答儿麻失里皇后位下)、长宁寺(掌英宗速哥八剌皇后位下)、宁徽寺(掌明宗八不沙皇后位下)、延徽寺(掌宁宗斡耳朵)等。

怯薛制——怯薛原为斡耳朵的宿卫亲军。成吉思汗建国,命"四杰"分任四怯薛长。怯薛协助大汗处理军国大事,实际上成为国家的中枢行政机构。

忽必烈建国后,沿袭金制,设立中书省。四怯薛分三日更番侍卫和以怯薛歹(怯薛人员)任宫廷诸执事的制度仍然继续存在,但已不再直接行使政权的职能。右丞相有时兼领怯薛,但并不是常制。怯薛歹多是建国有功的勋贵家族的子弟世袭,又是皇帝的亲信,因而在蒙古族中具有特殊优越的地位和各种特权。怯薛可以被委任为中央或地方的军政官员,但仍拥有怯薛的身分。枢密院的机要军务,也由四怯薛各选一人参预。怯薛在皇帝左右执事,因而与闻朝政并传达诏旨。所以,怯薛虽然不再是中枢机构,但作为皇帝的近侍,仍然可以干预国事。历朝皇帝及后妃的斡耳朵也都各有自己的怯薛，因而怯薛形成为越来越庞大的特权集团。

投下封邑制——投下即"头下"，意指与皇族有血缘关系的各支系宗亲。蒙古语称"爱马"，直译作"各枝儿"。

早在成吉思汗建国时期，占领新地和俘掳奴隶，即分赐给宗亲贵族作为"私属"，户为主人服劳役、兵役，牲畜由主人"抽分"征税，不准离开主人。他们实际上还没有摆脱奴隶的地位，是由奴隶转化来的牧奴。

汉地自窝阔台以来实行"五户丝制"，分封食邑，为投下分地。这些地区仍然保持原有的封建的社会制度，土地占有制和生产特点并没有改变，但投下户由分封贵族委派的达鲁花赤管理，向国家和本投下领主缴纳赋税。一二六〇年，忽必烈建国后，改革"五户丝制"，投下户赋税统交中书省，"纳官者七分，投下得其三"。每年由投下差官按分赐户数到省支领，实际上同于岁赐。

忽必烈灭南宋后，又增拨江南各地人户给予诸王后妃公主勋臣各投下。每户折支中统钞五钱，由朝廷拨给。此外，朝廷还以"岁赐"的名义，每年赐给各投下固定数额的银、缎等财物。

一二七〇年（至元七年）元朝检括各地户口，颁行

《户口条画》。投下分地的民户都归属州县,但元朝又规定蒙古贵族在所受投下分地的路、府、州、县,可以委派监临的官员,奏报朝廷任命。封王的贵族还可在封地建王府,设置官属,并且有自己的怯薛。投下分地是诸王贵族世袭的领地,应得的岁赐和租税,由子孙世代享有。

二、官 制 与 法 律

自成吉思汗以来,采用蒙古的制度统治各征服地

《元典章》书影

区，但中原地区汉族官员仍沿用金代通行的官衔，制度混乱。忽必烈建国后，制度渐立。《元史·百官志序》说："世祖即位，登用老成，……遂命刘秉忠、许衡酌古今之宜，定内外之官。"在汉人官员的辅佐下，逐步建立起中央和地方的官制，并且修订法律，建立起司法制度。

中 央 官 制

中书省——元朝建立以前，蒙古大汗任用各族的文士为必阇赤，起草文书，并协助大汗和蒙古官员处理各地政务。管理中原事务的必阇赤耶律楚材等人，依照汉地的习惯，便以中书省官衔相称。忽必烈建国，正式建立中书省总理政务。李璮乱后，杀王文统，以皇子真金为中书令。此后，中书令均由皇太子兼领，成为虚衔。

中书省长官，中书令以下，设右、左丞相为实任的宰相。下设平章政事、右左丞、参知政事为副相，与金尚书省制同。右在左上，与汉制不同。

中书省下设吏、户、礼、兵、刑、工六部，设尚书、侍郎分理政务（至元七年定制）。

制国用使司与尚书省——宋朝制度，财赋官与行政系统分立。元朝设中书省综理政务，财赋官则时合时分，经过多次变动。一二六二年，中书省之外，另设领中书左右部，总管财赋，由阿合马统领。一二六四年，罢废领中书左右部，并入中书省，阿合马为平章政事。一二六六年，又立制国用使司，管理财赋，阿合马为制国用使，中书右丞张易同知制国用使，参知政事张惠为制国用副使。一二七〇年罢制国用使司，立尚书省。尚书省不设令和丞相，只设平章。阿合马任为平章尚书省事，张易、张惠等为副。新建的尚书省是专管财赋的机构，与前代总理政务的机构，完全不同。两年后，又罢尚书省，仍并入中书。

枢密院——蒙古建国之初，由大汗与宗王各自统率军兵，怯薛协助处理军务，并无专设的总领全军的机构。元朝建立后，沿宋、金旧制，一二六三年设枢密院，专掌军务。枢密院长官枢密使也由皇太子兼领，实际上也是虚衔。

枢密院的实任长官初设副使二员，任命史天泽及驸马忽剌出担任。下设金书枢密院事一员。一二七〇年，增设同知枢密院事。一二九一年，又增设知枢密院事。以后规定枢密院以知枢密院事为首，下设同知院事、副枢、签院、同签、院判、参议等各若干人。

御史台——忽必烈召见由廉希宪推荐的汉人张雄飞，说到任职者多非其材，政事废弛。张雄飞建策立御史台"为天子耳目"。西夏儒者高智耀（高良惠孙）也向忽必烈建议，仿效前代，置御史台。一二六八年七月，元朝初立御史台，以右丞相塔察儿为御史大夫。御史大夫以下，设御史中丞、侍御史、治书御史。

御史台设立时，忽必烈诏谕说："台官职在直言，朕或有未当，其极言无隐。"御史台不仅"纠察百官善恶"，也有谏言"政治得失"的职责。忽必烈敕令中书省、枢密院，凡有事与御史台官同奏，也与宋制不同。御史台建立数月后，奏言，数月间"追理侵欺粮粟近二十万石，钱物称是。"可见，拘刷捡括，追理财赋也是御史台的重要责任。

御史台之下设殿中司和察院。殿中司由殿中侍御史统领，主管纠察朝廷百官。察院设监察御史若干人，"司耳目之寄，任刺举之事"。

宣政院——忽必烈即位后，以八思巴为国师。一二六九年，新字制成后，又加号八思巴"大宝法王"，统领全国佛教。（王磐：《行状》，见《佛祖历代通载》）朝廷立总制院，管领佛教僧徒及吐蕃境内事务，仍以国师统领。

一二八八年十一月，改总制院为宣政院，用唐朝吐蕃使臣朝见的宣政殿殿名作为院名。宣政院置院使二员，由朝廷命官任领。吐蕃有事，则设分院往治。宣政院官员军民通摄，僧俗并用，是元朝设立的一个特殊的机构。它既是管理全国佛教事务的机关，又直接统领吐蕃的政务和军事。

地 方 官 制

行省的设置——金朝尚书省臣去地方直接统领军

政,称"行尚书省事"。蒙古灭金过程中,曾派札鲁忽赤驻燕京,负责中原的刑名和财赋等事,汉人官员沿金旧制,称为燕京行尚书省事。元朝建国后,在中央立中书省。省臣被派往地方执政,称为行中书省事。行中书省(简称"行省")成为固定的官府的名称,并进而成为地方行政区划的名称。忽必烈灭宋前后,陆续设立河南、江浙、江西、湖广、陕西、四川、辽阳、甘肃、云南等行省。以后,元成宗大德年间又在和林设岭北行省,合共十个行省。各行省长官为平章政事(岭北、江浙设右、左丞相),黄河以北,太行山以东、以西之地,称为"腹里",直属中书省。元朝设行省,后世一直沿用,是我国行政区划和政治制度沿革史上的一个重要的事件。

行省下设路、府、州、县。路设总管府,统于行省。府一级不遍设,统属也不一律。或统于路、行省,或直属于中书省部。府下是否领有州、县也因地而不同。路、府、州、县都设达鲁花赤一员,为最高长官。路设总管、同知,府设知府或府尹,州、县长官也都称尹。一二六五年诏"以蒙古人充各路达鲁花赤,汉人充总管,回回人充同知,永为定制。"府、州、县达鲁花赤也多由蒙古人充任。蒙古达鲁花赤官早在成吉思汗时即已设置。窝阔台在各地设达鲁花赤,管理行政。元朝建国后,达鲁花赤在地方官中地位最高,但往往不实际管事,成为高居于地方官之上的特殊官员,因而被称为

"监临官"。达鲁花赤制的普遍实行，明显地表现出蒙古统治阶级的特权地位。

行省还可在一些地区特设宣慰司。宣慰司平时向州、县传布行省的政令，向行省转达州、县的禀请。边地有战事，则兼为都元帅府或元帅府。一些民族地区，又多设置招讨司、安抚司或宣抚司。各司的长官都称为"使"。招讨、安抚、宣抚等司也都设达鲁花赤为最高长官，只有宣慰司不设。畏兀地区置都护府，最高长官为亦都护，由巴尔术阿而忒的斤的后裔世袭。吐蕃直属宣政院，又设宣慰司统领。辽阳、岭北的蒙古宗王封地，接受所在行省的监督。

作为多民族国家的元朝，依据各地区的不同情况，建立起一整套地方官制体系，从而使各民族、各地区统一于元朝廷的统治之下。

行枢密院——元朝中央设枢密院管理军务，当地方有事，需要派兵出征作战时，设行枢密院指挥，并管理当地军务。战事过后，即行撤销。

行御史台——元初，设四道提刑按察司，纠察地方政务，属御史台统领。至元十四年灭宋后，设江南行御史台；至元二十七年，又设云南诸路行御史台（成宗大德时移至京兆，改为陕西诸道行御史台）。二十八年改提刑按察司为诸道肃政廉访司，以内八道直属御史台，江南十道隶属于江南行台，陕西、云南四道隶属于陕西（云南）行台。

司 法 与 法 律

成吉思汗建国后,任命失吉忽秃忽为断事官,称札鲁忽赤。札鲁忽赤主要担负法官的职责,但也处理人户、财赋等其他国家事务,地位甚为重要。元朝建立后,将札鲁忽赤处理国家事务的权力移交给中书省或尚书省,设大宗正府,置札鲁忽赤十员(后续增至四十二员),为国家最高法官。札鲁忽赤必须由蒙古宗王或怯薛担任。起初,蒙古、色目、汉人犯罪都由大宗正府处理。一二七二年,诏令大宗正府断事官只处理蒙古公事。仁宗皇庆时,以汉人刑名归刑部。泰定帝时,命兼理;又以上都、大都所属蒙古人并怯薛军站色目与汉人相犯者,归宗正府处断,其余路府州县汉人、蒙古、色目词讼,悉归有司刑部掌管。各地行省设理问所,诸路府设推官,为各地的司法官。

但是,元朝并没有统一的司法系统。各投下各有自己的断事官,军人、官府匠人、佛教徒、道士等涉讼也各由枢密院、金玉府、宣政院、道教所等各系统自行处置,形成"家自为政,人自为国"的局面。遇有不同系属的人员之间发生诉讼时,需会同各有关部门共同勘问,由此而形成拖延、隐庇等积弊。

成吉思汗时,已形成蒙古最早的法律"札撒"。窝阔台即位后,重新颁布成吉思汗的大札撒,成为蒙古世代遵守的法令。

108

蒙古灭金过程中，面临着对金朝封建制地区如何统治的问题，这不能不首先表现在法律上。一二一一年成吉思汗领兵南侵。金降将郭宝玉建策，颁布新定条画五章。如出军不得妄杀，刑狱只重罪处死，其余笞决以及蒙古汉人色目金军的规定等，表现了对蒙古奴隶制的限制，但主要还是行军时的法令。忽必烈即位后，不仅已经统治了金朝的全境，而且还在向南宋地面扩展。法律的执行，呈现出更为复杂的情况。在蒙古贵族中，仍以成吉思汗的札撒为最高法令。忽必烈平阿里不哥后，即据札撒处死孛鲁欢等。但在金朝旧地汉人、女真人中间，则仍然继续实行金章宗泰和元年制定的《泰和律义》，即金泰和律。在这同时，忽必烈又发布许多新的法令和条格。

一二六四年，中书左丞相耶律铸奏定法令三十七章。据说"吏民便之"（《元史·耶律铸传》）。一二七一年，忽必烈在建立大元国号的同时，下令禁行金泰和律。一二七三年史天泽、姚枢等纂定"新格"，即汇集新的刑例。忽必烈亲自阅看后，又命丞相安童及伯颜参考增减，但并未颁行。一二九一年，中书右丞何荣祖以公规、治民、御盗、理财等十事辑为一书，名为《至元新格》。忽必烈命刻版颁行，使百司遵守。《至元新格》一书只是刑例的汇编，终元一代，也没有编制完备的法典。在审判案件时，各级官吏没有明确的律文可循，只能检对格例办事，所谓"有例可援，无法可守。"因而内自省部，外至郡守，都抄写格例至数十册。遇事便检寻旧例，照例科刑；无旧例才来拟议。但格例众多，又往往不相一致。于是，官吏便因缘为奸，如甲乙两方互讼，官吏看哪方有力，便援引对哪方有利的格例。各个地方各个系统执法理案也各不相同，更造成"政以邑异，法以县异，文以州异，案以郡异，议以六曹异，论以三省异"的混乱局面。

法律是巩固统治实行阶级压迫的工具。法律的混乱，更加便利了官吏们对广大人民的任意压迫。元朝的法律还在混乱中贯串着民族压迫的通则。如刑法"斗殴"例中规定："诸蒙古人与汉人争，殴汉人，汉人勿还报，许诉于有司。""杀伤"例中规定，"杀人者死"，但"诸蒙古人因争及乘醉殴死汉人者，断罚出征。"如此等等，说明元朝法律比辽、金等朝更为赤裸裸地表现出民族压迫的特点。

三、兵　制

成吉思汗在蒙古氏族制的废墟上建立起奴隶主的国家，军事组织与行政组织合为一体，依十进制，编为十户、百户、千户以至万户。蒙古贵族和平民被召充当军士(骑士)，有战事则传檄集合，平时则散归各部。成吉思汗即大汗位后，始设怯薛，作为常备的侍卫军，充当汗的宿卫。以后南向侵金，收降了一批汉人军阀，同时又陆续在内地签发民户充军，军额大增。元朝灭宋

"西域亲军都指挥使
司百户之印"印文

"兀良海屯田
百户印"印文

后,把全国军队分为蒙古军、探马赤军(蒙古灭金时,由各部族所组成之前锋和镇守军,后成专有军名)、汉军(金朝乣汉军)、新附军(南宋降军)四类。这和官制上的蒙古、色目、汉人、南人的区别相适应,也明显地反映出各民族不平等的特色。军队根据所担负的任务不同,又可分为侍卫亲军与镇戍军两大系统。

侍卫亲军 蒙古怯薛军成为皇帝周围拥有特权的贵族集团,此外另设有侍卫军保卫京城及其邻近地区(畿内)。忽必烈即皇帝位后,便从诸军将中抽调一部分精锐组成武卫亲军,以董文炳等为都指挥使,作为皇帝的护卫军。一二六四年(至元元年)改武卫军为侍卫亲军,分左、右两翼。至元八年,改立左、右、中三卫。十六年,又增前、后二卫,合为五卫亲军。侍卫亲军每卫万人,选拔各地军队中勇壮者充任。随着对汉军防范的加强,忽必烈又以河西军(西夏军)组成唐兀卫亲

111

军，钦察军组成钦察卫亲军。忽必烈以后的历代统治者，又陆续增置西域亲军、阿速卫、康里卫等亲军。这些由色目人组成的亲军越来越显示出比五卫亲军还要重要的作用。

侍卫亲军环成京城，在周邻地区屯田，设都指挥使统领，总隶于枢密院。平时分军屯戍，有战事则抽调作战。元朝皇帝去上都驻夏，侍卫亲军派充围宿军。皇帝出巡则充任扈从。侍卫亲军还镇戍海口、看守粮仓和巡警城区。

镇戍军　镇戍军分驻全国各地，镇戍地区设镇守所。各地军队仍编为万户、千户、百户，但这已完全不是来自蒙古氏族制时期的军政合一的组织，而是单纯的军事编制。万户之下设总管、千户之下设总把、百户之下设弹压。各地镇守所由各行省的镇抚司统领，统属于枢密院。

镇戍军的分布也带有强烈的民族色彩。边徼要地由蒙古宗王领兵镇守，黄河流域包括河南、河北、山东等地的大府，由蒙古军和探马赤军屯驻。汉军和新附军多驻在淮河和长江以南。一些少数民族地区，又有不出戍的各民族的军兵。如辽东有纠军、高丽军，云南有寸白军，福建有畲军等。

军户　蒙古旧制，从军做骑士，必须具有贵族或平民的身分，而且被看做为光荣而高尚的职业。军士衣粮自备，作战中掠夺奴隶和财物也按军功大小，归为己有。这和汉地征发农民服军役的制度，或雇佣兵制度迥然不同。入据中原之后，统治广大汉地，军兵制度也不能不逐渐地发生变化。

从窝阔台在位到忽必烈至元初期，多次签发汉地的产多丁壮的"殷实人户"充军，世袭军役，称为"军户"。户出一人，称独军户；合二、三户出一人，则一户为正军户，其余为贴军户。士卒之家，为富商大贾，则又取一人充军，称余丁军。凡签为军户的，占地四顷以内可免除租税，称为"赡军地"。军户并且不负担和买、和雇等差役，但要自备鞍马器仗。元朝灭宋后，收编原南宋的部队为新附军。新附军只有军官才可能是大户出身，其余都是"亡宋时无赖之徒投雇当军"。"归附后籍为军户，仅有妻子而无抵业"。北方新签的军户是免除租税差役的富户，南方新附的军户则是遭受多方敲剥的贫民。洪焱祖诗说："数户赋一兵，优游且殷实。北人尚兼并，差役合众力"；"南人虽弟昆，小户亦缕析，岁久弱弗支，贪官肆蚕食。"（《杏庭摘稿》）南北军户明显的不同。

元朝建国后，大量军队镇戍各地，军户的情况也不断变化。原来以掠夺为职业的蒙古军和北方汉军，长期屯驻在固定的地区，当平时不外出作战时，便在驻地进行屯田，各地军民屯田数约有二十万顷。这些蒙古军士每逢军役要自备鞍马、行装，只得变卖田产，甚至卖妻子。他们长途跋涉，到达戍所，戍者未归，代者又

113

要出发,军官又乘机敲诈盘剥,因而困苦日甚。汉人富户,多逃避军役,由贫困的下户充当。

蒙古军原来以营为家,外出作战,家属设奥鲁(原义为老小营)官管领。元朝建国后,蒙、汉军在各地戍守。忽必烈曾多次下令罢奥鲁官,由各路府、州县管民官兼管诸军奥鲁事。蒙古旧制,军士鞍马器械等需用均须自备。因此,所谓诸军奥鲁也为各军提供军需、管理辎重等事。各地长官兼管奥鲁,向军户恣意勒索,使他们在军官之外,又多一重剥削。

第四节　统治集团的争斗与人民起义

忽必烈战胜阿里不哥,在汉人军阀、儒生的支持下,建立起元朝。元朝作为一个封建国家继承了汉人的封建统治制度,同时又保存了蒙古的某些奴隶制的残余,还采纳了西域色目人的一些剥削方法。这些来自不同民族的不同的统治政策和方式不能不发生多方面的冲突。忽必烈和他的继承者成宗铁穆耳时期,元朝一直处在这种冲突之中,而没有能以建立起适合元朝国家状况的稳定的统治。这表现在经济上,即长期出现财政危机,无法挽救;政权上,即不断出现蒙、汉、色目官员相互间的权利争夺,互相倾轧,无法调和。

元朝建立后，蒙古宗王内部之间的争斗，也并没有终止。西北和东北的蒙古藩王不断掀起武装反乱，威胁着元朝的统治。

江南地区的各族人民，前仆后继地举行武装起义，给予元朝统治者以沉重的打击。

元朝的统治，处在重重矛盾之中。

（一）蒙、汉、色目统治集团的权利争夺

一、阿合马执政

忽必烈依靠汉人军阀和儒生的支持，取得帝位。李璮乱后，杀王文统，逐渐转向依靠阿合马为首的色目商人集团，为皇室和国家搜括财富。阿合马先后在尚书省和中书省执政，专权"征利"，与汉人地主、官僚们发生严重的利益冲突。元朝封建王朝内部逐渐形成汉人与色目官僚集团的激烈争斗。

征利搜括 自窝阔台以来，由奥都剌合蛮等色目人所实行的征敛，与汉人传统的封建剥削方法多有不同，因而朝廷官员中的汉人与色目人不断地出现争议。阿合马主持财政，更加残酷地多方敲剥。

扑买——即包税。通计某一地区应得税钱数额，由承包者征办输官。宋、金时期，在矿冶河泊等局部地区，曾有过类似的办法。阿合马推行的扑买法，主要是来自西域。窝阔台时，奥都剌合蛮任用色目商人，在各

地实行扑买。确定数额后,朝廷不再过问征税的方式;承包者得以任意向民间勒索。阿合马推广此法,任用色目及汉人官员,随意增加税额。安西王府相官赵炳向阿合马建言,陕西课程岁额一万九千锭,如尽心措办,可得四万锭。阿合马命赵炳办理,增到四万五千锭。阿合马还认为未实,要再检核。扑买法的推行,不断加强对人民的敲剥,原来收税渔利的官吏也因此受到了损害。

理算——又称"拘刷"、"打勘"。原义是检查和清理官司钱财的欺隐和通欠。阿合马以此为名,对各级官吏进行额外的诛求,最后受害的,还是人民。郑所南《心史》揭露说:"打勘"其实是"骗财之术"。州县上下司务,每年打勘一二次,贿赂归于官长,州县官吏甚以为苦。他还说:官吏苛取民财,却又被长官胁取。好象鸬鹚得鱼满颔,即被人抖取;鸬鹚再去取鱼,人又来抖取。南宋亡后,阿合马派官员理算江淮建立行省以来一切钱谷。江淮行省平章阿里伯,右丞燕帖木儿因而被处死。理算又成为阿合马排斥异己的手段。

垄断专利——阿合马继续发展官卖制度,垄断铁、银等矿冶业,由官府括民铸造农器,易粟输官。农器粗劣而价昂。胡祇遹《农器叹》诗云:"年来货卖拘入官,苦窳偷浮价倍增。"民间不愿买用,便强行抑配。一二七五年,元兵南下。姚枢与徒单公履等上言,北盐及药

116

中 统 交 钞

材，可使百姓从便货卖。阿合马上奏说："臣等以为此事若小民为之，恐紊乱不一。"他建议在南京、卫辉等路籍括药材；蔡州发盐十二万斤，禁止私相贸易。又禁私造铜器，所有公私冶铁鼓铸统由官府专卖。

滥发钞币——窝阔台至蒙哥时期，继承金朝的钞法，曾陆续印造钞币。忽必烈即位后，一二六一年（中统二年）颁行交钞，以丝为本。交钞二两合银一两，（银五十两为一锭）。同年十月，又发行中统元宝钞，分为十等，以钱为准，钱一贯（一千文）同交钞一两。元朝灭宋后，用中统钞倒换南宋的交子和会子，统一了币制。中统钞的发行额，一二七三年以前，每年不过十万锭。灭宋后当然要有所增加。但阿合马以滥发钞币作为搜括财富的手段。一二七六年以来，每年印发数，自数十万至一百九十万。中统钞贬值五倍以上。钞币的滥发造成"物重钞轻，公私俱弊"，严重破坏了经济的发展。

阿合马采取多种措施，搜括财富，又一再增加各种税额，加重剥削。阿合马原领诸路都转运司，任意取税。翰林学士王磐指责说："现在害民的官吏，转运司最甚，以至'税人白骨'（丧葬税），应当罢去。"一二七五年，元兵南侵，国用不足，阿合马又请重立都转运司和诸路转运司，督收税课，量增旧额。

至元宝钞印板

植党专权 李璮乱后，阿合马领中书左右部兼诸路都转运使，总管财政。一二六六年，设立制国用使司，阿合马为使。一二七○年，立尚书省，阿合马任为平章政事。尚书省用人，本应由吏部拟定资品，咨中书省奏闻。阿合马专权植党，滥用私人，既不经部拟，也不咨中书。阿合马受到指责，向忽必烈请告说："事无大小皆委之臣。所用之人，臣宜自择。"阿合马得到忽必烈的支持，在各地滥设官所，广泛培植私党。一二七一年，尚书省并入中书，阿合马任中书平章政事，列于相位，进而掌握了政权。

118

阿合马子忽辛,曾被忽必烈认为是"不知事"的"贾胡"。一二七二年,阿合马任他为大都路总管兼大兴府尹,一二七九年,任中书右丞,又任为江淮行省平章政事。阿合马的另一个儿子抹速忽充任杭州达鲁花赤,在江南地区恣意搜括。阿合马有子四十余人,多居要职。子侄或为行省参政,或为礼部尚书、将作院达鲁花赤、领会同馆。他们虽然一度遭到弹劾被罢黜,但不久又都复职,忽辛等仍然位居显要。阿合马广收贿赂,甚至一些人献上妻女,即可得官。

阿合马凭借权势,在各地强占民田,攫为己有,又挟权经商,获取四方大利,在家中设置"总库",号曰"和市"。阿合马、忽辛父子依仗权势,夺人妻女作妾。阿合马拥有妻妾至四百余人。一二七五年右相安童北戍,一二七七年左相忽都察儿去职,阿合马以平章而专相位,任情生杀,更为专横。

色目与汉人官僚的争斗 自阿合马领中书左右部,专理财政时起,趋向"汉法"的蒙古贵族和一些汉人官僚、儒生便同阿合马集团不断地相互斗争。

一二六二年,阿合马领左右部,总管财用事,请将有关政事直接奏报皇帝,不经中书。张文谦竭力反对,说"中书不预,无是理也"。一二六四年,总管财赋的阿合马党羽相互攻击,中书省不敢过问。中书平章政事廉希宪穷治其事,杖阿合马,撤销领中书左右部,并入中书。但阿合马反而被超拜为中书平章政事,列位宰执。一二六六年，忽必烈又设置了总理财政的制国用使司。阿合马以平章政事兼领使职，他对汉儒官员以及倾向于汉法的蒙古贵族多方排斥。丞相线真和史天泽屡次与阿合马辩论，都被他击败。安童（木华黎四世孙）以勋旧子弟任中书右丞相，忽必烈令许衡作他的辅导，安童奏请令儒臣姚枢入省议事，因此阿合马也对安童不满。一二六八年，阿合马奏请以安童为三公，解除他在中书省的实权。事下诸儒臣议论，商挺说："安童是国家柱石，若为三公，是崇以虚名，而夺去实权，甚不可。"阿合马的阴谋没有得逞。但他领尚书省，奏事不经中书。安童向忽必烈说：原定有大政令，从臣等议定，然后上奏，今尚书省一切以闻，似违前奏。忽必烈说："阿合马岂是因为朕颇信用，而敢如此专擅么？不与卿议，非是。"但阿合马擢用私人，仍不咨中书。安童乃固请："自今唯重刑及迁上路总管，始属之臣；余事并付阿合马。"许衡在朝，多次与阿合马争辩。一二七三年，阿合马欲命其子忽辛为同签枢密院事。许衡独持异议说："国家事权，兵民财三者而已。现在其父管民与财，子又领兵，不可。"忽必烈说："你担心他会造反么？"许衡说："他虽不反，此反道也。"阿合马由此大恨许衡，多方倾陷，甚至连许衡所主持的太学也因诸生廪饩不继，迫使许衡解职还乡。

阿合马得到忽必烈的信用，屡毁汉法。反阿合马的汉人力量，则得到太子真金的支持。太子真金一二六二年封燕王,守中书令。一二七三年立为皇太子,仍兼中书令判枢密院事。一二七九年忽必烈接纳董文忠等的建策,诏令皇太子参决朝政,朝廷政事先启奏太子,然后再奏报皇帝。真金为燕王时,由刘秉忠弟子王恂伴读。王恂为真金讲解儒学的三纲五常和为学之道,许衡讲论经史,待制李谦等也在真金左右备咨访。真金对阿合马极为厌恶,曾以弓殴伤阿合马面部,并在忽必烈面前折辱阿合马。阿合马对真金也十分惧怕。反阿合马的汉人儒生、官僚事实上逐渐形成了一个拥戴真金、安童的集团。

反阿合马集团与阿合马的斗争在不断激化。一二七四年,安童以阿合马擅财赋权,蠹国害民,官属所用非人,奏请别加选择;又奏报阿合马营作宫殿,因缘为奸,奏请诘问。忽必烈命予查究。阿合马集团遭到一次打击。阿合马拘民间铁,官铸农器,高价抑配;又在东平、大名设立行户部印造钞币。大司农卿张文谦向忽必烈奏报,极力请予罢废。一二七五年,安童北戍,阿合马独专相权,又极力排斥汉臣。阿合马恐右丞廉希宪出相,奏请命廉希宪出朝,行省江陵。一二七六年,张文谦迁授御史中丞。阿合马恐怕宪台对他弹劾,奏请罢废诸道按察司,以此来动摇张文谦。张文谦奏请恢复,但终于被迫辞职,改领太史院。一二七八年,湖南行省左丞崔斌(安童荐用的汉人)入朝,极言阿合马奸蠹,并说江南官冗,"阿合马溺于私爱,一门子弟,并为要官"。忽必烈命御史大夫相威、枢密副使孛罗按问，罢黜阿合马亲党。崔斌迁授江淮行省左丞，又废除阿合马党的弊政，条具奏闻。不久之后，阿合马即搜罗崔斌的细事，诬陷罪名，把崔斌处死。太子真金听说此事，立即遣使制止，但已不及。宿卫士洛阳人秦长卿上书揭露阿合马为政擅生杀，说"观其禁绝异议，杜塞忠言，其情似秦赵高；私蓄逾公家资，觊觎非望，其事似汉董卓。"请杀阿合马。阿合马便任秦长卿为兴和宣德同知铁冶事，然后借故诬构，把他逮捕下狱。阿合马又把不满于他的亦麻都丁和刘仲泽入狱，派人告兵部尚书张雄飞说："如能杀此三人，就让你做参政。"张雄飞回答说："杀无罪以求大官，我是不会干的。"阿合马怒，排挤张雄飞出朝，为澧州安抚使。秦长卿、刘仲泽等都被害死在狱中。阿合马一再杀害汉官，回汉之争越来越尖锐了。

二、王著杀阿合马

阿合马执政二十余年间，不断激化的回汉之争，终于酿成王著杀阿合马的重大事件。

阿合马在位日久，一二八○年又援引中书左丞郝祯、耿仁等汉官结为私党，势倾朝野。一二八二年三月，忽必烈与太子真金去上都，阿合马留守大都。益都人王著与僧人高和尚合谋，企图杀死阿合马。他们计划在十七日晚结集八十余人，伪装太子，乘夜入城；并先派蕃僧二人去中书省，假说太子真金今晚要与国师来做佛事，骗阿合马出来迎接时把他杀死。二僧人到中书省，宿卫士高觿（渤海人）怀疑有诈，逮捕二僧，与尚书忙兀儿、张九思聚集卫士戒备。午间，千户王著伪传太子令旨，召枢密副使张易发兵，夜间来会。张易领兵至宫外。高觿问："果何为？"张易答："夜后当自见。"又问，张易附耳说："皇太子来诛阿合马也。"入夜，王著先驰见阿合马，说太子将到，命中书省官到宫前迎候。阿合马派右司郎中脱欢察儿等数骑出关，遇王著、高和尚部众。一人伪装太子，责以无礼，杀脱欢察儿等，夺马南入健德门，直至东宫前。夜二鼓，高觿等望见烛笼仪仗，人马齐来。一人至宫门前呼开门。高觿等说，"皇太子平日不曾走此门，今何来此？"王著等人马转趋南门。阿合马等来迎，伪太子立马指挥，呼省官至前，责问阿合马数语。王著即从袖中拿出铜槌，击阿合马脑，立即毙命。又呼左丞郝祯至，杀死，逮捕右丞张惠。张九思、高觿等发觉有诈，聚集卫士来攻，高和尚等逃走。王著挺身就擒。

当日黎明，中丞也先帖木儿与高觿等即驰往上都奏报。忽必烈自察罕脑儿到上都，命枢密副使孛罗、司徒和礼霍孙等来大都查办，在高梁河捕获高和尚。王著、高和尚和张易都被处死。王著临刑大呼："王著为天下除害，今死矣，异日必有为我书其事者。"死年二十九岁。

忽必烈得到阿合马被杀的报告，显然在怀疑：这个突然事变的背后，是否还有更为严重的阴谋。他召见董文忠荐用的儒臣王思廉，避去左右，问他说："张易反，你知道吗？"王思廉回答说："不清楚。"忽必烈说："造反就是造反，还有什么不清楚的。"王思廉说："僭号改元谓之反，亡入他国谓之叛，群居山林贼害民物谓之乱。张易的事，臣实在不清楚。"忽必烈说："朕自即位以来，如李璮之不臣，岂是因为我也象汉高帝、赵太祖那样，骤然得帝位么！"王思廉说："陛下神圣天纵，前代之君不足比。"忽必烈又问："张易所为，张文谦知道么？"回答说："文谦不知。"问："你怎能证明？"回答说："二人不和，臣所以知道他不知。"忽必烈在与王思廉的密谈中，不但认定张易参予杀阿合马事，并且进而怀疑到张文谦等汉臣。他谈到骤得帝位事，表明他甚至在疑虑是否汉人要推翻他的统治。

忽必烈对汉臣的怀疑并不是没有理由的。张易早年与张文谦同学，也与许衡等过从甚密。许衡被阿合马排斥归乡。张易作诗送行。一二八〇年，张易荐用高和尚随和礼霍孙等同去北边。张易被处死后，汉臣多为他辩护。甚至张九思也向太子真金说：张易只是受骗，"应变不审"，而不能"坐以与谋"。但是，事变发生前，张易与高觿的对话表明，他前此确已与闻其事。王著死后，王恽为作《义侠行》记叙其事，序中说王著"奋捐一身为轻，为天下除害为重。"诗中称颂说"至今冠古无与俦，堂堂义烈王青州。午年辰月丁丑夜，汉元策秘通神谋。""袖中金键斩禹剑，谈笑赋取奸臣头。"现存元人诗作还存有一些咏荆轲的诗篇，隐喻对王著的称颂。王著杀阿合马事显然博得了汉人臣僚和文士的广泛同情和支持。意大利商人马可波罗在他的游记中记叙此事，直接称为大都城里的汉人造反，并说王著杀阿合马之前，曾通知汉官要人，得到赞同。

忽必烈对王著案并未继续深究，他很快便觉察到反阿合马的蒙、汉官员具有强大的社会力量。当处理此案的宰罗向他报告了人们揭露的阿合马的奸恶时，忽必烈转而对臣下说："王著杀之诚是也。"并且随即追查阿合马党的罪恶，予以处治。汉人官员纷纷揭露阿合马党羽的罪行。四月，因阿合马长子、江淮行中书省平章政事忽辛"罪重于父"，进行究勘。罢去阿合马家奴忽都答儿所掌兵权。忽必烈下诏，原来因向阿合马献纳妻女姊娣而得官者一律罢黜。阿合马占据的民田，给还原主。五月，沙汰省部官，罢黜阿合马党人七百四十人。又追治阿合马罪，发墓剖棺，戮尸于通玄门外。籍没阿合马妻子亲属所营资产，放免奴婢为民。逮捕耿仁，命中书省审讯。六月，诏令阿合马滥设的官府二百四所，只保存三十三所，其余罢废。七月，又剖郝祯棺戮尸。九月，忽必烈敕中书省穷治阿合马党，设置"黑簿"，籍阿合马党人名姓。斩阿合马第三子阿散，第四子忻都，又杀阿合马党耿仁、撒都鲁丁。

十一月，阿合马长子忽辛、第二子抹速忽也在扬州被处死。

阿合马被杀后，对阿合马党的查究，一直延续到一二八二年底。这一斗争事实上是以色目官商集团的失败和拥太子派的蒙、汉儒臣的胜利而结束。忽必烈任和礼霍孙为中书右丞相，耶律铸为左丞相，甘肃行省左丞麦术丁为中书右丞（至元十四年，麦术丁以参知政事出任，当是受阿合马排挤），张雄飞参知政事，张文谦任枢密副使，董文用为兵部尚书。太子真金对和礼霍孙说："阿合马死于盗手。你任中书，有便国利民的事，不要怕更张。如果有人阻挠，我当尽力支持你。"

三、卢世荣理财的失败

一二八三年，和礼霍孙为相，上言：阿合马专政时，衙门太冗，虚费俸禄，请依刘秉忠、许衡所定官制并省。忽必烈又敕令：省、台理决不平之事，准到登闻鼓院击鼓奏闻。大抵和礼霍孙执政，只是从政治制度上清除阿合马时的积弊，并未提出改革财政的有效措施。阿合马因谋划取利而被杀，也更加重了朝臣的顾忌。《元史·卢世荣传》说："阿合马死，朝廷之臣讳言财利事，皆无以副世祖裕国足民之意。"一二八四年三月，安童自藩王海都处被释还朝。十一月，忽必烈罢去和礼霍孙、麦术丁、张雄飞等，复任安童为中书右丞相，卢世荣为右丞，前御史中丞史枢为左丞。大名人卢世荣在阿合马执政时，曾任江西榷茶运使。阿合马败后，被罢免。总制院使桑哥（畏兀儿人）向忽必烈荐卢世荣能理财裕国，因而被擢用。安童、卢世荣建言："阿合马专政时所用大小官员，例皆奏罢，其间岂无通才？宜择可用者仍用之。"卢世荣起用前河间转运使张弘纲、撒都丁等多人，受命理财。

卢世荣受任，即日奉旨整治钞法，定金银价，禁私自回易。安童、卢世荣奏请听民间金银从便交易；怀孟诸路竹货从民货卖收税；江湖渔利，听民采用；使臣往来，除驿马外，饮食不取于站户，官为支给。至元二十二年（一二八五年）正月，卢世荣又上奏说："臣言天下岁课钞九十三万二千六百锭之外，臣更经画，不取于民，裁抑权势所侵，可增三百万锭。"作为汉人官员的卢世荣，以"不取于民"，"裁抑权势"作为他理财裕国的方针，显然与阿合马色目集团的理财方法并不相同。他向忽必烈建策：在泉州、杭州设立市舶都转运司，造船给本，由商人经营海外贸易，获利官收其七，商有其三。权势所占有的产铁之所全部禁没，由官府立炉鼓铸，获利买粟存于常平仓。各路设平准周急库，向贫民放贷收息。各部立市易司，管领牙侩（中间人），商人货物四十分取一，其中四分给牙侩，六分作为地方官吏俸禄。又建策在上都、隆兴等路，由官府买羊马，令蒙古人放牧，畜产品官取其八，牧民取其二。二月间，卢世荣请罢行御史台，各地按察司改为提刑转运司，兼管钱谷诸事。中书省立规措所,任命善于经商者作为官吏,以规划钱谷。他又建言忽必烈下诏颁示九事:一、免民间包银三年;二、官吏俸免民间带纳;三、免大都地税;四、江淮民失业贫困卖妻子者,由所在官府收赎,使为良民;五、逃移复业者,免除差税;六、乡民造醋者免收课;七、江南田主收佃客租课,减免一分;八、添支内外官吏俸五分;九、定百官考课升擢之法。

卢世荣以"裁抑权势"为方针,不能不与"权势"官员发生冲突,也不能不侵犯蒙、汉地主、商人(包括色目商人)的经济利益。他自己显然已意识到必然要遭到强烈的反对。他在就任后不到十天,御史中丞崔彧即上言卢世荣不可为相。崔彧因此被罢职。卢世荣向忽必烈说:"臣之行事,多为人所怨,日后必定有人要来攻击,臣实在恐惧。请允许我先说在前头。"忽必烈回答说:"你所做的事,朕自欢喜,只有那些奸伪人才不喜欢。"四月间,卢世荣又奏告说:"臣愚以为今日之事,如同数万顷田,以前无人耕作,长满了杂草。现在臣要来播种,就要借丞相之力来守护;还要陛下为臣添力,如天下雨。惟陛下怜臣。"忽必烈说:"这些,朕已知道了。"但是,不久之后,监察御史陈天祥即上章弹劾卢世荣"苛刻诛求,为国敛怨,将见民间凋耗,天下空虚。"说他"始言能令钞法如旧,弊今愈甚;始言能令百物自贱,今百物愈贵;始言课程增至三百万锭,不取于民,今迫胁诸路,勒令如数虚认而已;始言令民快乐,今所为无

128

非扰民之事。"忽必烈在上都得奏，命安童集老臣、儒士和诸司官吏听取弹文，召卢世荣与陈天祥同去上都辩对。御史中丞阿剌帖木儿、郭祐等查出卢世荣的罪状有：不经丞相安童，支钞二十万锭；擅升六部为二品；仿效李璮的办法，要急递铺用红、青、白三色囊转行文字；不与枢密院议，调三行省万二千人置济州，委漕运使陈柔为万户管领；用阿合马党人关闭回易库，罢白醅课，立野面、木植、磁器、桑枣、煤炭、匹段、青果、油坊诸牙行等等。丞相安童也转而指责卢世荣说："世荣原来奏称能不取于民，岁办钞三百万锭，数目即有成效。现在已经四个月，与原来说的不符，钱谷出多于入。引用憸人，紊乱选法。"忽必烈捕卢世荣下狱，命安童与诸老臣议，世荣所行，当罢者罢之，更者更之。

卢世荣任相理财，不过百余日，即遭到失败，显然是由于拥戴太子真金的蒙、汉官员的强烈反对。卢世荣进言理财时，太子真金即深以为非，说："财非天降，哪能每年都有赢余？岂只害民，实是国之大蠹！"卢世荣败后，真金荐用的御史中丞郭祐入居中书，任参知政事。麦尤丁仍在中书任职。

忽必烈皇后察必（真金母）在一二八一年病死。一二八三年，立弘吉剌氏南必为后。忽必烈年近古稀，相臣常不得见，便向南必后奏事。卢世荣败后，拥真金的汉人儒臣又一次获得胜利。江南行台监察御史上封事说，皇帝春秋高，宜禅位于皇太子。真金得知，极为惶恐。御史台隐匿奏章不敢奏报。反真金的阿合马党人塔即古、阿散受命理算积年钱谷，乘机查封御史台吏案牍，借以揭发其事，奏报忽必烈。忽必烈即派人取阅奏章。御史台都事尚文急忙向御史大夫月律鲁报告说："这是要上危太子，下陷大臣，流毒天下之民，其谋至奸。塔即古是阿合马的余党，赃罪不小，不如先来揭发他。"月律鲁与丞相安童商议，将原委面奏皇帝。忽必烈大怒，说："你们就没有罪么！"经过劝说，忽必烈才暂缓拘刷。接着以赃罪惩治了塔即古和一些阿合马党羽。十一月，斩卢世荣。十二月，太子真金也忧惧病死，年四十三岁。

四、桑哥理财的失败

忽必烈任用卢世荣理财，再次遭到蒙、汉官员的反对而失败。朝中拥真金的一派文臣也因真金之死，而削弱了力量。但朝廷上回汉之争并未因而终止，朝廷财政也仍然是入不敷出，亟待经理。至元二十四年（一二八七年）闰二月，忽必烈采纳麦朮丁议，再立尚书省理财，以桑哥、铁木儿为平章政事。蒙、汉、色目官员之间的斗争，随之再次激化。

畏兀人桑哥，原为国师胆巴之弟子。至元年间，曾为总制院使。因而得以接近忽必烈，得到信用。十月间桑哥升任为尚书省右丞相，铁木儿及阿鲁浑撒里为平章政事，汉人叶李为右丞。

桑哥受命理财，重又采用阿合马等的一些措施：

更定钞法——钞法虚溃，仍是元朝财政中的严重问题。一二八七年三月间，桑哥更定钞法，颁行新钞"至元宝钞"，与中统钞同时通行。至元钞一贯文折合中统钞五贯文。

理算——桑哥奉旨首先检核中书省，查出亏欠钞四千七百七十锭，昏钞一千三百四十五锭。平章麦朮丁伏罪，参政杨居宽、郭祐等因此被杀。桑哥又设征理司，钩考仓库。委派参政忻都、户部尚书王巨济、参议尚书省事阿散等十二人，理算江淮、江西、福建、四川、甘肃、安西等六省财赋，每省各二人，特给印章，并派兵士卫从，以备使令。理算的范围，甚至包括到元朝建国以来历年漏征的赋税，搜括极广。仅杭州一地因理算而被迫自杀及死于狱中者，即有几百人。

增课程——一二八九年，桑哥向忽必烈奏报说："国家经费既广，岁入常不够支出，往年计算，不足百万锭。自从尚书省钩考天下财谷，赖陛下福，以所征补偿，未尝征敛百姓。但今后恐难再用此法。因为仓库可征者已少，敢于再偷盗者也不会很多。"他因此建策增加课程税收。盐引自中统钞三十贯增加为一锭，茶引自五贯增为十贯，酒醋税课江南增额十万锭，内地五万锭，只输半赋的协济户增收全赋。又增征商税，腹里地区增至二十万锭，江南二十五万锭。

桑哥为元廷多方搜括，一度补救了入不敷出的局面。桑哥的权势，也随之日益显赫。忽必烈甚至支持佞谀者为桑哥立碑颂德。尚书省铨调内外官员原应由中书省宣敕，忽必烈命付尚书省。桑哥既得专用人大权，一些官员便走他的门路，纳贿求官，出高价者即可得逞。桑哥财权在握，经营私产，掠取财货，家藏的珠宝甚至超过宫廷。

　　桑哥重新推行阿合马的理财诸法，当然不能不遭到拥汉法的蒙汉官员的反对。一二八七年初置尚书省时，丞相安童即上奏说："臣力不能回天，乞不用桑哥，别相贤者，犹或不至虐民误国。"刑部尚书不忽木（康里部人），自幼年在太子真金的东宫，师事王恂，又从许衡学习儒学，是拥汉法的真金一系。桑哥处死杨居宽、郭祐，不忽木出面力争，未能救免。桑哥排斥不忽木出朝，以病免官。御史中丞董文用每与桑哥辩论，密奏弹劾桑哥。桑哥也在忽必烈前谮诬文用，请痛治其罪。忽必烈说："他是御史，职任所在，何罪之有？"一二八八年，董文用迁授大司农。一二八九年，集贤学士、江南行台御史程钜夫入朝，劾奏"今权奸用事，立尚书省钩考钱谷，以剥削生民为务。所委任者，率皆贪饕邀利之人。"桑哥大怒，奏请处死。忽必烈不准。中书右丞崔彧与平章麦朮丁也上奏揭发桑哥纳贿卖官，故旧亲党，皆授要职，"唯以欺蔽九重，朘削百姓为事"。反桑哥的斗争日益激化。一二九一年初，翰林侍讲赵与票因有虎入京城，上疏劾权臣专政，指斥桑哥苛猛如虎。忽必烈去柳林射猎，怯薛歹彻里乘间劾奏桑哥奸贪误国，说："臣与桑哥无仇，所以力数其罪而不顾身，是为国家打算。倘若畏圣怒而不说，奸臣何由而除，民害何由而息！"忽必烈召问不忽木（一二九〇年拜翰林学士承旨），不忽木对答说："桑哥壅蔽聪明，紊乱政事，有人敢说他，便诬陷以他罪而杀害。现在百姓失业，盗贼蜂起，乱在旦夕。不杀桑哥，深为陛下担忧。"反桑哥的官员也纷纷乘机进言。忽必烈命御史大夫月律鲁等台官勘验，与桑哥辩论。桑哥被逮下狱究问。

桑哥执政理财，前后四年而失败。二月间忽必烈诏令籍没桑哥家产，竟有内帑之半。又命彻里去江南，捕系桑哥妻党、湖广行省平章要束木及江浙省臣纳速剌丁灭里、忻都、王巨济等至京师。桑哥、要束木及纳速剌丁灭里等均被处死。

桑哥败后，忽必烈又罢废尚书省，并入中书，各地停止理算钩考。忽必烈采不忽木的建策，以太子真金的原詹事长、故丞相线真子完泽为中书右丞相，不忽木为中书平章政事，彻里为御史中丞，麦尤丁仍为平章。

五、成宗的守成政治

忽必烈在位三十五年，先后任用阿合马、卢世荣、桑哥执政理财，一再由于蒙、汉官员的反对而遭到失败。元朝政权一直处在汉法与"回回法"的反复斗争之中。一二九三年六月，忽必烈立皇孙铁穆耳（真金子）为皇太子。忽必烈在病中，召见御史大夫月律鲁、太傅伯颜和不忽木等，遗诏立太子。至元三十一年（一二九四年）正月，忽必烈病死，年八十岁。

太子真金妻伯蓝也怯赤（阔阔真）长子晋王甘麻剌领兵镇守北边。次子答剌麻八剌，已死。立为太子的铁穆耳是第三子，当时也领兵在北。忽必烈死后，甘麻剌、铁穆耳都来到上都，会集诸王，举行忽里勒台。伯蓝也怯赤主持大会。月律鲁、伯颜、不忽木奉遗诏，与右丞相完泽、御史中丞彻里等拥立铁穆耳即皇帝位（成宗）。伯颜执剑宣读遗诏，诸王不敢有异议。大会之后，晋王甘麻剌仍回藩邸，驻守哈剌和林。

成宗即位，翰林学士王恽依据经书宗旨献上《守成事鉴》十五篇。成宗即位诏说："尚念先朝庶政，悉有成规，惟慎奉行，罔敢失坠"。他继续任用完泽、不忽木等为相，并诏令"宗藩内外官吏人等，咸听丞相完泽约束"，又以御史大夫月律鲁为太师，伯颜为太傅（同年十二月，病死）。同年七月，成宗下诏崇奉孔子，任反桑哥的儒臣王恽、赵与票等为翰林学士，优加礼遇。一二九八年任用哈剌哈孙为中书左丞相。有大政事，必引儒臣杂议，又在京师建孔子庙学。成宗"恪守成宪"，尊孔崇儒，争取蒙、汉儒臣的拥戴，以巩固他的统治。

成宗在尊儒臣、用汉法的同时，又任用色目官员以

134

综理财赋。回回人赛典赤孙伯颜任中书平章政事，弟伯颜察儿参议中书省事。阿合马余党得罪获免的阿里，在桑哥败后，任中书右丞。成宗即位，御史台提出弹劾，成宗采中书省议，仍令阿里执政如故。成宗用蒙汉儒臣执政，色目官员理财，汉法与"回回法"并用。在他统治的十二年间，没有再爆发如象世祖时期那样尖锐的回汉之争，暂时地稳定了朝廷的政局。但是，以守成为方针的成宗统治时期，朝廷政治日渐腐败，财政经济的紊乱和钞法的败坏也仍在继续发展。

蒙古旧例，忽里勒台选汗大会之后，与会诸王都要接受新汗的赏赐。成宗即位后，中书省臣上言："陛下新即大位，诸王、驸马赐与宜依往年大会之例赐金一者加为五，银一者加为三。"照此办理，赏赐增加三、五倍不等。成宗用滥加赏赐的办法，以争取蒙古贵族的支持。三个驸马的赏银就超过十二万两。西平王奥鲁赤等几个藩王，各赐金五百两，银五千两、钞二千锭。诸王、公主赏赐的金银钞币，汇为巨大的数量。朝臣的赏赐，月律鲁金一百五十两，伯颜等各五十两，还有银、钞、锦，数量不等。大量赏赐使朝廷内帑空虚。这年六月间，中书省奏称："朝会赐与之外，余钞只有二十七万锭。"八月间，成宗诏令诸路平准交钞库贮存的银九十三万六千余两，只留十九万二千余两作为钞母，其余全部运送京师。国用不足，动用钞本，从此成为历年的通例，其结果必然造成钞法日坏，货币贬值，经济紊乱，而朝廷的财政，仍然是年年不足。一二九八年（大德二年），成宗问中书省臣：每年金银钞币收入有多少，诸王驸马赐与和一切营建，支出有多少？右丞相完泽回答说："岁入之数，金一万九千两，银六万两，钞三百六十万锭，然犹不足于用，又于至元钞本中借二十万锭。"一二九九年，中书省又奏报说："比年公帑所费，动辄巨万，岁入之数，不支半岁，其余皆借及钞本。臣恐理财失宜，钞法亦坏。"一三〇〇年，左丞相哈剌哈孙说："横费不节，府库渐虚。"元王朝的财政越来越难以维持了。

成宗实行守成政治，以缓和蒙、汉、色目官员间的冲突，各级官员越来越因循腐败，贪贿公行。一二九九年，有人依仗父亲官势受贿，御史要归罪其父。不忽木行御史中丞事，说"风纪之司，以宣政化、励风俗为先。若使子证父，何以兴孝？"枢密院官受人玉带贿赂被揭发，不忽木说："按照古礼，大臣贪墨，只说他簠簋不饰；若加笞辱，不合刑不上大夫之意。"不忽木援引儒学刑不上大夫的说教，公然为官员受贿作辩解，官员们更加肆行贪墨，无所顾忌。同年三月，行御史台弹劾平章教化贪污三万余锭。教化也揭发平章的里不花管领财赋，盗钞三十万锭，又揭露行台中丞张闾也接受别人的贿赂。成宗敕令一切不问。南宋末出身于海盗的富商朱清、张瑄，降元后为元朝制造海船，行海运，经营海上贸易，成为巨富。一三〇三年因得罪籍没家产。监察御史上言，右丞相完泽曾接受朱清、张瑄的贿赂，成宗不理。又揭露中书平章伯颜、梁德珪、段贞、阿鲁浑撒里、右丞八都马辛、左丞月古不花、参政迷而火者、张斯立等受贿事，罪证确具，成宗只好下诏将他们罢免。但第二年，伯颜、梁德珪、八都马辛、迷而火者等又都相继恢复原职。一三〇三年，定赃罪十二章。七道使臣在各地查出并罢免赃污官吏一万八千四百余人，查出赃钞四万五千八百余锭。当然，未被罢免的赃官和未被查出的赃物要远远超过此数。成宗即位初年，有人便指责说："内而朝廷，外而州县，无一事无弊，无一事无病。"成宗晚年多病，朝政由皇后伯要真氏和伯颜等所把持，更加昏暗。元朝的统治日益腐败了。

（二）蒙古诸王的反乱

忽必烈战胜阿里不哥以后，蒙古宗王的反抗并没有因而终止。窝阔台后王海都、察合台后王笃哇联络蒙古宗王，一再在西北发动战乱。接着，成吉思汗诸弟的后王乃颜等也与海都相呼应，在东北起兵。在忽必烈统治时期，从西北到东北，蒙古诸王的战乱一直不断。直到武宗时才大体平服。

一、海都及昔里吉等之乱

一二五一年，蒙哥即汗位，镇压窝阔台后王的反抗。窝阔台之孙、合失之子海都被谪封于海押立。在忽必烈与阿里不哥的汗位争夺战中，海都是阿里不哥的支持者。阿里不哥归降后，海都与察合台后王数人仍拒不归命。而且，海都已在尤赤诸后王的支持下，据有叶密立一带原窝阔台、贵由的封地，成为窝阔台兀鲁思诸王的领袖。忽必烈多次厚加赏赐，并划蔡州为他的封地，以示优容。

一二六五年（至元二年）忽必烈派察合台曾孙八剌回察合台兀鲁思，以牵制海都。八剌自立为汗后，与海都争夺布哈拉城，兵败言和。

一二六九年（至元六年），海都、八剌及党附诸宗王在塔剌思河畔召开大会，分划河中地区的利权：三分之二归于八剌，余则分属海都与尤赤后王忙哥帖木儿。与会诸王宣誓保持游牧生活和蒙古传统的风俗制度，并派遣使臣去质问忽必烈说："本朝旧俗与汉法异，今留汉地建都邑城廓，仪文制度遵用汉法，其故何如？"这就清楚地表明：海都等蒙古保守派贵族反对用"汉法"的政治立场。八剌自立，与海都联合后，对元朝的威胁更为严重了。

一二七一年（至元八年）忽必烈命皇子北平王那木罕率诸王镇守阿力麻里。次年，海都援立八剌子笃哇为察合台汗，骚扰天山南北诸地。至元十二年（一二七五年）正月，忽必烈下令追收海都、八剌金银符。笃哇、卜思巴等以兵十二万进围哈剌火州达六月之久，畏

138

兀儿亦都护纳女求和（一说，事在二十二年）。忽必烈派右丞相安童辅佐那木罕同守北边。

一二七六年夏，随从那木罕北征的诸王昔里吉(蒙哥子)、明理铁木儿、玉木忽儿(阿里不哥子)、脱黑帖木儿等举行了叛乱。叛乱者奉昔里吉为主，拘系那木罕、捕送安童于海都处。但海都以"彼间水草丰美，可仍驻留"为辞，拒绝与昔里吉等合兵。昔里吉等于是劫持宗王撒里蛮(蒙哥孙)，退据额尔齐斯河上，大掠乞儿吉思五部，杀谦谦州屯守万户伯八儿，东犯和林，掠走成吉思汗大帐。应昌弘吉剌部只儿斡带、六盘山霍虎起兵响应，漠南大震，居庸关以北为之告警。忽必烈抽调攻下临安的南征军主力北征。汉军都元帅阔阔带、李庭北逐撒里蛮，大将阿术、重臣相威西戍别失八里，复命南征主帅伯颜率大军北征。伯颜、土土哈部在鄂尔浑河上大破昔里吉军，收复了和林。土土哈追击昔里吉，逾阿尔泰山。

此时，诸王内部又发生了争吵和分裂。脱黑帖木儿叛昔里吉，转奉撒里蛮为主，玉木忽儿不从。昔里吉杀脱黑帖木儿，并囚系撒里蛮送尤赤后王火你赤处。途中经过撒里蛮的领地，被撒里蛮的部众劫回。撒里蛮引军攻打昔里吉。昔里吉兵败，被俘。玉木忽儿引兵来战，又败。撒里蛮引众南下，在归降忽必烈途经斡赤斤封地时，又遭斡赤斤后王乃颜的袭击，撒里蛮单骑脱走，来见忽必烈。在伯颜大军的打击下，从叛诸王也无以自存，便在一二八三年归降忽必烈。次年，被拘囚的那木罕、安童获释回朝。

这时，海都仍占领蒙古草原西部及乞儿吉思的大部，遮断忽必烈与西方诸汗国的交通，构成西北方面的强大威胁。忽必烈在和林、哈剌火州一线，派出大量军兵驻守。一二八四年（至元二十一年）牙忽都、土土哈等曾击败海都军，但海都仍拥有强大的势力。

一二八五年（至元二十二年）驻守西北的宗王阿只吉军被笃哇击败。忽必烈又命伯颜代阿只吉总领北边诸军镇守。

二、乃颜之乱

一二八七年（至元二十四年）四月，东北的宗王乃颜与胜纳合儿、哈丹（哈赤温后王）、失都儿（哈撒儿后王）、也不干（成吉思汗庶子阔列坚后王）等宗王起兵反元。乃颜是成吉思汗幼弟斡赤斤的后裔、有名的塔察儿国王之孙。在成吉思汗分封的东部诸王中，斡赤斤继承了母亲诃额伦的财产。在左手诸王中，土地、人民，以二十分计之，乃颜独得其九，其余忙兀、兀鲁、札剌儿、弘吉剌、亦乞烈思五投下共得十一。中统初元，塔察儿国王对忽必烈的支持在当时的政局中有着举足轻重的作用。忽必烈为了抑制东北诸王，特别是乃颜的专擅，罢山北辽东道、开元等路宣慰司，置东京等处行中书省，以资监护。这一措施更招致乃颜的不满。乃

140

颜谋反，与海都及西北诸王相联络，构成元朝自东北至西北的强大威胁。

忽必烈得到乃颜反讯，先命伯颜亲自去乃颜军中察看虚实，命土土哈肃清驻军在土拉河上的也不干等叛王；并遣伯颜进据和林，遮断乃颜与海都的联系。五月，忽必烈自上都出兵，扶病亲征。由于蒙古军将多是乃颜的将校或戚属，两军对阵时往往"立马相响语，辄释杖不战"，忽必烈命李庭、董士选等统领汉军，用"汉法"战。六月，大军在撒儿都鲁败乃颜部将塔不带、金刚奴，进逼乃颜在辽河上的失剌斡耳朵。乃颜是景教的信奉者，在他的旗帜上立十字架为标志，军号十万，以车环卫为营。忽必烈以步卒持长矛，在火炮掩护下进攻。马可波罗在记述这次战役时写道："由是双方部众执弓弩骨朵刀矛而战，其迅捷可谓奇观。人们只见双方发矢蔽天，有如暴雨。双方骑卒坠马而死者为数甚众，陈尸满地。死伤之中，各处声起，有如雷震。"乃颜兵败被擒。七月，失都儿北犯咸平，兵败，哈丹及其余党北逃。忽必烈留玉昔帖木儿辅皇孙铁穆耳进讨。一二八八年（至元二十五年），铁穆耳、土土哈、李庭等进击哈丹在呼伦贝尔地区的据点。哈丹流窜辽东、辽西及高丽之间，一二九一年（至元二十八年）被最后击破。

三、海都连年扰掠

当乃颜之乱发生时，海都征集精骑四千，谋乘隙而动。伯颜进据和林后，海都以孤立无援西退，但连年窜扰，作东北宗王的声援。一二八八年（至元二十五年）海都犯边，忽必烈命驻守畏兀儿地的诸王出伯征讨。一二八九年（至元二十六年），海都军又一次进逼和林，围攻皇孙铁穆耳。和林宣慰使怯伯等响应海都，漠北大震。七月，忽必烈再次亲征，海都军西遁，忽必烈不遇敌而还。明年，海都又在边地进犯，土土哈与牙忽都居守大帐，不战而溃，尽失辎重。一二九二年（至元二十九年）宗王明理铁木儿附海都叛。伯颜奉诏出兵，明理铁木儿败降。一二九三年，忽必烈命御史大夫月律鲁代伯颜统军。六月，铁穆耳镇抚北边，大将土土哈奉诏进攻乞儿吉思，尽收益兰州等五部，进至谦河，屯兵防守。海都引兵来战，败走。海都失谦河诸部地，如断左臂，元朝西北得以暂时免于骚扰。

四、海都、笃哇等的败降

成宗即位，以宁远王阔阔出（忽必烈子）、驸马阔里吉思（汪古部长阿剌兀思曾孙）等驻防西北。一二九六年（元贞二年），海都、笃哇军内分裂。宗王玉木忽儿、兀鲁思不花和大将朵儿朵哈（在忽必烈时为元守边，后叛附海都）等率领所部军一万二千人投归元朝。一二九七年(大德元年)土土哈病死。子床兀儿承袭父职，领兵越金山，攻打海都占据的八邻，大败海都部下孛伯军。次年，笃哇乘严冬元军失备，再次来袭。阔阔出、床兀儿等疏于防御，驸马阔里吉思战败被擒。成宗即令玉木忽儿、朵儿朵哈领兵反击笃哇，在哈剌火州境，出其不意，大败笃哇军。一二九九年，成宗派皇侄海山(答剌麻八剌子)代阔阔出镇守北边，总领漠北诸军。床兀儿及老臣月赤察儿等为辅。一三〇一年(大德五年)海都率察合台、窝阔台系后王四十余人大举东犯，与海山军大战于和林北迭怯里吉之地，海都军溃；后二月，再战于合剌合塔之地，又败。海都不得志而退，在路上得病死去。其子察八儿继立。一三〇三年(大德七年)，笃哇、察八儿等以长期构兵，全无所得，遣使"请命罢兵，通一家之好。"成宗许和。战乱告一段落。

一三〇六年(大德十年)，海山军乘笃哇与察八儿内讧，西逾阿尔泰山，大败察八儿。察八儿穷蹙无归，降附于笃哇。笃哇兼并了窝阔台兀鲁思的全部领地，窝阔台汗国从此不再存在。同年，笃哇死，成宗命其子宽彻归袭汗位，为元朝的藩臣。

(三)江南人民的反抗斗争

元朝蒙古宗王之间，蒙、汉、色目统治集团之间反复地相互倾轧的年代，江南地区的广大人民不断掀起了反抗元朝统治的武装斗争。

在灭宋战争中，蒙古军队还保存着一些奴隶制时期长期形成的掳掠奴隶和财物的旧习。主帅伯颜曾经说："诸将渡江，无不荒贪，独予与国宝（张庭珍字）清慎自持"。其实伯颜自己便大量地侵夺江南的庾田。掠夺人口作奴隶，是江南人民最为不堪的灾祸。"大州小邑，四民子弟，无少长悉为人俘虏，流离播迁之余，可矜可哀。"（同恕《榘庵集》）一二八〇年（至元十七年），忽必烈令相威检核阿里海牙，忽都帖木儿等所掠人口，多达三万二千余丁。攻灭南宋之后，军将们的武装劫掠一直不曾停止。一二九〇年（至元二十七年），御史台言："江南盗起，讨贼官利其剽掠，复以生口充赠遗。"有唐兀带者，公然引军千余人，于辰溪、沅州等处劫掠新附人千余口及牛马、金银、币帛等，麻阳县达鲁花赤武伯不花竟为他作向导。千户脱略、总把忽带公然统领官兵入婺州永康县界杀掠吏民。唆都部下顾总管聚党在海道劫掠商货，明火执仗地拦道抢劫。

元朝政府的财赋收入，十分之七取自江浙。由阿合马所委派的大批财赋官，唯利是征，茶盐酒醋等税，节次增添，比归附初时十倍以上。又加上料民、括马、钩考等手段，花样翻新。十年之内，江南钱谷八经理算，而官吏的贪婪，更达到惊人的地步。被派往江南的官吏，以谋财取利为能事。两淮转运使阿剌瓦丁贪污官钞达二万一千五百锭，盗取和卖马三百四十

144

四匹。他还擅自扣压朝廷宣命，又把官吏的符牌给自己的家奴经商贸易。释教江淮总摄杨琏真伽，占民五十余万为佃户，庇平民不输公赋者二万三千户，甚至公开盗掘南宋诸帝陵墓，攫取墓中的财宝。忽必烈连续发动对外侵掠战争(见下节)在民间拘水手，造海船，更加造成民不聊生，怨声载道。

一二七九年南宋亡后，江南反元的义军即到处兴起。一二八三年，御史中丞崔或奏报说："江南盗贼，相挺而起，凡二百余所"。一二八七年桑哥说："江南归附十年，盗贼迄今未靖。"一二八九年二月月律鲁说："江南盗贼凡四百余处。"人民武装起义此仆彼起，不及汇为巨大的规模便相继被元军镇压下去。但是，人民群众连绵不断的武装斗争，给予元朝统治的打击是沉重的。

下面叙述元朝灭宋过程中的人民反抗斗争和南宋亡后几次规模较大的农民起义。

元朝灭宋时期的人民起义　一二七六年(至元十三年)二月，夏贵以淮西诸郡降元。镇巢军统制洪福，原是夏贵的家僮，因战功任镇巢雄江左军统制。进戍镇巢军的元军是由阿速人组成，极为残暴。洪福诱使他们入城，备酒设宴款待。元兵酒醉，洪福率领城中居民，将元军全部杀死。夏贵来进行招降，洪福不听。元军攻城报复。夏贵伪作单骑入城，与洪福商议。洪福轻信夏贵之言，开城门接纳。元伏兵擒洪福，处死。城中抗元居民全被屠杀。

一二七七年（至元十四年），元军主力北上与昔里吉作战。三月，宋文天祥复梅州，出江西，进复会昌。四月，张世杰复潮州。江西各地军民群起响应。舒州张德兴杀大湖县丞张德颙，与六安野人原民刘源起兵反元，蕲州傅高也起兵响应，攻据黄州、寿昌，传檄淮东四郡，大江南北诸城邑多乘势杀守将响应。湖北宣慰使郑鼎出兵镇压，义军决堤灌水，元军溃败，郑鼎也舟覆溺死。接着，义军进逼阳罗堡，鄂州大震。七月，元军围剿起义军，寿昌、黄州复陷。九月，司空山寨被攻破，张德兴牺牲。傅高出走江西武宁，在官府的追捕下无处存身，变姓名返乡，被当地官府捕获处死。

在湖南，张世杰派遣祁阳令罗飞围困永州，各地义军闻风响应，常宁的黄必达，新化张虎、周隆，潭州境内的文才喻等，阻山为寨，屠杀长吏。罗飞围困永州达七月。一二七七年十二月，元军攻陷祁阳，罗飞被杀，各地义军也先后被镇压。

浙江处州青田的季文龙、章焱在一二七七年率领淮军余部起义。淮军是张世杰的旧部，临安失陷后，这支队伍有很大部分流散在浙、闽各地。季文龙、章焱起事后，杀赵知府，自署两浙安抚使，环近七县俱起响应。处州总管府达鲁花赤赵贲以兵围城。义军突围后又集众二万来攻，列阵于恶溪南岸，双方鏖战，自巳至亥。元军万户忽都台合兵来攻，义军失败，季文龙溺死。

福建汀州长汀人黄广德在一二七七年四月称天下

146

都元帅，刻都帅印，自立为天从广德皇帝，设铜将军、铁将军等称号。五月，南剑州沙县谢五十自称挈天将军。黄广德与谢五十军先后被元军镇压。农民军陈大举（陈吊眼）及畲族首领许夫人所率领的诸畲峒民军，与宋张世杰军联合，进攻福州。在福州的原淮军李雄部起而响应，杀死了同知宣抚司事潜说友。由于叛臣王积翁的欺骗和镇压，他们的反抗活动也陷于失败。

南宋灭亡以后，人民的起义斗争，汹涌而起，十分激烈。

杜可用（杜万一）起义 一二八〇年（至元十七年）四月，江西南康都昌县民杜可用利用白莲会组织起义，有众数万。可用号杜圣人，建元"万乘"，自称天王（民间皆事天差变现火轮天王国王皇帝），以谭天麟为副天王，都昌西山寺僧为国师。江西行省参知政事贾居贞与江淮行省参知政事史弼联兵镇压。贾居贞令招讨方文伪装为农商，伏兵仗舟中，驶近农民军居住的茅舍。杜可用失于戒备，和起义军丞相曹某一起被擒牺牲。元朝又一次发布禁令，拘收在民间流传的《五公符》《推背图》《血盆经》等秘密宗教图籍，禁止"一切左道乱正之术"。

陈大举（陈吊眼）起义 陈大举是福建畲族的一名首领。临安失陷后，乘乱起兵，后来受张世杰收抚，合兵进讨叛臣蒲寿庚。南宋亡后，畲族人民仍然坚持斗争。元政府曾诏谕："漳、泉、汀、邵武等处暨八十四畲官吏

147

军民，若能举众来降，官吏例加迁赏，军民按堵如故"。起义人民拒不受骗。一二八〇年（至元十七年）陈大举的叔父陈桂龙起义于漳州，退守畲洞，凭险拒守。陈桂龙据九层际畲，陈大举据漳浦峰山寨，陈三官据水篆畲，罗半天据梅泷长窖。陈大妇领客寮畲，共有山洞山寨八十余处，据险相维，内可出，外不可入，建年号"昌泰"，声势浩大。元军征讨无效，福建等处征蛮都元帅完者都、右副都元帅高兴以大军围剿。高兴破高安寨，斩首二万级。陈大举仍连五十余寨，有众十万。一二八二年，完者都以降人黄华为前导，连破十五寨，陈大举退走千壁洞。高兴以谈判为名把陈大举骗至山半。陈大举轻信不备，被高兴仰面执手掣下，斩首漳州。其父文桂、叔桂龙、弟满安投降。余部吴满、张飞等坚持斗争，也被杀害。

林桂芳起义 一二八三年（至元二十年）三月，广东新会县林桂芳、赵良铃聚众起义，建罗平国，称"延康"年号，有众万余。同知广东宣慰司事王守信率官军镇压，擒桂芳，又收降林桂芳弟于新会。南海义军三千人被镇压失败，军帅潘舍人被擒。

欧南喜起义 一二八三年九月，欧南喜在清远称王，建元称号，设官置署，众号十万，据平康下里东团村等处。增城县蔡大老、钟大老、唐大老等响应。欧将军（欧锤）擒广东道转运盐使合刺普华，切断通往占城的饷道，并遣所部马帅、陆帅和徐相进袭广州，但在元军打击下兵败。欧将军走新会，与黎德会合。时黎德已集船七十艘，众号二十万，别部吴林以船八百艘围冯村。官军大举进剿，黎德、吴林的义军战败。黎德、欧王及其所署都督、丞相、兵马铃辖等二十四人均被元军擒捕处死。

黄华起义　一二七八年（至元十五年）张世杰伐蒲寿庚，建宁路政和县人黄华集结盐夫，并联络建宁、括苍畲族首领许夫人奉卫王橳起兵，有众四万。张世杰败走后，黄华军降元，屯驻建宁。一二八一年（至元十八年）完者都讨平陈大举，黄华曾担任向导，使元军得以了解山洞之险，迅速致陈大举义军于死地。一二八三年（至元二十年），黄华再度举兵抗元，聚众十余万，军士剪发文身，号"头陀军"，用"祥兴"纪年（南宋末帝赵昺的年号）。"福建一道，收附之后，户几百万，黄华一变，十去其四。"（王恽：《秋涧先生大全文集》卷九二）闽中大震。忽必烈急忙抽调在扬州的刘国杰军会合浙西行省的高兴部、参政兀鲁兀伯颜的江淮兵以及福建行省兵，大举进剿。义军攻信州南门，高兴与战于铅山、进陷嘉禾，义军少挫。这时，黄华集众号二十万，分据建宁四区，以示必取。高兴得到建宁受攻危急的消息，即卷甲直趋，会福建之师合击，俘叶都统、梁都统等。黄华败走江山洞，据赤岩山死守。官军猛攻山寨，鏖战半日。起义军终于失败，黄华赴火自焚死。同时起兵的还有青田吴提刑，自署为两浙安抚使。官军讨平之后，在俘获物中有宋前丞相陈宜中的札子和黄华的印榜。

钟明亮（朗）起义　一二八九年（至元二十六年）正月，广东循州畲民钟明亮举兵反，拥众十万，进攻赣州，下宁都，据秀岭。时江南义军多达四百余起。元朝政府极为惊慌，忙令签江西行枢密院事也速迷失率江西行省左丞管如德、福建行省拜降、江淮行省忙兀台联兵进讨。五月，钟明亮以众万八千五百人降。闰十月又反，以众万人攻梅州，分遣江罗等八千人攻漳州。韶州、雄州等处的起义军二十余起响应。忽必烈严责也速迷失、管如德，命与福建、江西二行省合兵镇压。也速迷失惧怕义军，不敢前往；等义军一走，又诛杀平民冒功。义军利用地形，十分活跃。元廷"虽两省一院并力收捕，地皆溪岭，囊橐其间，出没叵测，东击则西走，西击则东轶。"（《秋涧先生大全文集》卷九二）一二九○年（至元二十七年）二月钟明亮再降，五月又反。广昌的邱元，赣、吉的谢主簿、刘六十，乐安的卢大老，南丰的雷艾江等纷起响应。钟明亮死后，余众奉其木主，继续进行斗争。

杨镇龙起义　与钟明亮起义的同时，浙江台州宁海人杨镇龙据玉山县二十五都龙兴山称大兴国皇帝起义，以历某为右丞相，楼蒙才为左丞相，用黄牌书其所居门曰"大兴国"，建年号"安定"。军士在额上刺"大兴国军"四字。一二八九年（至元二十六年）二月一日，杀马祭天，声言受天符举事。义军众号十二万，以七万攻东阳、义乌；余攻嵊县、新昌、天台、永康等处，浙东大震。时诸王瓮吉带谪居婺州，与浙江行省丞相忙兀台调军镇压，败义军新昌，进陷桃源，义军先锋张九被擒。三月，官军逼龙兴山，纵火焚杀，义军溃败。但余部仍坚持斗争，直到一二九〇年三月仍在浙东一带活动。

刘六十起义 一二九六年(成宗元贞二年)赣州民刘六十聚众万余人起义，建立名号，把斗争的目标指向元朝官府和欺压农民的土豪。元朝派兵去镇压，起义军声势甚盛，元军主将观望退缩，不敢出兵作战。江西行省左丞董士选(董文炳子)去兴国县，处死欺压农民的官吏和激起反抗的豪绅，对起义军分化诱骗。刘六十被擒，起义失败。

元世祖、成宗时期，前仆后继的农民起义，相继遭到镇压而失败，但人民的反抗斗争并没有终止。各族人民继续在各地以各种形式向元朝统治者展开不屈不挠的战斗。

第五节 对外战争

自从成吉思汗建立蒙古奴隶制国家以来，奴隶制度的发展决定了奴隶主贵族必然要不断地对外掳掠。掳掠奴隶和财富的战争被看作是光荣而高尚的事业。奴隶主的军队也正是依靠掳掠战争来得到利益和得到发展。由于周邻国家的衰落和蒙古贵族骑士的善战，蒙古军所向无敌，不断取胜，占有了横跨亚欧两洲的广阔领域。

元世祖忽必烈依靠汉人地主的支持，在汉地建立起封建王朝，并且采用了封建的军事、政治制度，但是蒙古的军队仍然保存了原来的某些制度和原有的传统。传统的习惯势力使忽必烈和铁穆耳仍然把对外侵掠视为大汗应有的高尚事业。在蒙古贵族和军队势力的推动下，忽必烈在灭南宋的同时，又不断地对周邻各国：高丽、日本、安南、占城、缅国等展开了频繁的战争，一直延续到铁穆耳统治的年代。

但是，元朝的军队毕竟已不同于蒙古建国初期的状况。半个世纪以来，蒙古军队不断收编了大量的各族的新分子。金朝降蒙的汉人地主武装和南宋的新附军，更与蒙古军队的素质完全不同。他们被迫当兵或被征调服役，蒙古贵族对外侵掠的战争只能为他们带来损害，而不能带来利益。军队成分变化，蒙古将士也逐渐腐化，习于享乐。元朝对外侵掠军在各国人民的正义的反抗面前，不再是所向无敌，而是不断地遭到失败。

元朝的对外战争，使被侵掠的各国人民遭到战争的祸害，也为元朝统治下的各族人民带来极大的灾难。官员们奏报说，百姓赋役繁重，士卒触瘴疠多死伤，群生愁叹，四民废业。以致"贫者弃子以偷生，富者鬻产

152

而应役，倒悬之苦，日甚一日。"(《元史·安南传》)

元朝对外侵掠战争完全是不义之战。各国人民对元军的抵抗和打击，实际上支持了元朝统治下的各族人民。在元军对外作战期间，江南人民的武装起义，此仆彼起。起义军对元朝的冲击，也是对被侵掠的各国人民的支援。

（一）对高丽的侵扰与高丽人民的反抗斗争

蒙哥时，高丽王子王倎来朝，未返。中统初年，高丽国王王瞰死。赵壁、廉希宪建议送王倎归国，立为国王。忽必烈采纳这个建议，派兵送王倎归国即位，更名王植。忽必烈把高丽作为元朝的属国，按照成吉思汗的定制："凡内属之国，纳质、助军、输粮、设驿、编户籍、置长官。"一二六八年（至元五年），忽必烈严令王植在高丽制造可载四千石的海船一千艘，供备元军东侵日本。元朝对高丽的控制和榨取，引起高丽朝野的不平。一二六九年（至元六年），林衍废王植立其弟淐为国王。忽必烈得报，派头辇哥领兵扶植王植复位。头辇哥进据高丽王都，命脱脱朵儿充任高丽达鲁花赤。这时，林衍已死。高丽三别钞军首领裴仲孙等拥立王植庶族王温为国王，迁入珍岛（南全罗道），坚持抗元斗争。林衍废王植时，高丽统领崔坦、李延龄等以西京

153

（平壤）五十余城来附于元，元改西京为东宁府，属辽阳行省。

一二七一年（至元八年），坚持在珍岛抗元的军民被元将忻都击败。余部在金通精率领下，逃往耽罗。一二七三年（至元十年）忻都部追至耽罗，擒金通精等。三别抄军的抗元斗争遭到镇压而失败。一二七四年（至元十一年），王植死，子愖立（后改名赌，又改名昛），娶忽必烈女忽都鲁揭里迷失公主为妻，进一步加深了高丽国王对元朝的依附关系。高丽被迫更改官职名号，凡省、院、台、部等与元朝廷相类的官号，都予改换。又派遣贵族子弟二十人作为质子，到元朝"入侍"。一二八〇年（至元十七年）元朝在高丽创设驿站。一二八一年，元朝向高丽征发军士万人，水手万五千人，战船九百艘参与远征日本的战争。元军所经之处，人民不堪其扰。一二八二年（至元十九年）王昛以日本侵扰边海郡邑，请求元朝发兵戍守金州。一二八三年，元朝在高丽正式设置征东行中书省，以王昛与蒙古军将阿塔海共领行省事。

成宗大德元年（一二九七年），王昛传位于其子谋。明年，元朝以僭擅罪废谋，再立昛为国王。一二九九年，成宗复立征东行省，以阔里吉思为高丽行省平章事。阔里吉思骄横贪暴，对高丽的官制、仪礼、民户版籍和赋税刑罚都横加干预，认为"若依本俗行事，实难抚治"。这种无理的干涉引起人民的极大愤慨。一三

154

〇一年，成宗被迫撤销了行省的建置。

（二）对日本战争的失败

一二七四年（至元十一年），在元兵南下灭宋的同时，忽必烈又命屯戍在高丽的凤州经略使忻都、高丽军民总管洪茶丘等，将屯田军及女真军、水军万五千人，乘千料舟、拔都鲁轻疾舟、汲水小舟各三百艘，越海远侵日本。元军元帅忽敦与高丽都督使金方庆等由合浦攻对马岛，杀日本将领允宗助国；转攻壹岐岛，杀日本将军经高。日本俊宇多天皇征藩属兵十万余人来战，元军在博多用火炮败日军。元军虽然屡胜，但在日本军的重重阻击下，兵疲箭尽，不敢深入，仓促撤回。

一二八一年（至元十八年），忽必烈又以派往日本的使者被杀为辞，再次大举远侵日本。这支军队主要由南宋新附军十万人组成。出师前，领兵将军范文虎请求配备战马和回回炮，忽必烈不准，说：这是海战，用那些干什么？

侵日元军分两路启行。洪茶丘、忻都率蒙古、高丽、汉军四万从高丽渡海。阿塔海、范文虎、李庭率领新附军乘海船九千艘自庆元、定海放帆，期以六月望前会于壹岐岛和平壶岛。忻都、洪茶丘部在壹岐岛以火炮败日军，杀其将少贰资时，此后接连失败。军中疫病大作，士气低落。两路大军会合之后，触舻相衔而进，七月至平壶岛，移九龙山。八月一日，飓风大作，船只被海浪卷起，互相撞击沉没，军士落水溺死者无数。只有高丽船构造坚固，得以保存。统军将领范文虎等乘坐坚好船只逃生。脱走归还的兵士才十之二三。被遗弃的士卒十余万人无食无主，只好自己组织起来，推张百户作统率，号张总管，伐木作舟，准备回还。第七日，日本军来袭，元军被杀死者无数。九日，二三万人被掳至八角岛。日军尽杀蒙古、高丽、汉军，称新附军为唐人，捉去作奴隶。其后有于阗、莫青、吴万五三人逃归，溃败的真相才被揭露。

一二八三年（至元二十年），忽必烈又以阿塔海为征东行中书省丞相，发五卫军二万人征日本，责令江南行省大造海船。昏暴的地方官根据人户数字敷派造船数目，征求工料。为了打造海船，大批工匠被征发，离家远役。官吏督责严急，动加捶楚，工匠辛苦万状，冻死、病死者不计其数。元朝又在各地强征大批水手。江南人民纷起反抗。御史中丞崔彧在一封奏章中说："江南盗贼，相挺而起，凡二百余所，皆由拘刷水手与造海船，民不聊生，激而成变。"他请求暂停日本之役；又建策江南四省应办军需，宜量民力，勿强以土产所无；凡给物价与民者必以实；召募水手当从其所欲。忽必烈不从，又授刘国杰为征东行省左丞，练兵械于扬州。这时，福建黄华起义，声势浩大，忽必烈派刘国杰前往镇压。练兵侵日的事，暂时搁置。黄华败后，忽必

156

烈又措置船粮军士，预定于一二八六年（至元二十三年）三月第三次远侵日本。但这时对安南的战争遭受惨败，忽必烈方图报复，所在吏民大扰，人民起义蜂起。忽必烈无法两道兴师，至元二十三年正月，下诏罢征日本，元朝侵日战争遂告结束。

（三）对安南的战争

一二五三年，兀良合台平定云南。一二五七年，出兵安南，攻破王都。安南国王陈日煚亡避海岛。蒙古兵因天气炎热不能久留，还师。中统初，安南国王陈光昺被迫称臣入贡，接受忽必烈的册封。元朝命讷剌丁充安南国达鲁花赤。一二六七年，忽必烈宣诏：以"君长亲朝"、"子弟入质"、"编民数"、"出军役"、"输纳税赋"、"置达鲁花赤"六事相约束，企图进一步控制安南。陈光昺不愿接受这些苛刻的条件，上书请罢本国达鲁花赤，复请免六事。一二七七年，陈光昺死，子日烜立。次年，忽必烈遣柴椿等由江陵经邕州直抵交趾，责其不修六事，不请命而自立之罪，并要日烜入朝。日烜托故不至。一二八一年，忽必烈立安南宣慰司，以卜颜帖木儿为宣慰使都元帅，指责安南在光昺没后，其子日烜违命擅立。一二八三年，忽必烈准备远征占城，遣使征兵粮于安南。日烜婉辞拒绝。第二年，王子镇南王脱欢、大将李恒受命往征占城，要求假道安南，并征粮饷以助军

157

食。日烜从兄兴道王陈峻领兵境上，拒绝元军假道。脱欢六道进攻，败安南兵，于万劫江破陈峻部，乘间缚筏渡富良江。至元二十二年（一二八五年）正月，陈日烜自率军十万来援，沿江布兵船，立木栅拒守。元军进攻，日烜败走，退守天长、长安。这时，唆都、唐兀觯率领征占城的军队北返，与脱欢军合，元军势盛。宽彻、忙古觯等由陆路，李恒、乌马儿等由水路，两路追击。日烜屡败，退至安邦海口，弃舟揖甲仗匿山谷间，走清化府。但这时安南援军渐集，陈峻聚船千余艘于万劫，阮盝在永平。元军师老兵疲，加上暑雨疾疫，死伤甚众。限于地形蒙古军马无法施展，只好放弃京城，撤兵北返。安南军乘机追袭。元军行至册江，未及渡，林间伏发，李恒中毒箭死，脱欢逃回思明州。唆都距脱欢驻营二百里，不知道脱欢北撤的消息，回军途中在乾满江被歼。

　　一二八六年，忽必烈下诏罢征日本，专力攻安南。一二八七年（至元二十四年），忽必烈发江淮、江西、湖广三省蒙汉军七万、船百艘和云南兵、黎兵等再侵安南，海道万户张文虎运粮十七万石以供军食。脱欢总大军分三道并进：奥鲁赤从脱欢由东道攻女儿关；程鹏飞由西道攻永平；乌马儿、樊楫由海道率舟师合攻。安南军有计划地退却，诱敌深入。元军渡富良江，进迫都城。至元二十五年（一二八八年）正月，陈日烜再次逃走入海。安南人民坚壁清野，藏粟逃匿，以困元师。张文虎所率粮船在绿水洋受到阻劫,只好沉米于海,返航琼州。元军在长驱深入之后,士卒疲敝,粮饷将尽,而且天气转热,疫病发生,已开始陷入进退失据的困境。脱欢于是全师北撤。樊楫等由水道先退,被安南军邀击于白藤江,全军覆灭。安南集合重兵三十万据女儿关和丘急岭,连亘百余里,阻断了元军的归路。脱欢且战且退,毒箭伤脚,从单己县趋盝州间道撤到思明州。陈日烜随即遣使入朝,归还俘虏,并进金人自代以赎罪。忽必烈对这次失败十分恼怒,责命脱欢改镇扬州,终身不许入朝。一二九〇年(至元二十七年)陈日烜死,子日燇立。一二九三年(至元三十年)七月,忽必烈又命刘国杰等水陆分发,第三次侵安南。次年正月,忽必烈病死。成宗铁穆耳即位,下诏罢征安南。

(四)对缅国、占城、爪哇的战争

一、对 缅 战 争

一二七一年(至元八年),忽必烈遣使诏缅国蒲甘王朝那罗梯诃波王归附纳贡,缅王杀使拒命。一二七七年,干额总管阿禾内附,缅王兵犯干额、金齿,阿禾告急。大理路蒙古千户忽都,总管信苴日出兵增援,众仅七百人。缅军四五万,前队乘马,次队驱象,再次为步卒。象被甲,背负战楼,两旁挟大竹筒及短枪。元军善射,象队死伤过半,负伤者奔逃,散入林中,楼甲等一切战具尽毁。元军乘胜进攻，逐北三十余里，连破十七寨。随后，云南行省遣纳速刺丁率兵征缅，兵至江头城，招降忙木、巨木秃等三百寨。一二八三年（至元二十年）忽必烈命相吾答儿、太卜、也罕的斤等将兵，开始对缅国大举侵掠。一军取道阿昔江达镇西阿禾江，顺流下江头城，断缅人水路。一军从骠甸径抵其国，与另一支由罗碧甸进军的部队相会合，攻破江头城。建都及金齿十二部皆降。缅王遣使纳款请和，为孟乃甸白衣头目阻碍不得行。一二八七年（至元二十四年），缅王被其庶子不速速古里囚系，并杀云南王所命官阿难答等。忽必烈以脱满答儿为都元帅，再次侵缅。云南王也先帖木儿与诸将进至蒲甘，缅军诱敌深入，元军失利，死七千余人。缅国遣使谢罪纳款，三年一贡。从此蒲甘王朝灭亡。缅国分成若干掸邦。

元成宗大德时，缅国木连城的首领阿散哥也利用人们对缅王降元的不满，提出"自归大元之后，使我多负劳费"，杀缅王及元朝留缅的国信使从人百余人。一二九九年（大德三年）缅国王子向元朝求援兵。成宗令宗王阔阔、云南行省平章政事薛超兀儿、忙兀都鲁迷失等进兵干涉。元军进围木连城，阿散哥也据城坚守。阿散哥也以重货贿赂元军将领退兵。受贿的元军将领托以暑热瘴疠，擅自撤兵而还。一三〇三年，元朝罢废云南征缅分省。此后，缅国对元朝仍然保持着朝贡关系。

二、对占城的战争

元朝灭宋后,封占城王为郡王。一二八〇年(至元十七年),忽必烈命唆都在占城设行省统治。占城王子补的拘执元朝派往暹国、马八儿国的使者。一二八二年,忽必烈遣江浙、福建、湖广兵五千,海船百艘,战船二千五百,由唆都率领,循海道入侵占城。占城沿木城四面约二十余里,起楼栅,立炮台百余防御,国王于木城西十里设行宫率重兵屯守。至元二十年(一二八三年)正月,元军攻入木城,国王退保大州西北鸦候山,遣使诈降,集结兵力,准备反攻。唆都发觉受骗后领兵进攻,失败,在一二八四年引还。忽必烈又命脱欢、李恒会合唆都兵假道安南以伐占城,遭到安南的坚决抗击(见前)。

三、远征爪哇

一二九二年(至元二十九年)忽必烈命史弼、高兴、亦黑迷失率福建、江西、湖广兵二万,战船千艘,载一年粮,远涉重洋,侵掠爪哇。元军于十二月从泉州出发,浮海经万里石塘(东沙、中沙、西沙、南沙群岛)等地,二月十三日抵爪哇界,分军水陆进犯。这时,爪哇国王哈只葛达那加刺被邻国葛郎国主哈只葛当所杀,其婿土罕必阇耶攻哈只葛当,不胜,听说元军到来,便遣使迎降,奉献当地山川、户口及葛郎国图籍,求元军帮助。

元军击败葛郎兵，追进葛郎国，围答哈城。哈只葛当拒战失败，降元。葛郎国败降后，土罕必阇耶借口还国具备贡品以脱离元军，途中起兵反元，乘元军不备，邀击元军归路。元军死伤惨重，狼狈撤回，海行六十八日返回泉州，士卒死者三千余人，掳掠所得不能偿其所失。忽必烈大失所望，史弼和亦黑迷失均因此受到责罚。

第六节　社会各阶级和经济概况

　　元朝统治时期，蒙、汉等民族的社会阶级关系和经济状况，都发生了重大的变动。这些变动的发生，主要是由于蒙古族中产生的奴隶制的生产关系注入了汉族地区封建社会经济的机体。

　　蒙古贵族奴隶主进入中原地区后，占有大量土地，逐渐转化为封建农奴主或地主。但他们同时占有大批的驱奴，用于农业和手工业生产。驱奴制度盛行的结果，北方汉人军阀地主也多拥有驱奴。至于西北蒙古草原，奴隶制度在一些地区仍然是社会上主导的生产关系。

　　奴隶制与封建制度的并存，在蒙古贵族内部形成代表不同集团利益，不同政治主张的对立的势力，不断酿成经济的、政治的斗争。蒙、汉贵族地主间的矛盾与斗争，往往和蒙古贵族内部的斗争联系在一起。归根到底,政治斗争总是经济领域中的矛盾的反映。

元朝灭宋时,基本上保持了江南地区原有的经济基础。因此,南方和北方的生产关系和土地占有状况都呈现出明显的差异。元朝在北方和江南实行着两种不同的赋税制度,北方丁税与地税并行,江南则仍然沿用夏秋二税。

元朝建国时期战乱的破坏和奴隶制度的注入,无疑是阻碍了汉地农业和手工业生产的发展。元代的农业和手工业,总的说来,并没有超越南宋时期的生产水平。只是若干部门,如棉纺织业、印刷业和火炮制造业的生产技术,有所前进。但是,由于元朝幅员的广阔和交通的发展,各民族之间以及元朝与西域、南海各国之间,加强了贸易往来。因此,元代的商业,特别是海外贸易,得到较大的发展。南宋时期,工商业已臻于繁荣。元代江南的商业城市,以杭州为代表,在当时的世界上是较为发达的。

下面叙述各阶级概况、赋税制度和农业、手工业、商业的概况。

(一)社会各阶级概况

一、地 主 与 商 人

蒙古贵族地主

成吉思汗建立奴隶主的国家以后,蒙古贵族以占有奴隶作为主要的剥削手段。奴隶为主人所私有，不得转移。尤外尼在《世界征服者史》中说："任何人不得离开他们所属的千户、百户或十户而另投别的地方。违犯这条法令的人在军前处死，接纳他的人也要严加惩罚。"太宗窝阔台、宪宗蒙哥在对外作战中，也是依军功的大小，把不同数量的人户赏赐给各级贵族。忽必烈建立元朝后，采行"汉法"维护金朝统治区的封建土地占有制。蒙古贵族在各投下，实行五户丝制，同时开始了对土地的侵占。元朝灭宋时期，南下作战的蒙古贵族仍然掳掠大批人户作为私有的奴隶，甚至迫令降户为奴。但他们也乘势侵占大量的田地，特别是原属南宋皇室的官田。元朝灭宋后，占有田地的蒙古贵族，逐渐转化为剥削农民的封建地主。

元朝的蒙古贵族地主，依仗政治上的特权，日益扩大土地的占有，主要有以下的一些途径。

赐田——蒙古初期只赏赐奴隶人户，忽必烈灭宋，把南宋官田赐给蒙、汉臣僚。此后，元朝一代，不断有占地赐田的记载。赐田多者，如世祖赐撒吉思益都田千顷，武宗赐珊阿不剌平江田一千五百顷，文宗赐燕帖木儿平江官地五百顷，顺帝两次赐伯颜田共达万顷。蒙古贵族在受赐占有的田地上，委派庄官，巧立名目，掠取田租。他们又依仗权势，折辱州县官员，不向官府交纳租赋，致使"官司交忿，农民窘窜"。

强占——蒙古贵族恃势强占民田或官田，据为己

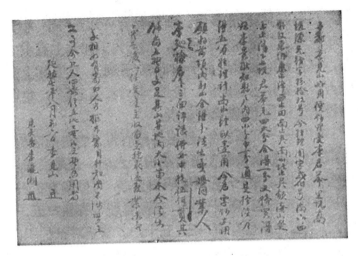

延祐七年(一三二〇年)买地文书

有。世祖忽必烈时，宗王札忽儿强占文安县地。伯颜、阿术、阿里海牙等南下灭宋，侵占江南官田。贵族官员也都非法占有地土民户，冒立文契，私己影占。忽必烈一再下诏"军民官勿得占据民产"。说明元朝初年，强占民田已难于遏止。

投献——蒙古诸王投下，在各地自成势力。各州县官员、地主将官私田地人户投献，即可规避赋役。一二八二年，忽必烈的诏书说："诸人亦不得将州县人户及办课处所系官田土，各人己业，于诸投下处呈献。"(《通制条格》卷二、《投下收户》)这从反面说明：投献的发展已经与官府的利益发生了冲突。成宗时，继续颁发禁令，禁止诸王、公主、驸马接受呈献的公私田地。但投献之事，仍然所在多有。河南行省有刘亦马罕、小云失不花等人，冒称官府括地，把黄河退滩地上有主之田，强作荒地投献给皇子和世瓎（音剌）。这实际上是强占后再投献以求庇护。各地"有力富强之家"，也往往投充诸王位下，以逃避差役。

职田——元朝初年，规定各路府州县官员的职田。上路达鲁花赤及按察使可得职田十六顷，是最高的规定数额。但实际上，官员以职田为名，可以多方扩占。官员将职田出租，剥削佃户。三品官即可有佃户五、七百户，下至九品也有佃户三、五十户。官员对租种职田的佃户，恃势任意增租。每亩租米可由二斗六升增至六斗，有的地方且高达亩征三石。此外，还有其他无名勒索。

蒙古贵族地主除通过多种途径，占有大量土地，从事封建性的剥削外，他们还因为贵族的特殊地位，每年从皇室颁受大批的金银币帛等赏赐，并且占据山林、房宅、矿冶、海舶等为私产。一些贵族地主还发放高利贷或占据行市经商谋利。自蒙古诸王至怯薛子弟等世袭贵族之家，在政治权势和经济财力上，都超越于一般地主。

汉 族 地 主

元朝把北方和南方的汉族，分称为汉人、南人，在政治上和法律上有不同的待遇。由于金、宋的社会历史条件的不同,北方的汉人(包括汉化的契丹、女真人)地主与江南的南人地主,社会经济状况也有明显的差异。

北方汉人地主——"北方"即原属金朝统治的区域,在女真的奴隶制转化到封建制后,女真族和汉族地主的势力,都在不断发展。从成吉思汗出兵侵金时起,到忽必烈建立元朝、完全统治了北方,中间经过了近半个世纪之久。在这一战乱频仍的时期,北方地主阶级的状况,又有了很大的变动。

汉人军阀地主是仅次于蒙古贵族地主的特权阶层。金元之际,各地地主豪强,组织武装,据地自保。汉人地主势力因而迅速发展。蒙古灭金后,他们接受官封,形成大小不等的军阀。在各自统领的地区,掠取财货,兼并土地。他们不仅拥有军事、政治的权势,而且占据大量的田地,成为汉人地主阶级中最富有的阶层。

蒙古灭金时期,依据蒙古奴隶制的传统,签发汉人富户为军户。军户得免除徭役,占田四顷以内免纳税粮。这些军户地主,参加蒙古军作战,也依惯例可以获得俘虏以充奴隶。一家占有的驱奴多达数百,他们多被用于耕稼畜牧。

投献于蒙古贵族投下的汉人地主,依靠蒙古贵族的势力得到保护。

依靠汉人军阀的汉人官员,也是大小不等的地主,握有不同的政治权力。

北方地区的总的情况是：（一）蒙古贵族地主与汉人军阀、军户、投献户、官员地主，占据绝大部分的土地，并有不同程度的特权。一般汉人平民地主无法与之比高下。（二）自蒙古诸王投下至汉人军户，都还役使相当数量的驱奴，保留着奴隶制的残余。因此，北方在战乱后虽然地多人少，仍有大量的流民和驱奴不断地逃往江南。

南人地主——南方地区，在南宋统治时期，汉人地主势力即有了超越前代的发展。随着租佃制在宋代的普遍确立，地主自由购置田地出租，涌现出众多的田连阡陌的大地主。元朝灭宋时，忽必烈已逐渐建立起封建的统治秩序。元军南下作战，也不再单纯以掳掠奴隶为目标，而注意于保存江南财富。因而，南宋灭亡后，南方的剥削制度和汉人地主的势力，基本上依然继续下来。

元朝在江南各地，委派蒙古、色目官员去进行统治。但这些官员只知贪求财富，不知江南情事，因而往往被南人富豪所操纵。《元典章·刑部十九》收载大德十一年杭州路呈文说：“把持官府之人，处处有之，其把持者，杭州为最。每遇官员到任，百计钻刺，或求其亲识引荐，或赂其左右吹嘘，既得进具，即中其奸。始以口味相遗，继以追贺馈送。窥其所好，渐以苞苴。爱声色者献之美妇，贪财利者赂之玉帛，好奇异者与之玩器。日渐一日，交结已深，不问其贤不肖，序齿为兄弟。……贪官污吏，吞其钓饵，唯命是听，欲行则行，欲止则止。"另一件公文说，豪富兼并之家"威福自专，豪强难制，侮弄省官，有同儿戏。"蒙古色目官员办理公务，自征榷海运至钱谷簿书，都必须依靠汉人司吏。而这些司吏又多与当地地主相交结，或者即是土豪之家，买嘱承充。上下交通，表里为奸。路府州县各级官府大都为当地的地主富豪所把持。

江南大地主既得以操纵官府，便可肆无忌惮地扩大土地占有。田多的地主，每年收租至二、三十万石，佃户至二、三千户。松江大地主曹梦炎，单是所占淀山湖的湖田就有数万亩，积粟百万。蒙古人称他为"富蛮子"。松江另一大地主瞿霆发，自有田地和收佃官田共达万顷，人称"多田翁"。各地的田地绝大部分都集中在少数大地主手中。福建崇安县所属五十都的田地，共税粮六千石，其中五千石来自五十家大地主。这就是说，六分之五的田地为五十家大地主所占有。大地主收取巨额田租，可继续购置土地。南宋亡后，有些官田也被有权势的地主乘机据为己有。大地主豪据一方，确是"无爵邑而有封君之贵，无印节而有官府之权"（赵天麟：《太平金镜策》）。

南宋时期的土地制度和租佃制度在元代的江南得以延续，它的种种弊端也都在继续发展。大地主或仗势侵占民田水利，或隐匿田亩冒名析户，或逃避赋役，转嫁给佃户和贫民，或借粮放债，加倍取息。南宋时期

169

早已存在而无法消除的这些现象，在元代的江南，依然普遍地存在。

僧 侣 地 主

金、宋统治地区，原来都有大批的僧侣地主。僧道的上层，占有田地出租或役使下级僧道耕作。元朝统治时期，僧侣地主又有进一步的发展。

元朝以吐蕃萨迦派的佛教领袖世代为帝师，总领全国的佛教。喇嘛僧人，即所谓"番僧"因而获有种种特权。江南地区，南宋时禅宗的临济宗在江浙一带盛行。元朝灭宋后，一二八〇年，余杭径山临济宗禅师云峰妙高曾来大都，为禅宗争得继续传教的权利。天台、华严、律宗等宗派在南方各地也还有流传。忽必烈以僧人杨琏真伽（一说吐蕃人，一说西夏人）为江南释教总统。杨琏真伽占有田地二万三千亩，私庇平民二万三千户，仗势勒索金银珠宝。各级僧官也都占有不等的地产，隐庇平民，不输租赋。一些僧官甚至凌驾官府，受理民讼，多方勒索，形成特殊的势力。

佛教寺院遍布各地，也都占有大量的田产。世祖忽必烈敕建的大护国仁王寺，在大都等处直接占有的水陆地和分布在河间、襄阳、江淮等处的田产，共达十万顷以上，此外，还有大量的山林、河泊、陂塘。大承天护圣寺，在文宗时一次赐田即达十六万顷。顺帝时又赐十六万顷。一般寺院也都占有数量不等的田地。大德《昌国州图志》记全州共有田土二千九百余顷，其中一千余顷为佛寺道观所占有。江浙行省寺院林立，占有田地数不可知，行省所管寺院佃户即有五十万余户。各地寺院还占据山林为寺产。许有壬《乾明寺记》说："海内名山，寺据者十八九，富埒王侯"。寺院田土山林，虽然属于寺户，不为私人所有，但实际上为各级僧官所支配。大寺院的僧官即是披着袈裟、富比王侯的大地主。

寺院所占的大量田产，除来自皇室赏赐和扩占民田外，也还来自汉人地主的托名诡寄或带田入寺。元代寺院道观可免除差发赋税，因而汉人地主将私产托名寺院，规避差税。有的富户使子弟一人出家为僧，便可将全家田产托名某僧所有，不再纳税。有的地主将田地舍入寺院，再向寺院承佃，这样，便可不再向官府交税和不再负担差役。也还有一些地主，名义上布施家产入寺为僧，但仍与妻妾同处，占田出租，与不出家没有什么区别，但因此便可逃脱赋役和官府的一切烦扰。一二九一年（至元二十八年），宣政院奏报全国僧尼多至二十一万三千多人。实际上还要超过此数。仁宗时，浙西土豪沈明仁，创立白云宗，托名佛教，强占民田二万顷，纠集徒众十万人，蓄发娶妻，自有田宅，形成一个托名佛教的地主集团。

道教在元代也具有很大的势力，据说男女道徒有三十万人。道教的信徒主要是汉人。江南道教以龙虎山张天师为首，世代相承。据说张天师"纵情姬妾，广置田庄，招揽权势，凌轹官府，乃江南一大豪霸"（郑介夫奏议，《历代名臣奏议》卷六十七）。北方道教原有全真、真大、太一诸教派，而以全真为最盛。全真道创始于金代，原来即是一些拒不仕金、逃避现实的汉人地主的结集。由于丘处机受到成吉思汗的召请，全真道最先获得特有的优遇，一度大有发展。元初全真道虽然受到佛教的排挤打击，但元成宗时又给予优容。道士（先生）得与佛徒一样可免除赋税差役，但又可合法地蓄发营田，与妻子同居，纵情享乐。元初名儒，如王鹗、姚枢、王磐、窦默等也都与道徒往还。道士地主成为汉人地主中的特殊的阶层。

元代社会中的景教徒（也里可温）和伊斯兰教士（答失蛮），主要是色目人，也同和尚、道士一样地受到免除赋役的优遇。元初曾有过也里可温、答失蛮，僧、道"种田入租，贸易输税"的诏敕。（《元史·世祖纪》）可见景教、伊斯兰教也有人占田业农，但他们大多数人还是以经商作为主要职业。一些贵族教徒入仕元朝，成为各级官吏。

各 族 商 人

宋代的工商业，随着土地租佃制的确立而得到迅速的发展。以经商为业的大商人，聚集巨大的财富，形成富有的阶级。地主、官僚和寺院僧侣也都兼营商业。

这种状况，在元代也基本上继续下来。

元代社会中的色目人，多数是商人。他们在政治上、法律上都享有仅次于蒙古人的优越待遇。这是元代社会特有的现象。但色目商人的状况，南北方也有所不同。在成吉思汗、窝阔台统治时代，俘虏的手工业工匠是作为奴隶而役使于生产，商业也只是为了满足奴隶主对奢侈品的需求。蒙古军队侵入中亚和波斯后，降服的商人不只为蒙古贵族提供各种珍宝，而且帮助蒙古统治者去进行对人民的剥削。奥都剌合蛮和阿合马便是他们的政治代表。他们随从蒙古皇帝来到中原地区，并且成为高级官员，倡导以"扑买课程""羊羔儿息"等剥削方法，为蒙古统治者掠夺人民的财富，为色目商人提供谋利的通途。蒙古贵族对色目人特加信用。色目商人，由商而官，在经济上和政治上，都获有一定的特权。他们的子弟，世代充任皇帝和诸王的近侍，并成为蒙古贵族政治上得力的助手。

在南方，南宋时，沿海港岸本来居住着大批的"蕃商"。他们在元代也被称为"色目人"。但他们不同于阿合马一类的官员，而是专以经商为主，往来贸易。元朝统一全国后，与西方交通的主要商路，从西域转到南海，"色目"商人从海道而来的人数大增。江南色目商人在元朝的政治代表是泉州的蒲寿庚。蒲氏原为阿剌伯商人，南宋时在广州经商，成为当地的富豪，后来迁居到泉州。南宋末年，蒲寿庚和兄蒲寿宬助南宋平定海盗,被任为泉州市舶使。一二七六年十二月,蒲寿庚在泉州降元。元朝任他为闽广大都督兵马招讨使。一二七八年,又升任福建行省中书左丞,并且受命去南海诸国,招徕外商贸易。蒲寿庚在元朝作官,只是在局部地方,而且主要是管理海外贸易,与阿合马等有所不同。蒲氏一家是泉州最富有的豪商。另一著名富商是回回佛莲,有海船八十艘从事贸易,死后家藏珍珠多达一百三十石。这些富商受到朝廷上的色目官僚的庇护,进行非法的海外贸易,从中获取暴利。

汉族商人也拥有巨大的财富。扬州富商曹氏死后,因争夺家产发生诉讼。曹氏奴刘信甫贿赂官府等费,数至巨万,全由自己偿付。曹家之富可想而知。程钜夫《雪楼集》记载一个弃官经商的姚姓,在大都经商十年,累资巨万。盐商自宋代以来即称豪富。元明宗、文宗即位时,因国库空虚,得盐商输入银两,才得举行朝会,颁发赏赐。杨维桢《盐商行》诗:"人生不愿万户侯,但愿盐利淮西头"。"盐商本是贱家子,独与王家埒富豪。"说明盐商的豪富已足以与王侯相比。

汉族和色目的大商人,有些原是权势之家,有些则交结权贵,垄断贸易。还有一种是由官府备资,并且提供特权条件,交由商人代营的商业。这种组织名叫斡脱。一二九一年,元世祖的诏书说:"数年以来,所在商贾多为有势之家,占据行市,豪夺民利,以致商贾不敢往来,物价因而涌贵"。色目豪商还勾结蒙汉臣僚,以

174

向皇帝呈献宝货为名，邀取十数倍的回赐，称为"中卖宝物"。泰定帝时，应偿付"中卖宝物"商人的宝价，多达四十万锭，约等于全国一年包银差发十一万锭的四倍。西域南海的珠宝商，获利最大，远超过其他商人。

二、驱奴与农民

驱　奴

蒙古奴隶主在建国初期的对外作战中，俘掳到大量的奴隶。成吉思汗"札撒"规定：军将在阵前俘获人口，即为私有奴隶。元朝建立后，蒙古军将俘掠奴隶的惯例，并未能改易。阿里海牙在对宋作战中，即在湖

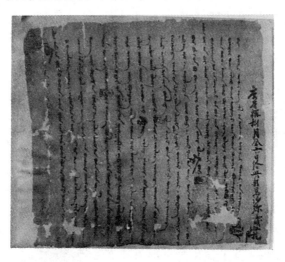

新疆吐鲁番发现元代善斌卖身契

广俘降民三千八百户为奴。蒙古贵族占有大量的奴隶,分布在北方的广大地区,称为"驱奴"。这些俘掠的驱奴,主要是外族,即包括契丹、女真人在内的北方汉人和一部分西征时迁来的色目人。

蒙古族中奴隶制的发展,也使蒙古平民由于抵债、犯罪或被贩卖而沦为奴隶。武宗至大时,仍有大批蒙古草原的贫民南逃,把子女出卖作奴婢。有的蒙古奴隶甚至被贩运到西域或海南。奴隶制度推行于汉人地区后,北方破产的农民,往往因偿债典身或卖身为奴。江南地区也因而出现了变相的奴婢买卖。蒙古奴隶制的渗入,严重地阻碍着社会生产力的发展。

元朝法令明确规定了驱奴与良民不同的身分、地位。奴隶和钱物一样属于主人私有。元初,奴隶有罪,主人可以专杀。以后,虽然规定要把有罪奴隶交由官府处治。但如果奴隶打骂主人,主人打死奴隶,无罪。主人故杀无罪奴婢,也只是杖八十七;因酒醉杀奴隶,还要再减罪一等。元律规定,私宰牛马,杖一百。奴隶的法律地位,还不如牛马。主人甚至对奴隶私置枷锁禁锢,刺面割鼻。奴隶遭受主人压迫而竟敢于控告主人,即由官府处死。奴隶可以被当作牲畜一样地买卖。元初,大都有马市、牛市、羊市,也有人市,买卖奴婢。奴隶在法律上低于一般良民的地位。良民打死别人的奴隶,只杖一百七,罚烧埋银五十两。奴隶不能与良民通婚。奴婢所生子女,世代为奴,仍属主人所私有,称为

176

"怯怜口"（家生子）。奴隶如背主逃亡，要由官府拘收，称为阑遗（不兰奚）奴婢。如主人认领，仍交归原主。驱奴既为主人的私产，完全听从主人的驱使，用以担负家内劳役，也用来从事农牧生产或军前服役。官府或蒙古诸王役属的工匠，也多是奴隶。（见后）

　　蒙古奴隶制，由于遭到人民的抵抗，不可能在汉族地区得到更大的发展。一二三四年，金朝灭亡。窝阔台即下令，凡军前掳到人口，在家住坐者为驱口，在外住坐者，随处附籍为民。随着封建关系的发展，蒙古贵族的私奴，主要是从事手工业的奴隶也往往由他们自备物料造作，向各投下送纳实物或纳钱。这些现象反映着奴隶制向封建制的转化。但元朝一代，驱奴一直作为一个被压迫的阶级而存在。人数是众多的。

佃　　户

　　宋代农村中，地主出租土地剥削佃户的租佃制关系，得到普遍的发展。金朝统治的北方，在经历了奴隶制向封建制的转化后，租佃制也在逐渐推广。但是，在金元之际约半个世纪的战乱中，北方的租佃制遭到了严重的破坏。一批佃户被俘掠做驱奴，一批佃户被迫投充豪门求自保，也还有大批农民陆续逃往江南。

　　元朝灭宋时，已在江南实行维持原有制度的方针，因而南宋农村的社会关系，在元代并未发生重大的变动。广大佃户主要分布在江南。

南宋时，江南大地主不断扩大土地占有。元代江南富豪，一家可有佃户数千家，多至万家。大的寺院可有佃户数万。地主向佃户收租，一般仍流行对半分制。南宋以来形成的多种名目的额外勒索，也都继续存在。山南湖北道的一个官员奏报说：主家对佃户的科派，其害甚于官司差发。江浙省臣报告说："江南佃民，没有自己的产业，在富家佃种田土。遇到青黄不接，水旱灾害，多在田主家借债贷粮，接济食用。田主多取利息。秋后佃户把收得的粮米尽数偿还本利，还是不够，便只有抵当人口，准折物业，以致逃移。"地主还以"夺佃"作为威逼佃户、提高租额、加重剥削的手段。官府出租的官田、职田，则依仗权势，肆意敲剥。袁介《踏灾行》诗描述松江民李福五，折当衣物，租佃官田三十亩，苦旱无收，县官却批荒作熟，逼取租米。李某沦为乞丐，只好卖了儿女交租。

无田的佃户，依附于地主的田地，处于无权的地位。佃客婚娶，田主要乘机勒索财物。如无力交纳，便不能成亲。佃客的子女，也要供田主役使。佃客在法律上是良民，不能象驱奴那样合法买卖。但田主典卖田地时，将佃客计数立契典卖。田主可以随意打骂佃户，甚至任情生杀。一三〇二年的一件公文中说道："亡宋以前主户生杀佃户，视若草芥。自归附以来，少革前弊。"但事实上佃户也只有略高于驱奴的卑贱待遇。元朝法律规定，"诸地主殴死佃客者杖一百七，征烧埋银五十两。"地主打死佃户,不须偿命,而和主人打死驱奴一样只受杖罚,只不过是杖罚较重。在驱奴制盛行的元代,拥有良民身分的佃户,社会地位和法律地位实际上都近于驱奴。

自耕农户

元代农民中自耕农户大量减少,这是因为北方的自耕农在战乱中大量被掠为驱奴,又有大量农户沦为权豪的部曲(农奴)。东平严氏集团的将校,即占民为部曲户,称为"脚寨"。蒙古贵族在城市近郊和军兵驻所,强占大片民田作牧场,也迫使大批自耕农户流离失所。幸存的自耕农,和地主一起被列为"民户",要负担繁重的丁税、地税和多种差役,因而往往被迫流亡。一二八三年,崔彧奏报,自北方内地流移江南逃避赋役的农民已有十五万户。以后,这种人口南流的趋势一直不曾停止。

江南生产原来较为发展,又不曾遭受北方那样长期战乱的破坏,但是,随着土地兼并和租佃关系的发展,自耕农也越来越多地沦为佃户。《元典章·户部五》收录的一个公文说:"江南佃民,多无己产,皆于富豪佃种田土。"同书《圣政·二》杭州官员的奏报说:"蛮子百姓每,不似汉儿百姓每,富户每有田地,其余他百姓每无田地,种着富户每的田地"。这所谓百姓,即是良民。这个公文只是反映出北方租佃关系的薄弱和驱奴制的盛行，并不说明汉人自耕农的众多。但是，它恰恰说明了江南地区农民多是佃户，自耕农为数甚少，处于不被重视的地位。

三、工匠与佣工

元朝统治时期，手工业中也存在着不同制度并存的情况。蒙古贵族早期俘掠的手工业者，完全处于奴隶地位。元朝建立后，官府的工匠，仍独立编为匠户，但可以不承担其他赋役。江南地区，南宋已出现在作坊中工作的佣工，元代仍继续存在。至于与农业相结合的个体手工业，则仍如汪洋大海遍布农村。元代手工业由此呈现出极为复杂的局面。

工　奴

蒙古奴隶主国家建立后，在对外作战中俘掠了大量的各族工匠。蒙古贵族对抵抗他们而失败的敌人，往往大批杀死，只留下有手艺的工匠带回。这些被俘掳来的工匠在蒙古草原成为工奴，他们在匠官的严格监督下进行各种手工劳作。一二一七年匠官史天倪所属土拉河上的工匠口粮断绝，十死七八。成吉思汗解除禁采松实的命令，才使幸存者勉强活命。奴隶的处境，十分悲惨。太宗窝阔台时蒙古贵族把一部分俘掳来的工奴寄留在内地，派官员管理，让他们"自备物料，造作生活，于各投下送纳"；或者折纳钱物。但仍有大量工奴被带到蒙古草原，成为官私奴隶。定宗贵由时，来到蒙古的基督教士普兰诺·迦宾记载他的见闻说：工奴们"缺吃少喝，衣服褴褛"，"有些人的主人如此邪恶，什么也不供给他们。因为在替主人做完大量工作后，他们除非从必需的休息和睡眠中偷出时间外，再没有时间来为自己工作——如果他们有妻子和住所，他们就能如此做。我曾见过他们常常穿着皮裤而裸着身子在炙热的阳光下工作，在冬天则忍受着极度的严寒。我见到过有人因严寒而冻掉手指和脚指，我也听说过因同样原因一些人死去或是毁坏其全身器官。"

官 工 匠

蒙古灭金后，曾在金朝统治下的北方地区，几次"籍民"，把各地的手工业者调集京师，分类置局，编为匠户，属于与民户不同的匠籍。匠户要世代承袭为工匠，"子女使男习工事，女习黹绣"，官府把工匠编为什伍，设官管领。忽必烈建立元朝后，原在和林及弘州等处的匠局陆续迁来大都和上都。灭宋后，又多次在江南签发匠户。一二七九年，籍人匠四十二万，立局院七十余所，每岁定造币缣、弓矢、甲胄等物。一二八一年又在江南拨签的匠户三十万中汰选十万九千余户，其余纵令为民户。元朝在大都的工部、宣徽、大都留守司等机构下分设有各种匠局；全国各州县也依其土产设局，从事各种手工业劳作。

官工匠由官府直接管理，子女世袭其业，婚姻不能自主。这种制度显然是由工奴演变而来。官工匠由官府按月支给口粮。一般匠人每户以四口为限，正身每月给米三斗、盐半斤，其家属大口月支米二斗五升，小口并驱大口月支米一斗五升，驱小口月支米七升五合。官府在匠户中扣发口粮、私增工课等敲诈勒索经常发生，匠户遭受着官府的多方剥夺。但一丁入局，全家可免除丝钞，有田四顷以内者免征税粮，不当差徭杂泛。匠人在应役之暇，还可在家工作。少数有较高手艺的匠户可因而致富，自开铺席买卖甚至蓄买驱奴。因此，一些民户宁愿投属匠籍。

散处在地方州县特别是江南地方匠局的工匠，情况又有所不同。这些工匠绝大多数原来是散居乡村中与农业相结合的小手工业者。他们从数十百里外被强征入局，所得衣粮又多为匠局官吏所中饱。一家生活，常无着落。官府强征工匠入局往往并非本业，如抄纸、作木、杂色工人被强征去织造局。这些手工业者无法应役，只好出资雇人代替。不少人因而倾家破产，被迫逃亡。

江南地区，南宋时手工业较为发达。元朝强征工匠，破坏了手工业的正常发展。

佣 工

南宋时，江南地区的某些行业中，已存在拥有数人甚至十数人的手工作坊，雇佣匠人进行生产。这种情况，在元朝一代依然继续存在。元末徐一夔记杭州城相安里"有饶于财者，率居工以织。每夜至二鼓，一唱众和，其声欢然，盖织工也"。他记述手工作坊的情形："老屋将压，杼机四五具，南北向列。二十数人，手提足蹴，皆苍然无神色"。又说这些佣工每日得佣钱二百，有技艺较高者，要求加倍的工值，别家便果真出加倍的工值雇佣他（《始丰稿·织工对》）。这些佣工的社会、法律地位与佃户约略相当。宋律有佣雇的"人力""女使"，与"作匠""佃客"并列。元代法律规定："诸佣雇者，主家或犯恶逆及侵损己身，许诉官；余非干己，不许告讦，著为制。"这同佃户告地主的处治基本相同。元律中又有所谓"雇身人"、"雇身奴婢"的称呼。他们原来的身分是良民，在受雇期限内，根据契约与主人发生主雇关系；当限满赎身后，与主人的主雇关系即不再存在。明律中的"雇工人"就是自元律的"雇身人"、"雇身奴婢"沿袭而来。

（二）赋役制度

元朝建国以前，金、宋统治地区的社会经济状况有着很大的差异。蒙古灭金时，北方地区经历了巨大的动乱。元朝灭宋，基本上保持了原有的各项制度。这就更为加深了北方与江南的差别。《元史·食货志》记载元朝的赋税制度说："其取于内郡（北方）者，曰丁税，曰地税。""取于江南者，曰秋税，曰夏税。"北方和江南，明确规定了两种不同的赋税制。

元朝沿袭唐、宋以来的户等制度，根据居民的财产多寡，划分为三等，每等又区分为三级，即所谓三等九甲，政府置为鼠尾文簿。"除军户、人匠各另攒造，其余站户、医卜、打捕鹰房、种田、金银铁冶、乐人等一切诸色户计，与民户一体推定，鼠尾类攒将来。科征差发，据站户马钱祗应，打捕鹰房合纳皮货、鹰隼，金银铁冶合办本色，及诸色户所纳物货，并验定到鼠尾合该钞数，折算送纳。"（《通制条格》卷十七）

一、北方的丁税、地税与科差

北方的赋税包括丁税、地税和科差。

丁税和地税　窝阔台八年（一二三六年），规定民户成丁每年纳粟一石，驱丁五升；新户驱丁减半，老幼免征。民户从事耕种，或根据牛具的数字，或根据土地的等级而征税。一般说来，"丁税少而地税多者纳地税，地税少而丁税多者纳丁税"。工匠、僧道则验地，官吏、商贾则验丁。以后科取的数量迭有增加。世祖至元十七年（一二八〇年）定例：全科户丁税每丁粟三石，驱丁粟一石，地税每亩粟三升。减半科户丁税每丁一石，新收"交参户"第一年纳五斗，递年增加，第六年入丁税。"协济户"丁税每丁粟一石，地税每亩粟三升。税粮

184

入仓,每石带纳鼠耗三升,分例四升。如输纳远仓则每粟一石折纳轻赍钞二两。富户输远仓,下户输近仓。元朝在北方地区实行丁、地税并行的制度。丁税三石,亩税三升,是丁税十倍于亩税。这对于仅有小块土地的数口之家的农民说来,无疑是沉重的负担,但田连阡陌的地主豪富,却因而获益。驱丁只纳丁税的三分之一,也是有利于拥有驱奴的主人。

科差 北方投下分封地区的户籍赋税,包括丝料和包银两项。窝阔台时定制,投下户每两户出丝一斤输官;五户出丝一斤输于投下本位,蒙哥时改定为五户出丝二斤。忽必烈行"二五户丝法"。民户每二户出丝二斤一十二两八钱,二斤纳官,其余归投下,正合五户出丝二斤之数。包银在蒙哥时期定为税目,统一征收杂税。每户征银四两,仍听以他物输纳。忽必烈即位行钞法后,诸路包银以钞输纳,当差户为包银钞四两(钞二两合银一两),较前减轻了一半。投下户的包银原由本投下与官府分取,元初整顿后,也归朝廷征收。元管户中有只纳丝而不课包银的"只纳系官丝户"、"只纳系官五户丝户"和"减半科户"(每户只纳系官丝八两五户丝三两二钱,包银二两)等等。各种人户的负担不同。丝料、包银之外,官吏的俸钞也依户等高下分摊,全科户一两,减半户五钱。

养马和拘刷 养马是北方人民的一项特殊负担。元朝官府在两都附近饲养着大批马驼,供皇帝贵族取乳和乘骑,每年向人民征收马草饲料。成宗时,行盐折

185

草之法。每年五月官运河间盐，计口俵食京畿郡县之民，秋成验数输草，以供饲马之用。每盐二斤，折草一束，重十斤。所征草料如仍有不足，则分别驱马就食于河北郡县；再不足则并征刍于陕西等地。为了便利于牧马，大都的邻近郡县禁止秋后翻地。官府还禁止用马拽车、拽碾、耕地。元朝还以征戍和边地缺马为名，进行无偿拘括。忽必烈一朝大规模的刷马，就有五次，其中一次多达十万匹。成宗以后又屡次进行拘刷，造成民间马匹缺乏，严重影响生产。

二、江南的两税制

两税　元朝在江南基本上沿用南宋依地亩征税的夏秋两税制。忽必烈灭宋时，曾规定"其田租、商税、茶盐、酒醋、金银、铁冶、竹货、湖泊课程，从实办之。凡故宋繁冗科差、圣节上供、经总制钱等百有余件，悉除免之"。并且规定除江东、浙西外，其余地区只征秋税。斗斛也沿用宋文思院的旧斗（宋斗一石约当元七斗）。成宗元贞以后，始征江南夏税，并规定秋税只令输租，夏税则据税粮输钞。每税粮一石，视不同地区，输钞三贯、二贯、一贯、一贯七百文、一贯五百文不等，折纳木棉、布、绢、丝、绵等物。折输之物，各随时价的高下以定值。只有湖广地区在阿里海牙任行省时罢行夏税，依中原例改课门摊，每户一贯二钱，所收总额超过夏税五万余锭。但到成宗大德初，又改门摊为夏税而并征，

186

每税粮一石输三贯四钱以上，因之较江浙、江西稍重。此外，政府规定诸王、公主、驸马得江南分地者，于一万户田租中输钞百锭，准中原五户丝数，分赐给诸投下，谓之“江南户钞”。

经理与助役 元朝在江南行两税，以地亩为赋税的主要依据，就必须对田亩的数字和产权的转移不断查核。忽必烈时曾在个别地区经理田亩。仁宗时又在江浙、江西、河南三地区大规模进行经理，遭到占田隐税的地主势力的梗阻，而被迫作罢。在田赋上诡名寄户、飞隐走贴、虚增张并等种种弊端，纷纭杂出，官府无法制止。

税粮不均自然也造成役法的紊乱。泰定初，江西地区创行所谓助役粮。其法“凡民田百亩，令以三亩入官，为受役者之助”，“具书于册，里正以次掌之，岁收其入，以助充役之费。凡寺观田，除宋旧额，其余亦验其多寡，令出田助役”。赵琏在浙东，建议以八郡属县坊正为雇役，里正用田赋以均之。余姚、婺州、上虞也都在属内丈实田亩，编行“鱼鳞册”。按民户财产和税额多少编制的“鼠尾册”，作为服役的依据。

三、徭役和差役

元朝把大部分徭役作为专业，分拨一部分人户世代担负，如站户（负担驿站铺马）、猎户、盐户、窑户、矿冶户、运粮船户等等，这些人户与民户异籍。民户不负担这些专业性的徭役，但这些专业户计负担的其他徭役则由民户按户等分担。

徭役 民户所负担的徭役，名目繁多，如筑城、排河、运粮、采打、木植、造作船只器甲、马草等等，都自民间征发。元初修建大都，每年都征发成千上万的民夫来采运木石。一二八六年河决开封、祥符等十五处，调南京民夫二十万余分筑堤防。元朝侵略日本，在江南拘刷水手，打造战船。行省官依各道户计，敷派船数。被征发的丁夫离家五六百里应役，冻死病死者不计其数。诸如此类的徭役，由官府依据一时的需要而任意征发，民众的负担是无限止的。

元朝还继承前代的"和雇"制，由官府出价，向民间强迫雇佣劳力、车辆。官府所出工价往往不足十之二三，而且多被官员中饱。名为"和雇"，其实是变相的徭役。

职役 职役包括里正、主首、社长、库子等名目。里正秉承官府的指令，管理里社居民；主首催办赋税；社长劝课农桑，纠监非违；库子管理仓库，主要由上等户计承充。担负职役的人可以免服本身其他差徭。富有者在里社任职役，可以假仗官势，侵渔百姓。贫弱者任职役则被官吏敲榨，穷于应付，赔累而无法偿清。因此，"富者三岁一役，曾不以为多；贫者一日受役而家已立破。"（《王忠文公集》卷九）平民任职役既无法应付官吏之勒索，又无以责豪绅之拖欠，往往因此而倾家荡产。

里社制度 里社制度是继承前代的村社制而又有所强化。元朝法令规定：县邑所属村疃，凡五十家立一社，选择年高晓农事者一人为之长。增至百家者别设长一员，不及五十家者与近村合为一社。地远人稀不能相合，各自为社者听。社内居民中，"或不务本业，或出入不时，或服用非常，或饮食过分，或费用无节，或原贫暴富，或安下生人，或交结游惰"（《通制条格》卷十六）等情况，社长都严加监视。对于"游手好闲，不遵父母兄长教令，凶徒恶党之人"，先由社长进行教训。如不改正，便籍记姓名，等候提点官到来时，在社众前审问是实，于门前粉壁，大字书写不务本业，游惰、凶恶等名目。如本人知耻改过，则可由社长保明，报告官府，毁去粉壁。对所谓终是不改之人，但遇本社应派夫役，即遣使替民应役，直至悔过自新，方许除籍。社长对于上述人等如有失觉察，致有人户违犯者，则验轻重责罚。元朝又规定："诸经商及因事出外，必从有司会问邻保，出给文引，违者究治。""诸关厢店户，居停客旅，非所知识，必问其所奉官府文引，但有可疑者，不得容止，违者罪之"。通过里社和这一系列的规定，元朝官府对各地居民进行着严密的控制。

四、课　　程

元朝所谓课程，主要是指工商税课，包括岁课、盐

189

课、茶课、酒醋课、商税、市舶抽分、额外课等名目。

岁课 岁课包括山林川泽之产，如金银、珠玉、铜铁、水银、朱砂、碧甸子、铅、锡、矾、硝、碱、竹木之类。这些大都是在产地拨出民户，设官开采；或就令认包采炼，因其呈献而定为岁入之课。元朝初期，课额各有一定，"多者不尽收，少者不强取"。后来，官吏以增课为能，因缘为奸，至于横征暴取，无所底止。如无为矾课，初岁课钞一百六锭多，续增至二千四百锭。这个数目大多是敛剥富民、刻夺吏俸，甚至停给灶户工本凑足。结果是迫使冶户流亡、生产停闭。甚至有的地方，事实上并无该种产品，但官府徇私作伪，百姓却凭空增负赔累。如宁国路民六百户凿山冶银，岁额二千四百两，实际上却是市银以输官，根本不是从山中开采。富州本不产金，奸民勾结官府，募淘金户三百，散住他郡采金以献。岁课从四两累增至四十九两。到后来三百户所存不足十一，又贫不聊生，官府于是责民代输。

盐课 盐是官府的专卖品。在产盐的地区，设立场官，役使灶户煎煮，劳作十分沉重。每盐一引，重四百斤，窝阔台时期价银一十两，忽必烈时，减为七两，又改为中统钞九贯。至元二十六年（一二八九年）增为五十贯，成宗元贞二年（一二九六年）增至六十五贯。以后又累累增腾，至仁宗延祐二年（一三一五年）达一百五十贯，较之元初上涨十六倍多。法令规定凡伪造盐引者斩，籍没其家产以付告人充赏。犯私盐者徒二年，杖七十，并籍其财产的半数。盐的行销各有郡邑。商人买到盐引后，持引至指定的盐场取盐，然后到划定的行盐地区贩卖。犯界者减私盐一等科罪，盐的一半没官，一半赏告者。这不但给商业活动带来限制，也给百姓带来很多的祸害。很多地区因受行盐地域的限制而不能就近购买，被迫远道高价贩运。官府又往往把盐均数科卖，强事俵派百姓，以牟取暴利。黄溍指出："厥今东南为民病者，莫甚于盐笑。始则亭户患其耗而不登，次则商旅患其滞而不通，及均敷科买之法行而编民之家无贫富莫不受其患。况夫吏得肆其奸，则民之不堪益甚矣！"（《丽水县善政记》）盐专卖是元朝国家收入的大宗。天历初，每岁总入为七百六十万一千余锭。据说"国家经费，盐利居十之八，而两淮盐独当天下之半"。

茶课　茶的专卖，大体承袭宋朝的旧制。至元十三年（一二七六年），全部收入才只有中统钞一千二百余锭。其法最初有长引、短引之分，三分取一。长引每引计茶一百二十斤，收钞五钱四分二厘八毫；短引计茶九十斤，收钞四钱二分八毫。其后废长引，税率也一增再增。仁宗延祐五年（一三一八年），行减引添课之法，每引增税为一十二两五钱，通办钞二十五万锭。七年（一三二〇年）增至二十八万九千二百一十一锭。如徽州、宁国、广德等三郡茶课初止三千余锭，其后屡增至十八万锭。茶农因为茶税太重，更加上务官的勒索，无法应付，往往只得砍伐茶株而改从他业。

商税 元初规定，商税三十分取一。市舶十分取一，粗者十五分取一以为抽分；在贩卖中再征取商税。桑哥当政时，大增天下商税；其后累有增高。据后来文宗天历年间的记载，总入之数，较至元七年定额不啻百倍。五六十年时间内，各种税课都有数十倍或百倍的增高，这一方面是交钞迅速贬值的必然；另一方面也表明苛征暴敛，税网越来越密，取数越来越高了。

和买 元朝也继承前代的"和买"制，向各地强行收购土产，按户摊派。名义上由官府作价出钱，实际上作价不到实价的一半，而且往往拖延三五年不付价。官吏又从中作弊，多方敲剥。

(三)农业、手工业与商业

一、户　口

金朝统治地区的户口，据一二○七年(泰和七年)的统计，共有七百六十八万四千余户。南宋统治区的户口，据一二二三年(嘉定十六年)的统计，有一千二百六十七万余户。元朝建国后，各地户口的分布有了很大的变动。总的趋势是户口减少，北方显著地少于江南。

一二三三年，窝阔台检括中州户口，共得七十三万余户。一二三六年，得一百一十余万户。元朝建国后，一二九一年的统计，北方诸郡民户共有一百九十九万九千四百余户,比金泰和时显著减少。某些地区,尤其是战乱频仍的地区,户口更是大量削减。金泽州有户五万九千四百余。一二四二年(脱列哥那元年)只有一千八百余户。邢州原有八万余户,元朝建国前只存不到七百户。亳州原有户六万,自金末即不断南逃,所存不到十分之一。唐、邓两州,连年争战,户口流散十之八、九。关中地区在长期战乱之后,八州十二县,户不满万。至于江南地区,忽必烈灭宋时,得户九百三十七万余。一二九一年统计,江淮及四川地区共有户一千一百四十三万余,接近于南宋时的数字。

北方户口的大量减少,主要是长期战乱和人户南逃造成的。但元朝官方的户籍统计数字,并不包括全部的实际户口,军户、站户、匠户等都不在民户籍内。一二七一年,正军及贴户军共有七十二万户,此后,还续有增加。站户、匠户等也都有不少的数量。北方各地存在的大量驱奴,附籍于主人,有口数而无户数。这些情况说明,元代北方的实际户数当高于现存的统计数,但较金代显著减少,仍是事实。江南地区也还存在民户以外的人户和奴仆。他们虽然远不如北方人数之多,但同样说明,江南的实际户数也应高于统计数。总的情形是,元代北方的人口显著下降,而江南地区当较南宋时有所增加。南方和北方,户口疏密,相距悬殊。

元代户口分布的另一个显著特点,是各民族的往来迁移和杂居。蒙古建国初期，即有大批汉人迁往漠北。如史秉直所部汉人地主武装曾有十余万家迁往土拉河上。蒙古军俘掠的汉人也分布在和林、称海以至谦州等地劳作。大批的蒙古、色目官员和军户，逐渐迁到中原，以中原为家。忽必烈灭大理后，在云南建立行省，并且封皇室宗王，领兵镇驻。估计约有十万以上的蒙古族因而定居在云南。元朝灭宋后，襄鄂地区的大批汉人被迁往河西西夏旧地。原属西夏的部分军户则迁居到合肥。回回、阿尔浑、康里、斡罗思等军户聚居在宣德、大同一带。江南地区商业繁盛的名城，如杭州、泉州、镇江等地，都住有大批的各族人。《至顺镇江志》记载镇江侨寓人户有三千八百余户，包括蒙古、畏兀、回回、河西、契丹、女真和汉人（北方汉人），他们并且拥有两千五百多名驱口。

二、农　业

金元之际，北方农村遭到严重的破坏。忽必烈建立元朝后，开始重视农业。一二七〇年，朝中设司农司掌管农桑水利，御史中丞孛罗兼为大司农卿，督课各地方官劝农。司农司还颁行农桑之制十四条，作为督率农业生产的依据。忽必烈一朝，北方和两淮地区，农业渐得恢复。江南和边疆各地区则有不同程度的发展。

农田的垦殖　元朝经过开垦荒地、开发边疆和兴修水利，使农田面积逐渐有所增加。

194

荒地的开垦——金元之际，北方出现大量荒地。一二七七年，元朝规定，各处荒地在限期内许旧主认领；逾限，许自愿耕种。一二八六年，朝廷又下令募人开耕荒地，每丁拨地百亩，三年后再依例纳税（《元典章·户部五》）。经过垦荒，两淮地区逐渐出现变废墟为良田的景象。忽必烈时，淮北内地，只输丁税。成宗大德时多次在那里括地，征收地税。

屯田和边境的开发——元朝建国后，在各行省立屯田以助军饷，分军屯、民屯两种。据一三〇八年的统计，全国屯田有一百二十余所，垦田面积约在二十万顷以上。北达漠北，南至海南都进行屯田，对各边境地区的开发，起着显著的作用。哈剌哈孙经理称海屯田，教当地诸部落人耕作，溉田数千顷，岁得米二十余万斛。赛典赤在云南教民耕种，修治滇池，辟地万余顷。

水利与水田——屯田的发展也促进了水利的修建。元初，张文谦、董文用、郭守敬等修浚原属西夏境内的唐来、汉延、秦家等古渠，灌田九万余顷；又开辟中兴、西凉、甘、肃、瓜、沙等州的旱田为水田。忽必烈以朵儿赤为中兴路新民总管，统领南军子弟垦田，塞黄河九口，开其三流，据说三年之后，赋额增倍。江南地区南宋时在江淮水乡依水造田，已见成效。王祯《农书》载有围田、圩田、架田、沙田等多种。元代在南宋的基础上又有所发展。元初松江曹梦炎依澱山湖围田九十三围，得数万亩。不过，豪富占湖围田，往往因此造成湖面收缩,或水流堵塞,使周近农民受害。

木棉的推广　木棉的种植,在南宋时已逐渐扩展到江南的许多地区。元代更为普遍。桑哥执政时,曾设置浙东、江东、江西、湖广、福建木棉提举司,每年向民间征收木棉布十万匹。桑哥败后,罢废六处木棉提举司。但朝廷仍在各地征收木棉,每年不下五十余万。成宗时,木棉布开始列入正赋,说明木棉的种植和纺织,已遍及于民间。北方地区在金代种棉甚少。只是西北地区从回鹘略有传入。北方民间甚至仍流传着木棉是"垅种羊"的传说(垅上种羊脐,从土中生长)。耶律楚材到了西域,才知有木棉。作诗说:"西方好风土,大率无蚕桑。家家植木棉,是为垅种羊"。元代北方也逐渐推广种植木棉。王桢《农书》记木棉说:"江东、陕右亦多种,滋茂繁盛,与本土无异"。自陕右至淮北,木棉日益普及。

耕作技术的交流　元朝建国后,曾经长期隔绝的北方与江南人民之间以及各族人民之间,得以交流耕作技术。汉族农民迁往漠北后,在一些地区开始经营农耕。山北道居民原来不知稼穑,姚天福任按察使时,提倡树艺耕作,渐致富庶。云南爨、僰等族人民从汉人学会蚕桑。西域色目人定居在宣化等地,促进了当地果园农艺的发展。江南农民来到大都东南,开垦水田,形成北方重要的水稻产区。元朝一代不乏此类事例,说明各地区各民族间在农业生产中广泛地交流了经验和技术。一二七三年，元朝颁行《农桑辑要》一书，汇编历代农学著述，并依据农业生产的实际经验予以增订，但它只限于当时北方的农业成就。元朝建国后，山东人王祯著成《农书》，着意于总结南北方农业生产的经验，"南北通知，随宜而用，使不偏废。"书中论述荆桑与鲁桑各有优长，应以荆桑为本，以鲁桑条嫁接，便能久远盛茂。又论述生产工具：北方多用锄，南方皆用镵，应依老农经验，南北互用，镵锄不偏废。垦生地宜用镵，熟地宜用锄。经验技术的交流，无疑有利于农业生产的发展。

三、手 工 业

棉织业 棉织业的发展是元代手工业中的一个显著的成就。南宋时广东南海等地棉织业已有所发展。方勺曾记闽广地区土人纺棉，先去壳，以铁杖捍尽黑子，再用小弓弹令纷起，然后纺织。（方勺：《泊宅编》）工具颇为简陋。《农桑辑要》记载陕西地区轧制棉花装衣，但还不知纺纱织布。成宗元贞年间，流落在崖州的松江妇女黄道婆，返回松江，带来崖州黎族人民的棉纺织技术。黄道婆教松江人民制做捍、弹、纺、织的工具和错纱配色、综线挈花等技术，织成生动如画的棉布。松江传习棉织技术，成为江南产布的名地。据王祯《农书》所载元代棉纺工具，与历来的丝织麻纺工具大致相同。松江棉织业当是在汉族丝麻纺织的基础上，吸收黎族的棉织技术而有新的发展。

松江棉织业的发展又促进了印染业。孔齐《至正直记》说：松江能染一种青花布，染法是从日本学来。用木棉布染印，青文洗浣不脱，并说这种青花布，染印芦雁花草，宛如一幅苑画。

印刷业 北宋毕昇发明胶泥活字版印书。但胶泥性脆，不耐久用，

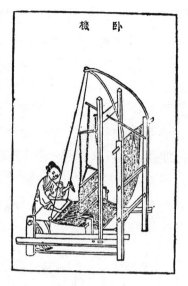

王祯《农书》织机

故宋元间有人铸锡字。锡字难于使墨，率多印坏。王祯又改用木活字。木活字在毕昇时曾试验过，但因木质有伸缩，沾水后发生高低不平。王祯选择优质木料刻字，以防止沾水伸缩；木活字排版后以竹片夹住，再用木楔楔紧，使之坚牢，不致活动。这就避免了泥活字、锡活字的缺点，使活字印刷术向前推进了一步。他用这种新法试印《旌德县志》，全书六万余字，不到一月而百部印成。稍后，马称德也镂活字版至十万字，印成了大部头的《大学衍义》等书，活字印刷日益完善。为了便于拣排活字，王祯又创造了可以自由旋转的轮形字盘。盘里的活字按韵分存，拣字时旋转字盘，便

弹花弓复原模型

轧棉籽车复原模型

可"以字就人"。敦煌千佛洞发现元代畏兀字的木活字。活字用硬木制成，具有同样的高度。用木活字排印拼音的畏兀字，当更为简便适用。

套色印刷技术的发明是元代印刷术发展的另一成就。一三四○年(后至元六年)中兴路(湖北江陵)资福寺刻无闻老和尚注解《金刚经》，首卷的灵芝图和经注都用朱墨两色木刻套印。它比西欧第一本带色印的圣诗，要早一百七十年。

元朝在全国各州县都照例设有学官，教授儒生。在所谓"先儒过化之地，名贤经行之所"立有书院。学校、书院都有学田，充作经费。顾炎武说：宋、元刻书，皆在书院。由山长主持，通儒校订，学者传布。故书院所刻有三条优点：一是山长无事而勤于校雠；二是不惜费用而工精；三是版不贮官而易印行。元刻书籍流行一种圆美的楷书，和宋版书一样，都是很精美的艺术品。

制瓷业　元朝制瓷业在南宋的基础上继续有所发展。江西的景德镇，自北宋以来，二百多年间形成瓷业的一大都会。元人蒋祈记这里曾有窑三百余座。元朝改南宋所设之监镇官为提领。泰定以后，又以本路总管监领，而隶属于朝廷将作院之浮梁瓷局。官府有命则选取细白质腻之陶土，精制为薄质精美的进御器呈进。这些进呈的瓷器因有"枢府"字样，故称为"枢府窑"。它们是千中选一的精品，故非一般民器所可比拟。窑

元大都遗址窖藏
青花凤头扁壶

元大都遗址出土
磁州窑凤纹罐

新疆出土青瓷碗

主兴烧必须向官府纳税，按规定二八抽分。"窑有尺籍，私之者刑；釉有三色，冒之者罪。凡利于官者，一涉欺瞒，则牙商、担夫，一例坐罪。"景德镇之外，荆浙川广诸地民窑也很多。

元代瓷器的特点以青花瓷器为代表作。它的制作无论在颜料的炼制和烧造方面，都较宋代有了很大的发展。它已不象宋代青花类似磁州窑的铁锈花那样釉色晦暗，而是色彩明快，釉质光润，烧造技术已发展到相当成熟的阶段。一九六四年河北保定出土的青花加紫镂空大盖罐、青花八棱执壶和一九七〇年北京出土的青花凤头扁壶、青花托盏等都反映了当时烧造的水平。它不仅行销国内，而且还大批远销到海外。

火器与武备 火器制造在南宋和金朝都已有相当的成就，元朝又有较大的发展。元初伯颜军进攻沙洋，顺风掣金汁火炮入城，烧屋舍，烟焰燎天，焚城中民舍几尽。这可能还是如金代飞火枪之类的燃烧性火器。但铜炮（又作火筒）的铸造已逐渐进步。现存至顺三年（一三三二年）铸造的铜炮（藏中国历史博物馆），长三十五点三厘米，口径十点五厘米，重六点九四公斤。和金代火炮以纸十六重为筒比起来，进步之大是很明显的。另一只至正十一年（一三五一年）铸造的铜火铳长四十三点五厘米，口径三厘米，重四点七五公斤，是一种用于射击的管状火器。这很可能就是元末作家杨维桢所描写的"龙井炮"或"铜将军"之类。元末

至顺三年（一三三二年）造铜炮

还有一种燃烧火器叫"没奈何"，用芦席作圈，围五尺，长七尺，糊以布纸，丝麻缠缚，内贮火药捻子及诸火器，用竿挑在头桅之上。当接近敌船时，点燃火线，用刀砍断悬索使落敌船之上，火器俱发，焚毁无救。足见火器使用已达相当规模。另有一种可以投掷的爆炸性武器铁火炮，它大概接近于金人的"震天雷"。明朝人何孟春曾在西安城楼上见到过去贮藏的铁炮名震天雷者，"状如合碗，顶一孔，仅容指"，火发炮裂，铁块四飞，能远毙人马。另有一种是磁制，威力较差，但取给方便（《余冬叙录》）。何孟春所见之震天雷，与日本画家竹崎季长所画元军侵日时使用的铁火炮十分相似，可能即是元代遗物。

元朝在溧阳、扬州等处都设有炮库，制造火药。一二八〇年，扬州炮库因碾硫磺失慎，发生爆炸，守兵一百人炸死，平地炸成一丈多的深坑。炮库规模之大可以想见。

火器之外，其他武器也有发展。元军攻襄阳，用回

203

回人亦思马因、阿老瓦丁所造巨炮（投石机），置于城东南隅，重一百五十斤，"机发，声震天地，所击无不摧陷，入地七尺"（《元史·阿老瓦丁传》），用力省而所击甚远。常州之役，伯颜又使用回回炮，"甚猛于常炮，用之打入城，寺观楼阁尽为之碎"（《心史·中兴集》）。这种投石机确具有相当大的威力。此外，元代还出现了折叠弩、叠盾等经过改进的武器。

四、商 业 交 通

元代农业、手工业甚少重大的发展，但商业却臻于繁盛。这是因为：（一）宋代的工商业很为发展，国内外贸易都已具有相当的规模，为元代所继承。（二）蒙古四汗国横跨欧亚，领有空前广大的疆域。虽然各汗国逐渐趋于独立，但东西方领域的扩展，极大地加强了商人的往来和各地商品的流通。（三）由于经济的，也由于军事的、政治的需要，元朝大力兴建水陆交通。便利了商业的发展。

下面叙述元代的城市、交通和海外贸易。

城市 北方的大都、南方的杭州是元代的两大城市。随着海上交通的发达，东南沿海又出现一批新兴的城镇。

大都——大都是政治、文化中心，也是商业中心。大都周围约有二万八千六百米，坐北朝南，呈一个方整的矩形。它的南城墙约在今北京市东西长安街的南

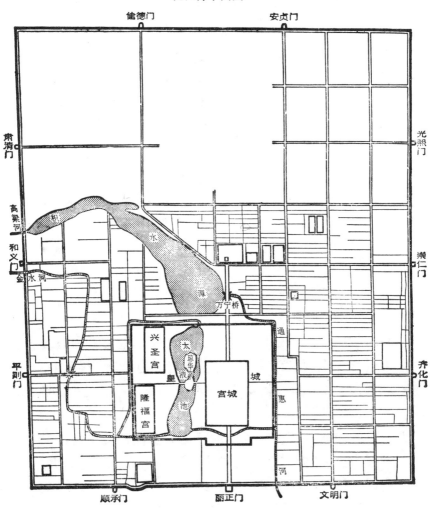

元大都平面图

侧，北城墙在德胜门外小关一线，仍有遗迹保存；东西两侧的南段大体与后来的城墙基址相合。城周设十一门：正南中央为丽正门（今天安门南），右为顺承门，左为文明门。北城东为安贞门（今安定门小关），西为健德门（今德胜门外小关）。东城设齐化门（今朝阳门），崇仁门（今东直门）和光熙门；西城设平则门（今阜城门）、和义门（今西直门）和肃清门。各城门都有壮丽的门楼。城墙用土夯筑，外敷苇草，以防止雨水侵蚀。

皇帝居住的宫城在城南的中部偏西。整个城市由许多正东西和南北走向的街巷区分成整齐的棋盘形。大街宽二十四步，小街宽十二步。城内共五十坊，人口约十万户，各种市集三十多处。依照汉制皇都"面朝背市"的设计原则，城市的商业区在大内以北、全城中心钟鼓楼附近及城西羊角市一带。钟鼓楼西的海子是繁华的运河码头，南来的货船都在这里停舶。海子两岸满布歌楼酒肆，是贵族富商寻欢作乐的地方。钟鼓楼附近有米市、面市、缎子市、皮帽市、帽子市、鹅鸭市、珠子市、铁市和沙剌（珊瑚）市。羊市附近有马市、骆驼市。

城中商业繁盛。各地的富商大贾，都会聚到这里货贩。据说"万方之珍怪异宝，璆琳、琅玕、珊瑚、珠玑、翡翠、玳瑁、象犀之品，江南吴越之髹漆刻镂，荆楚之金锡，齐鲁之柔矿纤缟，昆仑波斯之童奴，冀之名马"（《马石田先生文集》卷八）等等，举凡"天生地产，鬼宝神爱，人造物化，山奇海怪，不求而自至，不集而自萃"（《宛署杂记·民风》）。文明门外满舶着南来的船只，顺承门外是南商的聚居之地，平则门外多留居西方商人。意大利旅行家马可波罗在他的游记中说，大都叫做汗八里（汗城），城内外人户繁多。附郭（外城）中住着许多过往商人和外国人。他说：汗八里城象是商民的一个大商场。世界上再没有城市能运进这些少见的宝货。每天运进的丝就有千车。汗八里周围各城市的商民都要到这里来买卖货物。马可波罗赞叹说：汗八里城里的珍贵的货物，比世界上任何一个城市都多。

杭州——杭州原是南宋的首都，又是商业的中心。南宋时期城中商业贸易，曾呈现出前所未有的繁华。南宋末年，外患频仍，经济凋弊，杭州城也渐见萧条。元军灭宋，杭州城免遭破坏，城中的商业，在南北统一，运河开通的有利环境下，迅速得以恢复。

杭州商业的繁荣远非新建的大都可比。著名的戏剧家关汉卿，在元朝灭宋后不久，自大都来到杭州。杭州城市的繁华和山水的奇秀，使他大为震惊。他作曲称颂说："这答儿忒富贵，满城中绣幕风帘，一哄地人烟凑集。""百十里街衢整齐，万余楼阁参差，并无半答儿闲田地"。"看了这壁，觑了那壁，纵有丹青下不得笔"。大约即在此前后，马可波罗也从大都来游杭州。他以惊奇的眼光称赞杭州是世界上最繁华最富有的城市。说这里的繁华，难以描述，如果不是亲眼得见，真令人难以置信。马可波罗记述杭州城里人口极多，但街道宽广，路面都用砖石铺砌，下有阴沟排水。城里有十个大方衢，形成市场。街上有高楼环绕，下层是店铺。每周有三次集市，每次总有四、五千人。方衢附近设有邸店，供外地商人存放货物。马可波罗还说到元朝皇帝在杭州征收巨额的盐税和糖、香料、米、酒、丝等商税。杭州的商家有十二个行，官府经由行会抽取商税。

马可波罗还记载说，杭州城里有驻军三万人，以镇压人民的动乱。每一座桥上都有兵士十人守卫。兵士们夜间在各街道巡查，禁止人们点灯夜行。马可波罗没有提到南宋时杭州盛行的"夜市"。按照元朝禁止夜行的法令，夜市当然已被禁止。

元英宗时来华的意大利人鄂多立克也到过杭州，他说这是世界上规模最大之城。元末来杭州的非洲旅行家伊本·拔都他，也记杭州是他从没有见过的大城市。外国旅行者对杭州的赞美，表明宋元时代杭州城市经济的发展，在当时的世界上也是先进的。

新兴城镇——随着商业的发展和水陆交通的发达，东南沿海、运河两岸以至北方草原上都出现了一批新兴的城镇。

上海镇在南宋时属秀州。元代因海上贸易发达在此设置市舶司，上海人口渐多，开始设县，成为新兴的商埠。朱清因任海运万户致富后，在昆山修建宅第，招徕香舶，屯聚粮艘。数年之间，昆山从一个墟市发展成新兴的商业城市。各地各国商人在此聚居，据说是"番汉间处，闽广混居，各循土风，习俗不一"（《昆山郡志》）。运河畔的临清会通镇，运河通航后迅速发展起来，商货云集，"南金出楚越，玉帛来东吴"，"此地实冲要，昼夜闻歌呼"。马可波罗曾详细地记述过运河沿岸的许多城市，其繁荣富庶的景象使他赞叹不止。

北方蒙古草原也出现了规模甚大的城市，上都、和林、应昌、德宁等等。这些城市本身是由于政治和军事的要求建立起来的。城市建成后，随着经济的需要，商业活动也随之发展。上都所有需要的谷粟布帛以至纤靡奇异之物，都自各地贩运而来。元朝一再以免税、减税和"自愿徙居永业者复其家"等优惠待遇，奖励商人前往北方草原贸易。和林所需粮食，用所谓"中粮"、"中盐"等办法，招募商人，自挽自输，把粮食运往和林，计值给以盐引、茶引或钞币。每年的"中粮"高达三十万石。

商行与牙侩——宋代商人按行业组成商行，元代也仍然继续。元人流传所谓"一百二十行""三百六十行"之说，以表明各行业组织之众多。陶宗仪《辍耕录》还记载各商行"各有市语，不相通用"。各行商人更加严密地保护着本行的利益。

宋代商业贸易有牙人从中媒介。金朝规定：南宋商人在榷场交易，不得从中克取厚利。元朝灭宋后，一二八六年规定："除大都羊牙及随路买卖人口、头匹、庄宅,牙行依前存设,验价取要牙钱,每十两不过二钱,其余各色牙人,并行革去。"(《通制条格》卷十八)对牙侩活动的限制,有利于商人的直接贸易。

水陆交通 元朝疆域广大,水陆交通都有重大的建设,主要是大运河的修通、海道的开发和陆上驿站的设立。

运河的重修——隋炀帝开凿沟通南北的大运河,宋金时,早已淤塞不通。元建都在大都,灭宋后,从江南北运的货物由浙西入江淮,从黄河逆水至中滦(封丘)旱站,然后陆运一百八十里至淇门入御河。转运装卸,劳费甚巨。于是改由任城(济宁)开河,分汶水至须城之安民山,入清济故渎,经东阿至利津河入海,由海运至直沽。但这也因海口泥沙壅塞,不便通行而罢废。又改由东阿陆运二百里至临清入御河,劳费更巨。一二八九年(至元二十六年),采韩仲晖、边源的建议,从安民山之西南,由寿张西北至东昌,又西北至临清开河,入于御河,全长二百五十余里。建牐三十一座,度高低,分远迩,以节蓄泄,命名为"会通河"。隋代运河以洛阳为中心,迂回转折,新运河全程缩短了九百公里。一二九一年,又用郭守敬的建议,引大都西北诸泉水,在金旧运粮河基础上重加修凿,东至通州,入于白河,全长一百六十四里,建坝牐共十一处,计二十座,命名为"通惠河"。这样,江南的货物就可以经杭州水运直抵大都。南北大运河的修通,主要是为了朝廷的财

210

富需求，但它对沟通南北经济，繁荣大都商业，都有着极大的作用。大都百姓需用的粮食，多半都是靠运河运来。但运河初开，岸狭水浅，只能允许一百五十料的船只通航。富豪权势之家，往往造大船达五百料，充塞河面，阻碍航行；又强令不时开牐，更影响航运。大运河的运输量还远不能满足大都的需要。很大一部分江南货物，仍需要依靠海运。

海运——南宋时，海运已有较大的发展。宋金之间，严禁海上交通，但沿海人民依然私自贩枭，往返于山东与江浙海港之间。一二七六年，伯颜入临安，曾令朱清、张瑄等将南宋库藏图籍自崇明州由海道载入京师。一二八二年，伯颜忆及海运南宋图籍的事，命上海总管罗璧、朱清、张瑄造平底海船六十艘，载粮四万六千石，由海道运至京师。但这次航行，因风信失时，次年始至直沽。海运试航成功后，忽必烈立万户府二，任朱清、张瑄经划海运。一二八七年，又立行泉府司，专管海运，此后海运益趋繁盛。元朝规定，以嘉兴、松江每年秋粮及江淮、江浙财赋岁办粮充运，每年二月由长江口之刘家港入海，至崇明州三沙放洋，向东行，入黑水大洋，取成山转西至刘家岛，又至登州沙门岛，于莱州大洋入界河。当舟行风信有时，自浙西至京师，不过旬日。在直沽交卸完毕之后，海船在五月返航，复运夏粮，八月再回航。为了航运的安全，又开始实行了设标指浅的办法。当时海船大者可载八九千石，小者二三千石，运量从初年的四万余石递增到三百三十余万石。据明人邱濬的估计，南粮北运，"河漕视陆运之费省什三四，海运视陆运之费省什七八"（《大学衍义补》）。有元一代，海运始终是保证财赋的重要手段。官府备置海船九百余艘，船户八千余，分纲航运。官造的海船不足则征发民船，强征水手，名义上是由官府预付雇值，实际上是强迫征用。

陆上驿站——自窝阔台以来，逐渐在广阔的领域内，建立起"站"的制度。《元史·兵志·站赤》说："元制站赤者，驿传之译名也。盖以通达边情，布宣号令。"驿站的设立，起初只是基于政治的、军事的需要，特别是边远各民族地区往来的需要。但驿站的广泛建立，却增进了各地的水陆交通。站有陆站、水站两种，以陆站为主。陆站的交通工具，主要是马、牛、驴和车，东北地区又有狗站，以狗拉橇。水站主要是指内河的交通，工具用船。元朝中书腹里各路以及河南江北、辽阳、江浙、江西、湖广、陕西、四川、云南、甘肃等行省所辖驿站共有一千四百处（其中水站约有四百二十余处）。此外，西北乞儿吉思、西南吐蕃等地，也都设有驿站，以便使臣往来。一二七六年，朝廷设通政院，统领各地驿站事务。各站设有馆舍，供使臣居住。驿站所在地，签发蒙、汉人民为"站户"，与民户分立，不纳赋税，但需供应驿站需用的车马和使臣的饮食。过往使臣凭借"铺马圣旨"（给驿玺书）或差使牌符，便可向当站的站户勒索酒

"常乐站印"印文

甘肃发现元代银字差使圆牌

肉，多方敲剥。站户承受的压榨是沉重的。

海外贸易——元朝的国外贸易，有陆路与海路两种，主要仍是经由海路的贸易。

西域交通的陆路，自辽、宋、夏、金对峙以来，长期受到阻遏。蒙古四汗国建立后，彼此交通，陆路由三道通往西方。一道由阿力麻里经塔剌思，取道咸海和里海以北，穿行康里、钦察草原到达伏尔加河上的撒莱，由此或西通东欧各国，或经克里米亚半岛越黑海至孔士坦丁堡，或经高加索至小亚细亚。基督教传教士孟德科维诺在写给教皇的信中说，这是最短和最安全的道路，只用五、六个月的时间便可到达。第二道由阿

福建泉州元使臣墓碑

力麻里入河中，经撒马尔罕、布哈拉，去呼罗珊（伊朗境）而抵小亚细亚。第三道由和田越帕米尔高原，经阿富汗进入伊朗。由于西北诸王不断掀起战乱，陆路的三道时常阻塞。

海上通路由杭州通日本，顺风七日七夜便可抵达。由南海西通阿拉伯、东非的海路，也颇便利。元朝灭宋后，收降回回商人、宋福建安抚沿海都制置使兼提举市舶蒲寿庚，命他招纳外国蕃舶商人往来互市。又令行省唆都招收海外诸蕃。元朝在东南沿海先后设置泉州、上海、澉浦、温州、广州、杭州、庆元等七处市舶司。海商在每年冬汛季风起时，领公据出海至所请之某国贸易，但不许越投他国；次年乘夏汛季风回帆，赶原市舶司抽分，在货卖时又取三十之一为商税。未请凭验而擅自发舶者，船物没官。元朝又曾实行官府具船给本，选人入番贸易的办法。所获利息，以十分为率，官取其七，贸易人得其三。并规定"凡权势之家，皆不得用已钱入番为贾，犯者罪之，仍籍其家产之半"。官府对海外贸易直接垄断，但权贵豪商仍多违法经营。

海外出口贸易主要以金银、瓷器、丝绸为大宗；进口主要是丁香、豆蔻、胡椒、钻石、珠宝和药物。官府多次申令凡金、银、铜、铁、丝绵、缎疋、销金绫罗、米粮、军器和男女人口等禁止私贩入番。一二九一年，又申令禁止泉州海船将蒙古男女贩运到印度和"回回 田地"（中亚）。海外贸易中，贩运奴隶仍是一项常见的

福建泉州伊斯兰教徒墓碑

交易。

《元史》记载，由海道同元朝建立各种关系的国家约有二十余国。汪大渊《岛夷志略》中列举东南亚及西亚、东非等处的地名一百处。行泉府司所管辖的海船有一万五千艘。海船的规模也相当可观。非洲旅行家伊本·拔都他在记古里时写道："那个国家的全部贸易都操在中国船只手中。这些船可分三等：较大者三至十二帆。帆以竹片制成，形如织席。每只船上有人员千人，即水手六百人，军士四百人；另附供应船三艘。此种船只仅刺桐（泉州）及辛克兰（广州）能制造，都制成三边，以三腕尺长的大钉钉牢。每只船有四个甲板和许多供旅客使用的附有更衣室及各种设备的公私船仓"。位于苏门答腊岛上的三佛齐是元朝与南海诸国

江苏扬州
拉丁文墓碑

福建泉州
清真寺礼拜堂

交通的枢纽。由此而东至于爪哇，向西经马六甲海峡远及于印度、锡兰、阿拉伯半岛和东非。各国商人经南海来元朝进行贸易。广州、泉州、杭州等地都有大量的外国商人侨居；元朝的商民也有不少人侨居在南海诸国。

第七节　皇位争夺与统治的衰败

元朝自成宗以后到韩林儿、刘福通发动农民大起义的近半个世纪中,长期陷入皇位争夺的纷争,先后更换了八个皇帝。蒙古宗王的武装反乱在成宗时基本上停止。蒙古贵族内部的纷争主要表现为对皇权的争夺。这种争夺,又和在汉地实行汉法的贵族与蒙古草原贵族保守势力的斗争结合到一起。元朝统治集团一直处在变乱之中,动荡不稳。

世祖、成宗无法解决的财政危机,武宗以后各朝继续恶化。钞法的混乱造成经济的崩溃。人民遭受着日益严重的压榨。政权腐败,贪贿成风,整个社会处在极度黑暗的统治之下。

驻守在全国各地特别是江南地区的蒙古军兵,与汉人杂处,凭借特权,流连享乐,日益削弱了作战的能力。在蒙古贵族的权力争夺中,钦察、阿速、康里等军兵,逐渐起着重要的作用。

历代蒙古皇帝都不通晓汉语文。仁宗、文宗相继提倡汉文化,特别提倡程朱道学,讲述伦常以维护其统治。但由于蒙古草原贵族势力的强大和贵族内部行汉法与反汉法斗争的反复进行,元朝统治者一直没有象辽、金那样趋于汉化。但也由于此,元王朝始终未能建立起对汉族人民的稳固的统治。

在沉重的阶级剥削和民族压迫下的各族人民,不断掀起了反抗元朝统治的武装起义。

（一）皇位之争与尚书省的重建

一、武宗即位之争[7]

成宗铁穆耳皇后弘吉剌氏失怜答里生子德寿。一三〇五年六月，成宗立德寿为皇太子。同年十二月，德寿病死。一年以后，大德十一年（一三〇七年）正月，成宗病死，无嗣。贵族们只能在皇侄中选择皇位的继承者，因而发生争夺，又酿成贵族间的火并。

一二九九年，失怜答里后病死，成宗立伯牙吾氏卜鲁罕为后。成宗多病。卜鲁罕后参予政事。一三〇六年，成宗将其兄答剌麻八剌（已死）妃弘吉剌氏答吉及其子爱育黎拔力八达贬于怀孟。成宗死后，卜鲁罕与左相阿忽台等谋立安西王忙哥剌（忽必烈第三子）之子阿难答为帝。阿难答承袭父封，统治秦蜀之地，信奉伊斯兰教，因而与信奉喇嘛教的成宗不睦，但得到色目官员的支持。成宗死前几日，阿难答与宗王明里铁木儿等已赶来京师，策划奉卜鲁罕后称制，然后拥阿难答夺取皇位。但是，右丞相哈剌哈孙等蒙汉官员则拥戴真金的儿子答剌麻八剌的两子海山和爱育黎拔力八达。海山自一二九九年领兵与海都作战，多立战功，封怀宁王。这时驻戍阿尔泰山，镇守北边。哈剌哈孙密遣使臣，北迎海山，南迎答吉与爱育黎拔力八达母子。又封闭府库、收京师百官符印，称病不署文书，以待海山兄弟的到来。爱育黎拔八达在怀孟，得密报后，与讲儒学的师傅李孟商议。李孟回答说："支子不嗣，是世祖的典训。""殿下当奉大母，急还宫廷，以折奸谋，固人心。"一三〇七年二月间，爱育黎拔力八达奉母妃入京师，派遣李孟与右相哈剌哈孙合谋，不等海山军至，先行举事。卜鲁罕原定三月初三听政。三月初二日，爱育黎拔力八达乘马入宫，哈剌哈孙自朝中出迎，捕阿难答，斩阿忽台等谋臣。爱育黎拔力八达监国，以李孟参知政事，并派遣使臣往迎海山。

镇守北边的海山在二月间得报后，三月初，到达和林，召诸王集议。诸王推戴海山称帝。海山说，我母、我弟都在大都，等诸亲毕至，再议。当他听到爱育黎拔力八达在大都自称监国行使号令，十分不满。札鲁忽赤阿沙不花奉使至野马川见海山，陈说答吉及爱育黎拔力八达遣使之意，说："监国所以备他变，以待陛下，臣万死保其无他。"五月间，海山领兵到上都。爱育黎拔力八达随母来迎。蒙古左右部诸王在上都集会，决议废卜鲁罕后，出居东安州，赐死。又押解阿难答、明里铁木儿等到上都处死。会议推举海山在上都即皇帝位（武宗），以爱育黎拔力八达为皇太子，作为海山的继承人。阿沙不花受命回大都处治阿难答余党。

元世祖忽必烈建立元朝以后，曾经采用"汉法"立太子，以确定皇位的世袭，但由于蒙古传统势力的强大，选汗会议的制度（忽里勒台）继续存在。皇位的继

承仍必须经由大会选举的程序。成宗以皇孙而被立为
"皇太子"。爱育黎拔力八达又以皇弟而被立为"皇太
子",所谓"皇太子",即皇位的继承人。忽里勒台制与
"立太子"的候选制交错而行,使元朝皇位的继承长期
不能形成确定的制度。蒙古宗王之间,利用推选皇帝
来争夺权利。自武宗以后,皇位继承多次演为剧烈的
斗争,元朝的统治越来越不稳了。

二、尚书省的重建

封赏之滥 武宗即位后,为争取诸王大臣的拥戴,
滥加封赏。宗王多人加封王爵,大臣封国公。中书省
自丞相、平章政事以下,屡加官爵,并滥封遥授。宦官
李邦宁也因得宠信加授司徒兼左丞相。九月,中书省
臣请依旧制简汰冗官定为十二员。塔剌海为右相、塔
思不花为左相,床兀儿、乞台普济、阿沙不花、塔失海牙
并为平章政事,但很快就又有增多。枢密院署事也多
至三十二人,御史大夫增为四人。诸近侍从皇帝那里
请得玺书,不经过中书省,即可取得官职。由武宗降旨
授官者多至八百八十余人。

武宗又改和林等处都元帅府,立和林等处行中书
省,以太师月赤察儿为行省右丞相,原中书右丞相哈剌
哈孙出任行省左丞相。从此,蒙古漠北地区也成为元
朝的一个行省。

武宗即位前,蒙古诸王在和林集会,都给与赏赐,

即位后再次封赏。中书省臣奏报说："成宗即位之初，承世祖府库充富，比先例赐金五十两者增至二百五十两，银五十两者增至百五十两。"武宗指令仍按成宗时数额赏赐。母后答吉及弟"皇太子"各给金二千七百五十两，银十二万九千余两，钞万锭，帛二万余匹。武宗又在旺兀察都地建中都行宫，发六卫军万八千人供役。九月，中书省臣即奏报"帑藏空竭"，并说：政府每年常赋四百万锭，除各省备用之外，入京师者二百八十万锭，常年支用只有二百七十余万。"自陛下即位以来，已支四百二十万锭。又应求而未支者一百万锭"。武宗即位四个月后，就已"财用不给"，陷入严重的财政危机，据至大元年二月中书省臣的报告，统计两都军粮、诸所营缮、及一切供需，合用钞八百二十余万锭，超出常年赋入的一倍。

尚书省"理财" 元世祖忽必烈时，阿合马与桑哥都曾设置专理财政的尚书省，先后罢废。武宗在一三〇七年九月，再度议立尚书省，命以脱虎脱、教化、法忽鲁丁三人任省事。但朝臣中鉴于前两次失败，持异议甚力，迟迟未行。一三〇九年八月，以乞台普济为尚书省右丞相、脱虎脱为左丞相，三宝奴、乐实为平章政事，用官六十四员。规定"旧事从中书，新政从尚书"。改各地行中书省为行尚书省。尚书省开始了理财的"新政"。

新造钞币——一三〇八年（至大元年）二月，中书

222

省臣上言"陛下登极以来，锡赏诸王，恤军力，赈百姓，及殊恩泛赐，帑藏空竭，预卖盐引"。又说："臣等固知钞法非轻，曷敢轻动，然计无所出，今乞权支钞本七百一十余万锭，以周急用。"到一三〇九年九月，已借支钞本至一千万锭以上。物重钞轻，钞法大坏。

尚书省平章政事乐实请变更钞法。一三〇九年九月，新造"至大银钞"颁行。至大银钞自二两至二厘定为十三等，一两准至元钞五贯、白银一两、赤金一钱。罢废中统钞，各地限一百日至平准行用库倒换。仍拨至元钞本百

八思巴字大元通宝

万锭，以资国用。到一三一〇年冬，至大银钞共印造一百四十五万余锭。

至大三年（一三一〇年）正月，又铸造铜钱行使。元朝建国后，只造纸币。武宗时新造的铜钱，分为"大元通宝""至大通宝"两种。至大通宝一文合至大银钞一厘，大元通宝一文合至大通宝十文。历代铜钱也都相参通用。京师设立资国院，山东等六行省设泉货监，管领铸钱事务。铜钱行用后，又毁至元钞版，只用至大银钞与铜钱相权通用。

定税课法——一三一〇年，定税课法。诸色课程，以一三〇七年的旧额、元增，总为正额，折合至元钞

223

数。自一三一〇年开始，税课官员能再增收九分（正额十分之九）者为"最"，不到三分者为"殿"，增到七分至三分者，分别称为上酬、中酬、下酬。税课官以税额多少评定等第。税课法鼓励官员多方征税，肆意加重对人民的剥夺。

（二）仁宗的"汉法"政治

武宗海山沉溺酒色，即位不满四年，即在至大四年（一三一一年）正月病死，年仅三十一岁。依据武宗即位时的定议，同年三月，"皇太子"爱育黎拔力八达在大都即皇帝位（仁宗）。

仁宗曾随李孟学习儒学，倚重汉人文臣。即位后，革除武宗诸设施，力行"汉法"。元朝政局又为之一变。

废尚书省　武宗设尚书省时，遵循旧制，以太子兼尚书令。武宗死后，仁宗不待正式即位，即在正月间废尚书省，并以"变乱旧章，流毒百姓"的罪名，拘捕脱虎脱、三宝奴、乐实等处死。仁宗排除异己，以巩固帝位，同时改变制度，各地行尚书省仍为行中书省。以云南行省左相铁木迭儿为中书右丞相，完泽、李孟并为平章政事。

废至大钞钱　仁宗三月即位，四月即下诏罢废至大银钞及铜钱。诏书说："比者尚书省不究利病，辄意变更。既创至大银钞，又铸大元、至大铜钱。钞以倍数

224

太多，轻重失宜；钱以鼓铸弗给，新旧恣用。曾未再期，其弊滋甚"。诏令罢废资国院、泉货监。各处至大钞本及至大铜钱，截日封存。民间行使者至行用库倒换。依旧印造中统钞及至元钞，子母并行。凡官司出纳，一准中统钞数。这年十二月，派官监视焚毁至大钞。

尊孔崇儒　仁宗自居怀孟时，即从李孟讲论儒术。做"皇太子"时，有人进《大学衍义》，他命节译进讲，说"治天下，此一书足矣。"并命与《图象孝经》、《列女传》一并刊行，赐给臣下。仁宗即位后，信用李孟等汉臣，尊孔崇儒，力行"汉法。"

成宗即位时，曾诏中外崇奉孔子。武宗加封孔子为大成至圣文宣王。仁宗即位后，命国子祭酒刘赓到曲阜，以太牢（牛牲）祭孔子。一三一三年六月，又以宋儒周敦颐、程颢、程颐、张载、邵雍、司马光、朱熹、张栻、吕祖谦及元儒许衡从祀孔子庙廷。一三一四年，敕中书省议，孔子五十三代孙袭封衍圣公。一三一六年六月，封孟轲父为邾国公，母为邾国夫人。仁宗通过对孔孟程朱以至元儒许衡等的崇奉，以表明对儒学的尊崇。仁宗曾紧握拳头对臣下说："所重乎儒者，为其握持纲常如此其固也。"又说："儒者可尚，以能维持三纲五常之道也"。一再表明以儒家的纲常之道作为元朝政治的统治思想。

一三一一年武宗死后，仁宗即征召世祖朝有声望的老臣程鹏飞、萧㪺、刘敏中、王思廉、程钜夫等入朝，同议政务。闰七月,中书丞相完泽、李孟上言:"方今进用儒者,而老成日以凋谢。四方儒士成才者,请擢任国学、翰林、秘书、太常或儒学提举等职, 俾学者有所激劝"。仁宗指令"自今勿限资级,果才而贤,虽白身(平民)亦用之"(《元史·仁宗纪》)。汉人儒士广被擢用,儒学在元朝得到空前的重视。

仁宗即位后不久,读《贞观政要》,说"此书有益于国家",命译为蒙古语,使蒙古、色目人诵习。一三一四年,又命集贤学士忽都鲁都儿迷失与李孟择要译写《资治通鉴》进呈。一三一七年,仁宗命将《大学衍义》译为蒙语,次年, 由江浙行省刊印。仁宗以五十部分赐朝臣。汉文经史的翻译,使儒学在蒙古、色目官员中也逐渐得以流传。

实行科举 蒙古太宗窝阔台时,曾用耶律楚材议,在汉人俘户中考选文士,中试者得放免为儒户,并非科举取士。忽必烈建国后,史天泽、王鹗及和礼霍孙等先后建议行科举,未能实现。仁宗即位后,一三一三年,中书省上言,实行科举,以经学取士,因为"经学实修己治人之道,词赋乃摛章绘句之学"。李孟对仁宗说:"人才所出,固非一途,然汉、唐、宋、金,科举得人为盛。今欲兴天下之贤能,如以科举取之,犹胜于多门而进。然必先德行经术,而后文辞,乃可得真材。"这年十一月,仁宗下诏正式实行科举,规定"举人宜以德行为首,试艺则以经术为先,词章次之"。自一三一四年八月, 各郡县推举年在二十五岁以上的举人(参加考试的文士)经乡试后,次年二月在礼部会试,然后御试。以后,科场每三年开试一次。蒙古、色目人与汉人、南人分别考试出榜。蒙古、色目第一场试"经问"五条,汉人南人第一场试"明经"、"经疑"二问,都从《大学》、《论语》、《孟子》、《中庸》内出题,并用朱熹四书章句集注。汉人南人加试经义一道。《诗经》以朱熹注为主,《周易》以程、朱说为主,《尚书》以蔡沈注为主,《春秋》许用三传及胡安国传(注),《礼记》用古注疏。蒙古、色目第二场考试策一道。汉人、南人第二场考试古赋诏诰章表,第三场考试策一道。蒙古、色目人如愿试汉人、南人科目,中选者加一等注授。

仁宗对侍臣说:"朕所愿者,安百姓以图至治,然非用儒士,何以致此?设科取士,庶几得真儒之用,而治道可兴"。科举实行后,在政治上多少满足汉人地主要求广开仕途的愿望,也使汉文化在蒙古、色目人中进一步传播。考试规定用朱熹注,又使程、朱理学成为官方学术,进而确立了理学的思想统治,影响是深远的。

经理田赋 仁宗实行"汉法"政治,也采用汉人传统的理财方法经理田赋。一三一四年,平章政事章闾上言,"以熟田为荒地者有之,惧差而析户者有之,富民买贫民田而仍其旧名输税者亦有之。由是岁入不增,小民告病。"(《元史·食货志》)他建策行经理之法,使有田之家及诸王位下、寺观、学校、财赋等田,一切从实

延祐三年铜权

自首，做到"税入无隐"。中书右丞相铁木迭儿也主此议。仁宗派章闾往江浙，昵匝马丁等往江西，陈士英等往河南经理。经理之法，先期揭榜，限四十日，各以其家所有田亩数，向官府如实自报。作弊者许人告发治罪。

三省实行经理后，遭到贵族、乡豪的抵抗，官员以虚为实，妄增顷亩，因缘为奸，也出现了许多流弊。一三一五年秋，江西赣州蔡五九聚众起兵，攻陷汀州宁化县。江浙行省出兵镇压。御史台上奏说："蔡五九之变，皆由昵匝马丁经理田粮，与郡县横加酷暴，逼抑至此。信丰一县，撤民庐千九百区，夷墓扬骨，虚张顷亩，流毒居民，乞罢经理及冒括田租。"（《元史·仁宗纪》）经理田赋又因而停止。

平察合台后王 察合台后王自成宗时已归服元朝。武宗时，察合台汗宽彻曾将撒马尔罕、塔剌思（塔拉斯）、塔失玄（塔什干）等城在成吉思汗时所造的户口青册，进呈元廷，以表示臣服。仁宗时，也先不花图谋联合金帐汗国月即别汗反元，月即别不从。一三一四年，元朝镇守北边的大将床兀儿出兵至亦忒海迷失之地，大败也先不花，遣使报捷。次年，又在赤麦干之地，击败也先不花的将领也不干和忽都帖木儿，追出其境，至铁门关。在札亦儿之地大败也先不花的大军。此战之后，西北平服。察合台后王不再发生叛乱。

（三）皇位争夺的延续

一、英宗继位与南坡之变

武宗时，尊生母弘吉剌氏答吉为皇太后。仁宗朝，皇太后干预朝政，以成宗和武宗朝的宣徽使铁木迭儿为中书右丞相。一三一二年，铁木迭儿因病去职。一三一四年九月，再为右丞相，回回人合散为左丞相。铁木迭儿依靠太后的倚信，贪贿专权。一三一七年六月，御史中丞杨朵儿只（西夏人）与中书右丞萧拜住（契丹人）上章弹劾，列举贪污事实说"内外监察御史凡四十余人共劾铁木迭儿桀黠奸贪，阴贼险狠，蒙上罔下，蠹政害民。""且既已位极人臣，又领宣政院事，以其子八思吉思为之使。诸子无功于国，尽居显贵。""私家之富又在阿合马、桑哥之上"，请将铁木迭儿斩首治罪。仁宗得奏震怒，下诏逮问。铁木迭儿在太后的兴圣宫近侍家躲藏。仁宗恐伤太后意，只令罢相，不再问罪。次年，又起为太子太师。

早在武宗即位时，诸王会议兄弟叔侄世代继承汗位。一三一五年，仁宗封武宗子和世琜为周王，次年命周王出居云南。十二月，仁宗立己子硕德八剌为太子。周王和世瓎途经陕西，与武宗旧部起兵反，攻潼关，破河中府，失败。和世瓎逃往阿尔泰山以西。

延祐七年（一三二〇年）正月，仁宗三十六岁，病死。太后答吉随即命铁木迭儿复为中书右丞相，三月，拥立十七岁的太子硕德八剌即皇帝位（英宗）。

铁木迭儿复相，即捕杨朵儿只及萧拜住，加以前时违太后旨的罪名斩首。又收夺中书平章政事李孟前后封拜制命，降授集贤侍讲学士。上都留守贺伯颜素与铁木迭儿不和，铁木迭儿以"便服迎诏"的罪名把他处死。铁木迭儿又把曾经弹劾他的前御史中丞赵世延（汪古部人）逮捕入狱，想要诬陷治罪，因英宗回护，才得获释。

铁木迭儿依靠太皇太后的支持，专权报复。五月，英宗罢免原左丞相合散，出为岭北行省平章政事。起用安童孙拜住为中书左丞相，以为牵制。他对拜住说："朕委卿以大任，因你祖木华黎从太祖开拓土宇，安童相世祖克成善治。卿念祖宗令闻，岂能不尽心！"有人告发合散与中书平章黑驴、御史大夫脱忒哈、徽政使失列门（铁木迭儿党）等阴谋发动政变。英宗与拜住密谋，拜住说："此辈擅权乱政久矣。今犹不惩，阴结党与，谋危社稷，应该正法。"请拘捕审讯。英宗说"彼若借太皇太后为词，若何？"英宗显然怀疑谋叛者得到太皇太后的支持，命拜住立即带领卫士将他们擒捕斩首。

拜住得英宗信用，铁木迭儿又援引左丞张思明，密谋害拜住。英宗不为所动。一三二二年二月，将钦察卫分置左、右钦察卫亲军都指挥使司，由拜住总领。八月，铁木迭儿病死。十月，拜住升任右丞相，朝中不再设左丞相。拜住独任朝政。

英宗屡修佛事，诏各郡建八思巴殿，制度过于孔庙。在上都作金塔，藏佛舍利。又在各地修建佛寺。监察御史观音保等谏造寿安山佛寺，英宗怒杀观音保等。英宗对色目集团甚为嫉视。毁上都回回寺，以其地建八思巴帝师寺。又问拜住，可否以佛教治天下。拜住回答说："清净寂灭，只可自治。若治天下而不讲仁义，则纲常混乱。"英宗崇佛而用儒，信用拜住，起用名将张弘范子张珪为中书平章政事，辅佐执政。

铁木迭儿死后，拜住处置铁木迭儿父子及义子御史大夫、左右卫阿速亲军都指挥使铁失等贪赃不法事，将铁木迭儿子八思吉思处死，籍没家产。英宗说："八思吉思虽事朕日久，今其有罪，当论如法。"特赦铁失。一三二三年二月，太皇太后答吉病死。五月，监察御史盖继元等又上言铁木迭儿"奸险贪污"。英宗诏令毁铁木迭儿及其父、祖碑，追夺官爵及封赠制书，告谕中外。

铁木迭儿一派官员，遭到沉重打击，但并没有甘心于失败，密谋反乱。一三二三年秋，英宗自上都南还，右丞相拜住等从行，至南坡驻营。御史大夫铁失与铁木迭儿子、前治书御史锁南、知枢密院事也先帖木儿、大司农失秃儿、前平章政事赤斤铁木儿等发动政变,铁失领阿速卫兵为外应,杀拜住。铁失入英宗行帐,亲手杀死英宗。

二、泰定帝的统治与皇位的再争夺

泰定帝的统治　忽必烈太子真金的长子甘麻剌,封晋王,镇守北边。甘麻剌死后,子也孙铁木儿袭封晋王,仍镇守漠北。王府内史倒剌沙常侦察朝廷的动静,并与朝廷中的反叛势力有密切联系。铁失发动政变前,曾派遣使臣来王府,告以与也先铁木儿等密谋杀英宗,事成后,推立晋王也孙铁木儿为帝。并密告倒剌沙,不令王府大臣旭迈杰得知。晋王囚禁来使,遣使去上都告变。使臣未到,英宗已被杀死。一三二三年九月,晋王也孙铁木儿在克鲁伦河畔即帝位(泰定帝)。以也先铁木儿为右丞相,倒剌沙为平章政事,铁失为知枢密院事。

泰定帝确立了皇位后,十月即派遣使臣去上都,斩也先铁木儿等,以旭迈杰为右丞相,回回人倒剌沙为左丞相,纽泽为御史大夫。旭迈杰、纽泽等至大都,捕铁失、赤斤铁木儿等处死。十一月,泰定帝至大都,继续处治参与政变的官员,斩锁南。改明年年号为泰定。

泰定帝以故丞相拜住子答儿麻失里为宗仁卫亲军都指挥使,彻里哈为左右卫阿速亲军都指挥使。为被铁木迭儿杀害的杨朵儿只、萧拜住等昭雪,并进而对仁宗时冤死的观音保等家属赐地安抚。仁宗时流放的诸王大臣二十余人，也都赦免。泰定帝又命平章政事张珪、翰林学士忽都鲁都儿迷失、学士吴澄、集贤直学士邓文原等进讲《帝范》、《资治通鉴》、《大学衍义》、《贞观政要》等书，以示学习"汉法"。泰定元年（一三二四）立皇子阿剌吉八为太子，设詹事院太子詹事官，将《帝训》译为蒙语，授太子，并敕中书省臣访求名儒以为太子辅佐。

泰定帝也是佛教的狂热崇奉者。帝师弟公哥亦思监自西藏来大都，诏令中书省臣持羊酒郊迎。帝师兄唆南藏卜娶公主，被封为白兰王，赐给金印、圆符。泰定帝并向帝师受佛戒。泰定帝也在各地建佛寺，屡修佛事。帝师的弟子番僧加号司空、司徒、国公，佩金、玉印章者甚多。泰定帝也争取色目人的拥戴，在上都重建伊斯兰教的礼拜寺，又在大同路建礼拜寺。色目商人得到丞相倒剌沙、平章政事乌伯都剌的支持，向朝廷大量贩卖珠宝。

泰定帝在位仅有五年。他自称"凡所以图治者，悉遵祖宗成宪"，并没有什么新的建树。前朝未能解决的"国用不足"的财政困难，更加发展。一三二五年五月，旭迈杰等因"国用不足，请减厩马，汰卫士，及节诸王滥赐"。七月，因国用不足，停止书写金字藏经。一三二六年五月，中书省奏报岁钞出纳之数，又请节用以补不足。泰定一朝，始终处在财政窘困之中。

一三二八年七月，三十六岁的泰定帝在上都病死。

皇位的继承，又起纷争。

皇位争夺战　泰定帝死后，留守大都的金枢密院事燕帖木儿（大将床兀儿之子）和西安王阿剌忒纳失里（奥鲁赤后王）发动了政变。八月初四日，百官集兴圣宫，燕帖木儿率勇士逮捕中书平章乌伯都剌等下狱，宣布迎立武宗的二子（和世㻋、图帖睦尔），不从者死。和世㻋自仁宗时逃往阿尔泰山西，察哈台后王率部来附，和世㻋遂立足西北，统治各部。图帖睦尔在英宗时被流放到海南琼州。泰定帝时召还，封怀王，出居建康，又徙江陵。燕帖木儿于发动政变当日，即遣使往江陵接怀王图帖睦尔。

燕帖木儿和西安王共守内廷，籍府库，收符印，召百官入内廷听命。任命前湖广行省左丞相别不花、右丞速速为中书左丞相和左丞，太子詹事塔失海涯为平章政事；调兵守御关要。政变十天后，图帖睦尔由使者陪同从江陵出发，经汴梁，河南行省平章伯颜领兵扈从北行。月底，图帖睦尔到大都。九月，即皇帝位，改元天历，宣称待大兄（和世㻋）到来让位。上都方面，辽王脱脱（斡赤斤后）、梁王王禅（甘麻剌孙，泰定帝侄，封地在云南）、右丞相塔失铁木儿、左丞相倒剌沙、御史大夫纽泽等闻变，九月间也在上都拥立泰定帝幼子阿剌吉八即皇帝位。上都与大都形成为两个皇帝并立的对峙局面。

上都与大都的蒙古宗王大臣，各拥一帝，展开了激烈的战斗。燕帖木儿发动政变后，弟撒敦和子唐其势自上都返回。燕帖木儿父、祖（床兀儿、土土哈）所建立的钦察卫亲军，由这一家族世袭统领，是一支强劲的部队。他以佥枢密院事留守大都，掌管枢密院符印，又征调其他各卫兵屯京师，扼守居庸关等要地。阿速卫指挥使脱脱木儿、贵赤卫指挥使脱迭出先后从上都来附，更加强了大都方面的兵力。上都王禅、塔失铁木儿等领兵南下，到达榆林。九月，王禅攻破居庸关，进兵昌平。燕帖木儿督军力战，收复居庸，王禅败走。上都兵别部由知枢密院事竹温台率领，攻破古北口，进至顺义境。燕铁木儿挥军掩袭。上都兵战败，退出口外。这时，辽东诸王朵罗台、太平率领辽东军，支援上都，进逼通州，指向大都。十月，燕铁木儿急引军还师拒战，败辽东军于檀子山。上都诸王忽剌台、阿剌帖木儿率部由山西破紫金关，陷涿州而北。燕铁木儿又急忙率军循北山而西，趋良乡，至卢沟桥，忽剌台遁走。上都兵复入古北口，燕铁木儿御之于檀州。这时，湘宁王八剌失里（泰定帝侄），赵王马札儿罕起兵响应上都，进犯冀宁。陕西行台御史大夫也先帖木儿也分军三道东进，河南一路进逼虎牢关。四川行省平章囊加台、云南行省左丞相也儿吉尼遥相呼应。上都兵虽然在大都城下屡次受挫，然而就全局来说，仍然声势浩大。

正当上都兵倾全力南犯时，在东北的东路蒙古元帅不花帖木儿（燕帖木儿之叔）与搠只哈撒儿后王齐王月鲁不花在十月十三日乘虚进围上都，留守倒剌沙等出降。阿剌吉八被俘。上都的支持者失去了首领，相继溃败瓦解。图帖睦尔获得全胜。梁王王禅及倒剌沙、纽泽等均被处死。

三、明宗的被害

图帖睦尔在大都即位后，遣使臣哈散、撒迪等北迎和世㻋。和世㻋自北边启行，察合台后王与沿边元帅朵列捏、旧臣孛罗等随从。至金山，先命孛罗奉使来京师。天历二年（一三二九年）正月，和世㻋在和林之北，即皇帝位（明宗），遣撒迪等回大都报闻。三月，图帖睦尔遣中书右丞相燕帖木儿奉皇帝宝玺前来迎接。明宗加号燕帖木儿为太师，仍为中书右丞相。明宗依据武宗、仁宗兄弟继承的旧例，四月间派武宁王彻彻秃去大都，立图帖睦尔为皇太子。敕大都省臣铸造皇太子宝（印）。五月，图帖睦尔自大都出发北上，迎明宗，镇南王帖木儿不花等随行。明宗南下，八月初，至上都附近的旺兀察都之地，图帖睦尔来见。明宗在行帐为皇太子及诸王大臣设宴。燕帖木儿用毒药害死明宗，死年三十。图帖睦尔在上都以皇太子复即皇帝位（文宗）。

（四）文宗的文治

文宗在上都即位，下诏宣称"晋邸（泰定帝）违盟搆逆,据有神器",以泰定帝的继位为窃据皇位,不再加奉庙号。元朝的皇权,又回到武宗一系。

一、四川、云南的反抗

四川的反抗 文宗、燕铁木儿与上都军兵鏖战时,四川行省平章囊加台党附上都。文宗一再调兵守御归、峡,防止他顺江东下。一三二八年十一月,文宗平上都。囊加台起兵反,自称镇西王,以四川左丞脱脱为平章,前云南廉访使杨静为左丞,杀四川平章宽彻等,烧绝栈道。天历二年(一三二九年)正月,文宗遣使往四川招抚。囊加台攻破播州猫儿垭,宣慰使杨延里不花开关迎纳。播州杨万户引囊加台川兵至乌江峰,为官军所败。云南八番元帅脱出也在乌江北岸破川兵。诸王月鲁帖木儿统军进至乌江,囊加台焚鸡武关大桥,又焚栈道。二月,占据鸡武关,夺得三叉、柴关等驿,至金州,据白土关。文宗命察罕脑儿宣慰使撒忒迷失将本部蒙古军,与镇西武靖王搠思班会讨。囊加台分兵进逼襄阳。三月,文宗设置行枢密院,以湖广、河南两省兵进讨四川。四月,湖广行省参政字罗奉诏书到四川招降,赦囊加台罪,囊加台受诏降服。八月间,文宗谋害明宗而取得了帝位后,又以指斥行舆,大逆不道罪,把囊加台处死。

云南的反抗 随从王禅与文宗作战的蒙古诸王秃坚等在梁王王禅兵败后,逃回云南。一三二九年三月,秃坚与答失不花等集众五万，准备杀云南行省丞相也儿吉尼，起兵自立。也儿吉尼逃往八番。文宗以也儿吉尼知行枢密院事。十一月，文宗又诏命豫王（原封西安王）阿剌忒纳失里镇云南。至顺元年（一三三〇年）正月，云南诸王秃坚与万户伯忽、阿禾等起兵反，攻陷中庆路。二月，攻陷仁德府，至马龙州，进攻晋宁州。秃坚称云南王，伯忽为丞相，阿禾等为平章。立城栅，焚仓库。三月，阿剌忒纳失里由八番道进讨云南。四月，乌撒土官禄余杀宣慰司官吏，投附伯忽。罗罗斯诸部也响应伯忽起兵。禄余领兵七百余人，立关固守。元重庆五路万户军至云南境，被罗罗军击败，死万余人。余众撤退。文宗又下诏自江浙、河南、江西调兵二万，与湖广会兵去云南。五月，四川军也入云南进剿，败罗罗军。六月，立行枢密院讨云南，各行省兵分道进军。七月，枢密院奏报"云南秃坚、伯忽等势愈猖獗，乌撒、禄余亦乘势连约乌蒙、东川、茫部诸蛮，欲令伯忽弟拜延等兵攻顺元"。文宗再次下诏，派遣使臣督豫王阿剌忒纳失里及行枢密院、四川、云南行省进军。

云南的反乱，显然对文宗的统治，是严重的威胁。文宗连续调动数省兵十余万进讨，并多次诏令各省供应军需。闰七月，四川省臣以馈饷告急。十月间，中书省臣上奏说："近讨云南，已给钞二十万锭为军需，今费用已尽。镇西武靖王搠思班及行省、行院复求钞如前数。臣等议，方当进讨之际，宜依所请给之。"文宗对调遣征讨军士，也给钞赏赐。如江西、湖广蒙古军，每人给钞五锭。陕西蒙古军，人给钞六锭。罗罗斯军起，地近四川，又诏四川邻境诸王发藩部丁壮增防成都。西南地区引起极大的震动。

文宗颁赏，各行省征云南的军兵，仍迟疑不进。十月，文宗再次遣使催促四川、云南行省进兵。四川兵由永宁及青山分两路并进，击败禄余兵，夺得关隘。十一月，罗罗斯军攻打建昌，失败，五百余人战死。仁德府元军在马龙州，败伯忽军，斩伯忽弟拜延，献馘豫王。进而又擒杀伯忽及从官十余人。四川行省出兵至乌撒周泥驿，击败禄余军。十二月，搠思班等率领的大军与阿禾蒙古军交战。阿禾伪降。次日领兵三千来袭，又败。阿禾败逃。元军直趋中庆，在安宁州斩阿禾。十二月三十日，元军最后击败反抗的云南军，抵达中庆，恢复省治。云南的反抗失败。

一三三一年二月，枢密院又奏报，秃坚弟必剌都迷失等伪降豫王，反围军官。秃坚方修城堡，布兵拒守，无出降意。禄余追捕未获。文宗又诏令迅速进兵征讨。三月，阿剌忒纳失里、搠思班等继续镇压云南的反抗者，斩伯忽叔怯得该、万户哈剌答儿、澂江路总管罗罗不花及诸将校，磔尸以徇。四月，以乱事略定，出征云南的元兵各撤回所部；但因反抗者仍出没山谷间，仍分出部分军兵留驻。六月，乌撒、罗罗斯再次起兵作战。七月，下诏招降禄余等。九月间，禄余兵与云南东川路总管普折兄那具又杀乌撒宣慰使，并与伯忽侄阿福所领蒙古兵合攻罗罗斯。元廷再调陕西都万户府兵出征。禄余进攻顺元路。云南行省遣都事那海招降禄余，授以参政。禄余拒不受命，杀那海。元兵败退，禄余部入顺元境。十月，蒙古都元帅怯烈领兵进攻。作云梯登山，杀五百余人。秃坚弟二人、子三人被擒处死。

一三三二年二月，禄余与四川行省联络，愿归属四川省。云南的反抗暂行中止。

二、文宗的崇文尊儒

文宗自幼年谪居海南，在汉地长成，因而较为接近汉文化。即位后，任用通晓汉文化的蒙古、色目官员。究心儒学的汪古部人赵世延，曾遭到铁木迭儿的诬陷，英宗时复任御史中丞。文宗对他深为信用。"鸣琴赋诗，日夕忘返"的克烈部人阿荣，拜中书参知政事。一些汉人文臣也入中书任职。在文宗统治时期，汉文化得到多方面的提倡。

建奎章阁 天历二年（一三二九年）二月，文宗在大都建立奎章阁学士院。以精通汉文化的翰林学士承旨忽都鲁都儿迷失和赵世延并为奎章阁大学士，侍御史撒迪和翰林直学士虞集并为侍书学士。据文宗所说，立奎章阁的用意是"置学士员，日以祖宗明训、古昔治乱得失陈说于前，使朕乐于听闻"。奎章阁又设授经郎二员，讲授经学，以勋旧、贵戚子孙及近侍年幼者肄业。首任的授经郎是仁宗时李孟擢用的翰林编修揭傒斯（龙兴富州人）。奎章阁设艺文监，检校书籍，以仁宗时的状元宋本和进士欧阳玄任监事。宋本、欧阳玄等人都是科举出身。他如延祐进士许有壬、苏天爵以及泰定时翰林待制李泂等都被先后延入奎章阁。蒙古、色目人中一些通达汉文化的文人，也入奎章阁，参预文事。阿荣被授予奎章阁大学士的称号。康里巎巎（音挠 nǎo。不忽木子，字子山）博通群书，自幼学习许衡传授的儒学，入奎章阁学士院为承制学士，又升为大学士。伯牙吾部人进士泰不华为奎章阁典签。大食人瞻思曾从王思廉受儒学，召为应奉翰林文字，赐对奎章阁。至顺二年（一三三一年）正月，文宗并且亲自作《奎章阁记》，以示对奎章阁学士院的尊崇。

元朝自建国以来，虽然历代皇帝都在不同程度上任用汉人文臣，但蒙古皇帝和宗王大都不通汉语。以和林为中心的岭北行省和广大蒙古草原地区，都仍然保持蒙古族原有的生产方式，继续发展本民族固有的文化。仁宗实行科举后，究心汉学的蒙古文士逐渐增多。文宗建奎章阁，聚集人才，汉族的儒学在蒙古、色目人中进一步发扬，不过，这仍只是局限于少数文人学士之间，范围是有限的。

编修《经世大典》 文宗建奎章阁后，一三二九年九月，又命翰林国史院与奎章阁学士院采辑故事，仿唐、宋会要体例，编纂皇朝《经世大典》。次年二月，改由奎章阁学士院专领其事。命阿邻帖木儿与忽都鲁都儿迷失将蒙古语典章译为汉语。赵世延、虞集任纂修。依编修国史例，燕铁木儿为监修官。虞集推荐蒙、汉文士马祖常、杨宗瑞、谢端、苏天爵、李好文、陈旅、宋褧、王士点等参预撰录。四月间正式开局。一三三一年五月修成，凡八百八十卷，目录十二卷，公牍一卷，纂修通议一卷。

《永乐大典》收录《经世大典》书影

《经世大典》不仅保存了大量的元代典制纪录，成为明初纂修《元史》的依据，而且是文宗行"汉法"崇文治的一个标志。《经世大典》原书今已失传，只是在残存的《永乐大典》等书里，还有部分留存。

尊儒崇佛 文宗在信用文臣的同时，又极力表示尊孔崇儒，以争取汉人文士的拥戴。明宗在和林即位后，一三二九年二月，文宗遣儒臣曹元用去曲阜代祀孔子。曹元用归来，以司寇像及代祀记献给文宗。文宗又诏令修葺曲阜孔庙，并在曲阜陋巷建颜回庙。一三三〇年，文宗加封孔子父母及诸弟子：孔子父叔梁纥为启圣王，母颜氏为启圣王夫人，颜子兖国复圣公，曾子郕国宗圣公，子思沂国述圣公，孟子邹国亚圣公。又追封宋儒程颢豫国公，程颐洛国公。同年，又以董仲舒从祀孔庙，位在七十子之下。文宗遵循儒家礼仪，在京师南郊祭祀昊天上帝，并以太祖成吉思汗配享。文宗亲自郊祀，服大裘衮冕，依制行礼。

二程、朱熹所倡导的道学（理学），发展儒学传统的三纲五常，提倡臣下和妇女"守节"，以事君、夫。仁宗以程、朱学说为科举考试的官学。每年还要访求烈女节妇，特别是夫死自尽殉葬的烈妇，由朝廷予以旌表，并多次旌表各地的孝子。文宗大力提倡道学的纲常节孝，以维护元朝的封建统治。

文宗也崇奉用以维护统治的佛教。他即位后，从帝师受佛戒，作佛事六十日。元朝自忽必烈封授八思巴为帝师，以后历代相承。泰定帝时，帝师公哥列思八冲纳思监藏班藏卜死。一三二九年十二月，文宗以輦真吃剌失思继为帝师。在京师的吐蕃僧人每年都到皇宫中作佛事。佛教受到尊崇，僧徒也继续享有多种优异的待遇。

高昌僧人必兰纳识里（感木鲁国人），通畏兀儿文及梵文，并通多种语言。成宗时，奉旨从帝师受戒，代帝出家。仁宗时，受命翻译梵、藏佛经。英宗时，特授沙津爱护持（总统）称号。一三三一年，文宗加号他为晋觉园明广照弘辩三藏国师，赐玉印。次年，因与安西王阿难答之子月鲁帖木儿同谋不轨，被杀。所占土田及珠宝、钞币没入大承天护圣寺。

三、燕铁木儿的专权与宁宗之立

宰相专权　燕铁木儿出身于钦察部贵族，也属于色目族类。祖土土哈与父床兀儿世代为元朝镇守北边，镇压蒙古宗王的反乱，积有大功。燕铁木儿自幼年即在北边为武宗备宿卫。武宗、仁宗、泰定帝时历掌禁卫亲军，并任金枢密院事。燕铁木儿依钦察军力，扶立文宗。文宗初即位，以燕铁木儿为中书右丞相，封太平王。明宗被害后，**文宗复位**，又因燕铁木儿"大有勋劳于王室"，加拜太师，追封三代。一三三〇年命礼部尚书马祖常为燕铁木儿撰文立碑，以记其功勋。左丞相伯颜改知枢密院事，朝中不再设左相，燕铁木儿独专相权。五月，文宗特下诏，授燕铁木儿开府仪同三司、上柱国、太师、太平王、答剌罕、中书右丞相、录军国重事、监修国史、提调燕王（皇子阿剌忒纳答剌）宫相府事、大都督、领龙翊亲军都指挥使司事，"凡号令、刑名、选法、钱粮、造作，一切中书政务，悉听总裁。诸王、公主、驸马、近侍人员，大小诸衙门官员人寺，敢有隔越闻奏，以违制论"。朝中政事全为燕铁木儿所把持。一三三一年，文宗又命燕铁木儿兼奎章阁学士院事。

财政竭蹶　《元史·燕铁木儿传》说，"燕铁木儿自秉大权以来，挟震主之威，肆意无忌。一宴或宰十三马，取泰定帝后为夫人，前后尚宗室之女四十人"。皇室与朝廷也极为腐败，靡费无度。元朝的财政困窘，更加严重。拥有多种特权的朝廷宿卫，屡加裁汰，但至文宗时仍由原来的一万人增加到一万五千人。朝廷饲养鹰鹘狮豹的肉食，旧支肉价一年二百余锭，增至一万三千八百余锭。文宗作佛事的岁费，比旧额增加金一千一百五十两，银六千二百两，钞五万六千二百锭，币帛三万

"昏烂钞印"

四千余匹。朝廷的一切泛支，比世祖至元三十年以前，增加数十倍。文宗即位时，上都积存已耗尽，大都府藏也空，朝廷支出超过收入。至顺以来，每年超出二百三十九万余锭。人民的负担，比成宗时，增二十倍。元朝的统治，更加难以维持了。

皇位继承　文宗谋害明宗而取得帝位，在蒙古诸王中遭到非议。一三三〇年三月，文宗封皇子阿剌忒纳答剌为燕王，立宫相府，由燕铁木儿总领，意在以燕王作为皇位继承人。明宗妃迈来迪，生子妥欢贴睦尔；八不沙皇后生子懿璘质班。依照前朝的惯例，他们都有继承皇位的资格。四月间，文宗皇后卜答失里与宦

245

者拜住同谋,害死明宗皇后八不沙,以扫除立太子的障碍。八月间,御史台请立燕王为太子。文宗说:"朕子尚幼,非裕宗(真金)为燕王时比,俟燕铁木儿至,共议之。"十二月,立燕王为太子,诏告天下。不到一个月,至顺二年(一三三一年)正月,太子死。

一三三二年八月,文宗在上都病死,年二十九岁。九月,卜答失里后奉遗诏,立明宗次子、八不沙后所生的懿璘质班作皇帝(宁宗)。宁宗年仅七岁,即位不满五月病死。

明宗后八不沙被害后,妥欢贴睦尔被流放到高丽岛中,又迁至广西静江。宁宗死后,燕铁木儿请立文宗幼子燕帖古思。卜答失里后不允,遣使自广西迎回妥欢贴睦尔。燕铁木儿仍持异议,迁延数月不决。不久之后,燕铁木儿病死。一三三三年六月,卜答失里后立妥欢贴睦尔为帝(顺帝),并约定依武宗、仁宗旧事,以后再传位于燕帖古思。

(五)元朝统治的衰败与人民反抗的兴起

一、伯颜的擅政

顺帝六月间即位,任左丞相伯颜为右丞相,燕铁木儿弟撒敦为左丞相,总理政务。燕铁木儿子唐其势和伯颜弟马札儿台并为御史大夫。又立燕铁木儿女答纳失里为皇后。伯颜与燕铁木儿两家成为朝中权势显赫的两大家族。

伯颜是蒙古蔑儿乞部贵族,自幼年侍武宗于藩邸,随从北征,得到蒙古草原宗王贵族的支持。文宗自江陵北上,途经汴梁,伯颜以河南平章率先拥戴,领兵扈从入京,对稳定大都的政局起了很大作用。伯颜执政,唐其势忿忿不平,说:"天下本我家天下,伯颜何人,位居我上?"一三三五年,撒敦死。唐其势任左丞相。唐其势与撒敦弟知枢密院事答里,交通宗王晃火帖木儿等密谋发动政变,拥立文宗子燕帖古思。六月三十日,唐其势率勇士闯入宫廷。伯颜与知枢密院事完者帖木儿、中书平章政事定住等捕获唐其势及弟塔剌海处死。答纳失里后因此被幽禁。七月,伯颜杀答纳失里后。

答里在北边,杀顺帝使者,起兵。兵败北奔晃火帖木儿。顺帝派兵追袭。答里被擒,在上都处死。晃火帖木儿自杀。燕铁木儿家族败亡。朝政全由伯颜所把持。

独专相权 唐其势被处死后,顺帝不再设置左丞相,伯颜以右丞相独专相权。在此以前,伯颜已封为秦王,赐金印,进封太师、奎章阁大学士,总领蒙古、钦察、斡罗思诸卫军都指挥使。诛唐其势后,顺帝又依蒙古传统,赐伯颜世袭答剌罕之号。下诏说:"伯颜为武宗捍御北边,翼戴文皇,兹又克清大憝,明饬国宪,爰赐答剌罕之号,至于子孙,世世永赖"。顺帝诏令伯颜与定住等每日在内廷议事。一三三八年七月,顺帝又以伯颜有功，诏令在涿州、汴梁为伯颜建立生祠。次年，加号大丞相。在元朝历代宰相中，伯颜权势之显赫，为前此所未有。

一三三五年，顺帝独任伯颜后，又改"元统"年号为"至元"。仍用世祖忽必烈年号，意在表明祖述世祖的成宪。伯颜初任相，辅佐顺帝，遵循旧章，提倡农事，减除杂徭盐税，赈济饥民。伯颜居第制度，也务从损约。但自诛唐其势之后，伯颜专政自恣，肆行贪暴。任命的官员多向伯颜行贿，台宪官也都议价得官。肃政廉访司官，所至州县，各带库子检钞秤银。天下贡赋多入伯颜家，省、台、院官多出其门下。伯颜自领诸卫精兵，仪从甚盛。《元史·伯颜传》说他"导从之盛，填溢街衢，而帝侧仪卫反落落如晨星。势焰熏灼，天下之人惟知有伯颜而已。"

仇视汉人 伯颜作为蒙古蔑儿乞部的贵族，在草原贵族的支持下，极力排斥汉人官员。伯颜对顺帝说："陛下有太子休教读汉儿人书。汉儿人读书，好生欺负人。"中书平章政事彻里帖木儿奏罢科举，得到伯颜的支持。一三三五年十一月，顺帝下诏停止科举取士，把各地儒学贡士庄田的田租改拨为宿卫士的衣粮。一三三七年四月，又诏令省、院、台、部、宣慰司、廉访司及郡府幕官之长，都用蒙古、色目人。又禁止汉人、南人学习蒙古文字。这年，信阳州棒胡、广东朱光卿等起义。顺帝下诏说：棒胡、朱光卿等都是汉人。省、台、院等汉人官应当讲求诛捕之法，用意显然是借以箝制汉官。伯颜甚至奏请杀死张、王、刘、李、赵五姓汉人。顺帝不允。伯颜视汉人如仇敌，在汉人官员文士中，空前孤立了。

排斥蒙古诸王 唐其势谋反，郯王彻彻秃（蒙哥后王）最先揭露。彻彻秃因而立有功劳，顺帝诏以太平路为彻彻秃食邑，又赐苏州田二百顷。伯颜出身蔑儿乞部，先世是蒙哥的奴隶，依照蒙古的传统，世代尊蒙哥后王为使长。伯颜势盛，以此为耻，竟向顺帝诬陷彻彻秃谋反，请求把他处死。顺帝不允。伯颜擅自行刑，杀彻彻秃。又奏贬宣让王帖木儿不花、威顺王宽彻普化，不待顺帝传旨，即擅自行刑。伯颜自领精兵，又专擅钱谷，也招致顺帝的不满。

伯颜弟马札儿台早年侍武宗、仁宗。顺帝即位，拜太保，镇守北边。马札儿台子脱脱，自幼为伯父伯颜收养，顺帝即位，任同知枢密院事。伯颜诛唐其势，脱脱率领精兵剿捕，立有军功。一三三五年，脱脱任御史中丞，一三三八年，进任御史大夫。伯颜专权，朝野不平。脱脱对其父马札儿台说："伯父骄纵已甚，万一天子震怒，我们一家就全完了。不如先设法除他。"马札儿台赞同此议。脱脱又谋于他幼年时的汉人老师吴直方。吴直方说："古书上有所谓大义灭亲。大夫只知道忠于国家，不管其他。"脱脱向顺帝自陈忠忱。顺帝派遣心腹官员阿鲁、世杰班与脱脱往来，察看他的言行。一三三九年，伯颜指使台臣上言，汉人不可为廉访使。脱脱向顺帝奏请，遵守祖宗法度，廉访使不要排斥汉人。伯颜大怒，对顺帝说：脱脱虽是臣子，其心专佑汉人，应当治罪。顺帝不准。伯颜擅贬宗王，顺帝极为忿闷，泣告脱脱。脱脱与阿鲁、世杰班定议除伯颜。

一三四〇年二月，伯颜请奉太子燕帖古思出猎柳林。脱脱与世杰班、阿鲁等合谋，十五日封锁京师城门，奉顺帝命草诏，驱逐伯颜，贬为河南行省左丞相。先遣太子怯薛去柳林迎回太子入城。夜半四鼓，命中书平章政事只儿瓦歹急赴柳林宣诏。次日，伯颜派人来京师城下询问，脱脱在城上宣告："有旨逐丞相。诸从官无罪"。伯颜请入城陛辞，不准。伯颜自真定南行，又有旨徙岭南南恩州安置。伯颜在江西途中病死。江南汉人作诗讽刺说："人臣位极更封王，欲逞聪明变旧章"、"虎视南人如草芥，天教遗臭在南荒"。蒙汉之间的矛盾空前地尖锐化了。

二、脱脱执政

一三四〇年二月，顺帝与脱脱等除掉伯颜，马札儿台封太师，继任为中书右丞相，脱脱知枢密院事，总领诸卫亲军。脱脱弟也先帖木儿为御史大夫。马札儿台父子总揽军政。

同年六月，顺帝追究明宗被毒死案，下诏撤除文宗皇帝庙主，贬太皇太后卜答失里，削去后号，迁东安州安置。太子燕帖古思流放高丽。七月，燕帖古思死。顺帝这一措施，全面打击文宗一系，剥夺燕帖古思的皇位继承权，蒙古皇室之间的斗争进一步激化。

马札儿台执政半年，脱脱迫使他以老病辞相。一三四〇年十月，脱脱任右丞相。宗正札鲁忽赤帖木儿不花为左丞相。顺帝下诏改明年年号为"至正"，实行改革。

脱脱执政，改变伯颜的排汉政策。当年十二月，即首先恢复科举取士。一三四一年，顺帝亲试进士七十八人。顺帝为反对文宗，罢废了文宗设立的奎章阁，但重开经筵，命脱脱兼领，翰林学士张起岩知经筵事。经筵官每月进讲三次。一三四二年又开史局，诏修辽、金、宋三史，脱脱为都总裁。中书平章铁木儿塔识、中书右丞太平及张起岩、欧阳玄、吕思诚、揭傒斯等汉人文士为总裁。脱脱向顺帝进奏说："陛下临御以来，天下无事，宜留心圣学。颇闻左右多沮挠者，设使经史不足观，世祖岂以是教裕皇（真金）？"脱脱提倡文治和经史，从而争取到汉人官僚的支持。

但是，蒙古贵族内部的倾轧，仍在发展。一三四三年，原中书平章别儿怯不花（成宗时逆臣阿忽台之子）为中书左丞相，与脱脱不和。一三四四年，脱脱辞相，封郑王。顺帝以阿鲁图为右丞相。一三四七年六月，别儿怯不花进为右丞相。别儿怯不花因与马札儿台有宿怨，构陷马札儿台免官，安置西宁州。脱脱请随父同行。七月，又徙甘肃。十一月，马札儿台病死。顺帝召脱脱回京。

一三三七年，顺帝立弘吉剌氏孛罗帖木儿女忽都为后，生子真金，二岁而死。顺帝宠幸宫女奇氏（高丽人），生子爱猷识里达腊，自幼养育于脱脱之家。燕帖古思流放而死，顺帝立爱猷识里达腊为太子。奇氏为第二皇后。一三四八年，顺帝命脱脱为太傅，提调太子宫傅，综理东宫之事。次年，复命为中书右丞相。脱脱复相后，对于反对过他的官员，大加报复，排斥异己。元朝中枢的臣僚，继续陷于相互倾轧之中。

三、军政废弛，钞法败坏

自成宗以来，蒙古贵族间争夺皇位和争夺权利的斗争，连绵不断，元朝的统治一直处在动荡不稳的状态。政治极度黑暗，官场中贪污勒索，成为公开的风气。驻在广大汉地的官兵渐染颓风，以至丧失作战的能力。自世祖以来，元朝的财政税收政策，多次变动，长期无法解决。随着社会经济的被破坏和蒙汉贵族官员的贪婪挥霍，元朝的财政危机，到顺帝时，已经到了难以挽救的地步。元顺帝和脱脱企图用改造钞币的办法来挽救危机，结果是加速了经济的崩溃。

官吏贪污 伯颜执政，公然卖官，贿赂公行。一三四五年，顺帝下诏说：“声教未洽，风俗未淳，吏弊未祛，民瘼滋甚”。依照“先朝成宪”，派出各路宣抚使，体察各地官吏，有罪者四品以上停职，五品以下就便处决。但是，各路宣抚使去到各地，实际上是借机勒索，为人民增加一重灾祸。江西福建道宣抚使去后，当地作歌说："奉使来时惊天动地，奉使去时乌天黑地，官吏都欢天喜地，百姓却啼天哭地。"又说："官吏黑漆皮灯笼，奉使来时添一重。"人们指责宣抚使"赃吏贪婪而不问，良民涂炭而罔知"。上下贪赃成风，宣抚使也是贪官，当然无法过问。叶子奇揭露说：元朝末年，官贪吏污。问人讨钱，各有名目。属官始参曰拜见钱，无事白要曰撒花钱（人事钱），逢节曰追节钱，生辰曰生日钱，管事而索曰常例钱，送迎曰人情钱，勾追曰赍发钱，论诉曰公事钱（《草木子·杂俎篇》）。各级官吏，多方诛求，以贪贿为能事。元朝的国家机器日益腐化了。

军队衰朽　驻在内地的蒙古军兵，军官例由贵族子孙世袭。他们与汉人杂居日久，也如金朝的猛安谋克那样，日益沉迷声色，饮酒讴歌，只知道剥削聚敛，甚至不能挽弓骑射。兵士也多是老病幼弱，甚至雇人代役，不习器仗，更不懂战阵。武宗以来，皇室间的权位争夺，主要依靠钦察、阿速等部组成的军兵，皇室也依靠他们作为可靠的卫军。江南地区经济最为发展。这些地区的蒙古军兵，也最为颓靡腐败。繁胜的都会扬州、镇江、建康，元初设置七个万户府，由宗王镇守。顺帝时有起义者三十六人聚集茅山道宫，出没作战。元朝调集三省兵上万人捕剿，被起义者打败。人们说：

"从此天下之人，视官军为无用。"河南、两淮之地，镇戍军兵不多，又不能作战，遇有人民反抗，州县要请命于大府，大府要请命于朝廷，然后才调兵去镇压，起义者早已远去。作为元朝国家机器重要组成部分的军队，衰败废弛，元朝的统治难以维持了。

钞法败坏　顺帝时财政竭蹶，一三五〇年（至正十年）十月，吏部尚书偰哲笃建议更改钞法，铸造铜钱。顺帝和脱脱采纳此议，十一月间下诏行使新钱钞法，印造新的中统交钞（又称至正中统交钞）。以中统交钞壹贯文省权铜钱一千文，准至元宝钞二贯。元初的中统交钞，以丝为本，中统元宝钞，以银为本。此后的至元、至

大钞也都以银为本。顺帝新印至正交钞，采偰哲笃的建议，以楮币为母，铜钱为子。这种颠倒本末的提议，目的在于放手印造交钞，以虚代实。朝臣吕思诚等提出驳议，说民间将"藏其实（铜钱）而弃其虚（钞币）"，

"至正之宝"

254

《南台备要》所录烧毁昏钞规定

顺帝、脱脱不理。一三五二年，印造至正钞一百九十万锭，至元钞十万锭。一三五五年，印造至正交钞多至六百万锭。交钞大量印行，无钞本抵换。造成物价增长十倍。京师用料钞十锭，不能换一斗粟。交钞散满人间，人民不愿使用，视如废纸。郡县贸易，以至以物易物。钞法败坏，元朝的财政经济，也随之崩溃了。

黄河水患　一三四二年以来，黄河开始在归德府睢阳县一带泛溢。河北大名路、河间路、广平路、彰德路，山西大同路、冀宁路等地区又大旱，发生严重的饥荒。大同灾荒，至于人相食。一三四三年，河南等处饥荒。次年正月，黄河在曹州决口。同月，又在汴梁决口。五月间大雨，黄河又暴涨，平地水深二丈，冲决白茅堤和金堤。曹、濮、济、兖等州都遭到水灾。八月间，山东又大雨，民间遭灾乏食，以至人相食。顺帝命太平提调都水监，议修黄河、淮河堤堰。一三四五年七月，黄河又在济阴决口，十月间再次泛溢。一三四六年、一三四八年，黄河继续决口。济宁路因而迁移到济州。二月，元廷在济宁郓城立行都水监，以工部郎中贾鲁管领。一三四九年，又设立山东河南行都水监，专治河患。脱脱复相，召集群臣议治河事。贾鲁上言二策，第一策是修筑北堤，第二策是疏塞并举，挽河东行，使复故道。脱脱采纳第二策，奏准命贾鲁治河。

一三五一年四月，贾鲁以工部尚书、总治河防使率领河南、北路军民，大举治河。调发汴梁、大名等十三

255

路民工十五万人，庐州等戍卒二万人供役。自黄陵冈南达白茅堤，放于黄固、哈只等口，又自黄陵至阳青村，合于黄河故道，长约二百八十余里。两岸埽堤并行（埽音扫sǎo。扎结石头秫秸等物以阻水）。自灵武征调西夏水工作西埽。自京师附近征调汉人水工作东埽。自四月间开工，七月凿河完成。八月决水故河。九月始通舟楫。十一月，各埽、堤完成，黄河恢复故道。贾鲁治河成功，顺帝命翰林学士欧阳玄作《河平碑》纪功，褒奖脱脱、贾鲁。

但是，连年的水旱饥荒，河南、河北、山东等处的人民，已经迫近死亡的边缘。修黄河发动十五万民工，哀苦之声相闻，死者枕藉，人民的负担极为沉重。元朝成功地修治了黄河水患，却也加速了农民起义风暴的到来。

四、人民反抗斗争的发展

元朝灭宋以后，江南地区的人民反元斗争，即在四处兴起。仁宗以后，斗争逐渐发展到淮北和黄河流域，形成较大的规模。顺帝时期，这一地区的斗争逐步形成起义的中心。自西南到东北，到处点燃了燎原的星火。一场全国规模的农民战争在酝酿中。

下面是仁宗以来，一些地区的农民起义和人民反抗斗争。

蔡五九起义 一三一五年（仁宗延祐二年）四月呢

匝马丁在江西经理田亩，赣州宁都民蔡五九等在兔子寮五王庙，杀猪置酒，聚众执刀起事。五九自号洞主。六月，起义军袭宁都州，杀赵同知，烧四关。八月，攻陷汀州宁化县，五九自称蔡王，骑马列仪卫，打出汉高祖旗帜，大造战棚、炮架等攻具，声势浩大。元廷被迫缓征新租三年，并以江浙、江西两行省会兵镇压。起义者在寡不敌众的情况下遭到失败。官军肆行屠杀，积尸盈野。蔡五九在福建境之木麻坑被擒，余众三十余人又在上虎嶂被围歼。这次起义的直接导火线虽然是经理中虚张顷亩、冒括田租扰民，但起义军大张汉高祖刘邦的旗帜，反蒙复汉的目标是很鲜明的。一三一八年，赣州宁都县刘景周因政府征括新租，又一次聚众反抗，迫使朝廷免征新租。

阿失歹儿起义 一三一二年（仁宗皇庆元年）沧州人阿失歹儿、觊海、塔海等聚众起义，踏践田禾，射死田主许大。这支起义军在南到黄河，北至大宁的广大地区内，往来流动，抗击官军，并射死宽彻大王。十一月，阿失歹儿等被捕，元朝将他们残酷地肢解处死。

圆明和尚起义 一三二一年（英宗至治元年）六月，陕西奉元周至县终南景谷小高山僧圆明和尚，在扶风纠合苏子荣等五十余人，各执桑木笏，持二剑祀星斗起义。圆明自称皇帝。圆明和尚俗姓白，名唐兀台，三十七岁，原来是耀州美原县探马赤军人。这年四月，他来小高山湫池边建禅庵诵经，利用宗教组织群众，周至人纷纷来烧香受戒，预定以七月五日攻打奉元路。因有人告发，元朝事先得到消息，六月二十九日令枢密判官章台前往搜捕。圆明与妻妙师及起义者沿秦岭西走，被捕遇害。接着，又有郧阳道士刘志先"以妖术谋乱"，也被章台镇压。

赵丑厮、郭菩萨起义　一三二五年（泰定二年）六月，河南息州民赵丑厮、郭菩萨倡言弥勒佛当有天下，号召群众起义。元朝统治者对此十分恐慌，命大宗正府、刑部、枢密院、御史台及河南行省各派官员联合进行审处。用弥勒佛出世来号召和组织群众是宋金以来民间起义的流行形式。元朝因而对此极为重视。赵丑厮等被捕治罪。

朱光卿、聂秀卿起义　顺帝至元三年（一三三七年）正月，广东增城县民朱光卿起义，石昆山、钟大明等率众响应，建大金国，改元赤符。四月，惠州归善县民聂秀卿、谭景山等制造军器，奉戴甲为定光佛，与朱光卿相结合。元朝命江西行省左丞沙的进行镇压。起义失败，朱光卿被捕。同月，四川大足县民韩法师起义，自称南朝赵王，也遭到镇压失败。

棒胡起义　棒胡陈州人，姓胡，名闰儿，好使棒，进退技击如神，因而被称为棒胡，有徒百余人。一三三七年棒胡利用宗教组织群众起事。胡山花及陈州人棒张、开州人辘轴李等均起而响应。棒胡攻破归德府鹿邑县，焚毁陈州，屯营于杏冈。元朝命河南行省左丞庆童率兵进讨，在鹿邑冈擒棒胡，并收去起义者的弥勒佛小旗、宣敕及紫金印、量天尺等。

彭莹玉、周子旺起义　彭莹玉又名翼，江西袁州南泉山慈化寺东村庄民家子，十岁入慈化寺为僧，能为偈颂，劝人念弥勒佛，用白莲教组织群众，以矿泉为人治病。一三三八年（后至元四年）彭莹玉和他的弟子周子旺以寅年、寅月、寅日、寅时率众起义。起义者背心皆书佛字，倡言有佛字者即可刀兵不入。周子旺自称周王，自立年号，有众五千余人。行省发兵前来镇压，子旺和莹玉子天生、地生、妻佛母均被杀。莹玉亡走淮西，继续组织起义，得到农民的掩护，官府无法捕拿。

一三四一年以后，各地各族人民起义，攻打州县，史不绝书。这些起义，都还限于局部地区，规模也较小，但人民反抗的怒潮不断冲击着元朝的腐朽统治，正酝酿着一场巨大的风暴。

下面是一三四一年到一三五一年十年间，各地人民起义的不完全的纪录。

一三四一年四月，道州蒋丙等起义，破江华县，掠宁远县。

十一月，道州路何仁甫等起义。

十二月，云南车里寒赛等起义。

本年山东、燕南各地起义军，多至三百余处。

一三四二年七月，庆远路莫八聚众起义，攻陷南丹、左右两江等处。

九月，京城反抗者四起。

一三四三年二月，辽阳吾者野人起义。

六月，回回刺里五百余人渡河，攻掠解、吉、隰等州。

八月，四川上蓬人民起兵反抗，朝廷派兵镇压。山东兖州人民起义，焚掠州城。

九月，道州蒋丙自号顺天王，攻破连、桂二州。

一三四四年七月，濒海盐民郭火你赤起义。起义军在沂州、莒州之间起兵，拥立旗鼓，攻打城邑，释放囚徒，往来于曹、濮、滑、浚、相、卫等州。

八月，郭火你赤西上太行，由陵川入壶关，又经磁、洺返广平，杀元朝的兵马指挥，还军益都。朝廷派兵镇压。徐、泗、陈、蔡之民连年惊扰，河淮左右，舟车难于往来。

一三四五年，岁饥民贫，各地饥民起义反抗。

一三四六年三月，京畿及山东农民起义。

四月，辽阳因捕海东青烦扰，吾者野人及水达达起义。

五月，象州起义。

六月，汀州连城县民罗天麟、陈积万起义，攻陷长汀县。

云南思可法起义，攻夺路甸。

十月，思州、靖州徭民起义，攻打武冈。

闰十月，靖州徭民吴天宝攻陷黔阳，杀湖广右丞沙剌班，众至六万，继续攻打沅州，陷武冈。

十二月，山东、河南人民起义。

一三四七年二月，山东、河南起义军发展到济宁、滕、邳、徐州。

四月，临清、广平、滦河、通州等处人民起义。

九月，八邻部内哈剌那海、秃鲁和伯起义，断岭北驿道。集庆路人民起义。

十月，哈剌火州等处人民起义，攻陷州城，杀使臣。

十一月，沿江人民起义。湖广、云南各处起义。

十二月，河南农民在各处起义。元朝分兵镇压。

一三四八年三月，辽东锁火奴起义，自称大金子孙。辽阳兀颜拨鲁欢自称大金子孙，受玉帝符文，起义。吐蕃地区起义。福建人民起义。

四月，辽阳董哈剌起义。海宁州沭阳县人民起义。湖广莫万五等起义，被捕。

十月，台州方国珍起义，聚众海上。台州黄岩人方国珍，世以贩盐浮海为业。同里有蔡乱头者，在海上行劫，被官府追捕。方国珍因受到株连，与弟方国瑛及邻里避祸者逃入海中，聚众数千人，劫夺漕粮，擒元海道千户。元江浙参政朵儿只班领兵进讨，在福州五虎门，被方国珍擒捕。

一三四九年正月，徭民攻陷道州。

三月，吴天宝再攻沅州，十二月攻辰州。

一三五〇年间，南阳、安丰等地农民起义蜂起。

十二月,方国珍入海,攻掠温州等地。元江浙行省左丞孛罗帖木儿领兵进讨。

一三五一年六月,方国珍擒孛罗帖木儿,请降。元朝授方国珍兄弟官职。

自一三四一年以来的十年间,自京城至东北、岭北、西北、西南、东南各地区都先后爆发了各族人民反抗元朝统治的起义。有人作诗嘲讽说:"丞相造假钞,舍人做强盗,贾鲁要开河,搅得天下闹。"全国各地各族人民都起来作斗争,元朝的统治难以维持了。

第八节　农民战争与元朝的覆亡

(一)农民起义的发动

一、颍州红巾军起义

元朝末年大规模的农民战争,是从一三五一年(至正十一年)颍州红巾军的起义开始的。

起义的发动者是白莲教会的领袖韩山童。韩山童祖籍滦城。他的祖父曾被官府加以"以白莲会烧香惑众"的罪名,谪徙到广平永年县。元武宗、英宗时,一再下诏禁止白莲佛事。韩山童被称为"韩学究",大约是以文人的面貌继续秘密传教,并以白莲会作为联络的工具,暗地组织农民,准备起义。河南和江淮地区的人民，多随从韩山童，加入秘密组织。

黄河以南、长江以北，今山东、河南、安徽、江苏等省的交界地带，元顺帝时是黄河决口、水旱连年、灾害极重的地区，也是贾鲁征发民夫治河的地区。韩山童组织的农民和治河民工，迅速发展到上万人，并且涌现了一批组织者和领导者。山东杜遵道原是枢密院的小吏，被沙汰免职，参加起义。颍州刘福通英勇善战，是当地白莲会的首领。罗文素、盛文郁、王显忠、韩咬儿等也都是韩山童周围的起义领袖。史称韩山童为"徐州盗"（叶子奇：《草木子》、何乔远：《名山藏》）。组织起义的中心地区当在徐州至颍州、汝宁府一带。

起义作了周密的组织准备，也作了舆论准备。

宣传"弥勒佛下生，明王出世"　自隋唐以来，民间即在流传着来自佛教净土宗的弥勒佛出世之说，成为人们反抗朝廷统治的一个思想武器。北宋时贝州王则起义，公然提出"弥勒佛当转世"的口号，旗帜号令，都以佛称。元朝禁止白莲教后，弥勒下世之说，又成为起义者的依据。泰定帝时，息州民赵丑厮等起义，宣言"弥勒佛当有天下"。顺帝至元三年（一三三七年）信阳棒胡起义军中，也有弥勒佛小旗。韩山童利用民间广泛流传和熟习的传说，倡言天下当大乱，弥勒佛下生，明王出世。剥去宗教的外衣，它的实际意义，是号召人们整个地推翻元朝的统治，重立新王。

宣传恢复宋朝　利用前朝的旗帜，作反抗本朝的武器,是历代农民起义中常见的惯例。韩山童、刘福通等提出恢复宋朝的口号,则又意味着推翻蒙古贵族,重建汉族的政权。伯颜执政时,力排汉人,激起广泛的不满。韩山童在他的起义文告中提出"贫极江南,富夸塞北"的口号,把贫富的对立,与南北、即蒙汉的矛盾结合到一起,以便广为动员汉族人民反抗元朝。刘福通等倡言韩山童是宋徽宗八世孙,"当为中国主"。韩山童既是天国降世的"明王",又是亡宋皇室的后裔,充当起义领袖的理由更为充足,出任新皇帝的根据也充分了。

制造谣谶,动员造反 如象前代多次农民起义一样,韩山童、刘福通、杜遵道等人在准备起义时,也事先制造谶语,在四处传播。说"莫道石人一只眼,此物一出天下反"。在修治黄河的要道黄陵冈(山东曹县西南)附近,预先埋下了一个独眼的石人。民夫开河道时,掘出石人,远近轰动了。韩山童提出"天下反"的口号,即不只组织白莲会众,而且进而鼓动广大人民举行全国规模的起义。

韩山童等利用白莲会作为联络会众的工具。准备起义的舆论,也带有宗教迷信色彩,但重要的是在于它的实际的政治意义。和以前的某些小股起义不同,这次起义从一开始就十分明确地提出斗争的目标是根本推翻元朝的统治,重建新朝,并且号召天下造反。这一目标的提出,正是当时阶级斗争的条件已经逐渐成熟的反映。它显示着一场农民战争的巨大风暴,终于不可避免地到来了。

早在金朝南侵时期，中原地区的农民，即头裹红巾，举行起义。韩山童、刘福通等起义者也都头缠红巾作标志，并高举赤旗。因此，起义军被称为红巾军，或红军、香军（烧香拜弥勒）。

一三五一年五月，刘福通等三千人在颍州境内某地聚会，誓告天地，准备起兵。不料事先泄露了消息。官军赶来搜捕，韩山童被捕牺牲。妻杨氏、子韩林儿乘间逃走。

起义的计划遭到意外的破坏。刘福通、杜遵道等随即起兵，攻下颍州州城。

刘福通起义后，元朝立即命枢密同知赫厮、秃赤率领素称骁勇的阿速军千人和诸部汉军，会同河南行省军前往镇压。赫厮军遇到红巾军，立即为农民起义的浩大声势所吓倒，扬鞭大呼："阿卜！阿卜！"（蒙语，意为"走"）回马逃走，全军不战而溃。红巾军乘胜进占朱皋，据仓粟；连续攻破罗山、上蔡、真阳、确山，并到达舞阳、叶县等地。各地贫苦农民相率加入红巾军队伍。九月，红巾军克汝宁府和光州、息州，众至十万。农民战争的熊熊烈火点燃了。

二、农民起义的蜂起

韩山童组织起义的计划被破坏，刘福通当机立断，奋起发难。各地白莲会众及其他农民军相继起兵响应，河南江淮地区迅速形成为"红军遍地"的蓬勃局面。

蕲州徐寿辉、彭莹玉等起义　彭莹玉在袁州起义失败后，逃往淮西，继续秘密传教，组织会众，准备再次起兵。会众称"彭祖家"。蕲州罗田布贩出身的徐寿辉、黄州府城铁匠出身的邹普胜、渔民倪文俊等与彭莹玉一起，组成一支信奉白莲教的群众起义队伍，在湖南、湖北、江西等地广泛传播"弥勒下生"说，准备起义。刘福通攻下颍州，向河南一带进军时，一三五一年八月，徐寿辉、彭莹玉等也在蕲州起兵，攻占州城。九月，攻下蕲水县和黄州。十月，起义军推徐寿辉称皇帝，邹普胜为太师。建立国号天完，年号治平，并建莲台省，以蕲水为都城。徐寿辉建国称帝，以实际行动表明起义者推翻元朝重建新朝的决心，比韩山童等又前进了一步，影响是巨大的。

徐寿辉等领导的天完起义军，**也以红巾**为标志。与刘福通、杜遵道等领导的红巾军同为农民军中重要的力量。

徐州李二起义　萧县人李二（兴），曾以家中芝麻赈济饥民，因而人称"芝麻李"。刘福通起义后，芝麻李与社长赵均用同谋响应，联络贫民彭大（又作老彭、彭二）等八人，歃血为盟。一三五一年八月十日，李二等八人，伪装为挑河夫，乘夜投徐州城。四人入城，四人留城外。至四更，城内四人点起四火，齐声呐喊，城外四人也点起四火响应，内外喧呼，城中大乱。城中四人夺守门军武器，外四人也趁势拥入，同声叫杀。天明又树大旗募人从军，应募者至十余万。于是遣众四出作战，占有徐州附近各县及宿州、五河、虹县、丰、沛、灵璧，西至安丰、濠、泗。徐州是修治黄河的地区，民夫聚集，人心不安，起义因而得到迅猛的发展。这里扼黄河与运河交会的要冲，农民军占据徐州，对元朝政府是极大的威胁。

邓州王权起义　邓州民王权，人称布王三。在一三五一年十二月，与张椿等起义，攻陷邓州、南阳。进而攻占唐、嵩、汝诸州，陷河南府。起义军被称为"北琐红军"。

襄阳孟海马起义　至正十二年（一三五二年）正月，孟海马等起义，攻占襄阳，进军荆门、房州、均州、归州、峡州，被称为"南琐红军"。

濠州郭子兴起义　定远土豪郭子兴，聚众烧香，是当地白莲会的首领。一三五二年二月，郭子兴、孙德崖及俞姓、鲁姓、潘姓首领，五人同领兵起义，攻占濠州。遵照杜遵道的号令，五人都称元帅。当地农民抛弃农作，执兵器随从起义，达数万人。起义军的红旗布满了山野。

濠州钟离县农家子朱元璋，幼失父母，入皇觉寺为僧。郭子兴起兵，皇觉寺被元军焚掠。二十五岁的朱元璋在一三五二年闰三月投奔郭子兴，参加了红巾军的队伍。

三、元军的反攻

刘福通、杜遵道等发动起义后，数月之间，各地红巾军先后起兵，元军望风瓦解。农民军攻州得州，攻县得县，队伍不断壮大，进展十分迅猛。这反映了反抗元朝统治的起义，已是人心所向，大势所趋；也反映了元朝官军已是腐朽无能，不堪一击。但是，垂死的元朝，面对着农民起义的浪潮，仍然竭尽全力调动蒙汉诸军，展开了大规模的反攻战。与农民为敌的各地地主土豪此时也纷纷组织武装，配合官军，镇压起义。农民阶级反抗地主阶级的阶级斗争不能不是十分艰苦而曲折。

颍州军之战 刘福通、杜遵道等在颍州起义后，一三五一年九月，顺帝命御史大夫也先帖木儿（脱脱弟）与卫王宽彻哥统率大军，出兵河南。刘福通攻下汝宁后，十月间元朝又增派知枢密院事老章领兵会同也先帖木儿进军。十二月，也先帖木儿军攻下红巾军占领的上蔡县，红巾军领袖韩咬儿被捕，送至京师处死。次年闰三月，也先帖木儿军屯驻沙河，红巾军乘夜间袭营，元军大乱，退屯朱仙镇。顺帝召还也先帖木儿，命中书平章蛮子代领其兵。

刘福通等领导的红巾军，在上蔡失陷后，继续给元军以出其不意的打击。但红巾军也随即遇到了另一支强劲的敌军。颍州沈丘的地主察罕帖木儿，见农民军起，元军不支，一三五二年在沈丘组成地主武装数百人，与信阳汉人地主李思齐的武装相联络，出击红巾军，攻下刘福通占领的罗山。元朝授察罕帖木儿汝宁府达鲁花赤，李思齐知汝宁府。察罕帖木儿地主武装发展到万人，屯驻沈丘，日益成为刘福通红巾军的重大威胁。

徐州军之战 元军破襄阳后，又继续向徐州李二领导的红巾军发动反攻。一三五二年七月，顺帝派出通政院使答儿麻失里、枢密副使秃坚不花进兵徐州。八月，右丞相脱脱请亲自出师，中书左丞贾鲁随行。脱脱因官军不习水土，军力薄弱，超迁礼部郎中逯鲁曾（汉人，进士）为淮南宣慰使，募沿海盐丁五千人从征。淮东土豪王宣又建策，招募城市中惯战的流民，前后各三万人，着黄衣黄帽，号称“黄军”。九月，脱脱督师攻打徐州城，用巨石炮昼夜猛攻数日，破南关城。红巾军领袖李二败走被俘。徐州农民军也遭到镇压而失败。

徐州破后，李二军中的领袖彭大和赵均用率余众奔向濠州，与郭子兴等部会合。脱脱班师回朝，命贾鲁率汉军攻濠州。贾鲁围城七月，不下，在军中病死。濠州围解。彭大自称鲁淮王，赵均用称永义王。

蕲黄红军的战斗 元朝集结兵力，又对徐寿辉等领导的天完红巾军，发动了围攻。

天完建号后，西系红巾军一直在向四处发展，与元军反复激战。至正十二年（一三五二年）正月，天完军丁普郎、徐明远部占领汉阳。邹普胜与倪文俊部攻下武昌。武昌是湖广行省的治所，又是威顺王宽彻普化的驻藩之地。宽彻普化与湖广平章和尚弃城走。徐寿辉继派曾法兴部攻下安陆府，杀知府丑驴。天完军继续占领沔阳府、中兴路。二月，徐寿辉领兵东向，攻下江州，据南康路，欧普祥部攻下袁州。天完军席卷江西、湖南地区。三月，徐寿辉部下将领陶九攻下瑞州，项普略攻下饶州路，据有徽州、信州。元江西行省出兵反攻饶、信。闰三月，徐寿辉部将陈普文，攻下吉安，又被当地罗明远地主武装夺去。江浙行省出兵，会攻饶、信。湖广行省夺回岳州。四月，湖广行省与地主武装反攻武昌、汉阳，红巾军一度失守，又迅速收复。两军展开激战。

一三五二年夏，元军兵力结集两淮。天完军转向东南发展。七月间，徐寿辉部将王善、康寿四、江二蛮等领兵深入福建，攻破福安、宁德等县。天完军领袖彭莹玉指挥项普略部撤离徽州、饶州东下，破昱岭关，七月十日，胜利攻下杭州。陶宗仪《辍耕录》记载：红巾军入杭州城，"不杀不淫"，宣传弥勒佛出世之说。居民前来投附，录姓名于簿籍。红巾军赢得了杭州居民的拥戴。元江浙行省平章教化偕同原济宁路总管董抟霄领兵攻打安丰农民军，回师反攻杭州。红巾军与董抟霄在杭州城内，激战七次。红巾军退聚接待寺，元军塞门纵火，红巾军败走。杭州又被元军夺回。

彭莹玉、项普略军，退驻昱岭关。多次攻打於潜、独松关，反击杭州元军，不能取胜，转而攻占徽州。董抟霄率领的元军，攻取徽州，项普略被捕牺牲。彭莹玉也在与元军作战中战死。

江西行省平章星吉在这年四月，攻占红巾军周驴部占领的池州。夏季，又攻下红巾军的要地江州。九月间，农民军大举反攻，收复江州，斩星吉。一三五三年三月，红巾军以十万之众夺取池州，与江浙行省兵激战，不能制胜。

一三五三年五月，元朝调动各路官军对天完红巾军展开大规模围剿。江浙行省兵自东而西，河南行省兵自北而南与江西行省兵合围。江西行省左丞亦怜真班取道信州，元帅韩邦彦等取道徽州、浮梁，进攻饶州，农民军败退。江浙行省卜颜帖木儿舟师在小孤山和彭泽败天完军，攻陷江州。六月，知枢密院事失剌把都总河南军，平章政事答失八都鲁总四川军，自襄阳分道而下，攻据安陆。七月，阿鲁灰攻陷天完军占据的重镇武昌、汉阳。卜颜帖木儿攻陷蕲州，天完领袖邹普泰被擒。十一月，江西左丞火你赤陷富州、临江、瑞州。十二月，元军由江浙行省平章卜颜帖木儿、南台御史中丞蛮子海牙、四川行省参政哈临秃、西宁王牙罕沙合军围剿天完国都蕲水，徐寿辉败走黄梅山区和沔阳湖中，天完官属四百余人被擒。在五行省强大兵团四面围攻下，天完红巾军几乎陷于覆灭的命运。只有欧普祥部仍据袁州，与元军抗衡。

荆襄归峡地区的争夺　　至正十二年正月，孟海马攻占襄阳，为宣政院同知桑哥率领的畏兀儿军夺去。南琐红军在荆、房、归、峡诸地迅猛发展。元廷在三月命四川行省平章咬住、参政答失八都鲁，领兵顺江东下。四月，攻占归州，继而与峡州总管赵余襢大破南琐红巾军，起义军首领李太素牺牲。进至荆门，答失八都鲁召集襄阳官吏、土豪，组成地主武装二万。这时，北琐红军王权部占领襄阳，元朝命答失八都鲁与亦都护月鲁帖木儿、豫王阿剌忒纳失里、知枢密院事老章等南北进行夹击，答失八都鲁进攻襄阳。农民军凭险据守，答失八都鲁内列八翼，外置八营，围困襄阳。五月，城破，王权被擒牺牲。

八月，徐寿辉部红军俞君正自安陆进克荆门。九月，克中兴，咬住兵败于楼台，亡走松滋。接着，中兴人范忠和荆门僧李智等地主武装反扑，攻下中兴，俞君正败走。红巾军在荆门、安陆、沔阳遭到答失八都鲁的进攻，兵败。同年底，起义军攻下襄阳，又被答失八都鲁军夺回。与此同时，知枢密院事老章攻陷南阳、邓州，北琐红军遭到重大打击。

一三五三年初，答失八都鲁军攻打青山、荆门诸寨。九月，进攻均州、房州。红巾军筑山寨坚守。元军攻破武当山寨数十处，红巾军将领杜将军被擒。十二月，元军攻下均、房等州，又攻峡州，红巾军将领赵明远驻守的木驴寨被攻破。一三五四年初，答失八都鲁攻占峡州。南琐红军遭到镇压失败。元廷命四川行省平章玉枢虎儿吐华代答失八都鲁守中兴、荆门,答失八都鲁军东进援汝宁。

一三五二年、一三五三年间,元朝官军与各地地主武装相联合,大举镇压农民起义。各地红巾军遭到严重的挫折。然而,英勇的起义农民,坚持向着强大的敌人展开战斗,此仆彼起。当着元军进攻汝颖一带刘福通、杜遵道率领的红巾军时,蕲州徐寿辉部下的红巾军乘势前进,曾经取得重大的进展。当着元军转而镇压徐部红巾军时,刘福通又率部占领安丰、正阳,并在一三五四年三月,攻取了颖州。五月,进围庐州。元军的大举镇压,迫使农民起义不得不转入低潮。农民军前仆后继的斗争说明,起义依然是不可阻挡的巨大洪流,酝酿着新高潮的兴起。

四、周军之起与高邮之战

至正十四年(一三五四年)正月,张士诚在高邮建立政权,自称诚王,国号大周,年号天祐,组成又一支反元大军。

泰州白驹场人张士诚,兄弟四人,都是运盐船的船工,兼营私贩。泰州滨海,海上有盐场三十六处,隶属于两淮盐运使司。盐丁久苦于官役。张士诚贩私盐,受富家的凌辱,富家买盐不给钱。弓兵丘义多次窘辱士诚。至正十三年(一三五三年)正月,张士诚结合李伯升等壮士十八人，愤起杀丘义和欺凌他们的富家，焚庐舍，招纳旁近盐场少年起兵。至丁溪，击败土豪刘子仁，遂攻泰州，有众万余。元朝派遣李齐招降，张士诚接受了招安，受任民职，且请讨红巾军自效。但诸首领间意见分歧，自相攻杀。元朝淮南江北行省参政赵琏移镇泰州，督张士诚治兵船，北征濠、泗。张士诚于是再次起义，破泰州，北陷兴化县，结寨德胜湖。五月，张士诚鼓噪入高邮，元朝左丞偰哲笃逃走，张士诚拓地及于宝应。元廷又一次下诏招安，派遣李齐入高邮。张士诚拒绝招安，杀李齐，据地称王。

一三五四年二月，元廷命淮南行省平章苟儿三道围攻高邮。官军争功乱阵，大败。六月，张士诚南攻扬州。淮南行省平章达识帖睦迩率众来战，大败，诸军皆溃。张士诚突起高邮，把截要冲，南北梗塞，成为元朝的腹心大患。

张士诚攻下高邮，两淮地区局势为之一变。元顺帝急忙抽调追击徐寿辉的卜颜不花等军从蕲黄一线转入安丰。濒于失败的徐寿辉部又得以解围而重整旗鼓。

一三五四年九月，丞相脱脱集合大军，亲攻高邮。脱脱受诏总制诸王诸省军，一切政令，便宜从事。又调来西域、西番各族军助战，兵号百万，四面环攻，围困高邮。张士诚军被困三月，军中已在议论出降。元顺帝突然下令罢免脱脱，整个战局又出现了急剧的变化。

脱脱在临阵的重要时刻突然被罢职是元廷长期来

结党相争的又一次爆发。脱脱在一三四九年复相后，报复旧怨，日益专恣，与中书右丞哈麻不和，出哈麻为宣政院使。顺帝第二皇后奇氏与哈麻合谋，图立己子爱猷识里达腊为太子，曾遭到脱脱的反对。一三五三年六月，顺帝立爱猷识里达腊为太子。奇后母子对脱脱深为忌恨。脱脱出师高邮，奇后、太子与哈麻指使监察御史弹劾脱脱"老师费财"及弟也先帖木儿兵败事，连上三章。一三五四年十一月，顺帝下诏削去脱脱官爵，安置淮南，又移置亦集乃路。次年，又诏命脱脱流放云南，也先帖木儿流放四川。哈麻遣使用药酒害死脱脱，代为丞相。

顺帝罪脱脱诏在一三五四年十二月下到军中，全军大乱。脱脱军原来是从各地调集而来，闻诏纷纷散去。无所投附的军士，倒戈去加入红巾军。元军在对周军作战获胜后，由此迅速瓦解。周军在作战失败后，反而很快复兴。高邮之战，不仅是张士诚周军转败为胜的关键，而且也是各地农民起义的一个重大的转折。原已处于低潮的农民战争又形成为新的高潮。

(二) 农民战争的高潮与地主武装的兴起

一、各路农民军的发展

高邮之战，元军临阵易帅，脱脱罢黜，改由河南行省平章太不花、中书平章月阔察儿、知枢密院事雪雪

湖北襄樊发现韩宋
"管军万户府印"印文

（哈麻弟）一同总兵。元军因内部倾轧而解体，农民军得到空前有利的时机。一三五五年初，各路农民军又都呈现出新的发展。

大宋的建号 刘福通、杜遵道率领的红巾军在一三五四年元军主力进攻天完军时，即乘间反攻，占据安丰、颍州，进围庐州。一三五五年二月，刘福通等自砀山夹河迎回逃匿其地的韩林儿，拥立他称帝，号小明王，建国大宋，年号龙凤，建都亳州。韩山童妻杨氏为皇太后。杜遵道、盛文郁为丞相，刘福通、罗文素为平章，刘六（刘福通弟）知枢密院事。大宋建立后，派遣使者分别与各路红巾军联络，发布号令，企图在小明王旗帜下，重新组织作战。但是，大宋军内部，随即出现了

韩宋"龙凤通宝"钱

276

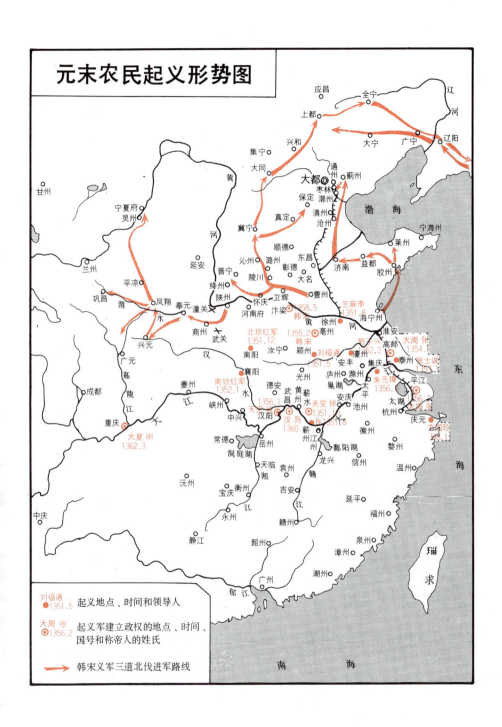

元末农民起义形势图

应昌　全宁　辽河
上都　　　大宁　广宁　辽阳
兴和
集宁
大同
甘州　　　　　　　　　　　通州　蓟州
宁夏府　　　　　　　　　大都◎　枣林
灵州　　　　　　　　　　保定　潞州
兰州　　　　　　　　　　真定　清州　渤海
　　　　　　冀宁　　　　沧州
平凉　　延安　　　顺德　东昌　宁海州
巩昌　　　　沁州潞州彰德　　济南　益都　莱州
凤翔　奉元　晋宁　　　大名　　　胶州
渭水　潼关　陕州　绛州　怀庆卫辉　曹州　海宁州
　　武关　河南府汴梁　芝麻李 1351
兴元　　　商州　　汝宁　韩宋1358.5　徐州　淮安
　　　　南阳　　　北琐红军　黄　亳州　　高邮　大周张1354.
广元嘉　襄阳　　1351.12　韩宋1355.2　　　郭子兴　1354.
陵　　　　　光州　　颍州　刘福通　濠州 12.2　　泰州张士诚
成都江　樊州　　　德安　　　1351.5　安丰集庆　　13.
　　　峡州　　　南琐红军　庐州滁州　　朱元璋1356.
重庆　　中兴汉　1352.1　武昌黄蕲　巢湖安庆太平　平江
　　　　　阳水天完徐1356.1　水天完徐1351.1　池州　太湖 156.
大夏明　常德　　汉阳汉陈1360　徽州　杭州 156.
1362.3　　岳州　薪州江　　　　　　　方珍
　　　　洞庭湖　　　州　鄱阳湖　婺州　庆元 33.1
　　　　天临湘　袁州　龙兴信州　　温州　东
沅州　　宝庆　衡州　吉安　赣　　福州　海
中庆　　　　永州　赣州江　延平
　　　静江　　　韶州　　　福州
　　　　　　　　　　漳州　泉州
　　　　　　广州　潮州　　瑠
郁江　　　　　　　　　　　求

南　　海

刘福通
●1351.5　起义地点、时间和领导人

大周张
◎1356.2　起义军建立政权的地点、时间、
　　　　国号和称帝人的姓氏

➤　韩宋义军三道北伐进军路线

纷争。杜遵道专权，与刘福通不和。刘福通派遣甲士杀死杜遵道，自为丞相。

元军主力在高邮瓦解后，分派官军防守河南、陕西。山东、河北诸军统由太不花管领。大宋军自汴以南攻下邓、许、嵩、洛诸州，转而北渡盟津，进攻河北。五月间，太不花又遭弹劾削职，原领军归荆襄总帅答失八都鲁管领。答失八都鲁军成为大宋军的主要的劲敌。

六月间，答失八都鲁进拜河南行省平章，进兵许州长葛，被宋军击退。九月，大宋农民军三十万，自洧川渡河，至中牟劫答失八都鲁营，夺取辎重。元军刘哈剌不花部来援，伏兵截击，宋军败退。元朝命知枢密院事脱欢督师，答失八都鲁整军进讨。十二月，元军进兵太康。宋军劫营不成，元军乘势追击，攻下太康。农民军将领张敏、孙韩等九人被俘，丞相罗文素等牺牲。元军进围亳州，小明王退走安丰。

大宋军经过整饬，一三五六年秋再次出兵反击。八月，攻打河南府路。在许州、亳州、太康、嵩州、汝州连续获胜。九月，宋军李武、崔德部西破潼关，斩元参知政事述律杰。元同知枢密院事定住、豫王阿剌忒纳失里领兵与农民军反复激战，夺去潼关。大宋农民军转而攻下陕州、虢州，又被察罕帖木儿地主武装夺回。

天完军再起 天完军徐寿辉部在一三五三年底遭元军镇压，损失极重。次年，元军集中兵力攻打张士诚部，天完军又得以从容休整。高邮战后，天完军再振旗

"统军元帅府印"印文

鼓。至正十五年（一三五五年）正月，倪文俊部一举攻破沔阳。倪文俊部水军用多桨船，行驶如风，昼夜并进，指向武昌。领兵北上的威顺王宽彻普化急忙还镇武昌，命三子及妃妾随军乘大船四十余艘急进，行至汉川县鸡鸣汉，水浅不能行船。倪文俊部乘势用火筏焚元船。元军大乱，宽彻普化的三子及妃妾都被消灭，宽彻普化逃往陕西。三月，**徐寿辉**部曾攻破襄阳，不久又被元军夺回。七月，倪文俊部攻下武昌、汉阳等路。元顺帝被迫再任太不花为**湖广行省左丞相**，节制湖广、荆襄诸军进讨。但因大宋农民军进攻河南，太不花军又被调驻彰德。至正十六年（一三五六年）正月，倪文俊在汉阳迎徐寿辉为帝，建都汉阳。倪文俊任丞相。天完重建后，继续向南发展，尽有湖南诸路。

朱元璋军据集庆 郭子兴部将朱元璋在一三五四年攻占滁州，自成一军。彭大、赵均用部屯盱眙，攻下泗州。郭子兴等五帅逐渐失和。高邮战后，郭子兴也乘机自濠州发动进攻。至正十五年（一三五五年）正月，攻下和阳，命朱元璋总领诸军。三月，郭子兴病死。韩林儿、刘福通建号大宋后，派使者招各路军将议事。五月间，发布檄文，任郭子兴长子郭天叙为濠州都元

278

帅，部将张天祐、朱元璋分任右、左副元帅。军中文告，统用龙凤年号。

朱元璋自一三五四年以来，曾陆续收并各地山寨的"义兵"（地主武装），改编为起义军。一三五五年朱元璋又合并了巢湖红巾军的水师。早在刘福通、彭莹玉等在颍州发动起义时，巢湖地区彭莹玉的教徒金花小姐和李国胜、赵普胜联络俞廷玉父子、廖永安兄弟等纷起响应。金花小姐战死。李、赵等退屯巢湖，有水军万余人，船只千余艘，称彭祖水寨。一三五二年，赵普胜率部投奔彭莹玉。一三五五年初，廖永安、俞廷玉等投依朱元璋。李国胜谋害朱元璋不成，被朱元璋处死，巢湖水军全归朱元璋指挥。这年六月，朱元璋用巢湖水师，乘水涨入江，由牛渚矶强渡长江，攻占采石镇。朱元璋激励将士，有进无退，乘胜攻下了集庆上游的太平，生擒元万户纳哈出。在对元作战中，朱元璋令幕僚李善长预为戒戢军士榜，禁止剽掠，整饬了军纪。

早在朱元璋从江北初起时，就陆续招集了一些随从起义的地主儒士冯国用、冯国胜、李善长等，用参幕府。冯国用劝告朱元璋："金陵（集庆古名）龙蟠虎踞，愿定鼎金陵，倡仁义以一天下。"朱元璋大加赞赏。攻下太平后，又召用老儒李习为知太平府，陶安参幕府事。利用乡兵修城浚濠，稳住了太平这一滩头阵地。方山寨民兵元帅陈野先以众数万来攻，被朱元璋击败，陈野先伪降。朱元璋取溧阳、溧水、句容、芜湖等处。九

279

月，郭天叙、张天祐率军攻集庆；陈野先复叛，与元军福寿合兵拒战，郭天叙、张天祐败死。陈野先被金坛县的地主武装谋杀，余众由其子兆先率领，复屯方山，与行省蛮子海牙在采石的舟师互为犄角，窥伺太平。这年冬季，朱元璋以"各为其主"为由，释放了被俘的纳哈出。一三五六年二月，朱元璋大败蛮子海牙舟师于采石。蛮子海牙走依张士诚。元军对长江的封锁被打破，农民军为之一振。朱元璋乘胜水陆并进，进攻集庆，破陈兆先军于江宁镇，陈兆先被擒投降。进而败元兵于蒋山，于是诸军兢进，拔栅攻城。集庆城破，元行台御史大夫福寿被杀，水寨元帅康茂才等投降。朱元璋又得儒士夏煜、杨宪、孙炎等十余人。攻下集庆后，朱元璋改集庆为应天府，以此为中心，发展成为一支强劲的军事力量，但在名义上仍尊奉韩林儿的大宋旗号。七月，大宋置江南行中书省和行枢密院，以朱元璋为平章兼枢密同签。朱元璋自置官属，逐渐独立成军。

张士诚占据东南　高邮战后，张士诚的周军损失惨重，余部也已饥困不堪。直到至正十六年（一三五六年）正月，周军才又结集三、四千人，攻破常熟，进军平江。这时，元江浙行省兵防空虚，吴江境上只有王与敬一部官军，接战即败，死者过半。王与敬率残部退走嘉兴，转至松江。张士诚军轻而易举地取得平江。元昆山、嘉定、崇明守臣相继来降。王与敬也自松江率部来降张士诚。张士诚军继续攻打常州，常州土豪黄贵甫在城中作内应，常州城不战而下。张士诚又分兵取得湖州。两月之间，张士诚的周军顺利夺得苏松地区，占据东吴，并在作战中扩大了队伍。

一三五六年二月，张士诚自高邮进驻平江，改平江为隆平郡。以承天寺为宫室，设立省院六部、百司，任阴阳术士李行素为丞相，张士诚弟张士德为平章，提调军马，蒋辉为右丞，理庶务。潘元明为左丞，镇吴兴。史文炳为枢密院同知，镇松江。锻工出身的周仁为隆平郡太守。大周政权，粗见规模。

七月，张士诚军攻破杭州，元江浙行省右丞相达识帖睦迩弃城走，不久，又被元苗傜军（答剌罕军）统领杨完者夺回。杨完者军所过抄掠，造成极大的破坏。

方国珍据海上 以贩盐浮海为业的方国珍，自一三四八年聚众在海上行劫，是一股被迫反抗官府的游民势力。元朝一再招降，方国珍也一再接受元朝官职，但仍然劫掠海上，与元军作战。一三五二年，元朝因刘福通等在颍州起义，募舟师守江，方国珍又走入海。台州路达鲁花赤泰不华到海上招降，被方国珍杀死。元朝命江浙行省派兵进讨。至正十三年（一三五三年）正月，方国珍又接受招降。十月，元朝授给方国珍徽州路治中官职，命他交出船只，遣散部众，被方国珍拒绝。方国珍拥有海船一千三百余艘，占据海道，阻绝粮运。一三五四年四月，江浙行省再次出兵，方国珍俘获元军元帅也忒迷失。一三五六年三月，方国珍又降。元朝授官海道运粮漕运万户，兼防御运粮万户，弟方国璋为衢州路总管。一三五六年以前，方国珍时降时叛，但始终保持海上的独立力量，破坏东南漕运。在农民战争的浪潮中，他仍然是威慑元朝的一支强大力量。

二、元朝统治的衰落与地主武装的兴起

在农民起义风起云涌的年代，元朝统治集团继续相互倾轧，统治日益衰朽。各地各族地主纷纷组织武装自保，镇压起义农民。阶级斗争的形势和阶级力量的对比，在不断地变动。

统治集团的纷争 元顺帝罢黜脱脱之后，一三五五年二月，任御史大夫汪家奴为右丞相，中书平章定住为左丞相。四月，又以定住为右丞相，哈麻为左丞相，哈麻弟雪雪为御史大夫。哈麻兄弟得以操纵朝政。一三五六年二月，哈麻密谋拥立皇太子为帝，以顺帝为太上皇。哈麻妹婿秃鲁帖木儿密告顺帝。御史大夫搠思监（克烈部贵族）劾奏哈麻兄弟罪恶。顺帝免哈麻及雪雪官，流放惠州和肇州；临行，杖死。搠思监曾在一三五二年随从脱脱镇压徐州红巾军，一三五四年又出兵淮南，镇压起义。哈麻兄弟败后，一三五六年四月，搠思监进拜中书左丞相，次年，又进为右丞相；辽阳行省左丞相汉人太平（原名贺惟一）为中书左丞相。一三五八年，监察御史劾奏搠思监任用私人朵列，印造伪钞。搠思监迫令朵列自杀灭口。搠思监也因而罢相，

282

总兵山东，抵挡大宋农民军进军。

太不花原为蒙古弘吉剌部贵族。太平拜相时，太不花在湖广，大为不平，说："太平汉人，今乃居中用事，我反而在外勤苦！"太不花拜相后，上疏请派太平至军中，阴谋害太平。太平指使御史劾奏太不花"缓师拒命"。顺帝下诏削太不花官爵，安置于盖州。太不花逃往保定刘哈剌不花部。刘哈剌不花受太平命，缚送太不花来京师，中途把他处死。山东元军溃散。太平以汉人左丞相，杀除蒙古右丞相，一时权势大盛。

顺帝二皇后奇氏，屡与太子谋划夺取皇位，迫使顺帝内禅。奇后召左丞相太平示意，太平不答。太子决意除太平，便令监察御史买住等劾奏太平信用的汉人官员成遵（中书左丞）、赵中（参政），以中伤太平。一三五九年，成遵、赵中被诬陷死狱中，太平请辞相位。一三六〇年三月，顺帝再起用搠思监为右丞相。一三六三年，搠思监弹劾太平，安置吐蕃，随即迫令太平自杀。元朝统治集团的中枢，长期陷于相互倾轧之中。

皇室的腐败　元顺帝自十三岁即帝位，到一三五一年红巾军起义时，已在位一十九年。顺帝方在壮年，已怠于政事。农民军兴，元朝危在旦夕，顺帝却沉迷于宫廷享乐，日益昏暗。他亲自设计龙舟，在内苑造作。龙舟长一百二十尺，广二十尺，船身及船上殿宇都用五彩金妆，船行时龙首眼口爪尾皆动。顺帝日与宫人乘龙舟在宫苑湖内往来游戏。哈麻及妹婿秃鲁帖木儿等推荐喇嘛僧人到宫中教顺帝习房中术。蕃僧对顺帝说："陛下虽尊居万乘,富有四海,不过保有现世而已。人生几何?当受此秘密大喜乐禅定"。"于是帝日从事于其法,广取女妇,唯淫戏是乐"。顺帝与亲信大臣在宫中"相与亵狎,甚至男女裸处","君臣宣淫,而群僧出入禁中,无所禁止,丑声秽行,著闻于外"。哈麻等密谋废立时,也已看到"上日趋于昏暗,何以治天下?"在农民起义军风起云涌的年代,顺帝日事淫乐,不理朝政,奇后与太子朝夕密谋夺取皇位,朝中大臣无休止地相互诛杀,不待农民军来推翻,元朝的统治已日益腐败,难以继续了。

财政的崩溃 元朝财政,入不敷出,原已是历代皇帝无法解决的问题。顺帝时,发展到更为严重的地步。农民军起,给予元朝统治以沉重的打击。元朝的财政日益趋于崩溃。元朝每年征敛的金、银税收,约有半数来自江浙。粮食岁输京师约一千三百五十万石,其中征自江浙地区的约有十分之四,河南十分之二,湖广、陕西、辽阳等处共约十分之二。这些地区大都是农民军进占的地带。各地农民纷纷起而反抗。张士诚占据东南,方国珍阻运海上,元朝的钱、粮岁赋,更加难以如数征敛解运。元朝中书省曾在大都和汴梁附近,设官开垦,但并不能弥补粮食之不足。一三五八年,京师大都发生饥荒,河南、山东的流民也涌入京师,疾病流行。饿死与病死的贫民,枕籍道路。大都十一座城门外,都挖掘大坑，掩埋尸体，一坑积尸万人。元朝统治中心的大都，出现如此凄惨的景象，说明元朝的统治难以维持了。

至正钱钞颁行后，钞法日坏。京师缺粮，钞十锭（每锭五十贯）不能换粟一斗。各地民间也都拒不使用交钞。一三五七年，京师立便民库，以昏钞倒换新钞。立库后，民间竟无人前来换钞。钞币被人们视如废纸，元朝的经济崩溃了。

地主武装的兴起　元朝统治日久，军兵素无训练，逐渐衰朽。农民军起，各地地主土豪或聚众结寨自保，或组织武装，与农民军作战。高邮战后，脱脱拼集的各地各族的官军溃散，元军更加虚弱无力。衰败的元朝不得不改变排汉的政策，鼓励和倚靠汉人地主武装去镇压起义的农民。

早在一三五二年三月，顺帝即下诏说："省院台不用南人，似有偏负"，"宜依世祖时用人之法，南人有才学者皆令用之。"这年，任用宁国人贡师泰为监察御史、饶州人周伯琦为兵部侍郎。各地地主武装出现后，称为"义兵"。元朝又在各地设立管领"义兵"的官员，以为节制。一三五三年十一月，在江西设立义兵千户。一三五四年二月，河南、淮南两省并设义兵万户府。五月，设置南阳、邓州等处毛葫芦义兵万户府。当地地主武装自行组织，号毛葫芦。顺帝因设万户府，招募当地人从军，免除差役。脱脱军溃散之后，一三五五年二月，元朝又在天长县设立淮东等处宣慰使司都元帅府，统领濠、泗义兵万户府及洪泽等处义兵。并且规定：地主富户愿出丁壮义兵五千名者为万户，五百名者为千户，一百名者为百户，授给宣敕和牌子。元顺帝廉价授给地主武装头目以万户、千户等官衔，显然旨在鼓励地主武装的发展，并且承认其独立活动的合法地位，而不再由官府另行任命义兵万户、千户。当时人记载说："当是时，豪杰角立，割土疆、擅号令者，比比而是。""各据乡土，争为雄长，或更相攻掠"，"内援官军，外御群盗（起义军）"。随着官军的溃败，逐渐形成农民起义向四处发展，地主武装在各地林立的新的斗争局势。

坚决与农民为敌的地主武装，一类是由官府领导，编入官军，一类是地主土豪自行率领作战。前一类主要是答失八都鲁率领的官军。后一类中最强大的力量是察罕帖木儿和李思齐的军兵。

答失八都鲁自先世为蒙古贵族，世袭万户。一三五一年，特除四川行省参政，率本部探马赤军三千，出兵荆襄。一三五二年，采纳汉人宋廷杰的计策，招募襄阳官吏及逃避农民军的土豪，得"义丁"二万人，编排部伍，组成一支对农民军极端敌视的武装力量。一三五四年，因镇压农民军有功，升任四川行省平章，总领荆襄诸军，东讨安丰。一三五五、五六年答失八都鲁与子孛罗帖木儿多次与刘福通农民军激战。

察罕帖木儿，自祖父乃蛮台在世祖时家居河南，世为颍州沈丘人。察罕帖木儿本汉姓李氏，字廷瑞，曾应进士考试，有时名。一三五二年，察罕帖木儿在沈丘组织地主子弟数百人，与罗山地主李思齐的武装联合袭击刘福通农民军占据的罗山。元朝授给他汝宁府达鲁花赤的官职。察罕帖木儿继续收罗各地"义士"即地主武装聚集在他的部下，共有万人，自成一军。一三五五年，察罕帖木儿军在中牟又败刘福通军。察罕帖木儿、李思齐的地主武装成为农民军的劲敌。

三、大宋农民军北上作战

一三五五年十二月，宋帝韩林儿自亳州退守安丰。元军答失八都鲁部与太不花部合围安丰。一三五六年十月，赵均用部攻下淮安，杀镇南王孛罗普化，接受大宋号令。大宋军在淮安设立行中书省，命赵均用部将毛贵由海道攻打山东，开展外线作战，以解安丰之围。一三五五年二月，毛贵攻陷胶州，杀元金枢密院事脱欢。三月，攻破莱州，占据益都，山东郡邑多为农民军所占有。一三五六年冬崔德、李武部，进取关中，被察罕帖木儿部战败。次年初，崔德、李武部重整军兵，进攻商州，攻武关，直趋长安，兵逼坝上，关中大震。元廷急命察罕帖木儿、李思齐驰援关中。大宋军盛文郁部也在此时渡河，攻占曹州。

大宋军东西两路进取，打破了元军围攻安丰的计划。元朝急调太不花军驻卫辉，分兵守山东。答失八都鲁部进兵曹州。

一三五七年六月间，大宋丞相刘福通等，面对农民军胜利进军的形势，指挥全军，分道前进，北上作战。刘福通自率主力大军进攻汴梁。西路军由白不信、大刀敖、李喜喜等率领，攻取关中，与崔德、李武部会合。中路军由原盛文郁部下的关铎（号关先生）、潘诚（号破头潘）、冯长舅、沙刘二、王士诚等率领，进攻怀庆，深入山西、河北，指向元朝的京城大都。东路军由毛贵率领，自山东北上，向大都进军。浩浩荡荡的红巾军几路并进，高举战旗，上写"虎贲三千，直抵幽燕之地。龙飞九五，重开大宋之天"，掀起了北上灭元的战斗高潮。

攻占汴梁　刘福通率领大军北进。七月间，元驻守黄河义兵万户田丰叛元降宋。元归德知府林茂、万户时公权等也向大宋农民军投降。大宋军因而打通了北渡黄河的通道。八月间，刘福通军攻下大名，再由盛文郁部已占领的曹州和濮州，西向进攻卫辉。卫辉是通往大都的重镇，答失八都鲁和子孛罗帖木儿部在此驻守。农民军逼进。十月间元朝又增派知枢密院事达理麻失理领兵增援。刘福通率领农民军与元军激战，各路元军都被击溃，达理麻失理败死。答失八都鲁兵败，退驻石村。元朝指责他"玩寇失机"。十二月，答失八都鲁在军中忧愤而死。答失八都鲁军是元军镇压农民军的主力。答失八都鲁兵败而死，对元朝是一个沉重的打击，农民军声威大振。

至正十八年(一三五八年)正月，元朝诏令答失八都鲁子孛罗帖木儿为河南行省平章，总领其父原管军马。二月，田丰军攻陷元济宁路、东昌路。三月，刘福通军攻卫辉，被孛罗帖木儿击败。田丰部攻下益都路，四月，攻下广平路。五月，刘福通军攻打汴梁。元汴梁守将竹贞弃城逃跑。大宋军进驻汴梁城。

汴梁是北宋的首都。农民军打着"重开大宋之天"的旗帜，开进汴梁，影响是巨大的。刘福通攻占汴梁后，随即自安丰迎来宋帝韩林儿，以汴梁为都城，建造宫室，并设置丞相、六部、枢密、御史等官属，又在江南、山东设置行省，颁发符印。大宋政权以灭元复宋为号召，一时之间，巴蜀、荆楚、江淮、齐鲁、辽海，以至甘肃等处，农民起义军四起，拥宋灭元，声势浩大。

在农民军胜利的形势下，元河南行省平章周全据怀庆路叛元，投附刘福通，率怀庆民众渡河，入汴梁。刘福通命周全领兵攻打察罕帖木儿占据的洛阳城。周全在城下，逡巡不进，刘福通斩周全。

西路进军 大宋农民军的西路军，由白不信、大刀敖、李喜喜等率领，在一三五七年十月，攻下兴元，北上凤翔。察罕帖木儿、李思齐部由陕州、虢州来袭。宋军退走四川。不久，又进兵秦陇，进据巩昌。一三五八年二月，白不信部再攻凤翔。察罕帖木儿计诱农民军合围凤翔，元军自两翼夹击，城内守军响应，白不信军大败。四月，察罕帖木儿、李思齐部又与陕西行省兵联合攻打巩昌李喜喜部宋军。李喜喜败退入川。

中路进军 大宋中路军避开屯驻彰德的元军，绕道山西北上。一三五七年九月，自曹州攻下陵川，闰十月攻下潞州。一三五八年二月，沙刘二（扫地王）部攻下晋中重镇冀宁（太原），北进大同，被察罕帖木儿部将关保截回。三月，王士诚部攻下晋宁（临汾），又被察罕帖木儿部下夺去。

大宋丞相刘福通命关铎、潘诚两军分道出绛州、沁州，逾太行，焚上党，进而攻大同、代州等地，纵横数千里。四月间，李喜喜部败退入川后，察罕帖木儿留下部分军兵屯潼关，自率大军东返，屯驻闻喜。关铎部因大宋毛贵部在北方受阻（见后），被迫南撤。关铎部与察罕帖木儿的元军在晋南南山相遇，关铎部中伏兵败退。九月，关铎部南攻保定，不下。北上大同，远至塞外兴和诸郡，成为远离主力的孤军。十二月，关铎军向元上都发起进攻，攻下元上都城，进入城内，焚毁元宫室。上都是元朝两都之一，农民军出其不意，攻下上都，远近震动。

关铎军在上都留驻七日，又挥兵东进。次年正月，攻全宁，焚毁鲁王府宫室，进军辽阳，攻入高丽。

东路进军 东路毛贵军转战山东，田丰部也在山东连续获胜。一三五七年底，山东州郡，已大多被大宋农民军所占有。一三五八年二月，毛贵部攻下济南，又乘胜北进，攻占清、沧、长芦，斩元将董抟霄。三月，毛贵部攻下般阳，北攻蓟州、漷州，至枣林。元枢密副使达国珍败死。毛贵军距大都仅一百二十里，元朝内外大震，朝臣在议论着迁都避祸。左丞相太平自彰德调遣刘哈剌不花军来战，毛贵受挫，退守济南。大宋军在山东设益都等处行中书省。毛贵行省事，设置官属，又立宾兴院，选用元朝官吏，并在莱州设置屯田，进行建设。

大宋军的失败 一三五七年，当大宋军北上作战时，东南的张士诚却投降了元朝。方国珍在一三五六年降元之后，元朝又加封他为行省参政，命方国珍领兵攻打张士诚。张士诚迎战于昆山，七战七败。张士诚又与朱元璋军相攻，兵败，张士诚弟张士德被擒。元军杨完者部也屡败张士诚部。一三五七年八月，张士诚向江浙行省达识帖睦尔请降。元朝授给张士诚太尉的官职。张士诚降元，为元朝镇压农民军，成为大宋农民军的又一个敌人。

一三五九年初，张士诚部向占据淮南的赵均用部进攻，赵均用北走山东，投毛贵率领的东路宋军。赵均用与毛贵不合，四月，竟乘机将毛贵杀死。大将毛贵被杀，大宋农民军遭受了严重的损失。

一三五九年五月，察罕帖木儿率领大军，自南北两道，水陆并进向大宋都城汴梁大举进攻。宋帝韩林儿、丞相刘福通等拒守汴梁。三路北上的宋军，西路受挫，中路远入高丽，东路毛贵被杀，汴梁处于孤立无援的境地。刘福通等困守三月，山东农民军仍在相互攻杀，而不救汴梁。八月间，元军攻破汴梁，农民军官吏五千余人被俘，刘福通率数百骑拥韩林儿退走安丰。宋军失汴梁，形势掀转了。

山东战场上，一三五九年七月间，毛贵部下续继祖等自辽阳至益都，杀赵均用。两军部下自相仇杀。毛贵、赵均用死后，农民军各部陷于混乱。一三六〇年，只有田丰和王士诚等部仍在继续进攻。三月，田丰军攻下保定路。四月，元朝派使臣至田丰军谕降，田丰斩使拒降。王士诚部转战晋冀，七月间被孛罗帖木儿军击败，走依田丰。田丰、王士诚等据东平，指挥各部。一三六一年六月，察罕帖木儿进兵山东，发山西及汴梁军两路并进。八月，察罕帖木儿养子扩廓帖木儿（汉人，原名王保保）等由东阿造浮桥渡河，田丰部二万人夺桥拒战，失败。察罕帖木儿部关保等渡河攻占长清，至东平。田丰战败投降。王士诚及棣州俞宝、东昌杨诚等部农民军相继投降。察罕帖木儿进兵济南，攻围三月，农民军济南守将刘珪降元。山东地区全被元军夺去。只有益都一城，仍由农民军陈猱头部拒守，声援安丰的大宋。

原在陕西的李武、崔德部未能与白不信等西路军会合。李喜喜等败退入川。李武、崔德成为无援的孤军。一三六〇年，曾一度向西发展，攻占宁夏、灵武等地。一三六一年五月，李思齐部向四川进兵。李武、崔德部向李思齐率领的元军投降。

宋军中路关铎、潘诚、沙刘二部转战高丽。一三六一年九月，高丽各路军反攻开京。关铎、沙刘二等败死。潘诚率残部逃回辽阳，被元军俘掳。

一三六一年冬，察罕帖木儿攻下济南后，即移兵围攻农民军陈猱头部拒守的益都。元军列营数十，百道并进。陈猱头拒城坚守。元军围攻半载，不能攻下。投降察罕帖木儿军中的田丰、王士诚见益都固守，元军疲弊，合谋杀察罕帖木儿。一三六二年六月，田丰、王士诚请察罕帖木儿观察营垒。察罕帖木儿至田丰营，王士诚刺死察罕帖木儿。田丰、王士诚率部入益都城，再投宋军。察罕帖木儿自起兵以来，一直是元朝依持镇压农民军的主要的地主武装。察罕帖木儿被杀，朝中大震。顺帝随即任命扩廓帖木儿继领父兵，攻打益都。扩廓帖木儿围攻益都，又达五月之久，城守益固。陈猱头遣使向安丰刘福通求援兵。刘福通自安丰领兵来援，中途被元军击退。一三六二年十一月，元军掘地道入城，大宋农民军领袖陈猱头等在拒守一年后被元军擒捕，押送大都。田丰、王士诚被扩廓帖木儿杀死祭父。农民军在山东的最后一个据点，也丢失了。

韩林儿、刘福通在安丰驻守抗元，到一三六二年底，已坚持三年有余。这时，北上的各路军已先后丧失，东起淄、沂，西越关、陕，都被元军和地主武装夺去。安丰城中粮饷不继，至于人相食，仍坚持拒守。一三六三年二月，降元的张士诚派部将吕珍向安丰进攻。安丰兵少粮尽，宋帝韩林儿与刘福通派遣使者向朱元璋部求援。吕珍攻破安丰，刘福通力战牺牲。朱元璋领兵来援，救出韩林儿，拥至滁州。小明王韩林儿以宋帝名义，加封朱元璋为大宋中书右丞相。

刘福通是元末农民战争的首先发动者，他拥戴韩林儿，建立大宋，组织农民军发展到数十万人，红巾军威震中原，给予垂死的元朝统治以沉重的打击。在建都亳州后，内部失和，杀杜遵道。又由于战略的错误，刘福通命各路军匆忙北上，被元军拦腰截断，各个击破，致使大宋军由胜而败，终于全军覆亡。但刘福通点燃起义烈火，坚持战斗十余年，英勇抗敌，至死不屈，功绩是巨大的。

四、天完的覆亡与汉、吴之争

当大宋农民军三路北上作战的年代，元军的主力被吸引在北方的战场，徐寿辉等的天完农民军和朱元璋领导的农民军得以在江淮地区进军扩地，继续发展。但农民军各部之间的斗争也随之逐渐激化，形成相互厮杀的混战局面。

汉国的建立 一三五六年，天完军在汉阳重新建都。丞相倪文俊自恃功高，迎徐寿辉称帝，又图谋杀徐自立。一三五七年九月，倪文俊谋杀徐寿辉不成，率部逃奔黄州。倪文俊部下领兵元帅陈友谅乘机杀倪文俊，兼并部众，自称平章政事。陈友谅出身沔阳渔家，父陈普才是普通的渔民，可能也是白莲教的信奉者（白莲教以普字排名）。一三五八年，陈友谅领兵攻下安庆，又破龙兴、瑞州、分兵取邵武，自领兵入抚州。继而又相继攻下建昌、赣州、汀州、信州、衢州，在江西战场上取得重大的胜利。

陈友谅破龙兴后，徐寿辉拟迁都龙兴，陈友谅不允，徐寿辉不听，引兵从汉阳，下江州。一三五九年十二月陈友谅在江州伏兵杀徐寿辉的部众，只迎徐寿辉入城。一三六〇年五月，陈友谅拥徐寿辉领兵攻打朱元璋占据的太平。在驻军采石矶时，陈友谅乘机杀徐寿辉，自称皇帝，建号汉国，改元大义。徐寿辉等创建的天完，由于内部相杀而覆灭。

汉、吴之争 陈友谅建立汉国后，占有江西、湖广地区，随即向朱元璋部占据的应天府（集庆改名）发动进攻。

朱元璋在一三五六年三月，攻占集庆。四月取镇江，七月称吴国公。一三五六、五七两年之间，又在江浙地区连续取得胜利，部将徐达连克常州、常熟，在常熟大败张士诚军，俘获张士诚弟张士德。赵继祖克江阴，胡大海克徽州，缪大亨克扬州。扬州地主武装张明鉴投降。一三五八年春，部将邓愈攻下建德路。冬十二月，朱元璋又领兵攻下婺州。一三五九年九月，常遇春攻下衢州。胡大海攻下处州。朱元璋连续占有江左、浙右诸郡，与陈友谅占据的地区邻接。

早自一三五七年，朱元璋部将常遇春夺取陈友谅部占据的池州，朱、陈两军即不断相互攻战。一三六〇年春，朱元璋征聘浙东儒士刘基、宋濂等至军中参议军事。刘基建策，消灭陈友谅，孤立张士诚，然后北上中原，以成王业。五月，陈友谅进攻应天，谋与张士诚合兵。朱元璋计诱陈友谅领兵东来，至龙湾。朱部伏兵夹击，陈友谅败走。朱元璋乘胜夺回太平。九月，天完旧将欧普祥在袁州降朱元璋。

一三六一年八月，朱元璋派遣使者与察罕帖木儿通好，以解除元军的威胁，集中兵力去攻打陈友谅。朱部攻下安庆，陈部将丁普郎、傅友德迎降。朱部乘胜追击陈友谅，攻下江州，陈友谅部将以龙兴路降朱元璋。朱元璋改龙兴为洪都府。一三六二年二月，金华降人蒋英杀朱元璋部将胡大海，叛附张士诚。洪都降人也相继叛朱元璋，杀朱部守将。四月，朱部将李文忠、徐达再次出兵，收复处州、洪都。

一三六三年三月，朱元璋领兵北救安丰，四月，陈友谅大举围攻洪都。五月，又分兵夺得朱部的吉安、临江。七月，朱元璋亲自领兵救洪都，朱、陈展开激战。陈友谅迎战于鄱阳湖，联结大船为阵。朱军分军十一队，以小船轻驶御战。激战三日，值东北风起，朱元璋纵火攻陈军。陈军大乱，陈友谅弟友仁败死。陈友谅突围出湖口，朱元璋在泾江口邀击，陈友谅中流矢死。余部挟陈友谅子陈理逃回武昌。

一三六三年是元末农民战争的重要的一年。春季，张士诚部杀刘福通，大宋红巾军败亡。秋季，朱元璋部杀陈友谅，天完及汉国一系的红巾军败亡。次年正月元旦，朱元璋在应天称吴王，建置百官。李善长为右丞相，徐达为左丞相，常遇春、俞通海为平章政事。但朱元璋仍沿用大宋龙凤年号，红色旗帜，以示继承红巾军的传统。

一三六三年发生的另一事件是：张士诚在助元灭宋后，要挟元朝封予王爵，未能如愿。九月，张士诚又叛元自立，在平江自称吴王。元江浙右丞相达识帖睦迩自杀。吴国（东吴）据地南至绍兴、北越徐州，至于济宁之金沟，东至于海，西括汝、颍、濠、泗诸州。江南地区形成张士诚与朱元璋东西两吴王并立的局面。

徐寿辉天完部将明玉珍，一三五七年领兵入蜀，据有重庆。次年，扩地蜀中。一三五九年，陈友谅杀徐寿辉，明玉珍与陈友谅决裂，在蜀中为徐寿辉立庙祭祀。明玉珍自称陇蜀王。一三六二年三月，明玉珍在重庆称皇帝，建国号大夏，年号天统，形成独据西南的一大势力。

五、贵族与军阀的混战

北方和江南各路农民军的相互残杀和自相残杀，使农民战争不可能较早地推翻元朝的统治。但是，腐朽了的元朝统治集团也并没能因此而挽救它的危机。贵族、军阀、地主武装之间依然在展开争夺权利的混斗，加速着元朝的灭亡。

宗王之争　元末农民战争的发展，再次诱发了元廷与岭北宗王的纷争。一三六〇年五月，岭北阳翟王阿鲁辉帖木儿起兵反。阿鲁辉帖木儿是窝阔台子灭里大王的后裔。**武宗**至大时，阿鲁辉帖木儿曾祖秃满受封为阳翟王，世代袭封，镇守北藩。元末农民军起，顺帝屡诏宗王发兵南讨。阿鲁辉帖木儿拥兵数万，屯于木儿古兀彻之地，与宗王起兵反，派使者见顺帝，说："祖宗把天下交付给你，你何故丢失大半？何不把国玺给我，我当自为"。顺帝派遣知枢密院事秃坚帖木儿至称海，征兵出战，元军大败，秃坚单骑逃回上都。

一三六一年，顺帝又命知枢密院事老章领兵十万出击，阿鲁辉帖木儿战败东逃。部下脱欢与宗王囊加等把阿鲁辉帖木儿擒送京师。顺帝斩阿鲁辉帖木儿，封老章为和宁王，岭北行省丞相，镇驻北边。

皇室、军阀之争　元朝镇压农民军的两支主力，孛罗帖木儿与察罕帖木儿统率的地主武装，在与大宋军作战中，逐渐扩充各自的势力，相互争夺。察罕帖木儿被杀后，扩廓帖木儿继领父军，攻破汴梁，平定山东，势力大增。这时，孛罗帖木儿受命屯兵大同。两大军阀之间为了争夺地盘，经常发生争斗。

一三六三年六月，孛罗帖木儿遣将竹贞进据陕西，扩廓帖木儿与李思齐合兵来攻，竹贞投降。八月，孛罗帖木儿自大同南下，侵据扩廓帖木儿所据有的真定路境。这时，御史大夫老的沙、知枢密院使秃坚帖木儿得罪皇太子,逃奔大同,藏匿孛罗帖木儿营中。右丞相搠思监与宦者朴不花依附太子,诬陷孛罗帖木儿谋为不轨。一三六四年三月,顺帝下诏削去孛罗帖木儿官职,夺去兵权。孛罗帖木儿拒不奉诏,朝廷命扩廓帖木儿征讨。两大军阀之间的争夺又与朝廷上的党争纠结在一起,斗争日益激化。

孛罗帖木儿与秃坚帖木儿合兵进京。四月,秃坚帖木儿兵攻入居庸关,至清河列营。孛罗帖木儿扬言必得搠思监、朴不花才能休兵。顺帝将二人捕送到军前,被孛罗帖木儿杀死。顺帝又下诏恢复孛罗帖木儿官职,仍旧总兵。秃坚帖木儿入京城见顺帝,顺帝被迫加孛罗帖木儿太保,依前驻守大同,秃坚帖木儿为中书平章政事。

五月,秃坚帖木儿军退。顺帝又诏令扩廓领兵讨孛罗帖木儿。孛罗留兵大同,亲自率领大军,与秃坚帖木儿等再次攻打京城。原御史大夫老的沙也随同进军。七月,孛罗帖木儿先锋军入居庸关,太子亲自领兵抵御,军无斗志,退回京城,逃往冀宁。孛罗帖木儿与秃坚帖木儿、老的沙入城见顺帝。顺帝以孛罗帖木儿为中书左丞相,老的沙为中书平章,秃坚帖木儿为御史大夫。八月,又下诏以孛罗帖木儿为右丞相,节制天下军马。

一三六五年,太子在太原,与扩廓帖木儿等调遣诸军,进讨孛罗帖木儿。孛罗帖木儿自京城派遣秃坚帖木儿领兵讨伐上都太子党。七月，秃坚帖木儿遣使报捷。孛罗帖木儿入奏，顺帝密派勇士将孛罗帖木儿砍死。老的沙逃跑。九月，顺帝诏令太子还朝。以老臣伯撒里为右丞相，扩廓帖木儿为左丞相。秃坚帖木儿、老的沙等被处死。

元顺帝依靠孛罗帖木儿与扩廓帖木儿两支兵力，镇压了大宋等农民起义军。贵族、军阀相互残杀的结果，只剩下了扩廓帖木儿一支孤军。原属扩廓帖木儿部下的李思齐、张良弼等地主武装，也在关中割据拒命，不相统属。扩廓帖木儿在朝任相两月，又南还督师。顺帝加封他为河南王。无相又无军的元朝，难以苟延了。

（三）朱元璋兼并诸军与元朝的灭亡

自从一三五一年韩山童、刘福通等发动起义以来，到一三六三年秋季的十二年间，随着农民战争的发展，各路农民起义军的状况和元朝蒙、汉统治集团的状况，都发生了重大的变化。一三六四年以后的形势是：农民军方面：自称吴王，但仍奉韩林儿为宋帝的朱元璋，在消灭了陈友谅后，声势空前壮大。东吴张士诚占据江浙、淮南的富庶地带，东至海，北至济宁，有地二千余里。朱、张两吴，成为对峙江南的两大力量。明玉珍建立的夏国保有四川。方国珍已投降元朝，虽仍拥有独立的军兵，却远不足以与两吴比高下。元朝统治集团方面：在镇压了刘福通统率北伐的宋军后，孛罗帖木儿、扩廓帖木儿以及拥兵陕西的李思齐、张良弼等地主武装之间，彼此争夺，自相倾轧。元朝廷已不再有可统一指挥的强兵。南方的两广和云南仍在元朝贵族统治之下，但已被两吴军截断了与朝廷联系的通路。福建地区则为军阀陈友定所割据。

朱元璋自占据应天府以来，即多方经营，不断扩充实力。建号吴王后，集中兵力与张士诚展开争战，终于在一三六七年九月，消灭了东吴。一三六八年，朱元璋部署兵力，南并诸军，北伐元朝。元顺帝自大都北逃。朱元璋先后征服南方和陕西的元军，推翻元朝的统治，建立了明朝。

一、朱元璋兼并东吴

朱元璋自占据应天（集庆）后，即不断扩充军力，扩充地区，并在占领区着力进行政权建设，整饬军队，从而获得了较强的实力。

建立军纪 起义农民遭受地主阶级的残酷压榨，一旦起事，掠取地主的财物，杀死地主、官员，这是常见的，也是合理的。军队需要给养，在紧张的战争中也难免于强夺。但如不及时地建立纪律，起义者无限止地各处杀掠，就会脱离人民，也会使军风败坏。士兵以夺取财物为目标，便不可能巩固地建立据点，取得胜利。

朱元璋统属的起义军,原属郭子兴的旧部,后又陆续收编一些地主武装,军中成分,极为庞杂。早在一三五五年,朱元璋部攻占和州,杀伤甚众。朱元璋下令城破后,士兵掳掠的妇女,未嫁者准许占有。有夫者不得强占。一天,朱元璋出营,遇一小儿,说父母俱在军中,父亲为军官喂马,母亲被掳,不敢相认。次日,朱元璋下令军中妇女相继出衙,有夫者准许丈夫认领。朱元璋准令农民军掳占未婚妇女,不能算是纪律严明,但迫令有夫者还聚,还是多少有所限制,说明他已开始注意到建立纪律。同年六月,朱元璋督军攻打太平。事前激励兵士说:"前面就是太平府,子女玉帛,无所不有。若破了州城,随你们取去,然后放你们回家!"城破后,朱元璋命幕僚李善长写成禁约,不许掳掠,四处张贴榜文,兵士不敢犯禁。一个士兵违令,制止不听,立即斩首。全军肃然。朱元璋将城中富户拿出的金帛,分散给将士,以为奖赏。一三五六年三月,朱元璋攻下集庆,向父老宣告"除暴安民",他自称做到"秋毫无犯"。大将徐达攻打镇江,出兵前朱元璋告戒诸将"城下之日,勿焚掠,勿杀戮,有犯令者处以军法,纵之者罚无赦"(《明太祖实录》卷四)。镇江破后,据说"民无兵刃之灾,舍无焚烧之废"(《皇明本纪》)。一三六八年十二月,朱元璋亲自领兵攻下婺州,下令严禁剽掠。有亲随知印黄某取民财,立即斩首。城中安堵,商旅如常。朱元璋统率起义农民,在作战中逐步建立起越来越严格的纪律,极大地提高了农民军的作战能力。朱元璋在太平收降的儒士陶安曾对他说:"海内鼎沸,豪杰并争,然其意在子女玉帛,非有拨乱救民安天下心"(《明史·陶安传》)。朱元璋禁止杀掠,志在天下,比起"意在子女玉帛"的张士诚、方国珍等草莽豪杰,显得高出一筹,因而在民众中赢得了声誉。

招纳儒士 朱元璋建立军纪时,多次申明:禁杀掠才能立功业,平天下。他显然早已胸怀改朝建国的志向。因而在整饬军兵的同时,又留心统治的方术,招纳儒士,参预谋议。早从渡江之初,朱元璋就着意于招揽儒士。如下太平后,以李习知太平府事,陶安参幕府事。破集庆,得儒士夏煜、孙炎、杨宪等,都加以录用。一三五八年十二月攻下婺州后,招请当地名儒十三人为他进讲经史,陈说治道。又命知府王宗显开郡学,延聘名儒叶仪、宋濂等为经师,戴良为学正。婺州是南宋以来传授理学的名地。元末战争中,学校久废。朱元璋重开郡学,获得地主文人的广泛支持。名儒望族,丽水人叶琛,龙泉人章溢,青田人刘基,原来都曾在元朝作官,参与镇压起义。朱元璋占据处州后,叶琛、章溢逃往福建,刘基回转青田,都拒绝与农民军合作。朱元璋再三派人邀聘,一三六〇年三月,他们相继来到应天。朱元璋尊称刘、章、叶与宋濂为四先生,说:"我为天下屈四先生"。在应天特设礼贤馆,招纳儒士,给以礼遇。刘基、宋濂等从此成为朱元璋在政治上的重要辅佐。朱元璋尊礼有影响的名儒，收为己用，从而在他占领的地区内，争得地主、文人的合作，稳定了局势。如他自己后来对刘基所说："老卿一至，山越清宁"（《诚意伯文集》卷一）。但他也同时在逐渐接受儒学的统治方术以维护封建秩序，从而使农民军起义之初的本色日益淡薄，逐渐向着重建封建王朝的方面转化了。

屯田积谷 朱元璋占据郡县，将士向民间征粮，以为军需，名曰寨粮。军需多少依作战需要，寨粮无定额，民间甚以为病。一三五六年七月，立江南行中书省，置营田司。一三五八年二月，朱元璋以元帅康茂才为都水营田使，掌管农田水利，分巡各处。又分派诸将率领兵士在龙江等地垦荒屯田，储存余粮，以备军需。大宋农民军毛贵部在山东屯田，成效显著。朱元璋部也在江南取得成功。一三六〇年三月，下令罢征寨粮。一三六三年二月，康茂才督率屯田得谷一万五千石，除军需外，尚余七千石储存。

朱元璋在他的占领区设置税课司，又制定盐法、茶法，使盐、茶经营，有法可循。设置关市批验所，管理商业。铸造"大中通宝"钱在区内流通。经过数年的经营，朱元璋管辖区内，粮有积存，工商贸易有序，为军队作战，提供了物质基础。

尊奉韩宋 一三五五年二月，刘福通拥立小明王韩林儿为帝，建号大宋。郭天叙与朱元璋即接受宋帝的诏命，为都元帅及副元帅。一三五六年，朱元璋攻下集庆,改名应天府,又接受大宋任命的官职,为江南等处行中书省平章。一三五七年,朱元璋攻下婺州后,曾咨访当地名儒朱升。朱升劝他"高筑墙,广积粮,缓称王"(《明史·朱升传》)。朱元璋大喜,因为这正合他自己的心意。这时朱元璋早已独立成军,但仍然尊奉韩宋,而不过早地建号称王。他在婺州设浙东行省,张挂两大黄旗,上写"山河奄有中华地,日月重开大宋天",以表明与韩宋的目标一致。一三五九年,又接受宋帝授予的江西行省左丞相称号。一三六一年,小明王加封朱元璋为吴国公。一三六三年,朱元璋亲自领兵救安丰,迎回小明王韩林儿,安置滁州。从此,大宋皇帝更加成为朱元璋手中的一面旗帜。

朱元璋以应天为据点和指挥中心,小明王远在滁州深居宫殿,并不过问军政。一三六四年,朱元璋灭陈友谅后,大势渐成,建号吴王,设置相帅,在应天组成了一个小朝廷。但名义上仍继续尊奉韩宋。发布号令称"皇帝(小明王)圣旨,吴王令旨",年号用龙凤,农民军全着红色军装,树立红色旗帜,以表明继承红巾军的传统。朱元璋在相当长的时期内,尊奉韩宋,不自建号,对元军说来,避免自树目标,对农民军说来,表明奉红巾军正统,在军事上、政治上都处于有利的地位。不务虚名,积增实力,朱元璋立足应天,稳步发展,聚集了大量的人力、物力和兵力,为"平定天下"准备了足够的条件。对元朝叛降无常、贪求官位的张士诚自然不是朱元璋的对手。

一三六四年，朱元璋兼并陈友谅，建号吴王以后，和诸将计议说：现在江南只有张士诚和我。我有几十万大军，等待有利战机，把他消灭，统一天下就有望了。张士诚与朱元璋两吴并立，实力相当，长期相互争战。一三六五年初，张士诚发兵二十万夺取西吴的诸暨，志在必克。西吴严州行省右丞李文忠领兵救诸暨，东吴兵败退。这年十月，朱元璋发布征讨张士诚的文告，部署诸军，向东吴发动了有计划的围攻。

围攻平江　朱元璋发兵前，作了周密的部署，依据当时形势，制定了先取通、泰诸县，剪除肘翼，再取浙西的作战方针。东吴地区多是鱼米之乡，经济实力富厚。张士诚有兵数十万，分布各地。但张士诚一再贪求加官封王，部下将领也追逐官位财货，军无纪律，作战力极差，无法与西吴军匹敌。朱元璋命大将徐达、常遇春等发动进攻，连续夺得通州、泰州、高邮、淮安。张士诚在一三六三年从西吴夺去的濠州背腹受敌，守将李济出降。一三六六年夏，朱元璋派出的西吴军已全部占有江北之地，迫使东吴退守长江以南，取得了第一个战役的重大胜利。

一三六六年八月，朱元璋再派徐达、常遇春率领二十万大军出征。常遇春主张直捣平江。朱元璋则以为平江难于攻破，如援兵四合，更难取胜，不如先攻湖州，使敌疲于奔命，然后再取平江，可以必胜。常

306

遇春攻打湖州，东吴右丞张天骐兵败坚守。张士诚派司徒李伯升领兵来援。又派大将吕珍及五太子（士诚养子，梁姓）领兵六万，屯驻湖州城东之旧馆。常遇春分兵隔断旧馆与州城的联络。张士诚自平江亲自领兵来救，在皂林被徐达截击，败退。九月，常遇春部纵火焚烧东吴来援的水军船械。十月，徐达攻打升山水寨。旧馆粮尽援绝，吕珍及五太子降西吴，湖州四面被围。十一月，李伯升、张天骐以湖州投降。同月，朱元璋的另一支大军李文忠部进围杭州，东吴杭州守将潘天明出降。一三六六年底，朱元璋部已顺利地占据东吴的广大地区，取得第二个战役的重大胜利，遂进兵围攻平江。张士诚困守平江，孤立无援，难以抵抗了。

叛宋杀韩　当朱元璋向东吴发动进攻时，北方的贵族、军阀正在连年混战。元朝的统治已经虚弱到濒于死亡。事实正如朱元璋所估计的：如果消灭东吴，即可取代元朝，统一天下。朱元璋眼看胜利在望，便决心抛弃他多年尊奉的韩宋旗号，宣布背叛红巾军，准备充当新皇帝。朱元璋进兵东吴时，在一三六六年五月发布文告，历叙他起兵经过和政治主张，竟把红巾军起义说成是由于元朝政治昏暗，"致使愚民误中妖术，不解偈言之妄诞，酷信弥勒之真有，冀其治世，以苏其苦，聚为烧香之党，根据汝、颍，蔓延河洛。"进而指责起义军"妖育既行，凶谋遂逞，焚荡城郭，杀戮士夫。荼毒生灵，无端万状"。而把各地地主武装镇压起义，叫做"有

307

志之士""乘势而起"。朱元璋还在文告中自叙他的起兵,是"灼见妖言(红军)不能成事,又度胡运(元朝)难与立功,遂引兵渡江"。并且在文告中宣布了保护地主土地所有制的政纲:"旧有田产房屋,仍前为生,依额纳粮以供军储,余无科取"。这篇文告显然出自地主儒士的手笔,但它十分清楚地宣布了朱元璋对白莲教红巾军的公开背叛和转向保护地主阶级的政治主张,也宣布了此后推翻元朝和镇压江南农民军以建立新王朝的行动纲领。这篇文告表明,朱元璋已不再是红巾军的将帅而将是新王朝的皇帝,不再是起义农民的领袖,而转化为地主阶级的领袖了。

但是,朱元璋发布的文告,仍然沿用"皇帝圣旨,吴王令旨",即继续沿用大宋龙凤年号。这就与文告中对汝颍妖术的指责,处于自相矛盾的境地。作为白莲教红巾军领袖的小明王,此时显然已不再是朱元璋手中有用的旗帜,而成为朱元璋建国称帝的严重障碍。但朱元璋碍于物议,又不可能对他公然加害。一三六六年十二月,当徐达、常遇春包围了平江,东吴旦夕可灭之际,朱元璋派遣大将廖永忠迎接韩林儿自滁州来应天,途经瓜洲渡江,暗中把船凿沉,韩林儿被害沉江而死。廖永忠回军复命。从此,朱元璋不再用龙凤年号,吴王成为新王朝的代表。

灭张士诚 一三六六年十二月,徐达大军已围困平江,逼迫张士诚投降。但张士诚坚持拒守。平江围

308

攻战，仍延续了十个月之久。

徐达军分兵屯驻平江四周，四面筑城围困，又架"敌楼"三层，每层设弓弩火铳，并用襄阳炮攻城。平江城坚难破。东吴军只有莫天祐部仍据有无锡，为张士诚声援。徐达俘虏的东吴部将杨茂出入张、莫之间，尽得东吴内部虚实。张士诚长久困守平江。一三六七年四月，朱元璋亲自致书劝降。张士诚拒绝。六月，张士诚率众突围，部将潘元绍等兵出西门，转战至阊门，被常遇春截住归路。张士诚出兵山塘来援，被常遇春击败。张士诚马惊堕水，逃回平江，继续困守。东吴军在城中，也用木石作飞炮，还击西吴。九月，徐达军发动猛攻，进逼城下。东吴枢密唐杰登城拒战，兵败投降。东吴将官潘元绍、周仁、徐义等也相继投降。东吴军溃。徐达军攻入平江城，张士诚及副枢密刘毅收余部二、三万人巷战。兵败，刘毅降。张士诚退入室中自缢，被人救下，押至应天。张士诚见朱元璋，闭目不语，被乱棍打死。张士诚自起兵凡十四年而失败。

二、朱元璋平浙东、福建

朱元璋消灭东吴之后，随即分军南下，指向割据浙东沿海的方国珍和割据福建的陈友定。方、陈二部都降附元朝而又自行割据，势力孤弱。朱元璋指挥各部连续作战，以迅雷不及掩耳之势，急速进兵。在三个月的时间内，即先后削平了浙东和福建。

平方国珍　一三六七年九月，朱元璋在攻下平江的前夕，即派出朱亮祖率领军马，向方国珍割据的浙东地区进兵。

方国珍早在一三五九年，即曾向朱元璋通好，但拒绝接受朱元璋授给他的行省平章的官衔，并仍继续为元朝海运粮饷，受元朝的官封。一三六六年，元朝升任方国珍为江浙行省左丞相。朱元璋遣使招降，被方国珍拒绝。一三六七年九月，朱亮祖军进攻台州，驻守台州的方国瑛兵败，逃入海上。十月，朱元璋又派汤和为征南将军，吴祯为副，进攻方国珍占据的庆元。方国珍率部下乘海船逃跑。朱元璋命廖永忠自海道截击。方国珍穷促投降。两浙地区全为朱元璋所占有。

平陈友定　在元末农民起义的年代，福建地区分别为两股地主武装所割据。

福州福清县人陈友定，曾充任明溪驿卒，是本县的土霸。红巾军起，元汀州府判招募地主武装守城。陈友定应募，从官军镇压汀州、延平等地起义农民，被任为清流县尹。一三五九年，陈友定击退来袭的陈友谅军。一三六一年，再败陈友谅部邓克明军。元朝升任他为行省参政。一三六四年，元朝在延平置分省，以陈友定为平章。陈友定接受元朝的官封，但实际上割据延平，独占一方。

泉州色目人赛甫丁、阿迷里丁在一三五七年反元自立。一三六二年五月，曾北攻福州，被元军击败，余

310

众在兴化等地剽掠。

一三六六年，元福建行省命陈友定领兵征讨。赛甫丁部阿巫那等攻兴化，被陈友定击溃。陈友定乘胜南攻泉州，擒阿巫那等，遂定兴化、泉州二路。陈友定进而占据漳州之罗良，又据潮州。福建八郡之地都被陈友定所割据。

陈友定部在一三六五年曾在处州与朱元璋部争战，朱元璋部朱亮祖被击败。一三六七年十月，朱元璋灭东吴后，随即派胡廷瑞为征南将军，出兵福建，以消灭南方的这一强敌。十一月，胡部度杉关，攻下光泽。十二月，连下邵武、建阳。朱元璋在方国珍投降后，即命汤和、廖永忠、吴祯等率水师自海道攻取福州，又命李文忠部从浦城攻建宁，三路夹击。陈友定留兵二万守福州，自领精兵守延平。汤和军至福州，守将投降。一三六八年初（至正二十八年正月），汤和、廖永忠等进攻延平。围城十日。陈友定在城中服药自杀，不死。汤和兵入城，擒陈友定至应天，处死。

三、大明建号与元朝的覆亡

一三六七年十月，朱元璋灭东吴后，在分兵取福建的同时，以徐达、常遇春统率主力军北上，攻取中原。

朱元璋在派兵北上之前，曾召集将领商议作战部署。当时的形势是：东吴灭后，福建、两广已平灭有日。此外，南方还有四川的夏国和元梁王占据的云南，孤立自守。元朝统治的北方，扩廓帖木儿与李思齐等军阀正在混战。扩廓帖木儿还军河南后，元顺帝命他代皇太子总天下兵。李思齐不服，下令一戈一甲不许出武关，并联合屯驻陕西的张良弼、脱列伯等，与扩廓帖木儿对峙。顺帝促令扩廓帖木儿南征，扩廓帖木儿派貊高等戍守山东，虚张声势，专力对付关中李思齐部。一三六七年八月，顺帝再令皇太子爱猷识里达腊总天下兵马，督命扩廓帖木儿、李思齐、张良弼等分道南征。扩廓帖木儿拒不受命，令貊高自山东西捣凤翔，貊高军行至卫辉，中途哗变。顺帝乘势免去扩廓帖木儿中书左丞相及兼领各职，所领诸军分派将领代领。又命李思齐、张良弼、脱列伯等东讨扩廓帖木儿。元朝仅有的几支地主武装陷入一片混乱之中。面对有利的形势，大将徐达、常遇春主张出兵直取大都，然后乘胜长驱，剿灭诸军阀。朱元璋不采此策，而制定稳步进军的战略：先取山东，撤其屏蔽；旋师河南，断其羽翼；拔潼关而守之，据其户槛，然后再进取大都，可不战而克。攻下大都后，再西进关陇，可席卷而下（《明太祖实录》卷二十一）。根据这一布署，朱元璋命徐达为征虏大将军，常遇春为副将军，统率甲士二十五万，由淮入河，攻取山东。

攻取山东 朱元璋审度情势，出兵山东，已不再是争城夺地，而是作为推翻元朝重建新王朝的一个步骤。出兵前，他向将士申明此意，制定严格的纪律，并命宋濂发布了告天下的檄文。文中说："当此之时，天运循环，中原气盛，亿兆之中，当降生圣人，驱逐胡虏，恢复中华，立纲陈纪，救济斯民。"(《明太祖实录》卷二十一)檄文中依据儒家的传统的天命说，把"明王出世"改为"天生圣人"，把"重建大宋"改为"恢复中华(汉族政权)"，这就为自称为"淮右布衣"的朱元璋建国称帝，制造了理论依据。所谓"立纲陈纪"，即重建封建的纲纪，恢复封建统治秩序，以争取汉族地主阶级的支持。檄文中提出"驱逐胡虏"即推翻元朝的口号，但又申明：蒙古、色目，"愿为臣民者，与中夏之人抚养无异"，借以争取蒙古、色目官员的降服。檄文更加清楚地表明朱元璋已彻底背叛起义的农民，檄文也最大限度地孤立了元朝蒙古皇室，加速了北伐灭元的胜利。

徐达、常遇春军由淮安北上，元沂州守将王宣、王信父子降而复叛，被徐达削平。益都、般阳、东平、济南、济宁等地相继投降。元顺帝命右丞相也速会同诸部守山东，左丞相秃鲁督令李思齐、张良弼等守关中，脱列伯等东进增援。李思齐等拒不受命。一三六七年底，朱元璋军尽有山东全境。投降将领都被遣送应天府，由朱元璋量情任用。

建明灭元 吴王元年(一三六七年)十二月，徐达军进入济南。汤和军已攻下福州。方国珍已先此投降。朱元璋南征北伐两路大军都已按计划取得胜利，推翻元朝指日可待了。中书右丞相李善长率领百官奏请朱元璋正式建国称帝。次年正月初四日，朱元璋在应天府奉天殿即皇帝位,妻马氏为皇后,世子标为皇太子。建国号大明,年号洪武。朱元璋终于实现了他的目标,在应天建立起一个新王朝。

明王朝的建号在全国范围内显然具有重大的政治影响。北伐军仍按原计划,进取河南。元河南王扩廓帖木儿正在遭到李思齐各部的进攻,自泽州退守晋宁。貂高部向晋宁追击。一三六八年三月,明徐达军抵汴梁,元守将左君弼降。四月,常遇春攻下洛阳。明将冯宗异乘胜西取潼关,李思齐退守凤翔。四月,朱元璋到汴梁,下令停止西进,六月,召徐达等诸将在军前计议,北伐大都。

在当时的形势下,朱元璋以为必须乘势迅速攻取大都,以防止扩廓帖木儿与李思齐转而共同对明作战。徐达提出"进师之日,恐其(顺帝)北奔"。朱元璋则有意为顺帝留出一条去路,把他逐出塞外,以减少抵抗。攻占大都,便是宣告元朝的覆亡,然后再扫灭各地残敌。闰七月,朱元璋返回应天,徐达率领诸军北上,破卫辉、广平,在临清与山东明军会合北上。这时,在山西的扩廓帖木儿战败貂高、关保,两人均被擒杀。顺帝又恢复扩廓帖木儿官职,命他领军抵挡明兵,又命李思齐等分道出击,勿分彼此。徐达率马步舟师,急速北进,破长芦、直沽,进据通州。元顺帝见大都不保,在二十八日夜,与太子、诸妃仓皇出健德门,北奔上都。八月初二日,徐达军攻入大都,宣告了元朝统治的灭亡。朱元璋改大都名北平,以应天为南京。

元顺帝逃往上都,继续指令扩廓帖木儿反攻大都。明徐达军南下保定、河间、怀孟,进攻山西。扩廓帖木儿进军至保安。徐达军直取太原,扩廓帖木儿回师救援,至太原城西。明军乘夜袭营,扩廓帖木儿远逃甘肃。

一三六九年(明洪武二年)二月,徐达率主力军入陕,张良弼逃往庆阳,明军不战而得奉元,进围凤翔。李思齐走临洮。徐达军连下陇州、秦州、巩昌、兰州。冯宗异军至临洮,李思齐降明。张良弼逃往宁夏,被扩廓帖木儿部捕杀。五月,徐达军攻下平凉,八月,攻下庆阳,留冯宗异驻守,徐达班师。

元顺帝反攻失败,北逃应昌,一三七〇年四月病死。五月,明兵攻应昌,元皇子爱猷识里达腊奔和林。徐达军进军漠北,扩廓帖木儿回师救和林,明军大败而还。朱元璋派李思齐前往说降,被扩廓帖木儿断去一臂。李思齐不久死去。一三七五年,扩廓帖木儿病死。一三七八年,爱猷识里达腊死,子脱古思帖木儿继立。元室后裔在漠北仍然保有相当的实力,与明朝为敌。

平两广、四川 明军攻占元朝后,南方两广地区仍为元朝势力所占据。广州军阀何真,在红巾军初起时,组织"义兵"镇压起义有功,被元朝擢任为广东道宣慰司都元帅。一三六三年,南海三山民邵宗愚攻破广州,何真领义兵收复,升任广东行省参知政事,成为割据一方的军阀。明朝建立后，一三六九年二月，明将廖永忠等率水军自海道攻广州，何真奉表请降。四月，廖军至东莞，受降，进讨三山，斩邵宗愚。广东全境都为明有。

广西地区仍在元行省平章也儿吉尼统治之下。朱元璋在平定福建后，即分遣荆湖诸卫军由杨璟等率领自湖南进兵广西。杨璟部破永州，围攻静江。廖永忠部平广东后，五月间，经梧州、郁林来会，合兵攻城。一三六九年六月，城破，明军擒也儿吉尼，广西平。

四川地区自红巾军别部明玉珍建立夏国，境内号为小康。一三六六年，明玉珍死，子明升继立，年仅十岁。夏国臣僚开始自相倾轧。丞相万胜暗杀知院张文炳，内府舍人明昭又杀万胜，官员解体。一三六七年，保宁镇守平章吴友仁遣使北通李思齐叛夏，致书夏丞相戴寿，请诛明昭。明升被迫杀明昭。明洪武四年（一三七一年）正月，朱元璋任汤和为征西将军，率廖永忠、杨璟等部由瞿塘趋重庆，傅友德部由秦陇趋成都，两道伐蜀。四月，傅友德部连克阶、文、隆、绵等州，六月，进克汉州。廖永忠部克夔州。汤和大军进至重庆，明升投降。七月，傅友德攻下成都，夏丞相戴寿降。夏亡。明升被押解到京师，朱元璋封他为归义侯。

明军扫平两广和四川，南方地区全部平定，只有云南少数民族地区，仍被元宗王梁王所占据。

316

第九节　元朝统治下的各民族

元朝建立了幅员广阔的多民族国家。这个国家的统治集团以蒙古贵族为核心，被统治的人民以汉族为主体。但元朝统治下的各民族，包括蒙古族的人民，都遭受着封建王朝和各族统治阶级的残酷压迫，也都在自己生活的地区内从事物质生产和文化创造，进行着不同形式的反压迫斗争。元朝的建立，为民族间的交往，提供了便利的条件，但在历史发展过程中，各民族又具有不同的特点，并作出过不同的贡献。元代中国的历史，是各民族共同创造的历史。史书中理应有各民族的篇章。只是由于材料的缺乏和研究的不足，本书还不可能对各个民族的状况都作出详尽的评述。下面叙述的是元朝统治下的蒙古族、藏族、西北各族和云南各族的大略情况。

（一）北方草原的蒙古族

成吉思汗建立蒙古国以后，草原各部落，随着历史的发展，逐渐形成为使用共同语言的蒙古族。

蒙古族聚居区大体可分漠北和漠南两部分。成吉思汗统一漠北后，随即把统治中心迁到和林。忽必烈

317

即位，定都大都。一三〇七年，立和林等处行中书省，后改为岭北等处行中书省，漠北成为元朝政府统辖下的一级行政区域。岭北行省东至兴安岭，南濒大戈壁，西达阿尔泰山西麓，西北八邻部管辖着鄂毕河上游直到额尔齐斯河的林木中百姓，驻在唐麓岭北益兰州的五部断事官管辖着叶尼塞河和安加拉河流域的乞儿吉思诸部，东北则包括贝加尔湖周围的豁里、秃马、不里牙惕、巴尔忽诸部以及石勒喀河至额尔古纳河一带合撒儿的领地。

在漠南地区，阴山以北居住着汪古部。一二一四年，成吉思汗又将新占领的金朝土地分封给札剌亦儿、兀鲁兀、忙兀、弘吉剌、亦乞列思等五投下和汗的弟侄。灭西夏后，原属西夏的今鄂尔多斯、贺兰山、额济纳河、河西走廊和青海等地相继被分赐给诸王，大批蒙古牧民也随着南迁。元朝统治时期，除兴安岭地区属岭北行省外，在上述地方分别设立了宣慰司或路，由辽阳、陕西、甘肃等行省和中书省管辖，以后逐渐形成漠南的蒙古族聚居区。

下面叙述岭北漠南蒙古族聚居区的社会经济生活、阶级状况和阶级斗争。

一、社会经济生活

畜牧业 游牧畜牧业是蒙古族人民的主要经济部门。蒙古奴隶占有制国家建立后，奴隶得到了补充。畜

318

牧业得到稳定的发展。

在部落并立的时代，由于相互掠夺人畜和争夺牧场，常常造成经济破坏。国家建立后，大贵族的领地（《秘史》译"嫩秃黑"）必须由大汗指定和确认，贵族有权逐级指定牧场。窝阔台时，曾经指令各千户内选派嫩秃赤专管分配牧场，以防止争夺牧地的纠纷。窝阔台为了开辟新的牧场，还曾经派人到一些缺水的地方打井。忽必烈也派兵到漠北浚井。国家为了保护牧场，颁布了严格的禁令：草生而掘地，遗火烧毁牧场，都要"诛其家"。

蒙古牧民从被征服的民族学到了新的生产技术。征服西夏以后，原来盛产于今内蒙古西部的骆驼大量输入漠北，蒙古牧民并从西夏人那里学会了驯养技术。善于养马和制黑马奶酒的钦察人是能干的牧人（被称为"哈剌赤"），朝廷中管理畜牧的官员常由他们担任。

成吉思汗统一漠北后，从出兵的数字估计，人口只有几十万（《秘史》载成吉思汗建国时有九十五个千户，《集史》载他晚年有一百二十九个千户）。元世祖至元末年，由于西北诸王的叛乱，从漠北流亡到云、朔间（今雁北地区）的人口就有七十余万。武宗初年，从西北诸王各部归附的又有八十六万余户。岭北行省的总人口一定要大大超过此数，可见漠北蒙族人口在元朝建国后，有很大的增长。牧民放牧的牲畜数量也随之增加。《黑鞑事略》记载，"凡马多是四五百匹为群队，只两兀剌赤管"。延祐间,据一个少年奴隶自述,他要为主人放牧"羊二千余头"(张养浩:《归田类稿》)。一三二四年,中书省确定一个区别蒙古牧民穷富的标准:凡马、骆驼不够二十匹,羊不满五十只者,即属穷困。如要他们充当站户,就应由政府补买牲畜救济。可见十三——十四世纪蒙古的牲畜总数和各个牧户平均拥有的牲畜头数都比十二世纪有了显著的增加。

蒙古大汗和诸王贵族从掠夺战争中俘掳来大量的劳动力和牲畜,又通过对所属牧民征收贡赋、收买和没收所谓无主牲畜等途径,使大量牲畜集中到他们的牧场上来。

元朝官牧场都是由国家挑选的水草丰美的地区。皇帝每年照例要在春末夏初去上都,在很大意义上也是为了利用上都附近的好牧场。秋末冬初,漠南牧区的牲畜常就近赶到华北的田野上放牧,这些地区要负担饲马的刍粮和饲草。一三〇七年,大都路承担饲马九万四千匹,供应粮食十五万石;外路饲马一十一万九千匹。同时,政府发行盐券向农民换取秆草,这年就收草将近一千三百万束。这里的官牧牲畜普遍搭盖了圈棚,大都还栽培牧草。有苜蓿园,"掌种苜蓿,以饲马驼膳羊"。元朝几次颁布"劝农"条画,其中一条就是规定农村各社"布种苜蓿","喂养头匹"。由于官牧场牲畜极多,牧人的分工就更为专业化,见于记载的有:羯羊倌(亦儿哥赤)、山羊倌(亦马赤)、羊倌(火你赤)、骒马

320

倌(苟赤)、骟马倌（阿塔赤）、一岁马驹倌（兀奴忽赤）、马倌（阿都赤）等名目。

官牧场采取的种种新措施，在以往分散的纯游牧经济中是不可想象的，元朝通过国家的力量使部分牧业区和农业区相结合，大大改善了畜牧业的条件，促进了畜牧业生产的发展。就残存的一些记载看：在皇室的某个牧场上，官有母羊达三十万头。忙兀部领主自称有马"群连郊坰（音 jiōng，指遥远的郊野）"。弘吉剌部一个陪臣牧养"马牛羊累钜万"，可见当时大畜群所有制已有巨大的规模。

渔猎业 狩猎仍是蒙古游牧民的重要职业。蒙古大汗、诸王、贵族都喜欢围猎，围猎时所属牧民都得参加。秋冬有五六个月是蒙古牧民围猎的季节。当春天冰消春泛时，他们又用放鹰隼的办法捕捉水鸟和野兽，叫做"飞放"。捕猎期间，他们只吃猎获的野物，实际上是对畜牧业生产的补充。

唐麓岭以北和贝加尔湖地区的林木中百姓，主要以狩猎为生。这里盛产貂皮、兽皮和鹰鹘，驯鹿是驮运的工具。巴尔忽和乞儿吉思出产的鹰鹘很名贵，蒙古贵族都要驯养它以供打猎之助。当地人民以此作为对元朝皇帝的贡品，还有回回商人专程到这里索取鹰鹘贩往内地牟利。

近水之处，捕鱼也是牧民生活上一大补充。贝尔湖、达里诺尔和肇州都产鱼，居民有的以"耕钓为业"，有的以鱼作为贡品。漠北克鲁伦河、土拉河及其它河流、湖泊也产鱼，牧民"至冬可凿冰而捕"。一二八九年，"边民乏食"，忽必烈"诏赐网罟，使取鱼自给。"武宗时，西北诸王部民来归者百数十万，朝廷让近水者教取鱼以食，四年之间，共调去鱼网三千。中原的渔具和捕鱼经验使蒙古族人民常常能利用天然的鱼类资源渡过灾荒年岁。

农业 十二世纪时，漠北几乎没有农业。史书中只见过色楞格河上的篾儿乞人有"田禾"的记载（《元史·太祖纪》；《元朝秘史》一七七节）。成吉思汗建国后，曾令镇海屯田于阿鲁欢，参加屯田的有俘虏万余，包括塔塔儿、契丹、女真、只温、唐兀、钦察、回回等各族人。经过若干年的发展，克鲁伦、鄂尔浑、塔米尔等河沿岸都利用河水灌田，种植耐寒的穈、麦等谷物。叶尼塞河流域，谦谦州也收床麦，乞儿吉思人从事耕作。

元朝建立后，为供应驻屯军队的需要，陆续开发屯田。一二七四年，元世祖开始派军队前往和林屯田。以后又陆续增派军队，使和林成为岭北一大屯田中心。汉族士兵是屯田的主要劳力，汉军将领王通、石高山、张均等都曾率所部军去和林经管过屯田。武宗时，发一万汉军屯田和林，秋收粮食达九万余石。由于西北诸王连续发动战争，元朝在杭爱山至阿尔泰山一线驻军甚多，为了就近解决戍军的粮饷，自一二九五年（元贞元年）起，成宗又调拨汉军发展称海的屯田（称海即镇海的异译，指镇海在阿鲁欢的屯田），以后不断增拨屯田军队、农具和耕牛等，使称海成为岭北又一屯田中心。武宗即位，称海屯田由行省左丞相哈剌哈孙重加经理，当年收粮二十万斛。五河是同称海齐名的另一屯田要地。泰定帝时，元朝又在海剌秃地方设置屯田总管府。此外，见于记载的还有兀失蛮、扎失蛮、杭爱山、呵札等地的屯田。谦州和乞儿吉思也有屯田，元朝还从淮河以南调派汉族农民携带农具前往屯垦。

屯田收获主要供给驻军，遇到丰收之年，也可储备一部分以备赈济蒙古族牧民。蒙古族人民也已有农业经营。如一二七二年元政府曾令拔都军于克鲁伦河附近开渠耕田，"拔都军"一般是由蒙古军组成的。一三一九年，元仁宗曾派蒙古军五千人和晋王部属贫民二千人屯田称海。哈剌哈孙整理称海屯田，曾选择军士中通晓农事者教蒙古各部落从事耕种。《元史》中还有秃木合地方和塔塔儿部因庄稼欠收要求赈济的记载，说明那里也经营农业。至于暂时以农耕弥补畜牧业不足的情况则更为普遍，每逢灾荒年岁，常由朝廷发给农具、种子和耕牛等使蒙古族人民屯种自赡。

漠南地区本来已有农业，元朝时，又从汉人聚居区扩展到北面蒙古族聚居的牧业区。弘吉剌部聚居的达里诺尔附近，十三世纪初即形成"人烟聚落，以耕钓为业"。元世祖初年的文书中，即有弘吉剌、亦乞列思种田户的记载（《大元马政记》）。以后在弘吉剌驻地设应昌府，每年可籴储粮食近一万石。后来应昌路正式列入全国一百二十余处屯田之一。砂井、净州以至延安府境的汪古人多从事农业，当时人称为"种田白达达"。在亦集乃路的黑水河流域，土著的唐兀人也从事农业。元朝廷曾发给耕牛、农具和种粮救济当地的贫民。后来又在那里屯田，调动军队与唐兀族人疏浚河渠，在合即渠扩大耕地至九千余亩。兀剌海路也有人种田，元朝曾颁发过在那里征收农业税的法令。

城市和手工业 一二二〇年，成吉思汗定都和林。一二三五年，窝阔台决定修筑城垣，建造以"万安阁"为中心的宫殿，又令诸王在皇宫四周兴建自己的府邸。以后历年增建，据蒙哥时代西方旅行家卢卜鲁克描述：此城已颇具规模，城内有各族商人聚集的回回区，有汉族工匠聚居的汉人区，有若干所衙署，十二座佛寺和庙宇，两所清真寺，一所基督教堂。东南西北各有一门，分别有粮食、车、牛、羊、马的市场。一二九九年，和林城又扩建了一次，成为岭北行省的省府，也是军事重地和经济、文化的中心。据说："和林百年来，生植殷富埒内地"。初建和林时，窝阔台还在它附近兴建了图苏湖和迦坚茶寒宫城。

称海是漠北另一重镇。因镇海在此屯田，建起城池、仓库，就以他的名字作城名。这里首当西北诸王进军之冲，又成为驻防重地，忽必烈太子真金和成宗皇侄海山（武宗）曾指挥诸王、大将在此镇守。一三〇七年，

和林城遗址龟趺

元应昌路故城出土螭首

元朝在这里设称海等处宣慰司都元帅府。

据记载，斡赤斤好兴土木，他到处营建宫殿和苑囿（《集史》第一卷，第一册）。合撒儿的分地在额尔古纳河流域，河东岸与根河汇流处的黑山头，河西苏联境内乌卢龙桂河和昆兑河畔等处都有他的家族营建的城市废墟。在库苏古尔湖西德勒格尔河畔曾发现一个城址，有碑文证明是斡亦剌部王府的所在地。《集史》记载：乞儿吉思和谦谦州有很多城镇和村落。益兰州是乞儿吉思等五部断事官的治所，元初在这里修建官廨、仓库和驿道的传舍等，其余工匠的住舍更多。它的遗址已在埃列格斯河岸发现，由四个隔河而建的居民区连成大城。埃列格斯河以东的拜哈克和以西乌鲁克穆河南岸的沃马克，都有元代城镇的遗址。

除城镇以外，游牧区也出现了定居的村舍。贵由汗时，旅行者途经克鲁伦河，曾看到蒙汉杂居居住土筑房屋的情形（张德辉：《岭北纪行》）。

在漠南地区，辽、金时广设州县，城、堡很多。成吉思汗时多被破坏。元代又逐渐得到恢复，各投下领地内还出现了新的城镇。

弘吉剌部的中心鱼儿泊附近，成吉思汗时已有人烟聚落，后来又修建起一座方广二里许的公主离宫，宫的东西是农民和工匠屯聚的村落。一二七○年，弘吉剌部领主正式在湖西南四里处兴工建造应昌城。一二九五年，又在今翁牛特旗兴建全宁城。

在汪古部的驻地，金朝在互市的榷场设置了天山县和集宁县，元朝升为净州路和集宁路的治所。净州以北通往和林的驿道上有砂井城，为砂井总管府的治所。汪古部贵族在世代居住的黑水（艾不盖河）北岸修建了一座以王府为中心的新城，后定名静安县，作为静安路的治所。一三一八年改名为德宁路。大青山后存有不少汪古部人居住的城镇村落遗址，可见当时他们的居址是很多的。

　　今伊克昭盟地区，是忽必烈第三子安西王忙哥剌的领地，安西王在西夏的夏州东北新建了一座察罕脑儿城，修筑宫殿。武宗没收了安西王的领地，在察罕脑儿设宣慰司都元帅府，作为这一地区的政治、军事和驿道的中心。

　　上都是忽必烈新建的一座大城。蒙哥汗时，忽必烈因受命管理漠南汉地军国庶事，常驻今锡林郭勒盟南部。一二五六年，在刘秉忠的筹划下，选择桓州东、滦水北一块地方修筑城郭宫室。经过三年的营建，兴起一个新的城市，定名开平。忽必烈在大都建都后，改开平为上都，作为每年夏初至秋末清暑的夏都。上都是元朝的都城，城市规模非常宏伟。全城分内、外城和外苑三重。外城与外苑城周共有十八九里。内城是皇宫，有土木、砖、竹、大理石结构的宫殿、楼台、亭阁、园池等建筑，城外有蒙古族帐幕式的宫殿失剌斡耳朵，广泛吸收了当时各民族建筑艺术的特色。外城是市区，

元上都遗址出
土白玉石浮雕

元上都附近出土石供桌

仅就《元史》所载统计,上都曾设大小官署六十所,手工匠管理机构和厂局一二一处,还有鳞次栉比的商肆、贵族和平民的住宅、孔庙、佛寺、道观、回回寺等等。上都的交通也四通八达,南有四条驿道通大都,北通和林,东通辽阳行省,西从丰州经宁夏、河西走廊可通中亚。

元武宗又在兴和路旺兀察都地方建行宫为新都,命名中都。后因劳民伤财过大,元顺帝初年停罢。

蒙古贵族在掠夺战争中特别重视工匠,每攻下一地,就要把工匠挑选出来,带回各自的领地为他们制作武器和其它各种用品。和林是工匠集中的地方。称海城初建时,就有俘掳来的工匠万余口在这里设局制作。阿不罕山南有许多汉族工匠,设有阿不罕部工匠总管府。和林附近的毕里纥都是"弓匠积养之地"。据考古发掘的报道,仅和林一地就曾发现过十座冶炼炉和大量金属制造品,有供军用的破城机和其它机械,有铁犁、铁锄等农具,有适于牧民使用的带脚生铁锅釜,有商人使用的铜、铁权及车毂等。出土白生铁经过化验,可断定是在摄氏一千三百五十度高温下熔铸成的,估计当时的工匠已用水力鼓风了。当地烧造的陶瓷器也被大量发现,其中多有从事烧造的汉族工匠名氏。宫廷建筑和各种奢侈用品,都有许多精美的创造。和林特产一种名叫碧甸子的玉石,忽必烈即位后就在此设局开采,以后正式设和林玉局提举司。

唐麓岭以北的谦谦州,成吉思汗时就已迁徙许多

哈剌和林出土瓷器

汉族工匠到这里生产武器、丝织品。元朝在这里设立了几个匠局。当地居民原来只会用柳木作杯、碗，刳木为槽以渡河，也不会铸作农具。断事官刘好礼特向元朝政府请求派陶、木、铁匠，教当地人制陶、铁冶和造船等项技术，对当地人民的生产和生活带来很大方便。

漠南蒙古族地区的手工业更为发达。上都官营的匠局很多，有制毡和毛织品的毡局、异样毛子局，加工皮革的软皮局、斜皮局等，还有制造武器的铁局、杂造鞍子局、甲匠提举司，以及为宫廷用品生产的器物局、葫芦局和金银器局等。其余百色工匠，也都具备。

在诸王、贵戚、勋臣的分地内，也聚集着许多工匠为他们制作。弘吉剌、汪古部和察罕脑儿等处分别有属于勋贵的人匠总管府、怯怜口民匠总管府和提领所等机构，可见属下的工匠为数不少。

二、社会阶级状况

蒙古国家的建立，标志着奴隶占有制度的确立，保证了奴隶主阶级对广大奴隶阶级的剥削和统治。蒙古奴隶主贵族发动军队四出侵掠，俘掳各族的人口，大大扩充了奴隶的来源，更促进了奴隶占有制度的发展。这些俘虏由蒙古大汗以分份子（蒙古语称"忽必"）的形式分给自己的亲族和功臣。有的按民族编在一起，作为一个整体向奴隶主服役；有的则分配或转卖到各个牧户中，为奴隶主牧放牲畜。

在蒙古国家建立以前，蒙古社会中已存在着奴隶制。建国后，奴隶制得到发展，直接奴役奴隶的制度和拥有私有财产的依附民交纳租赋的制度是同时并存的，而且前者常转化为后者。蒙古奴隶主的对外掠夺战争逐渐缩小，奴隶来源也随之减少；由于他们的统治已扩展到封建文明高度发展的各族地区，逐渐接受了被征服民族的封建制度，原有的奴隶也在向农奴式的牧民转化，封建的生产关系逐渐得到发展。

那颜阶级 建国以前，蒙古草原各部落中已分化出称为"那颜"的贵族阶层。成吉思汗所建立的国家完全是代表蒙古那颜的阶级利益的。从此，蒙古那颜有了一个共同镇压被统治者的暴力机器，有了一支征服

331

其他民族的军事力量，进一步巩固和扩大了那颜对各族被征服者和蒙古各部的氏族成员的统治。一方面，蒙古那颜通过战争征服了比蒙古部多得多的人口，大大扩充了蒙古社会中的奴隶队伍，促进了奴隶占有制的发展；另一方面，大汗将牧民作为份子，将牧地作为分地分配给各级那颜，自大汗、皇后、太子、公主、亲族而下，各有疆界，疆界内的民户皆出差发，使原来的氏族成员沦为各级那颜的属民。那颜构成了蒙古社会中的统治阶级。大汗是蒙古统治阶级的最高代表，成吉思汗家族的成员是其最高层，以下是驸马、万户、千户等，形成一个等级制的阶梯，并有世袭统治和奴役所属部民的权利。

蒙古族牧民及其赋役负担 蒙古社会的被统治阶级是劳动牧民和奴隶，他们是社会中的基本生产者。十三世纪，已经没有不属于任何领主的牧民和牧地，蒙古各部落的成员已丧失了自由，成为各级那颜私属依附民。成吉思汗的札撒规定：任何人不得离开其所属之千户、百户或十户，而另投它处，违者于军前处死，接纳者亦加严惩(《世界征服者史》)。元朝的法令也一再声称，牧民不得"擅离所部，违者斩"。藏匿流徙到别部的人要处以杖刑，因某种原因离开所部的人必须送回原部"著籍应役"。由于每个牧民都被固着在各个领地内，并同领主建立了人身依附关系，所以他们必须向领主"各出差发，贵贱无一人得免者"。牧民所承担的实物税主要是缴纳各种牲畜。窝阔台曾制定牧民应缴实物税的定额。一般马、牛、羊群每一百头应纳牝马、牸牛、羚羊一头。牝马、牸牛、羚羊十头以上纳一头。这是最早法定的赋税制度，蒙古语称为"忽卜赤儿"，汉译"抽分"或"税敛"。

"抽分"以外，牧民还要向领主提供食用的羊和饮用的马乳，这种贡物蒙古称为"首思"。窝阔台时规定蒙古牧民每一群羊应交一只二岁羯羊作为供大汗食用的汤羊（蒙语"暑涟"）；所有的千户应轮流向他贡献牝马和牧马人，每年轮换一次，在这年内，牧人负责挤马乳和将它制成马奶酒，供大汗和诸王、勋贵聚会时饮用。同样，下级贵族也有向高级贵族进献汤羊和牝马的义务，实际上这都是劳动牧民的负担。

蒙古那颜可随时征调属下民户出牛、马、车仗、人夫等为差役，替他们服无偿的劳役。围猎在氏族部落制时代本来是自由组合、平均分配，这时已变成牧民的一种沉重负担。围猎期间，牧民常被抽去服役，包括围赶野兽，掘坑挖壕，打木桩，用绳索联起，覆上毡子，构成一道临时的围墙。然后由大汗、诸王、那颜按等级顺序入围打猎，牧民只能在最后收拾残余。围猎期常长达三四月，劳役本来不轻，而布围所用的绳、毡等物都要由牧民用自己的马鬃和畜毛制成。

兵役是蒙古牧民另一种沉重负担。在发动战争时，"家有男子，十五以上，七十以下，无众寡，尽科为兵"(《经世大典序录·军制》)，战士的装备一律自备。蒙古那颜迫使牧民参加战争，以扩大自己的财富和奴隶的来源。

蒙古牧民还要提供对驿站的一切负担，其中包括对维持驿站所应负的一切劳役，供应过往使臣的饮食，提供交通运输所需要的站马、铺马和车、牛等等。

部分蒙古牧民在沉重的负担下逐渐贫困化，沦为穷人(蒙语"亚当吉")。元初一次检核出诸王兀鲁带所部贫无孳畜者达三万余人。一三二九年，赵王马札儿罕部有民五万五千余口不能自存。蒙古贫苦牧民经不起残酷剥削，往往将子女出卖为奴婢。蒙古军户也往往因调戍远方，"跋涉万里，装橐鞍马之资，皆其自办，每行必鬻田产，甚至卖妻子。"(《元史·和尚传》)站户因受役过重，也有贫乏而卖妻子以应役者。特别是西北诸王发动战乱，致使成百万人流离失所，流向和林、漠南就食，在途中因饥乏不能达和林，往往以男女弟侄易米求活。蒙古贫民日益贫困化，以致"蒙古子女鬻为回回、汉人奴者比比皆是"(《通制条格》卷二七)。在泉州等海港，甚至还有商人将蒙古男女贩往西亚和印度等地作奴隶。这些现象深刻反映了蒙古劳动人民备受阶级压迫的实况。

奴隶 奴隶居于社会的最低层。成吉思汗以来，蒙古贵族掳掠了大量的各族俘虏，在社会生产中使用奴隶劳动已非常普遍。据出使蒙古的宋朝使者记载，

334

窝阔台时蒙古的牧马人——兀剌赤——多是各族俘虏,其中"回回居其三,汉人居其七"(《黑鞑事略》)。蒙古牧民因贫困而出卖妻子,是奴隶的另一个来源。

奴隶完全属于自己的主人,没有人身自由和私有财产,劳动极其沉重。奴隶主为了便于统治,宁愿使用从外地掠来的儿童作奴隶。这些童奴在恶劣的劳动、生活和气候条件下,死亡和残废率很高。据一个奴隶自述,他的主人只发给他一件皮衣,每天给少量干粮,他牧羊二千只,如果其中有瘦弱、受伤、丢失和无故死亡的情况,他就要受到鞭打(张养浩:《归田类稿》)。

奴隶一般只在便于监视的情况下役使,奴隶主牲畜增多了,在一定条件下也许奴隶建立家庭和私有经济,通过缴纳租赋的方式进行剥削。奴隶有可能在本身或下一代转化为依附牧民。

三、蒙古族人民的反抗斗争

在蒙古族贵族占统治地位的元朝一代,各族人民不断起而反抗,蒙古族人民也积极投入了这一斗争的行列。在现存不多的记载中,仍可看出蒙族人民阶级斗争的大致情况。

早在元朝初年,蒙古族人民的零星反抗就不断兴起。一二八八年(至元二十五年),诸王爱牙赤位下的千户伸思伯八率众起义,断绝了驿道,只须三日的路程不得不绕道走一个月之久(《经世大典·站赤》)。第二年，别乞怜部发动起义，掳走了管理驿站的脱脱禾孙（站官）塔剌海等人。接着，杭爱山的阔阔台、撒儿塔台等也领导人民起义，占领了三处驿站，俘掳了脱脱禾孙（《元史·明安传》）。这些起义，反映了蒙古族人民对驿站的各种供应和沉重劳役已达到无法忍受的程度。

元仁宗时，岭北遭遇罕见的天灾，下雪深达丈余，车仗人畜被淹没。穷苦牧民被迫出卖妻儿换取粮食求生，甚至出现了人吃人的现象。在通往和林的路上，到处都是死尸。驻守北边的士卒，常常因官吏克扣断饷，衣食无着。对蒙古族统治者的愤懑，在天灾之年集中爆发了。岭北的驻军和晋王也孙铁木儿的部民纷纷起而暴动。由于他们未能互相配合，很快就遭到元朝统治者的镇压。起义者或者被处死刑，或者被加等杖罚、流配到远方。

一三五一年（至正十一年），红巾军大起义爆发，从此掀起了全国各族人民对元朝统治者规模巨大的阶级搏斗，蒙古族人民也加入了斗争的行列。一三四七年九月，八邻部内哈剌那海、秃鲁和伯等已先发动起义，起义者截断了岭北的驿道。十月，又有亦怜只答儿反。一三五二年，皇太子爱猷识里达腊的五投下领地中也发生了暴动。次年，金山一带也发生了武装斗争，打死了前往镇压的诸王只儿哈郎。

刘福通所领导的红巾军在一三五七年，分兵三路北上。当中路红巾军从大同向漠南进发的时候，汪古统治者领地内的灭里部同时发生了反抗赵王暴政的起义。起义者攻进王府，杀死了赵王的替身，赵王八都帖木耳化装脱逃，得以幸免。一三六〇年，窝阔台后裔阳翟王阿鲁辉帖木儿乘红巾军进入漠南的机会，联合其他诸王企图用武力夺取帝位。元顺帝临时强征一万名皇室牧场的牧民（哈剌赤）仓卒应战。两军相遇时，这些士兵起而哗变，都脱去士兵的号衣投奔阿鲁辉帖木儿方面，顿时使元军措手不及，全军崩溃，只剩主帅一人逃回上都。

蒙古族游牧民由于居住比农民更加分散，又处在诸王、那颜的分割统治之下，因此很难联成一气，结成一支联合的反抗力量。起义是自发的，很容易被统治者各个击破。然而，蒙古族人民不顾统治者的残酷镇压，不断采取各种形式进行反抗，在全国各族人民推翻元朝的共同斗争中作出了自己的贡献。

（二）西北各族

一、政治概况

成吉思汗在西征以后，把西北占领的土地分封给诸子。察合台的封地，东面同畏兀儿相邻，西边直到撒马尔罕和布哈拉等地，中心驻营地在阿力麻里附近的忽牙思。窝阔台的封地则以叶密立和霍博两地为中心，包括准噶尔盆地及其以西以北地区。

畏兀儿亦都护、哈剌鲁的阿儿思兰汗和阿力麻里的速黑纳的斤归附蒙古后，成吉思汗保留了他们对原有的地区世袭统治的权利，并相互通婚。各部为了表示对蒙古统治者的臣服，要向大汗献纳贡物，派自己的亲属和大臣到蒙古作人质，并要随时调遣军队跟随蒙古大军出征。

在各个重要城镇，成吉思汗派遣达鲁花赤进行直接统治，见于记载的有忽炭（和田）、可失哈耳、鸭儿看、曲先（库车）、坤闾（库尔勒）、合迷力、亦剌八里、别失八里、独山城（别失八里东）、阿力麻里、海押立、哈剌火州等处。后来，又任命善于理财的回回人麻速忽总管这些地方的税赋征收，每年将实物折成钞币直接送缴大汗宫廷。麻速忽在窝阔台、贵由汗几朝都担任这一职务。蒙哥即位时，又以讷怀、塔剌海、麻速忽等充别失八里等处行尚书省事，即指派他们三人担任主管财赋和刑政的札鲁花赤。这说明蒙哥是将天山南北和中亚部分地区看成一个行政单位，由派驻别失八里的札鲁花赤在那里直接统治。

一二五二年，蒙哥镇压了窝阔台家族反对他的几个贵族，又重新把天山以北的一些地方分赐给顺从他的窝阔台系宗王：合丹封于别失八里一带，蔑里封于额尔齐斯河，合失子海都封于海押立，哈剌察儿子脱脱封于叶密立。

元朝和蒙古宗王对西北各族的统治 窝阔台系诸

王争夺汗位失败，一直伺机报复。忽必烈即汗位后，海都又同以笃哇为首的察合台系宗王联合起来，乘元军征南宋的机会，发起更大规模的对抗。一二七一年，忽必烈派遣其子那木罕出镇阿力麻里组织抵御，并在这里设行中书省和行枢密院，以右丞相安童等大臣行省、院事。一二八二和一二八五年，元朝又一度在这里设行御史台。

元朝还设置了一些高级军事行政机构。一二七九年，在南疆设立了斡端（和田）宣慰使司都元帅府。一二八六年，又设立了别失八里、和州（即哈刺火州）等处宣慰使司都元帅府。成宗时，又分设北庭（别失八里）和曲先塔林（库车）南北两个都元帅府。在畏兀儿亦都护之下，按诸王设王相府之例，设置大都护府，管理畏兀儿各城和迁居汉地的畏兀儿人，其机构名称、品秩的改动和官员的任命都由元朝政府决定。畏兀儿以西，忽必烈命察合台后王阿只吉和出伯率兵镇守。

窝阔台为了沟通同察合台以及拔都兀鲁思的联系，开辟了从和林往西的驿路。驻守察合台分地删丹州（甘肃山丹县）的察合台部将按竺迩，也开辟了一条从删丹经甘州、肃州、玉门关直达察合台驻营地的驿道。忽必烈时，西北地区军事活动频繁，从河西走廊通往西域的南北二路，设置了新的驿站。北路以别失八里和彰八里（昌吉）为驿路的枢纽，由驻在这两地的官员管理全线的军站。分地在太原的察合台后王阿只吉，奉忽必烈之命出镇西北。一二八一年,他也请求从太和岭(山西雁门关以北)到别失八里设立了三十个驿站。在天山南路,一二七二年从和田到鸭儿看设置了十三个水驿;一二八二、一二八六年又先后设立了和田、阇鄽(今且末)、怯台(且末县东南)、罗卜(今若羌)等驿站。这条通过塔里木盆地南缘的驿道,一直延伸到沙州,长达五千余里,然后同河西走廊通往内地的驿路连接。马可波罗就是从中亚经过这条驿路到达大都的。

一二八〇年,元朝在畏兀儿地区设置交钞提举司,一二八三年又设立交钞库。元朝常拨钞币在当地购买军粮、牲畜及其它军用物资。赏赐驻防的诸王和将士也支付交钞。可见,元朝的交钞已在畏兀儿人民中广泛流通。

察合台兀鲁思的统治 一三〇一年(成宗大德五年),海都、笃哇大举兴兵,被元军击溃,海都负伤,不久死去;笃哇膝上中箭瘫痪。笃哇、与海都子察八儿在这次打击后,无力再同元军争胜,一三〇四年遣使向大汗求和。

西北诸王与大汗停战后,又发生内哄,相互间争斗不息。一三〇六年,笃哇死,子宽阇即位。宽阇在位一年多病死,旁系宗王塔里忽夺据汗位。笃哇旧臣刺死塔里忽,拥立笃哇幼子怯伯。察八儿联合窝阔台系诸王来攻。察八儿战败,率残部渡伊犁河。一三一〇年(武宗至大三年),察八儿与窝阔台系诸王去大都朝觐武宗，归附元朝。

察合台系诸王为了防范窝阔台诸王反攻，召集大会，推戴怯伯兄也先不花为汗，怯伯自愿让位。也先不花正在武宗皇帝处，闻讯回察合台兀鲁思即汗位。从此，海都时一度扩张起来的窝阔台兀鲁思完全瓦解，土地和人众分别归于元朝和察合台后王。也先不花为汗时（约一三一一年至一三二〇年），据波斯史料记载，元朝的边防军冬天驻营和布克河岸，夏天驻扎在额尔齐斯河的支流也孙木伦附近，可见阿尔泰山以西、准噶尔沙漠以北的地区仍属元朝直接统辖，其余则属于也先不花。

西北诸王向大汗请和以后，承认是元朝的宗藩，每年遣使进贡。一三〇八年，万户也列门合散来自中亚，呈上成吉思汗时所造撒马尔罕、塔拉斯、塔什干等城的户口青册，并按先例继续向元朝缴纳民赋。元朝陆续撤除边备。

据《元史》记载，一三一九年（仁宗延祐元年），有叛王入侵和田，元朝派镇西武靖王搠思班率兵进讨，说明这时元朝的统治达到了南疆。以后南疆的地名不再见于记载。《经世大典》将哈密以外的天山南北各地列入笃来帖木儿位下，似乎这些地方已全归察合台后王所有。但据《元史》记载：一三二四年（泰定元年），元朝赐北庭的撒儿兀鲁军羊马；六月，派遣诸王阔阔出镇畏兀；一三三〇年，复立总管府于哈剌火州。这说明修《经世大典》时，元朝还直接统治哈密以西直到哈剌火州和别失八里等地。非洲旅行家伊本·拔都他于一三三三年到中亚游历，提到当时有一个哈力里汗曾侵袭了大汗的辖地，占领了别失八里。《元史·顺帝纪》中有至正七年（一三四七年）"西蕃盗起""陷哈剌火州"的记载，也说明顺帝时代元王朝仍然对这几处地区实行统治。

一三二〇年，也先不花死，怯伯再次为察合台汗。怯伯较注意农业生产和人民生活，颇得封建史学家的好评。他以那黑沙不为首府，在那里定居下来，建筑宫殿，并实行政治改革，铸造钱币。从此，察合台兀鲁思的中心转移到河中地区。

怯伯以后，他的兄弟燕只吉台、笃来帖木儿、答儿麻失里相继登汗位。答儿麻失里被推翻，笃来帖木儿子不赞继位，不久也被杀。从此，连续不断地发生争夺汗位的斗争。由于封建统治者的昏暗，也由于巴尔喀什湖以东的七河流域曾发生大瘟疫，许多地方生产凋敝，人口大减。

察合台后裔在争夺汗位的斗争中，主要是依靠突厥贵族的军事力量，经过几代以后，汗权逐渐旁落，实际上已变成突厥贵族操纵下的傀儡。西方突厥贵族的专权引起东方蒙古贵族的不满。蒙古贵族中以朵豁剌惕部为最强，和田、喀什噶尔、库车都是他们的领地，其首领是驻在阿克苏的孛罗赤。一三四八年，孛罗赤拥护笃哇的孙子秃鲁帖木儿为汗，统治范围大致在今新疆境内。以后被称为东察合台兀鲁思，首府仍在阿力麻里。

一三六〇年起，秃鲁帖木儿不断对河中用兵。一三六一年，他攻下撒马尔罕，征服了当地的突厥贵族，派他的儿子也里牙思火者驻在河中，任命突厥贵族帖木儿作他的参谋。一三六三年，秃鲁帖木儿死，孛罗赤之弟合马鲁丁举兵反，秃鲁帖木儿诸子都被杀死。帖木儿利用东部内乱的时机，起兵攻占撒马尔罕，几年内平定了河中各地的战事，在中亚建立了历史上驰名的帖木儿帝国。

东部察合台后王维持它的统治直到十六世纪，并且同明王朝建立了联系。

二、经 济 状 况

畜牧业和农业　天山北路的各族人民主要经营畜牧业。其余地区畜牧业也占相当地位。牲畜有牛、马、驼、羊、驴等。宋代由于西夏的阻隔，西北各族不能同中原直接交往，但回鹘、于阗的商人仍不断贩运马驼到宋朝贸易。

蒙古贵族在征伐华北的战争中，俘获了许多汉族农民，其中一部分被迁到准噶尔盆地北缘适于农耕的地区，促进了这里农业的发展。常德于一二五九年西觐旭烈兀汗，途经这一带，见当地多汉民，种植大、

343

小麦和黍、谷。孛罗（即普剌，今博罗）城附近，不仅种麦，而且还种稻子。在昌吉地区，也广种稻麦，盛产瓜果。

吐鲁番盆地是畏兀儿人的中心地区，这里土地肥沃，农业比较发达。从畏兀儿文和汉文文献中，可以知道他们种植了小麦、大麦、稻、高粱、黍、豌豆等多种粮食作物，此外还种植供饲养牲畜的苜蓿，以及棉花、大麻和芝麻等。

畏兀儿等族人民以擅长种瓜果著名。阿力麻里即是突厥语"林檎"的意思，因当地盛产这类果实，即做为城的名称。瓜和葡萄也以这里出产的为最佳。彰八里的西瓜和甘瓜，深为当时汉族旅游者所称道。

种植葡萄是畏兀儿族人民重要的农业部门之一。葡萄很早就在喀什噶尔沃野开始培植，以后发展到塔里木盆地周围的绿洲、伊犁河谷和吐鲁番盆地。这里的土壤适宜于葡萄生长，气候条件也有利于瓜和葡萄的繁殖，一年中日照长，气候炎热，瓜和葡萄的含糖量都很高。在吐鲁番盆地的住宅和耕地附近，到处都是葡萄园子。马可波罗也对喀什噶尔、和田等地的葡萄园留下了纪录。

棉花也是这里的重要农作物。丘处机在阿力麻里看到棉花，称赞它"鲜洁细软，可为线为绳，为帛为绵。"马可波罗经过喀什噶尔、叶尔羌、和田等地，都提到那里盛产棉花。

344

栽培葡萄、棉花等经济作物需要精耕细作，这就相应推进了畏兀儿人民整个农业栽培技术的水平。畏兀儿人使用的农具也较复杂，如菜园、葡萄园用月锄耕耘，大田则用犁耕，收获庄稼用镰刀，割草用大镰刀。

天山南北干旱少雨，畏兀儿人民很重视水利灌溉事业，各地都开有渠道引水灌田。哈剌火州把融化的雪水从天山引出，人工造成护城河，以溉田园。常德经过阿力麻里城，亲见当地市井流水交贯。所过亦堵两山间，也是土平民夥，沟洫映带。有的地方，人们利用水激碾硙，加工粮食。

手工业和商业 王延德《使高昌记》说：畏兀儿人"性工巧"，善于用金、银、铜、铁等金属制造工具和器物，尤其精于琢磨玉器。现存资料表明：畏兀儿人的铁制品中，农具有刀、镰、犁、锄、砍土镘等，马具有马勒、马镫，武器有刀、矛、剑、甲、矢等。别失八里城废墟中残存有大量矿渣，说明金属冶炼在城市手工业中占有重要的地位。吐鲁番盆地出产一种砺石，当时称为"噢铁石"，可以锻成镔铁。一个古畏兀儿文文件中提到一个由奴隶赎身的铁匠。北宋时，商人甚至将镔铁、剑、甲和备有铁甲的马输往中原，足见他们的锻冶很有特色。

畏兀儿人能纺织"布、帛、丝、枲"各种纺织品。自给自足的农户，用自种的棉花织成布以供自己的需要和出售。畏兀儿人称棉布为波斯布或秃鹿麻，中原人常称为白叠。五代、北宋时，回鹘商人常常将棉织品成千段向皇帝进贡，估计投入市场的更多。棉布除白叠外，还有绣文、花蕊布等不同花色品种。鲁克尘（今鲁克沁）出产一种用亚麻双经线织成的高质量的纺织品，布上打有特有的商标。毛织品有毛褐、斜褐、罽毹、毹绒等，主要用来制作衣物、毡、毯和帐幕。宋高宗时洪皓使金，在燕京看到回鹘人有兜罗锦、熟绫、纻丝、注丝、线罗等各种丝织品，妇人以五色线织成袍，名曰克丝，甚华丽。又善捻金线。元朝的畏兀儿人仍以这种技艺著称。一二七五年，笃哇入侵畏兀儿地区，人民逃亡中原。次年，元朝将他们收容，在京师设别失八里诸色人匠局，专门织造御用领袖、纳失失等段。纳失失是一种用金丝织成的金锦，常用来作为元朝皇帝百官宴会时穿着的"质孙"服的衣料。元朝还另设立了别失八里局和忽炭八里局，大概也是别失八里与和田的织工，为官府织造高级织品。

葡萄酒是畏兀儿的特产，哈剌火州、别失八里、喀什噶尔及和田等地尤其出名。山西和西蕃也产葡萄酒，但人们认为其味都不及哈剌火州所产。哈剌火州的美酒也为西方所称道，波斯史家拉施德和意大利人马可波罗的书中都有记载。

玉是南疆一大特产，和田城东西有白玉河、绿玉河、乌玉河（今玉龙喀什、喀拉喀什等河），出产质地很好的美玉。每年秋季，当地人民下河捞玉，商人收买，贩往中原牟利。元朝还将一部分人作为"淘玉户",专门在和田、匪力沙、失呵儿等地为宫廷采玉。别失八里等地产硇砂,可以鞣皮、作药物。此外,药用和食用盐、红盐和星矾等物,琥珀、金刚钻、瑟瑟、玛瑙、翡翠和珠等奢侈品也有出产。

畏兀儿人除使用陶器外,也制磁器,有如中原定磁。瓶器、酒器用白琉璃,邮亭、客舍甚至土户的门窗也镶嵌着琉璃。砖是普通的建筑材料,寺庙和宫室使用饰有各种颜色和图案的琉璃砖。这种砖和琉璃器皿近年还不断出土。

印刷业也是畏兀儿一项出色的手工业。吐鲁番盆地发现大量木刻印刷品,有畏兀儿、汉、梵、西夏、藏、蒙古、突厥、叙利亚、波斯等十七种文字。各个寺院是印刷工匠集中的地方,刻印佛教、摩尼教、景教、祆教等文书和典籍,其中可以肯定时代的印刷品,早到十三世纪初,估计从中原传入的时间还要早些。在敦煌一个地窖中曾发现一桶畏兀儿文木活字,据考定为一三〇〇年的遗物。库车与和田也曾发现汉字、八思巴字和古和田文的木活字印刷品。

城市建筑已有相当规模。哈剌火州和别失八里的故城遗址,保留至今,当年规模,依然约略可见。哈剌火州故城在吐鲁番县东约二十余公里,城墙用夯土筑成,高十六米,城周约五公里。全城原分外城、内城和宫城,布局略似唐代的长安。别失八里城面积约一平方公里，城内有十五米宽的街道，并有水渠沿街流过，供应居民用水。据王延德描述：北庭城中多楼台花木，可见它是一座建设得很美丽的城市。城中的宫庭、寺院，显示出畏兀儿人民的建筑艺术水平。北宋时，哈剌火州还可看到唐朝赐额的五十多个佛寺，别失八里也有高台、应运泰宁等寺。回鹘西迁后继续奉行摩尼教。摩尼教圆形庙宇的遗迹，在哈剌火州故城仍有存留。

元朝东西交通畅通，畏兀儿人除在内部进行交换外，到中原经商的也很多。马可波罗途经喀什噶尔，说这里有许多商人到世界各地去做生意。棉布、马、驼、葡萄酒、葡萄干和玉是他们运往各地的主要商品。

元朝发行的中统钞和至元宝钞在西北各地通用。残留的元代契约中，买卖也以锭为单位。新疆一些地方常发现北宋至元末至正时的铜钱，这些钱大约是蒙古灭金后大量传入的，可能一直使用到明代。

由于商业的发展，城市也相应繁荣起来。哈剌火州是畏兀儿亦都护的首府，也是贸易和文化的中心。别失八里也是亦都护早先建都的地方，元朝时又是西北军事、行政中心和宗王常驻之地。阿力麻里城是十二——十三世纪信奉伊斯兰教的突厥人新建的城市，这城的统治者速黑纳的斤降附蒙古，以后称臣于察合台，察合台系诸汗的斡耳朵常驻于此城附近，实际上成为察合台兀鲁思的首府，它是从中亚通往漠北或中原交通干线上的重要商业城市。欧洲的旅行家和传教士的记载中常常提到此城。喀什噶尔、鸭儿看、和田、阇鄜、罗卜、哈密、坤间等历史上早已出现的城镇，在元初的战乱中仍有所发展，可惜在元末察合台后王内部的斗争中，有些城市变成了废墟。准噶尔盆地西北部，西辽曾新建了一座叶密立城，窝阔台时这城又得到了发展。

封建剥削和人民生活　近百年来，在新疆各地曾出现不少元代畏兀儿文契约，为我们研究当时的封建生产关系提供了可贵的资料。许多文件表明，土地的买卖和租佃已经是普遍现象，根据人们占有土地的多少和有无，可以清楚地划分出地主、自耕农、佃农等阶级。在佃农向地主租地的契约中，有些载明是用自己的耕畜、农具和种子耕种，而另一些佃农则连生产工具和种子都没有，载明一切耗费都要求地主负担。后一种人自然会陷于对地主完全依附的地位。

封建统治者对农民的剥削是很苛酷的。由于天山南北雨量稀少，只有星罗棋布的绿洲可以经营农业，主要是依靠人工兴建的灌溉系统维持。大规模的水利工程只有通过官府的组织才能建成，因此，统治者可以把水利控制在自己手中，作为加重剥削农民的一个重要手段。水利权原由亦都护掌握，归附蒙古后，元朝皇帝直接派人掌管水务。

成吉思汗征服各地，随即检括户口造册，并指定麻速忽等人驻别失八里专管征税。蒙古在西域诸国，"以丁为户"，即按丁征税。出土文书中，有一种"担保"账目全部入册的文据，看来土地和其它财产也要登记入册并按册纳税。一二七九年，元朝曾颁布了"畏吾界内计亩输税"的规定。在元朝统治下，畏兀儿人除了向亦都护纳税外，还增加了向大汗和诸王纳税的负担。在一份契约中，立约人声称，如果有谁违约，"就让他自己缴给皇帝陛下一锭金子，各缴给皇帝诸兄弟、诸皇子一锭银子，缴给亦都护一锭银子。"（吉洪诺夫：《畏兀儿国的经济和社会制度》）这段契文不仅反映了畏兀儿人民同时遭受蒙古皇帝、诸王和亦都护剥削的事实，而且可以推知，他们大体遵循这一比例缴纳三重赋税。

畏兀儿人民用实物和货币缴纳赋税，主要是实物税，尤以葡萄和酒为常见。他们还要服各种劳役，如为驿站出马匹和人伕，被调发作各种苦役等。

寺院常占有大片土地和葡萄园，形成另一个僧侣大地主阶层，享有免征赋税的特权。畏兀儿封建主（别乞）拥有对农民超经济强制的权力，他们常强使村社选派会种葡萄的人到他们的葡萄园中服劳役。

在多种封建盘剥之下，畏兀儿劳动人民的生活是很艰苦的。西北战乱不断，人民生活更无保障，农民只好出卖田地、家产和妻女。在现存的畏兀文契约中，大量地反映了当时农民丧失土地，沦为赤贫的情景，甚至有许多人丧失了人身自由，沦为奴隶。奴隶不仅使用在葡萄园和土地上，而且也使用在手工业上。

三、文 化 状 况

回鹘在漠北时，本来已有自己的文字，也就是鄂尔浑河碑铭上所见的古突厥文。西迁以后，这种文字逐渐废弃，而用粟特字母创制了另一种文字代替，这就是习称的古畏兀儿字，它的使用地区远达葱岭以西，对畏兀儿文化的传播和发展起了很大作用。

十一世纪以后，喀什噶尔等地人民已改奉伊斯兰教，这里的畏兀儿人使用的文字也已改用阿拉伯字母拼写。当时喀什噶尔等地正处于黑韩（哈剌汗）王朝统治之下，文化相当繁荣，产生了用这种文字写的几部名著。十一世纪初，出生于八剌沙衮的玉速夫·哈昔·哈吉夫在喀什噶尔写成《福乐智慧》一书。这是一部描写古代伊朗叙事诗中英雄爱菲剌思阿德和鲁石台木两人的长篇叙事诗。马合木·喀什噶里（意为喀什噶尔人马合木）编成世界上第一部《突厥语词汇》，是一部参照当时阿拉伯语辞书的体例，用阿拉伯语注释突厥语词的词书。由于作者曾亲身考察了畏兀儿、乌古思、土库曼、乞儿吉思及其他突厥人地区，不仅辨明了突厥各部的分布情况和语言上的差异，为突厥语整理出一个体系，而且还提供了新疆和中亚各族人民的民间文学、历史、地理、民俗等广泛的知识。喀什噶尔还有一位历史学家侯赛因·阿勒马赤，曾写过一部《喀什噶尔史》，可惜此书久已失传，现在只能在阿拉伯文著作中看到被引用的片断。

畏兀儿人原来信仰摩尼教，西迁以后，又接受了当地早已盛行的佛教。西辽也信仰佛教，黑韩王朝统治地区则传入了伊斯兰教。此外，还有景教、祆教在畏兀儿人民中传播。元末，察合台后王改信伊斯兰教，其他宗教被排挤，伊斯兰教逐渐占居统治地位。

由于宗教的盛行，寺庙建筑和各种宗教艺术也相应得到发展。佛教寺院中，木雕、泥塑或铜铸的佛像中有不少艺术珍品。在佛教、摩尼教和景教的庙宇内，往往在整面墙上涂上石膏，创制出许多宗教题材的动人壁画。壁画中的汉人、突厥人、印度人及欧洲人等人物画，面部的种族特征非常清楚，各有个性。这种壁画反映出中原文化的影响，也吸收了各民族的艺术精华。

对各民族文化发展的贡献　畏兀儿人民很早就行使本民族的文字，为契丹、蒙古民族创制文字提供了依据。畏兀儿人中有不少精通本族文字并兼通多种民族语言文字的文士，被其他民族统治者礼为师傅或主管文书、簿记。哈剌亦哈赤北鲁，曾被西辽聘为王子师。塔塔统阿被乃蛮太阳可汗尊为师傅，掌金印及钱谷。蒙古灭乃蛮，塔塔统阿被俘，成吉思汗让他教太子、诸王以畏兀字书写蒙古语。哈剌亦哈赤北鲁降蒙古后，成吉思汗也令诸皇子受学。此外，还有岳璘帖木尔训导皇弟斡赤斤诸王子，他的家族成员一直担任斡赤斤一系王府的必阇赤（主文史者）、王傅等职。孟速思和布鲁海牙等人为拖雷所用，专管其分邑岁赋和军民匠户。昔班曾充当窝阔台诸王子的师傅，海都的父亲合失是他的学生。

畏兀儿语和蒙古语同属阿尔泰语系，而蒙古文又是畏兀儿人用畏兀儿字母所创造，所以畏兀儿人比其他民族更容易掌握蒙古的文字。蒙古建国之初，统治者需要学习文字和记录军事、政治、财政和司法的人员，因而畏兀儿人文士多受到元朝的重用。畏兀儿文士还多学习汉文；佛教徒则兼通梵文、藏文，为元朝宫廷翻译了不少汉文典籍和佛经。安藏扎鲁答思曾将《尚书》、《贞观政要》、《申鉴》、《资治通鉴》、《难经》、《本草》等书译成蒙文。忽都鲁都儿迷失、阿邻帖木儿翻译了《大学衍义》和《资治通鉴》的一部分，又将蒙文典章译成汉文，为编纂《经世大典》提供了资料。迦鲁纳答思用畏兀字蒙文将梵、藏文经典译出刻印。哈密人必兰纳识里将梵、藏、汉文佛经六种译成蒙文。由于畏兀儿人中兼通各种语言文字的人才辈出，海外各国来朝贡时，接待使臣和翻译表文的职务大多由畏兀儿人充当。掌管"译写一切文字及颁降玺书"的蒙古翰林院，担任翰林学士承旨等要职的主要是畏兀儿人。十四世纪初，畏兀儿国师搠思吉斡节儿，著有论述蒙古文语法的《心箍》一书，这是历史上第一部蒙古语法著作，在奠定蒙文的正字法和正音法等方面作出了贡献。

元朝畏兀儿人中还出现了一些历史学家和文学

家。忽都鲁都儿迷失和阿邻帖木儿曾主管编写蒙古宫廷的实录《脱卜赤颜》。《辽史》的纂修官廉惠山海牙、提调官偰哲笃，《金史》的纂修官沙剌班都是畏兀儿人。廉惠山海牙还参加了编写《显宗实录》和《英宗实录》。廉惇和贯云石是畏兀儿人中用汉文写作的著名诗文作者，有文集留传于世。贯云石尤其精于词曲。浙江海盐人的歌调"海盐腔"，就是由他传授发展起来的。

哈剌鲁人在元代也有著名的学者。迺贤，祖先从巴什喀尔湖以东迁居浙江宁波，改汉姓为马，字易之，有诗集《金台集》行世。他又著《河朔访古记》，记录了他从浙江出游淮河、黄河以北广大地区，"吊古山川、城郭、邱陵、宫室、王霸人物、衣冠、文献陈迹故事及近代金宋战争疆场更变者"。此书现在只残存若干条，其中关于山川古迹的记载，大多是其它地志缺略的，特别是关于金石遗文记述最详。又有侨居河南开州的哈剌鲁人伯颜，汉名师圣，字宗道，曾参加修《金史》，平生修辑《六经》，多所著述，可惜都毁于战火之中。侨居南阳的虎都铁木禄，好读书，喜欢同汉族学士大夫交游，自号"汉卿"。

畏兀儿学者也钻研汉族传统的科学技术，并有著作留传。地方官鲁明善著有《农桑衣食撮要》一书，将各种农事按一年十二月令编排，"凡天时地利之宜，种植敛藏之法"，都有简明介绍。建昌路总管萨德弥实根据汉族传统的治疗方式，著有《瑞竹堂经验方》一书。

四、畏汉各族人民生产经验的交流

十二世纪初，华北地区还没有棉花。元朝时棉花普遍传入中原各地，其中最先传到陕甘地区的北路棉应当是畏兀儿人传授的功劳。

明初叶子奇说：葡萄酒和烧酒自元朝始。烧酒又名法酒，"用器烧酒之精液取之"，是用蒸溜法制作的浓烈酒。培植葡萄、酿葡萄酒本来是畏兀儿等西北各族的长技，虽然葡萄和葡萄酒中原早已有之，但由于察合台系宗王兼有西北和太原两处分地，他们从西北往山西移植葡萄，传播酿酒技术，并定出为他们服役的"葡萄户"，使太原、平阳成为葡萄干、葡萄酒和烧酒的著名产地。

辽朝从回鹘传入西瓜，为汉人地区所未有。叶子奇说："元世祖征西域，中国始有种。"大概是元朝建国以后西瓜才逐渐在中原和南方传播。

从成吉思汗时代起，就有西北各族人民被签发为军兵或作为俘虏来到内地。笃哇等攻破哈剌火州等地以后，畏兀儿亦都护内徙，寄留永昌，同时有大批畏兀儿人户被迫迁徙到甘肃、陕西各地。他们同汉族人民生活在一起，直接参与各地的开发。一二八○年，元朝令居住在河西的畏兀儿人户就地屯田。南阳和襄阳也是畏兀儿人集中的地区。一三○一年，元朝曾拨出南阳府屯田地给畏兀儿户耕种。泰定帝时，亦都护帖木儿补化由甘肃改镇襄阳，此后这一带畏兀儿军队和百姓更为集中。元世祖时，哈剌鲁军万户府也驻扎在襄阳。一二九二年，元朝拨给住在襄阳的苦叉和哈剌鲁人六百余户以农具和种子，让他们耕田生活。一二九七年，官府又发给襄阳的哈剌鲁军种子、耕牛和农具往南阳屯田。元世祖时，畏兀儿军队曾成批地被派驻云南。仁宗时，云南行省又调汉军和畏兀儿军五千人驻乌蒙守戍，就地建立军屯，开发了彝族地区。

畏兀儿手工业者在战乱中也大量移居内地。前面提到的官局，有由别失八里人组成的设置在大都的别失八里诸色人匠局和另一个别失八里局，有由和田人组成的忽炭八里局，都集中了一批手艺精巧的工匠。一二八八年，元朝曾下令散居陕、甘的一千多户和田和喀什噶尔的工匠屯田，可见西北各族散居内地的手工业者当不在少数，他们把特有的技艺传到中原。

汉族劳动人民因为被俘或充军大批迁往西北，对西北各地的开发也作出了贡献。十三世纪中，准噶尔盆地边缘已有许多汉民从事种植大小麦和黍谷等。阿力麻里城有当地人和汉民杂居。南面的赤木儿城，居民中有许多太原和平阳人。

畏兀儿人以瓶取水，提水量有限。汉人传授中原汲器，提水灌溉方便得多。畏兀儿人民称赞"桃花石（指汉人）诸事皆巧"，可能在其它方面也传介了中原的先进的生产经验。元世祖时曾调遣汉族军队在哈密、别失八里、和田等地屯田,还在别失八里设立冶场,鼓铸农器,这对推广中原的农具也会起到一定的作用。

(三)藏 族

一、元朝对吐蕃的统治

忽必烈即位前,就已经同吐蕃的上层建立了联系。一二五三年(蒙哥汗三年),忽必烈在进军大理途中,曾驻军于六盘山,听说凉州阔端后王蒙哥都处有吐蕃高僧萨迦班底达,于是遣使往请。当时萨迦班底达已死,他的侄儿八思巴经蒙哥都推荐应召到忽必烈处,很得宠信(《红册》、《佛祖历代通载》)。一二五八年,佛、道两教发生争执,蒙哥令僧道到忽必烈处辩论。年轻的八思巴辩胜了道士,更博得蒙古皇室的尊重。

一二六〇年(中统元年),忽必烈即帝位,任八思巴为"国师"。一二七〇年(至元七年),又升号"大宝法王"。国师统领全国释教,是佛教的最高领袖,同时还管理吐蕃军民等世俗事务,是藏族地区的最高政治首领。八思巴逝后加号帝师,以后的历代帝师都由元朝皇帝任命,以命官的身份,管理吐蕃政事。吐蕃由此统属于帝师和以款氏家族为核心的萨迦集团。这在藏族历史上是一桩重大的事件。在日喀则的德庆颇章(汉语意为极乐宫),今天还保存着一组八思巴朝觐忽必烈的壁画,形象地记录了这一历史场面。

元朝任八思巴为国师后,又先后设置了管辖藏族地区的中央和地方机构。一二八〇年,设立都功德使司,掌奏国师所统僧人并吐蕃军民等事。一二八三年,又另设总制院,掌浮图氏之教(佛教),兼治吐蕃之事,由具有"国师"称号的喇嘛主持,这实际上是朝廷设置管辖全国佛教和藏族地区政教事务的中央政事机构。一二八八年又更名宣政院。宣政院的职责是掌释教僧徒及吐蕃之境而隶治之,但它的地位却提高到同枢密院、御史台并列,都是秩从一品的高级官署,可以不通过中书省自行任命官吏。宣政院使往往由首相兼任;位居第二的院使由帝师推举的僧人担任。如吐蕃有大事,还可临时设分院就地处理。

《元史·百官志》记载宣政院管辖三个略低于行省的宣慰使司都元帅府:一个是吐蕃等处宣慰使司都元帅府,管辖西北的藏族地区,治所在河州(今甘肃临夏县);其次是吐蕃等路宣慰使司都元帅府,管辖西南的藏族地区;第三是乌思、藏、纳里速古鲁孙等三路宣慰使司都元帅府,辖今前后藏和阿里地区。《元史》武宗、英宗、顺帝本纪,都载有朵思麻宣慰使司。《明史·西域传》说朵甘元曾置宣慰使司。藏人称青海为"朵","朵思麻"意为下朵,指青海东南部,相当于吐蕃等处宣慰使司。"甘"或"甘思",今译作"康",即今甘孜藏族自治州和昌都地区,"朵甘思"当包括康和青海西部地区在内,辖区与吐蕃等路宣慰司相当。

宣慰使司都元帅府以下，还分设若干宣抚、安抚、招讨等司以及元帅府、总管府、万户府和千户所等。

上述地方机构的品级、职权、设官人数和管辖范围，元朝都有规定。乌思藏的首要官员，一般由当地的僧俗封建主担任，但要经元朝政府任命。朵思麻、朵甘思地区的宣慰、宣抚、安抚使等官，常由元政府直接派遣。各级官员必须遵守元朝的法令，接受考核。宣慰司等官府的文卷要接受地方监察机关按察司的检查。

元初，忽必烈封他的儿子奥鲁赤为西平王，将吐蕃地方委付给他。奥鲁赤的子孙镇西武靖王一系就驻在吐蕃，世袭封地，有权会同宣政院处理当地的军政事宜。在乌思藏，元朝派有军队屯驻，设"管蒙古军都元帅府"。吐蕃的军务由宣政院处理，吐蕃或邻境有事，各地长官必须领军听从调遣。这些措施，加强了元朝对藏族地区的直接控制。从内地到藏族地区，还开辟了朵思麻、朵甘思、乌思藏三条驿路，便利了政治上和经济上的联系。

阔端曾对吐蕃封建主提出，臣属蒙古不能只表示归附，而且必须纳贡；各部应将所属官吏姓名、僧俗人众和应纳贡物缮造清册呈报（《萨迦班底达致乌思藏纳里僧俗诸首领书》）。一二六八年和一二八七年，元朝曾两度派官员会同萨迦的本勤（萨迦行政首脑）清查乌思藏的户口和土地数目，确定各封建主应向元朝纳贡的数额。元朝还在藏族地区推行"乌拉"制度，主要是

西藏日喀则德庆颇章壁画：

《八思巴朝见忽必烈图》

提供驿路的供应和服役。藏族人民从此成为元朝的"编民"，承担国家的赋税和徭役。

藏文史书《萨迦世系史》说："元帝辖十一行省，西藏三地面虽不足一行省，但因为它是八思巴的住地和教法所在，故作为一省委付于八思巴。"足见当时藏族人民也是把吐蕃看成元朝的一个行省。

二、封建农奴制的发展

元朝统一了吐蕃，吐蕃封建农奴制社会得到新的发展。

唐末吐蕃王朝崩溃以后，藏族地区出现了"种族分散，大者数千家，小者百十家，无复统一"的分散局面，形成许多"各有首领"的割据势力。由于佛教这时已经被藏族普遍信奉，这种割据势力又具有僧俗结合、政教不分的特点。

在吐蕃王朝时代，王室虽大力提倡佛教，但在大部分贵族中，原有的本教仍据统治地位。经过八世纪的发展，佛、本两教相互影响、渗透，终于揉合成一种别有特色的佛教——喇嘛教，得到所有封建主的普遍承认和尊崇。到了十二、三世纪，以一些大寺院为中心，形成若干教派，控制着当地的政权，成为地方封建割据势力。各个教派的首脑，往往出身于同一家族，他们通过宗教控制政权，形成贵族世家。当时，最著名的有以热振寺为中心的噶当派，以萨迦寺为中心的萨迦派，有山南地区兴起的噶举派，以及由噶举派分化出来的搽里八、必力公、伯木古鲁、思答刺、加麻瓦、牙里不藏思等支系（《红册》、《西藏王臣史》）。

阔端派兵进入吐蕃时，萨迦是影响较大的教派。八思巴以后的帝师，大多出身于款氏家族。出身于其他家族者，也都是萨迦寺的高僧、八思巴的弟子或侍者。萨迦寺的高级僧职罗本，就职时要亲自去朝廷受帝师的法戒，取得帝师的承认。

阔端也提高了萨迦派的政治地位。授予萨迦官员金银符，担任各处的达鲁花赤，并且声明："不请命于萨迦之金符官而妄自行事，即是目无法纪，犯此者难邀宽宥。"元朝把吐蕃的政权交给帝师和萨迦集团，帝师有权直接支配宣政院及其下属藏族地区各级政权，帝师的命令可以同皇帝的诏敕并行于藏族地区。忽必烈任命八思巴为帝师时，同时又派遣他的弟弟恰纳朵儿只统治吐蕃三部。仁宗、英宗、泰定帝时，八思巴的侄孙公哥罗古罗思监藏班藏卜任帝师，其兄唆南藏卜同时受封为白兰王，领乌思、藏、纳里速古鲁孙三道宣慰司事。三路曾先后设立军民万户府和宣慰使司都元帅府，其万户、宣慰使、都元帅等要职，除帝师的族人外，大多由萨迦的官员本勤和大侍从担任。

帝师也是吐蕃最大的封建领主。据《萨迦世系史》说：八思巴首次传授佛法时，忽必烈把乌思藏作为供奉赐给他。第二次传授佛法时，忽必烈又下谕把包括纳里速古鲁孙在内的三地面所有僧俗人众都充当对他的供奉。所以，今前、后藏和阿里三部又是元朝皇帝赏赐帝师的封建领地。萨迦僧俗封建领主凭借元王朝的支持，成为吐蕃各教派、各地方的首脑。

十四世纪中，萨迦的款氏家族因内哄而分裂。噶举派的伯木古鲁一支起于泽当。这个教派是由朗氏家族控制的，他的首领赏竺监藏于一三二二年（英宗至治二年）受封为伯木古鲁万户。以后他的势力逐渐强大，先后挫败搽里八、必力公等万户，最后并吞了萨迦的辖地。元顺帝封赏竺监藏为司徒，并承认伯木古鲁政权取代萨迦。

阔端在吐蕃归附后，曾对各地方势力宣告："凡在职诸官吏，不论何人，皆仍留原职不变"。元朝建立后，分乌思藏为十三万户，把各教派和各地方势力都包括在内，仍任命原来的僧俗领主担任万户。这些万户中，伯木古鲁、搽里八、必力公、思答剌、牙里不藏思等，同萨迦一样，也是喇嘛教派、地方政权和封建领地三者结合，照例被一些贵族世家所垄断。十三万户之下，还有千、百户等小领主。

元朝统治者注意到吐蕃的历史特点，本着"因其俗而柔其人"的方针，一面扶植当地影响最大的喇嘛教，授予政治权力，一面又对原有的各地方势力分别予以承认，僧俗并用，确立了政教合一的封建等级制度，影响藏族社会达数百年之久。

朵思麻、朵甘思两吐蕃宣慰使司所辖地区，由于接近汉地，又有各自的特点。元朝统治这些地区的行政设置，奠定了明清的州县和土司制度的基础。

农牧民是藏族地区的基本生产者。在割据时期，各地方的僧俗领主掌握着政权，霸占了土地等生产资料。农牧民被迫向他们服劳役和缴纳实物，逐渐沦为依附于他们的农奴。但由于各割据势力兴衰无常，他们对农牧民的控制还并不稳固。元朝几次清查吐蕃的户口和土地，明确了各个领主对所属农牧民和土地的占有权力。以后，历代帝师恃有皇帝的圣旨，向乌思藏各宣慰使、万户长等文武官员和僧俗人众发布文告，申明对各领主辖境的百姓及土地、水、草、牲畜、工具等一律严加保护，不许侵犯。各领主所属百姓应安居原处，不许逃亡或投靠别人，其他领主也不得强占。百姓应依例为领主执役应差，对领主不得违抗。为了使这种农奴制度得以长久维持，文告中也告诫各地领主和文武官员，不许在规定的限度外滥施权力，无故需索骚扰或滥支供应等等（《帝师亦摄思连真等发布的文告》）。萨迦的本勤颜璘任宣慰使时，还通过地方政权制定了乌思藏大部分法律。封建领主和属民的地位及其相互关系，由朝廷的法令确定了下来，封建农奴制度得到了巩固和发展。

农奴要对领主交纳实物和服劳役。小领主有权支配所属农奴服役，而大领主又可支配所属小领主的农奴为他服役。元初释迦藏卜任本勤时，就曾征调乌思藏十三万户的人夫为萨迦修建大寺。农牧民站户还要服“乌拉”，驿路上来往使臣的饮食住宿的需用，驮运过往货物的马匹、畜力、车辆、人伕等等，都要由站户提供。

农牧民除向领主缴纳实物外，各领主向元朝纳贡的负担也落在他们身上。萨迦班底达向阔端臣服时，曾指定献纳各种土产和奢侈品，如珍珠、颜料、胭脂红、赭石、广木香、兽皮、羊毛、氆氇及金沙、银、象牙等等。据《经世大典·站赤》保存的零星记载，元朝时期贡品有葡萄酒、酥油、水银、西天布、硫黄、青稞、盐货等土产。名目有所谓"年例出产职贡",有所谓"宣政院所辖西番课程钱物"等。还有专门供奉皇太后个人的"西番出产物货"。

藏族社会中地位最低下的是奴隶。元朝在吐蕃调查户口时,一般以六口之家算作一"小斡耳朵"(帐)。六口即估计为夫妇及子女、婢、仆各一人(《萨迦世系史》)。每个"小斡耳朵"都估计有婢仆二人,可见奴隶制仍在发展。

藏族的农奴和奴仆备受僧俗封建领主的压榨,不断举行各种形式的起义。地方领主也常利用这种形式起而反抗萨迦和元朝的统治。

元世祖至元末年,必力公起而反对元朝和萨迦的统治,破坏驿站,经过萨迦三任本勤的连续讨伐,一二九〇年,镇西武靖王铁木儿不花也率蒙古军协助,破坏了必力公寺,俘掳了万户长亦璘真等人,必力公的反抗最后遭到镇压。

一二九四年,四川行省奉诏重开吐蕃道,藏族起而反抗,包围茂州。

元世祖和成宗时,朵思麻地曾有藏族起义。朵甘思、萨迦、康撒儿等地也发生动乱,成宗派陈萍为宣政使兼土番宣慰使前往征讨,起义被镇压下去,首领几十人牺牲。

一三二三年,参卜郎诸族起义,杀元使臣,夺取财物。元朝先后派镇西武靖王搠思班、四川平章兼宣政院使襄加台、吐蕃等路宣慰使都元帅乞剌失思八班藏卜领兵讨伐。起义经两、三年之久而最后失败。

顺帝时,元王朝已到崩溃的边缘。一三三七年(至元三年),藏族人民发动起义,直指镇守当地的镇西武靖王,杀死王子党兀班。元朝特设行宣政院派兵镇压。

元末农民起义在中原爆发,藏族农牧民也纷纷起事,仅在一三四七年(至正七年)一年内,发生藏民起义的地区就有二百余所。元王朝穷于对付,只得不拘资级派遣官员镇压。元王朝加强对各族人民的镇压,并不能挽救自己的覆亡。煊赫一时的萨迦集团,也在封建主内哄和藏族人民起义的打击下,陷于崩溃。

三、农业、手工业和商业

雅鲁藏布江流域是西藏的主要农业区,在适宜耕种的地方,分布着许多农村居民点。作物主要是青稞,元时称为"青麦",是岁贡的项目之一。一些地区栽种葡萄,酿制的"西番葡萄酒"颇享盛名,是进贡的珍品。藏族的农业多与畜牧业相结合,其余广大地面是纯粹的牧区。

藏族农牧民多附带经营家庭手工业。他们用羊毛制成各种毛织品,有"毛布"、"毛缨"、"红缨"等名目,除满足自己需要外,还有一部分用来同内地进行交换。乌思藏的细氆氇是一种精致的毛织品,称为"西天布",也是上贡的特产之一。

早在十一至十二世纪，热振寺、萨迦寺、伯木古鲁的帖寺、加麻瓦派的术普寺、搽里八派的搽里寺、公塘寺、必力公帖寺、思答剌寺等陆续建成。元代，寺院建筑又有很大发展。萨迦扩建和新建的寺院最多，有四大寺十四小寺之称。其中以本勤释迦藏卜建造的大寺最有名，寺院周围，升起金碧辉煌的宝塔。萨迦的四周和奔波里的山头，筑起雄伟的城垣。一二五一年（顺帝至正十一年），伯木古鲁派建成泽当大寺。这些工程浩大的建筑物，都是调发大量无偿劳力建造的。

在各教派和各封建主的领地上，围绕着大寺院兴起一些新的城镇，形成各地方的政治中心，也是手工业和商品交换的集中点。

藏族在宋代就已在汉藏毗邻地区同汉族进行"茶马互市"，规模已很可观。元代继续维持这种传统交换关系。一二七七年，元军取得四川后，在碉门、黎州设榷场与吐蕃贸易。大批藏族僧侣和官员陆续来到内地，他们把元朝统治者的大量赏赐和自己采购的货物，经由驿道运往吐蕃。许多人借此经商营利，实际上是另一种贸易形式。

茶仍是运往藏区的主要货物。至元间，废除了设官专卖的办法，茶商纳课，自由交易，更便于茶的销售。据明初记载说："秦蜀之茶，自碉门、黎、雅抵朵甘、乌思、藏五千余里皆用之，其地之人，不可一日无此。"

（《明实录》洪武三十年三月）饮茶已成为藏族人民的普遍需要。输入藏区的商品还有布匹、各种丝织品、瓷器、铜器及各种日用品等等，由于藏族可直接往内地各处贸易，商品的来源和品种较前大为增多。藏族地区内销的货物，宋朝只重战马，禁止以茶博易珠玉、红发、毛段之物。元代，有牲畜、农畜产品、毛织品、皮货及作为颜料和药材之用的各种土特产等，品种和数量大增。

在朵甘思的老思刚地方，已出现专务贸贩的商人，以贩卖碉门乌茶、四川细布，交易藏区土产为生。

四、文化的发展

在文学方面，著名的藏族长篇史诗《格萨尔王传》是藏族人民中长期流传下来的群众性创作，并非某一个人所能完成，可能是元代形成的。此书几百年来，已被译成许多民族的文字。史诗卷帙之多，为世界文学中所罕见。萨迦班底达著有《苏布喜地》一书，很早就被译成蒙文，是藏、蒙人民喜爱的文学作品。

萨迦班底达也是一个语言学者。他到凉州时，曾应阔端的请求制作蒙古文字，设计了四十四个字母，据推测，可能是利用畏兀儿字母也可能是用藏文字母作出了表音的原则。忽必烈即位后，八思巴受命据藏文字母创为蒙古新字，以译写一切文字。一二六九年，元朝正式下诏以新制蒙古字颁行天下，即近人所称"八思巴字"。

史学也有很大发展。寺院很重视对珍贵文献的保管，在萨迦寺有管理文书的专门官吏叫做朋你克。十五卷的《萨迦甘本》是五个萨迦寺主的作品，其中包含重要的原始史料，曾经在德格刊行。《红册》是现存最古老的藏文史籍之一，由搽里八的公哥朵儿只于一三四六至一三六三年写成。公哥朵儿只原是搽里八的万户长，曾朝见过元帝，后来出家专理佛事，受封为司徒。《红册》除写了当时萨迦、噶当、噶举、伯木古鲁各主要教派的历史外，还根据汉文史书写了唐、宋、吐蕃和蒙古的历史。他明确说：此书曾参考了宋祁和范祖禹执笔的《唐书·吐蕃传》和《资治通鉴·唐纪》的藏文译本。蒙古王统部分可能参考过蒙文资料。书名也用蒙语称《忽兰·迭卜帖儿》。

卜思端（一二九〇——一三六四）的《善逝教法史》也是元代的史学名著。卜思端出身于佛学名门，曾先后请教二十八位大师，学识极为渊博，著作也很多。中年以后，常住后藏沙鲁寺。嗣法弟子发展成沙鲁派。《教法史》完成于一三三二年，全书分为三大部分，第一部分是教法的概说，第二部分是印度和藏族地区的佛教史，第三部分是大藏的目录。本书以谨严著称，搜集了丰富的历史资料，很少记载传说的离奇神话。此书有几种不同的刻本流传。

元王朝对佛教的提倡推动了佛学的研究。在搽里八的公哥朵儿只主持下，卜思端曾编纂了甘珠尔（大藏经典部)和丹珠尔(大藏注解部)两部佛经大藏,是藏文佛经的总集。

元朝统一后,印刷术也很快传到吐蕃。公哥朵儿只的祖父噶德衮布在元世祖时曾去过内地七次,回藏后在搽里八设立了印刷场。《红册》所利用的汉文史料的藏译本,就曾在一三二五年由国师亦璘真乞剌思刻印过。

居庸关六体文字刻石

元代吐蕃兴建了许多新寺院。各种建筑、绘画、雕刻、塑像等艺术都在原有的基础上得到提高，并且吸收了各民族的风格。如搽里八的领主噶德衮布曾请汉族的"巧臣"修建了汉式的佛殿。萨迦寺的黄金塔，是元初由尼泊尔建筑师和雕塑家阿尼哥率领尼泊尔工匠，经两年时间而造成的。现存的拉当寺的弥勒佛、沙鲁寺的莲华生等雕刻作品，在造型方面是写实的，刀法与元代汉族雕塑有近似之处。沙鲁寺的几幅"供养天"壁画，是在尼泊尔、印度艺术影响下创造出来的，已具有成熟的"江孜派"的新风格。

在科学技术方面，医药历算有所发展。萨迦班底达去凉州，因为曾治好阔端多年无法治愈的痼疾，所以才大受尊信。卜思端本人曾写过医学著作。元时的贡品中有广木香、牛黄、胭脂红、茜草等药材，可见当时藏族对药物已有较深的认识。在中原的影响下，藏族的历法也有发展。卜思端还写过关于天文学的著作。

(四) 云 南 各 族

一二五四年(蒙哥四年)，忽必烈自大理北返，留大将兀良合台戍守云南，并任命刘时中为宣抚使，与大理原来的统治者段氏共同治理云南地区。随后，蒙哥根据兀良合台的建议，按蒙古军政合一的制度，将原有的三十七部并成十九个万户府，任命土人和蒙古官员为万户长和达鲁花赤，兀良合台任都元帅总镇其地。一二六〇年，忽必烈即位后，在一二六三年至一二七一年间先后派遣昔撒昔、也先、宝合丁、阿鲁帖木儿担任此职。在云南设省以前，他们是云南地区的军政首领。

忽必烈北返时，还留下宗王不花驻守云南（中统二年封为建昌王），重大军政事宜都元帅必须向宗王请示。一二六七年，忽必烈封皇子忽哥赤为云南王，又设大理等处行六部和王傅府，以行六部的尚书、侍郎兼王傅府的王傅、府尉和司马，行政机关和王府机构合为一体。一二七一年，忽哥赤被都元帅宝合丁等毒死，元朝又以南平王秃忽鲁出镇云南。

蒙古军自一二五三年进入云南后，在大约二十年内，基本上是军事占领，镇戍云南的诸王和军事将领只是搜括财物和掳掠人口。各族人民反抗蒙古压迫的斗争相继而起。一二七三年，忽必烈鉴于委任失宜，决定建立云南行中书省，任命平章政事赛典赤赡思丁行云南省事。赛典赤赡思丁是来自中亚布哈拉的回回人，在窝阔台、贵由、蒙哥、忽必烈四汗时期，担任过山西、燕京、川陕等地的地方官职，逐渐接受了汉族的传统文化和统治方法。赛典赤赡思丁于一二七四年到云南，与镇守云南的宗王秃忽鲁，确定王府和行省的职权范围：王府可以对行省进行监督，但执行政令的权力归于行省。次年，他又建议由云南宣慰司兼行元帅府事，听行省节制。后来又将这两个机构和重设的官吏省去，加强了行中书省的权力。赛典赤赡思丁还把原设的万户、千户废除，改成三十七路、五府，下设州县，并重新改定各路府州县的名称，与其它行省取得一致。路府州县的官吏，要重新选派蒙古、色目、汉人和当地土著人担任，六品以上，都必须经元朝任命，六品以下，由本省选派上报，从而加强了元朝和行省对云南地区的统治。

元朝云南行省的范围，东至普安路的横山（今贵州普安县，一度曾到贵阳），西接印度的阿萨密，西南至缅甸的江头城（八莫附近），南边曾连接八百媳妇（泰国北部）和老挝境，北至罗罗斯的大渡河（包括今四川西昌地区和凉山彝族自治州等地），所辖区域比后代的云南省要大得多。

云南是一个多民族的地区，见于元代记载的有白人、罗罗、金齿白夷、末些（纳西）、斡泥（哈尼）、蒲蛮（布朗）、卢蛮（傈僳）、阿昌、吐蕃（藏）、怒人、撬人（独龙）、野蛮（景颇）、侬人（僮族）、土僚蛮（仡佬）等族。

一、白人（白族）和罗罗（彝族）等族

元代的云南行省大体是建立在大理国的旧境内，除了周边一些依附于大理的少数民族外，主要民族是白人和罗罗。

白人原称僰人，史书又称"白蛮"，是白族的祖先。

白人原来聚居在洱海及其邻近地区，曾经建立过南诏和大理国。据元人李京的《云南志略》记载，元代白人主要聚居在中庆（昆明地区）、威楚（今楚雄彝族自治州）、大理、永昌（今保山地区）等路府。统治者王室和贵族，控制了从中庆、威楚、经大理至永昌等重要地区的交通线，并于沿线要地建立起若干城镇。分封在各地区的白人贵族以这些城镇为中心，不断扩张统治势力。白族人民也进而散布到姚安、丽江、鹤庆、北胜、腾冲、顺宁、元江、临安、澂江、曲靖、武定等地。大理国段氏强盛时，白族曾经发展到黔西的普安，川南的大渡河以南地区。

白人段氏世代为大理国主，是云南各民族的统治者。忽必烈征云南，国主段兴智降。一二五五年，段兴智同他叔父段福去朝见蒙哥，奉献地图，提出平定诸部和治民立赋的办法，受到蒙哥的赞赏。蒙哥命段兴智继续统治白、爨等部，令段福统领军队。次年，段兴智等回大理，率领白、爨军二万为前锋，导大将兀良合台讨平未附各部，侵掠交趾。段兴智死，弟段实继位。一二六一年，段实入朝忽必烈，受命领大理、善阐（今昆明地区）、威楚、统矢（元改姚州）、会川、建昌、腾越等城，节制当地的万户、千户。

忽必烈派遣赛典赤来治理云南，一二七六年，立行省，置郡县，改善阐为中庆路，作为省治所在地。段实被改任为大理路总管，辖地缩小到大理、蒙化、威楚等地。

罗罗，史书上或译落兰、卢鹿，又称"乌蛮"。别部或自称撒摩都（或作些莫徒）、罗婺、摩察、樊剌，都是彝族的先民部落。在唐宋的记载中，他们被称为爨人，元代也称为爨，或简称寸。《云南志略》指出："罗罗，即乌蛮也，……自顺元、曲靖、乌蒙、乌撒、越嶲皆此类也。"这是指罗罗的集中地区。

顺元是八番顺元宣慰司所辖的顺元等处宣抚司，辖今贵州鸭池河左右的水东和水西地区，尤以水西（彝语称"亦奚不薛"，"亦奚"意为水，"不薛"意为西）彝族最为集中。曲靖宣慰司现在只有西境属云南，是彝族聚居区；东境普定（安顺一带）、普安（普安、盘县等地）路在今贵州西南，此处与顺元的彝族在汉籍中都被称为"罗鬼"、"罗氏鬼"，或称"鬼蛮"。他们在唐末已形成较大的独立政权，被称为"大鬼主罗殿王"。宋末，北部有罗氏鬼国，依附于宋；南部有罗殿国，依附于大理，与宋广南西道常有贸易来往。但实际上部落甚多，称谓也不固定。

蒙哥时，兀良合台攻押赤城（昆明），"鬼蛮"出援兵助守。蒙古军队攻陷押赤等城后，乘胜进入鬼蛮境（蒙语称赤秃哥儿、赤秃哥或赤科，"魔鬼"之意），招降罗鬼诸部。云南设郡县后，以于矢部设普安路，普里部设普定府，后升为路，隶曲靖宣慰司。其余地区，湖广、四川、云南三省曾多次前往招降和征讨，先后设置了八番罗甸、顺元,亦奚不薛三宣慰司及若干安抚司、宣抚司等机构。一二九一年,顺元宣慰司撤消。次年,并八番罗甸和亦奚不薛宣慰司合为八番顺元宣慰司,属云南行省管辖。

乌撒乌蒙等处是一个宣慰司,这里原有乌撒(贵州威宁)、乌蒙(云南昭通一带)、閟畔(东川市、会泽、巧家县地)、芒布(镇雄、威信等县)、易娘(彝良县)等部。乌蒙部驻窦地甸,部主阿杓受宋封为乌蒙王。芒布居屈流大雄甸,宋封为西南番都大巡检使。

一二五六年,蒙哥令兀良合台从云南率军与四川蒙军会师,途中先后招降了閟畔、乌蒙、易娘、芒布等部。乌撒部屡招不降,一二七三年才向元朝降服。元朝陆续设立了乌撒、乌蒙、芒布(辖益良州,即易娘部;强州)东川(原閟畔部)四路。一二九三年,乌撒宣抚司改为宣慰司兼管军万户府,统辖以上四路,大致与今昭通地区相当。东邻亦奚不薛,南接曲靖,是彝族的聚居区。

越嶲是唐郡名,南诏设建昌府,元朝设为罗罗斯宣慰司。越嶲等地原属大理国,只有邛部每年向宋朝贡名马、土物,宋封其首领为邛都王。大理国逐渐衰败,落兰部崛起于泸沽、称雄于各部。蒙哥时,落兰部主派遣侄子建蒂降附蒙古。后来建蒂又杀蒲德,自为部长。建蒂以女沙智嫁阿宗,命阿宗守建昌。建蒂连续并吞邛部川、阿都、屈部、頼绖、蒙歪(元会理州)、麻龙

376

（元麻龙州）、绛（元姜州）等部。一二六八年，忽必烈令招讨使怯绵攻建蒂，大败，怯绵被处死。一二七二年初，忽必烈又派皇子西平王奥鲁赤同南平王秃忽鲁、四川行省都元帅也速带儿等联军进讨。经过一年多的激战，建蒂力尽投降，沙智等四人也被俘。

此后，元朝在这里先后设置了五个总管府：建昌（西昌）、里州（原阿都部，后并入建昌路）、定昌（原屈部）、德平（原頰绖部，后定昌、德平并为德昌路）、会川五路，二十三州，上设罗罗斯宣慰司都元帅府总管。按元朝的制度，由朝廷直接派遣蒙古、色目和汉人官员为正副宣慰使都元帅，直接进行统治。

此外，当时属于四川叙南等处蛮夷宣抚司管辖的马湖路也是彝族集中的地区。元朝曾在这里设泥溪（今屏山县）、平夷（屏山东境）、蛮夷（屏山县西境）、夷都（治今秉彝场）、沐川（今沐川、马边县）、雷坡（今雷波县境）六长官司。罗罗斯宣慰司和马湖路已包括了今四川省西昌地区和凉山彝族自治州在内。

综上所述，元代的彝族主要聚居在今云南的东北部及其与四川、贵州毗邻的地区，此外，中庆、澂江、临安、元江、广南、威楚开南、广西、大理等路都有彝族与其他民族杂居，特别是云南的中心地区，彝族和白族区是互相交错的。

大理以北，毗邻吐蕃的金沙江畔，元时属于丽江路的通安州、宝山州、巨津州等地，沿山寨中住有末些人，又称摩些或磨些,即今纳西族。丽江路及大理、永昌等地还有卢(又称卢鹿、栗些,即傈僳族)、峨昌(又称俄昌、阿昌)、撬(又称"俅人",即独龙族)、吐蕃(藏族)、西番(普米族)、弩人(即怒族)。

史书上所称的"野蛮",即景颇族,住在丽水(伊洛瓦底江)两岸,即今江心坡到孟养一带。

和泥(又称斡泥、窝泥、禾泥)即哈尼族,主要居住在临安西南的红河地区,元代曾在这里设和泥路。元江路等地也有部分哈尼族。

蒲蛮(又称朴或扑子蛮)即布朗族,主要分布在澜沧江以西,即永昌,腾冲二府地区。

经 济 的 发 展

云南各族人民以从事农业为主。一二六七年,皇子忽哥赤往镇云南,王府文学张立道担任了大理等处劝农官。以后,云南设置行省,赛典赤出任云南行省平章政事。他们都注意到要恢复和发展农业以巩固元朝在云南的统治。

白族、罗罗族人民对兴建水利灌溉事业有自己的传统。大理国末期,国政荒乱,水利失修。昆明西南的滇池,由于没有出水口,夏季山洪暴发,往往淹没湖边田野,昆明城内也泛滥成灾。赛典赤等经画修濬,白、罗罗各族人民先后修建了松华坝、南坝,疏濬或新开了盘龙江、金汁等六河。又修筑河堤、水闸,控制水流,凿通滇池西南的海口，使湖水可以排出。这不但减轻了水患，扩大了灌溉面积，而且因排泄了湖边积水，增加了良田百余万亩。据当时记载，亩产量一般可达到二石。从元世祖至元初年开始，直到成宗大德间，昆阳州海口的工程还在继续。

元人郭松年在《大理行记》中描述了他在大理一带的亲身见闻。云南州（祥云）以西三十余里的品甸有个清湖，白族用来灌溉，其利可达云南州城郊。白崖甸（弥渡）有赤水江可兴水利，居民辏集，禾麻蔽野。赵州甸（凤仪）川泽平旷，神庄江贯于其中，溉田千顷，少旱虐之灾。大理点苍山泉源喷涌，共有一十八溪，功利布散，皆可灌溉。

云南设置劝农官，推广先进地区生产经验。白、爨人虽然早已养蚕和植桑，但不得法。张立道传授汉族的经验，收利等于过去的十倍。赛典赤也推广了种植粳稻桑麻的先进技术。元成宗时，李京曾描述说，白族经营的麻麦蔬果，同内地近似。

一二七五年以后，云南行省在中庆、大理、威楚、曲靖、澂江、仁德、临安等路府实行屯田，阅实户口，拘刷漏籍户作屯田户；在鹤庆，罗罗斯等处，还抽出一些编民立屯。屯田户的租赋直接交给政府，一二八五年一年即交租银五千两。一二八九年，元朝又在上述各地和武定、乌撒、东川等路发展军屯，由当地的乡兵爨僰军经营。一二九三年，梁王以汉军梁千户军于乌蒙屯田（后迁新兴州）。一三一六年，行省调拨畏兀儿和新附汉军于乌蒙屯田镇守。

民屯大部由官给田，中庆路官给田，达一万七千二十二双（近七万亩）。赛典赤还贷给了屯民牛、种、农具等。延祐年间，畏、汉军在乌蒙屯田一千二百五十顷，是在有"古昔屯田之迹"的荒地上开垦的。元朝实行屯田，本意在扩大收入，但因此也扩大了耕地面积，促使白人和爨人转入了农业。

在大理国时代，云南就以畜牧业著名。十二世纪初，各方向大理国王贡奉牛马，据说"牛马遍点苍"。宋高宗南渡，迫切需要战马。西北的马市被金朝隔断，改在广西邕州设提举司，向罗殿、自杞、大理买马，还曾派专人去善阐府商谈买好马一千匹。大理马极为宋人称道，据说有日行四百里的骏马。元初马可波罗到昆明、大理等地，也说这里是产马很多的地方，人民以畜牧和种植为业，他们养的马甚至远送到印度售卖。元成宗初年，云南一年贡献给梁王的马就达二千五百匹之多。亦奚不薛是直属皇帝御位下十四处牧地之一，由罗鬼首领，八番顺元宣慰使铁木儿不花主管所牧国马。

云南地处高原，山地盛产绵羊，用羊毛做的毛毡成为白、罗罗各族人民的必用品。

白、爨人民的手工业大多还没有从农业和畜牧业中分离出来。由于绵羊很普遍，织毡是常见的家庭手工业。从贵族到平民，每人都有一件披毡。平民赤身披毡，白天是衣，晚上是被。大理出产的上品毡长大而轻。云南出产的棉布以精巧著称，有"白叠"、"朝霞"等名目，是贵族服用的衣着。

大理的采矿、冶金业已相当发展。宋人形容大理制作的刀"铁青黑"，"南人最贵之"，锐利程度可以吹毛透风。元代云南中庆、大理、金齿、临安、曲靖、澂江、建昌等地都产铁，一三二八年全省铁课达十二万余斤。大理的制刀技术也反映了当时炼铜的技术水平。铜产于大理和澂江萨关山，当时全国只有云南有铜课。金产地几乎遍布云南各处，马可波罗一再描述云南黄金很多，所以金对银的比价较别处为低。云南金课当时占全国首位。银产于威楚、大理、金齿、临安、元江等路，银课占全国的一半。由于金、银、铜出产丰富，云南用这几种金属加工的手工艺品也相应发展，如用金银打制各种贵重饰物，用铜铸佛，打制各种器皿，技艺都很高。此外，罗罗斯的珠、会川的碧甸子也很有名。威楚、建昌和大理的盐井都产盐，元朝在威楚设有提举盐使司，在大理白盐城设榷税官，收入很多。

南宋时，大理国以及罗罗斯、乌蒙、罗鬼等部在邕州、黎州、叙州、泸州分别同南宋进行互市。白、罗罗等族以输出马、羊、毡、白叠、兽皮、云南刀、甲胄、漆器、麝香和各种药材为主，换取南宋的丝织品、磁器、盐和汉文书籍。元朝统一后，商旅可以直接往来，为云南和内地的物资交流创造了有利条件。赛典赤采取了降低商税、繁荣市场的措施。云南商人同藏族地区及缅甸等地也有贸易往来。本地的贸易通过集市进行,称为"街子",午前聚集,抵暮而罢。

云南通用的货币是贝(贝壳)。元朝行用交钞,允许交钞和贝公私通用。税收按黄金计算,用贝折纳。金、银是高级通货,每金一钱值贝子二十索(每索贝八十枚)。建昌等地区有用盐巴作货币的,盐巴用同一种模子做成,上有官方印记,所以同黄金也有固定的比价。

白、罗罗各族社会发展不平衡。白人社会较为先进,其次是中庆等中心地区的爨人,大理国时期已确立起封建制度。大理王是最高土地所有者,他把关津要隘和富饶地区分封给段氏族人。段氏取得大理政权曾得力于东方三十七部的支持,因而封一些"乌蛮"贵族为领主。以后权臣高氏专政,大理王将善阐、威楚、统矢(姚安一带)三府和秀山(建水一带)、石城(曲靖一带)等地分封给高氏世守。高升泰有嫡子八人,分牧八府,庶子十一人,分牧四镇郡邑,世官世禄。他们对封地内的土地和人民有世袭的封建统治权,但要对大理王定期进纳贡赋和调派劳役、兵役等。

大小领主还有自己的私有庄园。大理国君臣的政治权力在元朝大大削弱,但私庄仍旧保留。现在大理地区的"白王庄"、"皇庄"等地名,可能即是大理王室私庄所在地的遗址。统治鹤庆的高氏后人一直拥有私庄,他们是庄内全部土地、山林和河流的领主,而全部居民则是领主的农奴。农奴必须对领主承担劳役，交纳地租，还要在特定的土地上服劳役，如"夫马田"、"守卫田"、"守坟田"、"鹅鸭田"等。农奴因各种名目要向领主送礼，没有人身自由和做人的权利，领主有权随意侮辱和处置自己的农奴及家人。

蒙古军进入大理时，一些大理贵族战死、逃散或被剥夺土地，因此出现了属于元朝的官田和摆脱领主束缚的农民。元初几次籍民户，把农民编入向国家纳赋的户籍，以后才把查出的漏籍户调入屯田。大理金齿等处宣慰司军民屯田，最先是由二〇六六户漏籍户开创的，后来发展到屯田近九万亩，都是军民的己业田。他们编入屯田前已是摆脱了领主的自耕农。其余地区军屯的寸白军大都有己业田，官府调他们做乡兵，就是因他们既能守戍地方，又能耕田自给，不需国家另筹粮饷。

自耕农的大量涌现必然导致农民的分化和新兴地主的产生。元朝的寺庙也占据大片土地，每一个新寺院建成，就有"常住恒产田园"，有些是由大官僚、地主的捐献，有些是购买或侵吞。元末，土地兼并日烈，元代屯田的土地多为僧道及豪右隐占，官府收不到税粮，农民也无己业田可耕了。

租佃关系也有所发展。农民租地一亩每年纳租三斗一升至五斗八升稻谷，最低地租每亩一斗六升。

云南东部罗罗聚居区较为落后，直到清代，武定、禄劝还有奴隶买卖现象，说明元代边远山区的彝族社会只发展到奴隶占有制度。其余罗罗斯、乌撒乌蒙、黔西罗氏鬼等部当更为落后。宋代常有大小凉山的奴隶主到宋朝境内抢劫奴隶的记事，也说明奴隶制度的发展。

文 化 的 交 流

南诏国时代，与唐朝已有密切的文化交往。白族学者已开始用汉字书写白语，记录了本民族的历史、科学和文化成就。大理国时，白族同宋朝的汉族继续交流文化，风格和水平越加接近。元初，郭松年旅行大理，看到当地人的宫室楼观、言语书数等等，已经同中原差不多。

赛典赤是一个穆斯林，但他已在中原任官几十年，很懂得儒家学说对巩固封建统治的重要。大理国本来就提倡读儒书，设科选士，所以他一到云南，就因势利导，在昆明建孔子庙，修讲堂，选官员富民子弟入学，拨出专供祭祀和办学用的学田。一二八二年（至元十九年），元朝又下令云南各路普遍兴儒学，建孔庙。元朝借此加强它的统治，但对云南文化的发展起了推动作用。所以有人说，六十年后，云南的"吏治文化"可以同中原相等了。一三一三年，元仁宗开始推行科举制度，其中也有云南的名额，由于各族的上层人物有可能通过考试挤入官吏的行列，这就促进了云南学校的兴办。

一三一四年，云南设儒学提举司，专门掌管学校。

南诏和大理时代，佛教已在云南盛行。僧人有两种：一种是"得道僧"，在寺院中修行，严格遵守戒律；另一种是"师僧"，有家室，念佛经，也读儒书。大理设科选士，选官置吏，往往都来自"师僧"。白人不论贫富，家家有佛堂，老少都不离念珠，吃斋敬佛。大理点苍山沿山遍是寺庙。由于统治者的提倡，佛教在东部地区也得到发展。

忽必烈崇奉喇嘛教，尊八思巴为帝师。云南王忽哥赤也奉萨迦僧亦摄思尤纳思（八思巴的异母弟）为师。以后的梁王也各有王师，兼任宣政院所属的云南诸路释教都总统，管理云南的寺院。元代云南有许多供摩诃葛剌的神庙，传说是因南诏威成王尊信的缘故。摩诃葛剌是喇嘛教的护法神，即元人所谓"番僧所奉之神"，这种信仰反映了喇嘛教的影响。

宋以后，中原佛教以禅宗为盛。忽必烈平大理后，善阐僧洪镜即去中原，居留二十五年，前后从"当世大德"四次学禅。回云南后，用白语讲经于筇竹寺，禅宗在云南开始传播。同时，中原的禅僧也从内地来到云南，如大休，是临济宗义玄十六传弟子，袁州仰山寺雪岩的门徒，曾于一二七八年来云南传播禅宗。

洪镜的弟子很多，相继主持筇竹、大德等大寺，禅宗的影响逐渐扩大。玄慧（定林）于一三一〇年带着云南省臣的奏文至京师朝觐，接受皇帝保护寺院的玺书和御赐大藏经。僧人玄鉴，从云南出发，游历湖南、湖北、直至江浙，参见高僧二十余人学禅，最后入天目山，拜名僧中峰明本（雪岩法嗣高峰的弟子）为师，很受中峰赞赏，说他见人很多，但象玄鉴那样的人"非惟今少，于古亦稀"。玄鉴死于内地，他的弟子回云南大兴禅宗。

道教在元代传入云南，据说是全真教的宋披云首先在滇东传播，在昆明建有龙泉观、长春观、真庆观等。

赛典赤等大批色目官员，商人和士兵来到云南，他们大多信伊斯兰教。赛典赤在昆明兴建了礼拜寺。随赛典赤来云南的撒马尔罕人马薛里吉思，是景教徒（也里可温），在云南传播基督教。马可波罗游历云南，曾在昆明等地见到伊斯兰教和基督教徒。

白、爨等族还祭祀各种民间信仰的神。大理国也有狱、镇、海、渎之分，大理点苍山称为"中狱"，在中峰下建庙，供奉点苍山神。点苍山还有龙神，当地人逢天旱就往祈祷求雨。赵州以西的神庙，是州人祈求解除水旱疾疫的地方。

寺庙的建设，提高了云南各族的建筑、绘画、雕塑的水平。元代所建鸡足山佛寺，气势雄伟。

在各族人民中，对巫师的迷信之风仍然盛行。马可波罗提到哈剌章、永昌、押赤等地很少医生，有病就找巫师。一二九九年，元朝在各路设惠民药局，官给钞本，以利息备药物，选良医主持。云南行省共拨出贝一万一千五百索。

各族人民的起义

蒙古征服大理以后，派出了诸王、都元帅对云南进行统治。他们抢掠人丁为奴，强制编籍人民和民田，征收高额赋税。云南各族人民遭到民族压迫和阶级压迫。从兀良合台镇云南以来，二十多年内曾籍民户八次，人民不堪其苦。由于镇守者只懂得一味搜刮，被征服地区的人民，相继起义反抗。

一二六四年，僧人舍利威联合威楚、统矢、善阐和三十七部爨人各杀守将起义，善阐屯守官无力抵御，遣使向大理告急。大理总管信苴日积极向元朝效忠，领兵支援，连败起义军于威楚、统矢等地。

这年秋天，舍利威又发动起义军十万向大理进发，元朝令都元帅也先和信苴日迎击，也先等军到安宁，击退舍利威军，攻占善阐。起义军又连续在威楚、新兴、石城、肥腻、寻甸等地失利，爨部起义受挫。

约十年后，舍利威发动群众再次起事。信苴日派人伪装商人往见舍利威，将他刺死。起义军在失去领袖后失败了。

舍利威的起义发动于云南的中心地区，占领了善阐等城镇，直逼大理，声势浩大，给蒙古统治者以沉重打击。

云南盛产金银，元朝派专使前往搜括，设打金洞达鲁花赤，监督各族矿工生产黄金；又置合刺章打金规运所、云南造卖金箔规措所,制造金箔作为通货。云南征收赋税也要纳金银,中庆附近城邑的人户,往往逃亡抗赋。甸寨边远的地区,秋天就派人领兵征赋,人马刍粮往返之费,都加在人民头上。征税人按赋额加征十分之二,亏损数又加十分之二,而迎送的接待和馈赠,同应征赋额相等。元朝颁布过"禁云南管课官多取余钱"的诏令,正说明当时官吏的贪酷。

云南行省的官员,为了扩大人户和税收,以便向上邀功请赏,常常启事造衅,无故征伐偏远地区,乘机劫掠人口、财物和金银。云南平章在一次镇压起义时掠取黄金五百两,忽必烈说是他"效死所获",应归他所有。

驻云南的王府是压在各族人民身上的沉重负担。豪民往往投充王府当宿卫,规避一切徭役,而且还要官府供给。王府直接占有大量人户和土地。乌蒙等处须向太子真金献马。梁王镇守云南,子孙世袭,每年受贡马达二千五百匹。王府畜马多,全部放在城郊牧放,侵食民众的庄稼。

权贵势豪之家残酷剥削百姓,并且用高利贷重利盘剥穷人,把不能偿债的人没为奴隶。奴隶常被黥面,以防止逃亡。

云南各族人民不堪忍受这些剥削和压迫,"冤愤窃发",纷纷起而反抗。

临安、元江地区的和泥、白衣、朴等族人民,始终不屈服元朝。一二七六年,云南行省调蒙古、爨、僰军连续征讨,肆行杀掠,强设临安路和元江府进行统治。一二八○年,和泥大首领必思领导各部起义。一二八五年,元军侵缅,罗槃甸等地人民不堪蹂躏,起而反抗。一二八七年,被云南王率领的征缅军残酷镇压,罗槃甸等十二部并为元江路。

在罗罗斯地区,定昌路总管谷纳于一二八七年据八只巴寨起事,各部响应,毁桥梁,取仓粟,夺驿马和屯田牛。德平路落来、威龙州阿遮、昌州苏你、巴翠等部相继而起。

一二八一年,乌蒙罗住山、白水江的彝族杀万户阿忽起义。次年,乌蒙起义。一二八五年,乌蒙蛮夷宣抚使阿蒙杀朝廷所派宣抚使起事,四川和云南行省会兵镇压。

一二八三年,丽江路施州的罗罗在子童领导下,立寨于纳土原山兴兵起事。

亦奚不薛(水西)诸部彝族,自一二七六年以来,连遭云南、湖广、四川等省元兵镇压,一些部落在威力下屈服,但鬼国始终不降。一二七九年冬,元朝派司官前往新附各部赴任,鬼国与罗氏部起而反抗。次年,元朝调三省军会讨,亦奚不薛的鬼蛮奋起抵抗,经过三年的战斗,亦奚不薛的首领被俘,送京师,流放到北边而死,余众于一二八三年春被迫出降。

此后不到二十年,这里又爆发了一次震动元朝的大起义。

元成宗即位后，湖广左丞刘深建议出征云南以南的八百媳妇国，得到右丞相完泽的赞同。一三〇一年成宗调遣湖广、江西、河南、陕西、浙江五省军队数万人，任命刘深、哈刺歹为云南征缅分省右丞，领兵征讨八百媳妇。

刘深的军队通过八番顺元入云南，沿途强征递送粮饷的人马。雍真葛蛮部内苗族、仡佬族人民看到这种苦役将导致家破人亡，宁死不往。元官员以征发土人总管宋隆济全体族人相威胁。宋隆济于是联合各部起事，烧雍真总管廨舍，烧劫新添、贵州到播州等地许多驿站，围攻贵州，杀死知州张怀德。

当时水东、水西各族，由于遭到征八百媳妇军的扰害，对刘深恨入骨髓，纷纷起兵响应。水西蛇节领导的部众是起义的主力军。蛇节是前顺元路总管阿那的妻子，阿那死后，摄理部内政事。刘深军到贵州，向蛇节勒索黄金三千两，马三千匹。蛇节不能忍受官军的勒索和蹂躏，毅然率领本部军与宋隆济一起围攻贵州。

七月，梁王下令湖广、云南、四川三省会兵进讨。云南平章床兀儿领兵先达顺元。云南各地又纷纷揭竿而起。乌撒部首领事先同宋隆济相约起事，于这年冬天联合乌蒙、东川、茫部进兵中庆。罗罗斯、马湖、武定、威楚、曲靖、仁德、普安、临安、广西等路府以彝族为主的各族都以这次远征供输烦劳，准备响应。车里的白衣族,江头江尾的和泥族也相继起义。

十一月,成宗下诏,令湖广平章刘国杰会同四川、云南兵火速援救刘深等的军队。

大德六年(一三○二年)正月,宋隆济等已九次围攻贵州,刘深军中粮尽,人自相食,计穷力拙,只得仓皇撤退。起义军乘胜追击,连续阻击于山谷中,使官军首尾不能接应。元军战败,损失军士十之八九,辎重文卷都被掠去,贵州也被起义军占领。

二月,刘国杰赶到播州同四川军会师。三月,元军在木瓜坝战胜蛇节部将阿毡,但因暑季来临,军粮馈乏,只能驻守思、播州等地以待时机。

这时,乌撒乌蒙的起义军正节节进取,于禄丰寨劫取皇太后和梁王位下财贝和人畜;进攻曲靖、沾益州,烧毁荡坦驿。乌撒、乌蒙、东川、马湖四族又聚兵四千并联合罗罗斯军,渡过金沙江,攻建昌。三月,前锋直指雅州,邛部州,四川震动。

元军经过半年的准备,到九月才分路对各部发起进攻。刘国杰领湖广军征亦奚不薛,分三路前进,前后经过四十余战,最后深入到云南普安路境内。蛇节被刘国杰部将宋光击败。陕西四川平章也速带儿等从叙州庆符县和长宁军出发,分别攻入益良州、茫部境内,乌撒、乌蒙、东川、茫部等抵抗几月之后,终于被元军各个击破。

大德七年(一三○三年)正月,蛇节重新组织起义军，与湖广军大战于墨特川，败退阿加寨。二月，**蛇节**等被捕。刘国杰回师水东，俘掳宋隆济等十余人。起义者的首领先后都被杀害，轰轰烈烈的各族人民起义被镇压下去了。

元朝的残酷镇压并不能消除起义的浪潮。一三〇五年，曲靖路罗雄州头人阿邦龙少、麻纳布昌联合普安、广西等路起事，烧驿站。云南行省参政、平章及诸王领兵镇压，经过多次苦战，阿邦龙少被捕牺牲。麻纳布昌逃走。

元武宗即位后，又调兵进讨八百媳妇国。一三一〇年，临安、大理两宣慰司，丽江宣抚司和普安路土官所隶部曲又同时起义。此时元朝已因军力消耗，无法应付。次年，永昌以南蒲人阿娄银自称平章都元帅起兵。普定路土官杀死迁调官吏。各路起义蜂起，数年不息。一三一八年，阿娄银等声势更大，杀镇将，夺驿马，云南派兵征战近一年，攻破寨栅，屠杀居民，起义者远逃到山林中，拒不降元。

一三二三年，大理护子罗领导起义。八番顺元、大理、威楚等各族也纷纷起事，延续三年之久。

元顺帝时，云南各族人民又举行起义。一三四七年冬，中书省户部惊呼："各处水旱，田禾不收，湖广、云南盗贼蜂起"。一三五七年，徐寿辉将明玉珍入四川。一三六二年，明玉珍遣兵三路攻云南，部将万胜由界首深入，攻克中庆，梁王逃走。各族人民乘机响应，热

392

烈欢迎红巾军，出现"土民冒雨以争降"的盛况。元朝诬称"群盗满山"。梁王向大理白族贵族段功求援，段功领兵击万胜。万胜因孤军无援而撤退。

段功助梁王打退红巾军，收复中庆，元朝封他为云南行省平章。大理贵族实力的增强，又造成蒙古统治者的疑惧。一三六六年，段功被梁王害死。段功子段宝自称平章，据大理与梁王分庭抗礼，统治阶级内部的矛盾激化了。一三六八年，元江舍兴起兵反元，领军攻入中庆，梁王又一次在大理贵族段宝支援下脱险。蒙古统治者同白人贵族在镇压人民起义中再次相互勾结。元朝在云南的统治苟延了一段时期，最后被明朝所消灭。

二、白 衣、金 齿

白衣（或称白夷、百夷）和金齿，都是傣族的祖先。元代聚居在云南行省的西南部，分为以车里和金齿为中心的东西两大聚居区，相当于今西双版纳傣族自治州和德宏傣族景颇族自治州及其临近地区。据元人解释，"白衣"是"以其服饰为种名"，或者说"百夷"是"群蛮之总称"，称"金齿"则是由于他们用金裹两齿，作为装饰的缘故。

忽必烈灭大理后，一二五四年，大将兀良合台征服了大理西南的金齿、白夷。一二五八年，金齿撚迭、玉龙川二部遣使来朝蒙古汗，一二六一年到达开平。忽必烈下诏奖谕,并特命兵部郎中刘芳出使大理、金齿等地"绥抚"。八月,忽必烈又派蒙哥时的大理奉使贺天爵为宣谕大理金齿安抚使,将大理西南的傣族置于元朝统治之下。

一二六七年,忽哥赤为云南王,出镇大理、金齿等处。次年,忽哥赤出征金齿未降各部,任命爱鲁为金齿安抚使,经过两年的征战,各部首领献驯象归降,并确定了每年向元朝缴纳租赋的定额。

一二七一年,元朝将金齿分为东西两路,设安抚司统治。一二七五年,西路改为建宁路,贺天爵任安抚使。东路为镇康路。一二七八年,建宁路安抚司改为镇西平缅麓川等路宣抚司,下辖镇西(治旧盈江城)、平缅(陇川县境)、麓川(瑞丽、遮放等地)三路和南甸军民总管府(腾冲和盈江之间的梁河一带);镇康路安抚司改为镇康芒施柔远宣抚司,下辖镇康(镇康、永德县地)、茫施(潞西)、柔远(龙陵)三路。宣抚司由元朝命官,各路总管则任命当地头人。一二八六年,两路宣抚司撤消,并入大理金齿等处宣抚司,治永昌。一二九一年,宣抚司改为大理金齿等处宣慰使司都元帅府,升为从二品的行政机构。

元朝招降金齿以后,缅甸国王也企图向北征服金齿各部。一二七二年和一二七七年,缅甸两次侵犯金齿阿郭部。一二七七年,蒲甘大将释多罗伯又发兵进攻干额总管阿禾部,企图建寨于腾越、永昌之间。元朝令大理路蒙古万户忽都、总管信苴日等率兵迎击，缅军败退。元朝继续发动侵缅战争。同年十月，云南诸路宣慰使都元帅纳速剌丁率军征缅，直至江头城（瑞丽江入伊洛瓦底江口）而回。一二八三年，元朝派宗王相吾答儿等分兵三路征缅，破江头城，留都元帅袁世安领兵镇守。一二八七年，云南王率诸王、大将又大举向缅进兵，前锋前至蒲甘。元成宗时，元朝又发动了更大规模的侵略战争。

元朝的侵缅战争虽然以失败而告终，但在金齿和缅甸之间的各土邦慑于元军威力，纷纷来降。于是又先后设立了骠甸（后并入平缅路，一三三五年立为散府）、通西（以蒙阳甸置，在陇川西南）军民府，木邦（怒江以西南北掸邦地区）、蒙怜、蒙莱（南康以西孟乃附近）、孟广、孟密（沿瑞丽江至伊洛瓦底江以下，孟密今蒙末特附近）、太公（老蒲甘城）路。伊洛瓦底江以西，设蒙光（即猛拱，西北接阿萨密）、云远（西接印度曼尼坡，东抵伊洛瓦底江）路。在澜沧江以西，先后设立了孟定（今耿马孟定街）、孟绢（孟定以南）、木连（今澜沧、孟连等县地）、谋粘（今耿马境）等路和银沙罗甸宣慰司（今双江、澜沧县地）。以上行政设施，已包括了今德宏傣族景颇族自治州和临沧地区及其以南广大地区。

今西双版纳及其邻近地区，元代称为车里，一二九二年，元朝派军征八百媳妇国，以后又接连兴兵，同时派人招降傣族甸寨，先后设置了木来府（孟连境）、木朵

（缅甸景栋以东）、孟爱（景栋东北）、车里（西双版纳及景栋等地）、孟隆（景栋以东）、老告（老挝境）、老丫耿冻（辖耿当、孟弄二州，疑即西双版纳东北之整董和依邦——猛落）等路。在景栋以南，萨尔温江以东，湄公河以西地，先后设者线蒙庆和八百媳妇宣慰司都元帅府，下辖木安、孟杰、蒙庆等府。

元朝在金齿、车里等地设置行政机构统治。金齿地区，元初派安抚使或宣抚使直接统治，后由驻永昌府的大理金齿等处宣慰使司都元帅府管辖。其余各宣慰司、路、府、州、甸的长官，元朝任用当地首领担任，直属云南行省，有时派达鲁花赤加以监督，或派官与土官共同管理。

傣族人民多聚居于平川坝子，称为"猛"。大村人户以千百计，土地肥沃，居民以种稻为主。但生产水平较低，不用牛耕，妇人用镮锄地。牲畜有牛、马、山羊、鸡、猪、鹅、鸭等。当地桑柘树木很多，气候适宜，故四时都能养蚕。

农村中手工业是和农业紧密结合的，勤劳的傣族妇女，能耕善织，贵族穿着绽丝绫锦，贵妇以锦绣为筒裙，大部是傣族的土产。骠甸和罗必思庄出产用木棉织的白叠布，坚厚缜密类绸，为云南各族人民普遍穿用。其它各地也是家家织布，有"娑罗布"等各种名目。生活用具普遍使用陶器，制陶是农村中常见的手工业。高级头人用金银、玻璃、琉璃等各种器皿。贵人的服装，帽上系金顶、小金铃，衣上饰金花、金佃，腰上系金银带；象鞍上饰银镜、银铃、银钉等。傣族男人普遍用金片包在齿上作为装饰，可以说明金银饰物之多。金银的开采和打制各种饰物的手工业发达，出现了专业匠人。武器有刀、槊、手弩等。用皮革作盔，铜铁和革作甲，傣文史料中还有以长钢刀作礼品的记载，说明铜铁的冶铸业也有一定水平。

专业的商人还没有从农业和手工业中分离出来，交易通过五日或十日一次的集市进行，用毡、布、茶、盐等互相交换。货币用金、银、贝（贝子），也用铜，如半卵状（贝状）。

元朝在云南建省设治以前，傣族尚处于分散状态，各有土豪，不相统摄。各部有世袭的首领，酋长死，非其子孙而自立者，众共击之。车里地区，酋长叭真在一一八〇年入猛泐，即位为景龙金殿国主。一一九〇年建都于景兰。叭真战胜车里各地以后，兰那（今景海）、猛交（孟艮）、猛老（老挝）皆归其统治。兰那、猛交、猛老及其他各部酋长举行滴水礼，推叭真为大首领（《泐史》）。这大概只是一种松散的联盟。

一二九二年，车里、景洪的统治者"叭勐乃"决定，在十个人中设一个头作为"乃火西"（什夫长），五个"乃火西"设一个"火哈西"（五十长），其上又有"火怀"（百夫长）、"火版"（千夫长）、"火闷"（万夫长）。统帅为"火先"（十万人之首），是"叭勐乃"的助手，战时才担任总指挥。这就是"大西"军事制度。

元末，思可法起兵反元，据有金齿等地。它内部的行政制度也同车里类似。据《百夷传》记载："其下称宣慰曰昭，犹中国称主人也；其官属叨孟、昭录、昭纲之类，总率有差。叨孟总统政事，兼领军民，多者总十数万人，少者不下数万；昭录亦万人；赏罚皆任其意。昭纲千人，昭百百人，昭哈斯五十人，昭准十余人，皆叨孟所属也。"这实际上是由"大西"制发展而来的军事与行政相结合的制度。

元代傣族似还没有出现土地私有制，农村公社曾长期存在着。傣族统治者并不需要把土地据为私有由自己经营。他们征服了作为土地有机从属物的人本身，便产生了奴隶制和农奴制。傣族奴隶主阶级的国家既作为土地所有者，同时又作为主权者而同直接生产者相对立。他们既可通过超经济的强制直接奴役占有土地并独立经营的公社成员，也可随意将整片土地分赠给自己的亲属。叭真建景龙国，便取得了被征服地区的所有权。他死后，一子继承王位，其余三子被分封在兰那、猛交和猛老，以其地为采邑(《泐史》)。

由于公社成员只有土地的使用权，所以傣族头人并不按亩征税，而是在每年秋冬收获后，派遣亲信往各甸按房屋征金银，叫做取差发。每房一间输银一两或二三两。这种按房屋征税的办法实际上是按户征税制，房屋的多少反映了一户的人丁和财产的差别。

398

实物差发以外，额外差徭和负担也很沉重。如每年收差发时，承办人的象、马、从人动以千百计，先要尽量满足他们一切挥霍享受，然后再缴纳输于公家的差发。头目出行，要把象、马、武器、床、凳、器皿财宝和仆、妾、带走，往往是几百人随行，随处宴乐。

一二六八年，云南王率爱鲁等征服金齿诸部，即定其租赋。一二七九年大理金齿都元帅纳速剌丁招安夷寨三百，籍户十二万二百，定租赋。金齿六路一甸和车里等处，都是岁赋金银，各有定额。一二九二年，木来甸由于资助元朝出征军马刍粮，立为木来府。一二九七年，蒙阳甸酋领提出"岁贡银千两"，元朝就以其地立通西军民府。元朝征服傣族各地，傣族首领上纳贡赋，即可取得元朝皇帝任命的路、府官职，以加强自己的统治地位，但傣族人民却因此加重了负担。

元代的历史记载中，充满了各部互相攻劫的事件。农村公社的男子都有服兵役的义务，聚则为军，散则为民，每三人或五人出兵一名。正军叫昔剌，是带兵器作战的壮士；其余的人则随军负荷辎重，供应正军的需要。一二九二年，景洪的统治者曾颁发政令说："凡是战争中所获得的东西，十分之二归'打诰'（官名），其余八分又分作三份，二份归参战的头人，一份归参战的百姓。"（《西双版纳傣族社会调查材料》之一）这反映了通过战争进行掠夺的情况。

由于傣族中男子都是武士，不事稼穑，所以生产劳动多由妇女负担。《百夷传》载："其俗,男贵女贱,虽小民视其妻如奴仆,耕织贸易差徭之类皆系之";"头目有妻百数,婢亦数百人,少者不下数十,虽庶民亦有十数妻者。"《渂史》说叭真有嫔妃一万二千人。这些数字难免有夸大之处,总之可说明所谓嫔妃、妻、妾、婢很多,实际上是一种奴隶。随着原始公社制度的解体,父系家长奴隶制发展起来,一方面是树立了男子对女性的绝对权威,父家长往往把妻子压抑到奴隶的地位;另一方面是将从外族俘掳来的妇女充当从事奴隶劳动的妃妾和婢女。处于奴隶地位的妇女,不仅从事家务劳动,而且也担负起主要的生产劳动。

马可波罗说:傣族中间"买来的,在战争中俘获的和征服其他国家得来的其他男人,他们就留作奴隶。"他们的妻子"做丈夫们命令他们做的一切工作"(译文据莫尔、伯希和本)。《经世大典序录》中提到傣族首领争夺土地人民、掳掠人口的事,反映了当时确有抢掠奴隶之风。被掳人口,也可"以银三两赎一人"(《招捕·大理金齿》)。马可波罗还描述了傣族订立债约的办法,说明债务关系已普遍存在。

傣族统治者对人民的剥削本已非常残酷,元朝设治以后,定租赋,征差发,负担更加沉重。元代文献中称傣族人民"刚狠"和"叛服不常",这只是说明他们对元朝的压迫反抗是顽强的。元朝累次增兵镇守金齿。一三〇一年,金齿傣族苦于元朝征缅军的骚扰,乘其回师时截击元军，又与八百媳妇诸部相效不输税赋，杀死官吏。一三二一年，怒谋甸主侵茫施路鲁来等寨，杀死元官提控案牍一人。

元末，麓川思可法迁居者阑（瑞丽江南今南坎地区），侵夺路甸。元朝先后派云南行省参政不老、平章亦秃浑、云南王孛罗等进讨，又派元帅述律杰前往招抚，都以失败告终。思可法乘胜占领诸路，罢原有土官，将各甸赏给有功者。邻近各地也望风纳贡归附。曼谷（即暹罗）、景线（即八百媳妇）、景老（即老挝）、整迈（即八百大甸）、整东（即孟艮）、车里、仰光诸土司都归他控制。思可法恐元军再发兵征伐，派其子莽三以方物朝贡。元朝只好置平缅宣慰司，任命思可法为平缅宣慰司使。思可法虽接受元朝官职，纳贡称臣，实际上仍然独据一方。

《马可波罗游记》和李京的《云南志略》都说傣族没有文字，以刻木为约，这可能是指一般民众而言。一三一四年，元朝派官往八百媳妇木肯寨，其酋长曾亲自手书白夷字奏章。明初钱古训等至麓川，也说他们"大事则书缅字为檄"（《百夷传》）。明代所设专事翻译少数民族文字的四夷馆中有百夷馆和八百馆，百夷馆专译金齿地区行用的傣那文，可能即是钱古训等所说的"缅字"。八百馆专译车里、八百媳妇等地使用的傣泐文，也就是木肯寨主所用的"白夷字"。这两种文字都是拼音文字，由巴利文演变而来。明朝政府中有必要设立

401

百夷馆和八百馆，说明这两种文字早已为官方往来文牍所通用，初创当在元代。

傣族人民能歌善舞。每逢节日饮酒作乐，歌舞达旦。乐有三种：一种叫百夷乐，有筝、笛、胡琴、响琖之类，唱汉族的歌曲。一种是缅乐，用缅人所作的排笙和琵琶之类，奏乐时众手拍手起舞。另一种是车里乐，车里人所作，用羊皮作三五长鼓，以手拍击，用铜铙、铜鼓、拍板配合。乡村宴会时，则击大鼓，吹芦笙，舞牌为乐。

佛教在元朝统治时期还没有传入傣族地区，人们普遍信仰原始的巫教，事无大小，都要用鸡骨卜吉凶。人有病，请巫师于路旁祭鬼。

第 七 章
宋金元时代的文化概况

第一节 经学、哲学、理学

　　中国封建经济的发展,到宋代进入一个新阶段,经学和哲学也发展到一个新阶段。唐孔颖达撰《五经正义》结束了汉魏以来的儒家经学。唐以前的经学被称为"汉学",宋以后的儒学称为"宋学"。宋学的特点,是不拘经义训诂,凭己意说经。宋学自称直接继承孔子的道统,凭依孔子的经书,探讨有关自然界与社会的起源和构成的原理,形成自己的哲学系统,与汉学迥然不同。宋学中占居统治地位的学说是道学即理学。理学包括哲学和伦理纲常即封建的社会政治学说两大部分。理学家用哲学的义理论证封建社会的统治秩序,对以后的封建社会产生着巨大的影响。宋代以后,占统治地位的儒学基本上是理学。

　　宋学的产生有其多方面的原因。(一)以农业为基础的宋代, 地主土地占有制和租佃制成为主要的普遍的经济形态。前代依据门阀和等级取得禄位、占有土地的制度转变为主要经由科举考试任命官员，和主要通过自由买卖而取得土地。经济关系和政治制度上的这些变革势必推动意识形态发生相应的变革。地主阶级需要新的理论武器以维护其新的剥削关系和政治思想统治。(二)宋代以科举取士，摆脱了前代贵族门阀和军阀势力的羁绊，朝政的议论呈现出前所未有的活跃局面。由此形成无休止的政党之争，也由此形成政治、思想上较为自由的风气。这种风气为学术上的探讨和新学说的产生，造成了有利的政治条件。印刷术的发达提供了必要的物质基础。(三)汉学发展到唐代已经陷入了绝境。孔颖达《正义》后，汉学不再有前进的可能。儒学要继续发展，势须另辟新径。安史乱后，啖助及弟子赵匡、陆淳等治《春秋》学，抛开三传，抒发己见。韩愈、李翱著《论语笔解》，韩愈又著《原道》、《原性》等篇，李翱著《复性书》，相继提出"道统"与"性命"之说。唐人怀疑古训、自出新意的学风，为宋学的产生开辟了门径。(四)佛教与道教在唐代盛极一时，在相当大的领域里夺取了儒学的思想阵地。佛学提出的有关宇宙和人生的许多命题，为古老的汉学所不曾有。儒学要战胜佛学就必须对这些命题做出自己的回答。佛道的流行为儒学提出了论争的任务，也为儒学提供了足够汲取的思想资料。唐代佛教的禅宗南宗曾汲取儒学而战胜了儒学。宋代的理学则汲取佛道而战胜了佛道。

理学创造于北宋，完成于南宋，在金、元继续得到传播。宋代的经学、哲学和理学，其思想来源大致出于三个方面：一是汉学以前的原始儒学经典，主要是《易》《春秋》和《周礼》。二是佛学，主要是华严宗和禅宗。三是道教，主要是太极和阴阳学说。

（一）北宋前期的经学与哲学

宋朝承唐末五代战乱之后重建统一的国家，经学的研究已经长期中断，佛道二教仍在南方诸国流行。宋太祖、太宗尊崇儒学也崇尚佛道，旨在争取士人、以稳定宋朝的统治，并非出于学术目的。宋太宗时校定孔颖达《五经正义》，由国子监刻板印行。真宗笃信道教，也倡导儒学，命国子监祭酒邢昺撰成《九经疏义》颁行。大抵宋初至真宗五、六十年间，主要是在恢复唐朝的一统经学，以维护宋朝的中央集权的统治，在学术上并没有什么新创。

宋仁宗时，随着科举取士制的发展，已逐渐养成了一批儒士，宋朝统治的重重矛盾也开始暴露在人们的面前，朝野文士纷纷议论着改革朝政的方案。在学术上也一扫前时的沉寂，开始了多方面的新探索。

刘敞——仁宗庆历间进士刘敞，字原甫，世称公是先生，临江新喻人，著《七经小传》三卷，为《诗》《书》《三礼》《春秋公羊》及《论语》重作新注(传)。刘敞突破旧注的束缚,依己意作出新解,使学风为之一变。吴曾《能改斋漫录》引《国史》说:"庆历以前,学者尚文辞,多守章句注疏之学。至刘原甫为《七经小传》,始异诸儒之说。"王应麟《困学纪闻》也评论说:"自汉儒至庆历间,谈经者守训故而凿。《七经小传》出而稍尚新奇矣。"刘敞以己意说经,虽然在学术上并无重大的建树,但由此形成破旧立新的学风,却带来极大的影响。

孙复、石介、胡瑗——孙复、石介、胡瑗号称"三先生",为后来理学家所推重。

孙复,字明复,平阳人,三次考试进士,不中,退居泰山著书讲学。学者称为泰山先生。仁宗庆历间,起为国子监直讲。孙复专治《春秋》,著《春秋尊王发微》十五篇(现存十二篇)。所谓"发微",即离开三传,独自阐发孔子褒贬善恶的微旨,实际上是借《春秋》抒发自己的主张。孙复力主"尊王",贬斥春秋诸侯对周王室不忠,以为诸侯盟会是"众心离贰,忠心殆绝"。独尊王室,提倡臣下效忠,这自然十分符合宋朝巩固中央集权统治的政治需要。

孙复的弟子石介,字守道,兖州奉符人,曾考中进士,在徂徕山下讲学,人称徂徕先生,入朝为国子监直讲。石介讲授《易》经,著《春秋说》,又著《怪说》三篇,力辟佛老,以为三事天下"必然无有",即无神仙、无金术、无佛。

胡瑗，字翼之，泰州海陵人，曾居泰山与孙复、石介同治经学。学者称为安定先生。范仲淹聘为苏州教授，在苏、湖讲授经学。胡瑗的学术仍以《易》为主，现存著作有《周易口义》十二卷，又有《洪范口义》二卷。胡瑗在学校，分设二斋教授，选择"心性疏通"的优等生入"经义斋"，研求经学义理。另设"治事斋"，学习政事、军事和水利、历算等实学。胡瑗讲学时，要求学生听讲必须服装整齐，专心端坐。但考试后，则举行师生联欢，歌诗奏乐，直到夜晚。胡瑗的教学法明显地受到佛教传法的影响，平时也仿效禅宗公案，向学生提出问题思考。胡瑗教授弟子数千人，成为当时最大的教育家。他的教学法曾被太学吸收，在各地推广，影响极大。

李觏——江西建昌军南城人李觏，字泰伯（一〇〇九——一〇五九年），自二十三岁开始著书。三十四岁考试不第，在南城教学，学者称为盱江先生。四十九岁在太学供职。五十一岁病死。李觏的经学主要是《易》经与《周礼》。李觏治学着眼于社会政治的实际，反对图谶象数的迷信。他认为"圣人作易，本以教人"，"君得之以为君，臣得之以为臣，万事之理，犹辐之于轮，靡不在其中矣"（《易论》一）。李觏著《易论》十三篇，就《易》经讲述君臣之道以至治身之道。又著《礼论》七篇，以为"圣人之所以治天下国家，修身正心，无他，一于礼而已矣"（《礼论》一）。李觏所说的"礼"，包括礼乐刑政、仁义智信以至饮食起居等一切方面，实际上是论证当代的社会政治制度和统治秩序。由此出发，李觏又著《周礼致太平论》及其他论著多篇，主张宋代社会应实行"平土"、"均役"，奖励农垦以富国。李觏在哲理的探讨上并没有多少发明，但他凭借《周礼》而提出一系列改革主张，却对后来王安石变法有一定的影响。李觏弟子邓润甫即是变法派中重要的一员。

李觏四十五岁时著《常语》三卷，对孟子极力贬斥。他提出：孔子之道是君君臣臣，孟子之道是人皆可以为君，因而造成诸侯争霸，天下大乱。五霸是三王的罪人，孟子是五霸的罪人。李觏从而认为，孔子死而道不传，孟子是背离了孔子。李觏直接解释孔子之道尊天子抑诸侯，这与孙复的论说基本一致。但他从抛弃训诂发展到公然诋斥孟子，却为宋儒自称继承孔子道统之风开了端绪。

上述情况表明，宋朝建国五十年后，经学和哲学出现了重要的变化。主要是：（一）怀疑故训，冲破旧传统。宋仁宗时《五经正义》或《九经正义》已不能保持学术垄断地位。学者从推翻《正义》，怀疑汉儒训诂，直到贬斥孟子，在思想界形成疑古的学风。欧阳修进而认为《易》经的"十翼"非孔子所作，不足为据。《周礼》也未必出于周公。苏辙、苏轼怀疑《周礼》系秦汉儒者所增损，不可相信。司马光也著《疑孟》篇，对孟子提出疑问。学者从不同的方面，合力冲破旧传统，为陷入绝境的经学开拓了新路。（二）究解经义，刻意求新。儒者摆脱章句训诂的束缚,直接探究经书义理,竞相提出新解。所谓新解, 多从当代的社会政治需要出发, 因而《易》、《春秋》、《周礼》三经的研究,成为"显学"。学者借《易》发挥哲理,以论证现实的社会秩序;借《春秋》倡导尊王,以维护中央集权的统治;借《周礼》以申述改革积弊的政见。经学逐渐从哲学和社会政治学说两个方面求得新的发展。(三)反对佛道, 吸收佛道。以石介为代表的学者,继承韩愈的传统,力辟佛老。胡瑗则吸取佛教的某些形式和方法以讲授经学,为前所未有。

以上三个方面所表现出的新变革,为理学的创立,准备了条件。

(二)经学的哲学化和理学的创立

孔丘创立儒家学派,删定六经。历代相沿,形成经学。但孔丘的原始儒学,主要内容是统治者为政的方术和修身处世之道,哲学思想是贫乏的。汉学拘泥于章句训诂,更不去探究哲理。经学从汉学转变到宋学,才逐渐哲学化,进而出现了理学。

周敦颐——朱熹等理学家推尊周敦颐为理学的创始人。道州营道县人周敦颐,字茂叔(一○一七——一○七三年),仁宗时在各地做州县官,讲授《易》学,号濂溪先生。《易》原是占卜之书,在儒家经典中,较为接近于哲学。周敦颐取《老子》和道教的学说, 与《易》经相糅合，著《太极图说》，又著《通书》阐发宗旨。唐代《道藏》中原有《太极先天之图》。相传道士陈抟造《无极图》传世。周敦颐改制为《太极图》，图分五层。第一层是一个圆圈，称为"无极而太极"。第二层一圈黑白虚实相间，称为"阴静阳动"。第三层为水火木金土五气。第四层一圈，称"坤道成女，乾道成男"。第五层一圈"万物化生"。《太极图说》依据此图以解释宇宙的起源和自然界、人类社会的构成与变化。大意说："无极而太极。太极动而生阳，动极而静，静而生阴，静极复动，一动一静，互为其根。分阴分阳，两仪立焉。阳变阴合，而生水火木金土。五气顺布，四时行焉。五行一阴阳也，阴阳一太极也，太极本无极也"。原来《易·系辞》曾说："易有大（太）极，是生两仪（天地）。两仪生四象（老阳、老阴、少阳、少阴），四象生八卦。"周敦颐采《老子》的"有生于无"说，提出天地、阴阳、五行、万物都出于太极和无极，最后又回到太极、无极。周敦颐的全部哲学著作都在说明太极（一）和无极（无）这两个基本概念。

太极是从"无"中产生的混一体，由此分为阴阳二气，再分化，才有万物。《通书》中说："二气五行化生万物，五殊二实，二本则一，是万（一切，万物）为一，一实万分。万一各正，小大有定。"这种对自然界的说明，应用到人类社会："故圣人在上，以仁育万物，以义正万民，天道行而万物顺，圣德修而万民化"，"故天下之众，本在一人（皇帝）"。依据太极图的说教，天下万民都来自皇帝一人的教化，万民当然也就应该绝对服从皇帝的统治，所谓"小大有定"。周敦颐通过对自然界和社会起源的哲学说解，达到了维护统一的中央集权的目的。

无极（无）是比太极更原始更高的境界。由太极回到无极，社会生活中的最高准则即是"无欲"。传统的儒学曾有所谓"寡欲"之说，周敦颐汲取佛教的禁欲主义，与他的无极说相结合，进而创立了"无欲"的说教。什么是"欲"？根本说来，即是人们对物质生活的需要。人们的生产活动和社会活动，都是为了满足这些需要——"欲"而进行的。倘若做到"无欲"，也就可以不必从事很多活动。所以，周敦颐说："无欲，故静"。由此提出"主静"之说，成为他的学说的主要组成部分。周敦颐提出动静的概念，但认为有生于无，动生于静，静是根本的。没有天地以前，"无极"就是静的。因而"静"是最高境界，也是人类的最高的道德标准。人们如果"主静"，也就能做到"诚"。周敦颐又从而提出"诚"的概念，认为这是"圣人之本，性命之原，五常之本，百行之原"（《通书·诚下第二》）。他解释说"诚"即是"无为"（《通书·诚几德第三》）。"寂然不动者，诚也"（《通书·圣第四》）。很明显，按照周敦颐的这些说教，如果人们都能做到"无欲""主静""存诚"，现存的社会秩序和伦理纲常自然就可以长久维持了。

周敦颐的学说在仁宗时代还并没有多少社会影响,他在当时的学术地位,也是不高的。后来的理学家对他极力推崇,是因为他最先触及了宇宙和社会起源等哲学问题,把儒家的经学哲学化,并对中央集权的统治和封建的伦理纲常做出了哲学的论证。他所提出的"一实万分""主静无欲"等观念,为以后的理学家所继承和发展。

邵雍——和周敦颐约略同时的邵雍,字尧夫(一〇一一——一〇七七年),号康节,其先范阳人,后徙居共城。他以讲解《易》经而著称。著有《皇极经世》、《击壤集》等书。《易》八卦中的阴爻和阳爻称为"象",奇数和偶数称为"数"。汉代今文和谶纬学者,依据象和数解释事物,称为"象数学"。邵雍继承象数学讲《易》,又与道教相结合,构成数的图式。他认为太极分两仪,阴阳相交产生四象。八卦相错而生万物。《皇极经世·观物外篇》说:"是故一分为二,二分为四,四分为八,八分为十六,十六分为三十二,三十二分为六十四。故曰分阴分阳,迭用柔刚,《易》六位而成章也。"邵雍从太极"一"开始,用简单的倍数,构成图式,递增为《易》经的六十四卦,这原来是粗劣的数字游戏。但邵雍却认为这是宇宙万物构成的"道",即"天理",是先天确定了的。先有了这个"道",才有万物变化的产生。道存在于心中,所以他说:"先天学,心法也。图皆从中起,万化万事皆生于心也"(《皇极经世绪言·先天象数》)。

佛教禅宗的神秀曾说："心者，万法之根本也。一切诸法，唯心所生。若能了心，万习俱备。"（《观心论》）邵雍显然是汲取了禅宗的观心论。所以他又说："万物于人一身，反观莫不全备"（《击壤集·乐物吟》）。"反观"即返求自己的内心，以求认识和适应外界的"道"。他说、"事无大小，皆有道在其间。能安分则谓之道，不能安分则谓之非道。"（《皇极经世》卷十二）"非道"即"逆天理"，"逆天理者，祸患必至"。用诱导人们"反观"的方法，以达到事无大小各自"安分"的目的，这就是邵雍象数学的政治宗旨。

邵雍还应用他的象数学构拟了一个人类历史发展的循环公式。凡十二万九千六百年循环一次，称为一"元"。一"元"有十二"会"，一"会"有三十"运"，一"运"有十二"世"，一"世"有三十年。人类社会从形成时起，每经一万零八百年为一"会"，发生一次变化。儒家理想中的尧的时代，是在第六会。此后历经"皇""帝""王""霸"等阶段，到五代时，已是不见日出的黑暗时期，需要有"圣人"出世，重建帝道。邵雍由此对宋朝中央集权制的建立，提供了象数学根据。

邵雍生于共城，他的先天象数学据说是得自陈抟的弟子李之才的传授。神宗变法时，邵雍依附司马光攻击王安石。司马光曾为他购置庄园。他的著作带有浓厚的道教色彩，后来被收入《道藏》。但他所提出的天地运化，道在物先等论点，却为理学家所推崇。

张载——在哲学上取得较多成就的张载，字子厚（一○二○——一○七七年），《宋史》作长安人。在陕西关中讲学，人称横渠先生。他所建立的学派，被称为"关学"。陕西与西夏为邻，地处前线。张载早年曾致力于军事的研究，关学的学者如游师雄、李复等后来成为宋朝抗击夏、金的将领。张载的哲学著作有《正蒙》、《横渠易说》、《经学理窟》等传世。在王安石等变法派与司马光等保守派激烈斗争的年代，张载隐居关中著书讲学，与朝廷公卿并无来往，因而不象邵雍那样得到朝中支持。但张载也因此而在哲学上形成他自己的独特的思想体系。

关于宇宙的起源和构成，张载反对佛老，也不赞同周敦颐的"无极而太极"。他驳斥"有生于无"之说，认为原始的太虚并非空无所有，而是由"气"构成。由此提出了"气"这一重要的概念。《易·系辞》说："阴阳，精灵之气也。"前代学者曾对"气"做出过多种不同的解释。周敦颐的《太极图说》称阴阳为二气，又称水火木金土五行为五气。"气"的含义，逐渐扩大了。张载所说的"气"有他自己的解释。他认为"太虚不能无气，气不能不聚而为万物，万物不能不散而为太虚。循是出入，皆不得已而然也"。又说："太虚无形，气之本体，其聚其散，变化之客形尔。"（《正蒙》）按照这种解释，"气"凝聚而构成万物，散即成为"太虚"。由于"气"的本体是无形的，所以"太虚"并不是空无所有而是充满了无

414

形的"气"。所以他说:"知太虚即气则无'无'"。张载提出"气"这一专用范畴,用以反驳以"无"为宇宙本源至上境界的谬说,是有积极意义的。但是,他所说的"气"显然并不完全等于"物质"。相反,他以为客形的万物只是"气"的暂时的凝聚状态。"气"凝聚而有生物。生物死,"气"便散而为魂魄,为鬼神。所以他说"鬼神常不死","物无逾神之理"。张载把"气"这一范畴置于太虚与万物之间。当他用"气"来解释太虚时,接近于唯物,用来解释万物时则接近于唯心。

张载进一步论述"气"的聚散,是由于气的内部包含"二端""两体"(两个方面)。他说:"天性,乾坤阴阳也。二端,故有感。本一,故能合"。又说:"一物两体,气也。一故神,两故化。"宇宙的原始状态,张载称为"太和",阴阳合一尚未分离,但它已包含着对立的两端,是变动的开始。所以说:"太和所谓道,中涵浮沉、升降、动静相感之性,是生絪蕴相荡、胜负屈伸之始。"从自然界的地有升降,日有长短,到人类社会的任何事物,都包含有对立的两体、二端。说"万物虽多,其实无一物无阴阳者,以是知天地变化,二端而已。"(《正蒙·太和》)又说:"物无孤立之理,非同异、屈伸、终始以发明之,则虽物非物也。"(《正蒙·动物篇》)任何事物内部都包含有对立的二端,相荡、相求、相揉、相兼、相制,所以产生出各种运动和变化。变化不是来自外界而是出于内因("动必有机,既谓之机,则动非自外也"《正蒙·参两》)。事物的变化有两种形态："变言其著，化言其渐"(《易说》)。化是逐渐的、微细的。变是显著的，是由渐化而来。变和化两种形态交替发生，形成运动。张载的这些论说包含着朴素的辩证法思想，但他并不能正确说明对立和统一的关系。"一故神，两故化"，"一"和"神"是主要的本始的，"两"与"化"则是暂时的。两体互相作用互相对立的结果，最后还要归于一。他说："有象斯有对，对必反其为。有反斯有仇，仇必和而解。"(《正蒙·太和》)所以，在张载的学说里，"至静无感"的"太和"(太一)仍是最高的境界。他并没有能够摆脱"一"与"静"的束缚。

张载曾自称他为学的宗旨，是"为天地立心，为生民立命(一作道)，为往圣继绝学，为万世开太平"(《近思录拾遗》)。又说："此道自孟子后千有余岁，今日复有知者"(《理窟·义理》)。张载以孟子的继承者自命，实际上是依己意说解孔孟。孟子以来，人性的善恶是一个长久争论的问题。张载从他的"气"论出发，认为性有"天地之性"和"气质之性"的区别。万物的生灭是由于气的聚散。人的生死也是由气的聚散。气有清浊之分，因而人性也各有差别。"天地之性"是太虚的本性，是至善的。所以，人们应当通过"为学"，反回原来的天地之性。他说："性于人无不善，系其善反不善反而已。"又说："形而后有气质之性，善反之，则天地之性存焉。"(《正蒙·诚明》)他把这种"反"的功夫叫做"变化

416

气质"。"如气质恶者，学即能移。"（《理窟·气质》）。所谓"气质恶者"，即为人欲所蒙蔽。变化气质即要求"虚（空）心"和克欲。"能使无欲，则民不为盗"（《正蒙·有司》）。人人都能"灭欲"便不会起而反抗，就算返回天地之性，万世太平了。

黄宗羲著《宋元学案》称张载之学"以《易》为宗，以《中庸》为的，以《礼》为体，以孔孟为极"（《横渠学案》）。张载自己说他"观《中庸》义二十年"。讲《中庸》是与《易》结合，以阐述"太和"、"气"和"性"等论点。讲《礼》也依循他的哲学观，说："天地之礼，自然而有，何假于人？天之生物，便有尊卑、大小之象，人顺之而已"（《理窟·礼乐》）。尊卑大小之礼，是天地安排，只能顺应。在社会生活中的具体的礼仪，则不应拘泥于《周礼》，而应有"时措之宜"，"可以去取"。张载把他关于《易》、《中庸》和《礼》的学说互相融合，写成著名的《西铭》（又称《订顽》）。《西铭》的中心思想是把天地君亲合为一体，以讲述事天事君事亲之道。大意说：天（乾）称父，地（坤）称母，渺小的我处在其中，我的身体是天地所充塞（气的凝聚）。我的本性是天地所指挥。人民都是我的同胞，万物是我的同伴，大君（皇帝）是我父母（天地）的宗子，大臣是宗子的家相。尊老慈幼，即是对待天地的长幼。圣人是合乎天地之德，贤人是天地之秀。天下穷困的人都是我的无告的兄弟，能够及时救恤，就是你帮助了天。人能乐（天地之性）而不忧，才是纯孝。违背〈天地之性〉叫做悖德，害仁叫做贼。张载在《西铭》一文的最后说：富贵福泽，是〈天地、父母〉厚待我的生活。贫贱忧戚，是促使你成功。生前能顺事，死后也安宁。《西铭》带有某些宗教色彩，但仍以孔孟的儒学为核心。张载把封建社会秩序予以自然化（神化）和家族化，从而把儒学的"敬天"、"爱民"、"忠君"、"事亲"之道和仁、义、孝、悌等观念融为一理。在张载看来，人们如果都能把天地当做父母一样尊敬，对皇帝大臣如象对天地宗子一样忠诚，把人民当作兄弟一样友爱，把富贵贫贱当做天地的安排去适应。人人都能顺应现实，服从天地君亲的统治，整个社会便构成一个万世太平的理想社会。《西铭》是张载晚年的作品，全文不过二百五十多字，但可以说，它概括了张载全部学说的宗旨，也是他所倡导的"变化气质"的终极目的。《西铭》综述了义理与伦常两个方面的内容，受到理学家的赞誉。程颐说《西铭》"推理以存义，扩前圣所未发，与孟子性善养气之论同功"（《伊川文集·答杨时论西铭书》）。又说："仁孝之理备于此"，"孟子已后，未有人及此文字"（《张载集·语录·后录》）。后来，朱熹也称赞《西铭》"道理只是一个道理，中间句句段段，只说孝亲事天"（《张子全书》引）。但是，张载的学说并不全同于程朱理学，理学的创始者不是张载，而是二程。

程颢、程颐——周敦颐的弟子程颢、程颐兄弟在洛阳讲学，号为洛学。程颢字伯淳，世称明道先生（一○

三二——一〇八五年）。程颐，字正叔，世称伊川先生
（一〇三三——一一〇七年）。世居中山，后从开封徙
河南（洛阳）。和张载不同，二程在神宗朝保守派与变
法派的争论中，积极参预保守派的政治活动，因而得到
司马光的支持。但二程一生的主要活动是创建了道学
即理学，对当时和后世产生了重大的影响。

程颢与程颐的学说在某些方面曾有所不同，但基
本内容并无二致。他们的言论合编为《二程语录》。

二程继承周敦颐等人的学说，但特别提出"理"或
"道"的概念，作为他们的全部学说的基础，因而被称为
"理学"或"道学"。程颢曾自称"吾学虽有所受，天理二
字，却是自家体贴出来"（《外书》十二，《谢良佐语录》）。
二程主张"万事皆出于理"，"有理而后有象，有象而后
有数"。他所谓"理"不是从万物中抽择出来的规律，相
反，是先于万物的"天理"。一切事物都是按照"天理"
的规定而生成和运动。"象"和"数"也都发生在理之
后。所以，二程关于宇宙的起源和构成的解释，实际上
是扬弃了周敦颐的"无极"、"太极"说，并反对张载的
"清虚一大"和"太和"说，甚至根本否认"太虚"的存在。
二程《语录》中记载："又语及太虚。曰，亦无太虚。遂指
虚曰：皆是理，安得谓之虚？"（《遗书》三）二程认为：一
物有一理，但万物的理又是共同的，"一物之理，即万物
之理"（《遗书》二）。所以说"万物皆是一个天理"（《遗
书》二），"天下只有一个理"（《遗书》十八）。

在二程的著作中，理和道往往是同义语。有时也强作区别，说理是天定的，按天理行事，便是"道"。"天有是理，圣人循而行之，所谓道也。"（《遗书》二十一）二程反驳张载的天道说，以为："形而上者谓之道，形而下者谓之器。若如或者（指张载）以清虚一大为天道，此乃以器言，而非道也。"（《遗书》十一）又反驳张载关于"气"的聚散反原说，以为"既言气，则已是大段有形体之物。""凡物之散，其气遂尽，无复归本原之理"（《遗书》十五）。张载关于气散反原之说，本来是自相矛盾而不能自圆的论说。二程批驳这个论说，却在于论证"道"先于"气"。程颐说："离了阴阳更无道。所以阴阳者，是道也。阴阳，气也。气是形而下者，道是形而上者。"（《遗书》十五）又说："有理则有气"（《粹言》卷下）。二程以理在气先的命题，完成了宇宙本原于"道"或"理"的基本论点。

二程认为，"理"包含着普遍的对立。"天地万物之理，无独必有对，皆自然而然，非有安排也"（《遗书》十一）。又说："道无无对，有阴则有阳，有善则有恶，有是则有非"（《遗书》十五）。但和张载不同，二程论证万物之间的对立，宗旨不在于"化"，而在于"常"。所以又说："天地之形，廓然无穷，然而阴阳之度，日月寒暑昼夜之变，莫不有常，此道之所以为中庸。"（《遗书》十五）所谓"常"，即是说日月寒暑的对立都是永恒的，不能改变的。自然界如此，人类社会的事物也是如此。程颢说："天地之生物也，有长有短，有大有小，君子得其大矣，安可使小者亦大乎？天理如此，岂可逆哉"（《遗书》十一）。长短、大小、君子小人的对立，都是所谓"常道"，不能变易，也不可违背，因为"天理如此"。

二程反复论证的"理"，主要不是用以解释宇宙，而是用以说明人事，即现存的社会秩序。二程说："父子君臣，天下之定理，无所逃于天地之间。"（《遗书》五）又说："居今之时，不安今之法令，非义也。"（《遗书》二）现今社会中君臣、父子、夫妇等统治和被统治的对立的关系，都是天理所定，是不可改易的。先有天理，然后才有万物。遵循现存秩序，便合天理，否则是逆天理。程颐在《春秋传序》中曾说："天之生民，必有出类之才，起而君长之。治之而争夺息，导之而生养遂，教之而伦理明，然后人道立，天道成，地道平。"（《二程文集》卷七）人民必须有皇帝来统治，然后"理"或"道"才得以美满的实现。二程甚至举出"蜂蚁知卫其君"、"豺獭知祭礼"等动物界现象，认为都是"自得天理"，借以论证万物的统治关系，乃是"天下之定理"。这个"理"或"道"也规定了每个家庭中的家人父子关系。二程说："父子、兄弟、夫妇各得其道，则家道正矣"。"家人之道，必有所尊严而君长者，谓父母也。虽一家之小，无尊严则孝敬衰，无君长则法度废。有严君而后家道正。"这就是说，父子之间也要形成如象君臣之间那样的统治关系，然后才算"家道正"。至于夫妇男女之间，他说:"男尊女卑,夫妇居室之常道也"。"男在女上,男动于外,女顺于内,人理之常,故为恆也。"男尊女卑,也和君臣父子的尊卑一样,是永恒的"常道"或"常理"。君臣、父子、夫妇,即是所谓"三纲"。二程又进而推论到君民、以至兄弟、朋友,即包括政治关系、家族血缘关系以至各种社会关系,统统归属于"理"的名下。"天下只有一个理"即上下尊卑各种统治关系的"理"。这样,二程便以"天下之定理"解释了整个的封建统治秩序。

二程"理学"的宗旨,不仅在于对封建秩序的合理性的论证,而更在于诱导人们通过自我修养而使一切行动符合于"理",即现存的统治秩序。二程提出"只心便是天"(《遗书》二),天即是理,天即在心中,从而反对张载的"别立一天",而认为天、理、心、性,就是一件事(《遗书》十八)。二程又由此提出自己的人性论:人性本是善的,即合乎天理的,天理本来存在于人们的心中。但由于气禀不同,气有清有浊,因而人性有善有恶。所以浊气和恶性,其实都是"人欲"。由于"人欲"蒙蔽了本心、本性,便会损害天理以至灭天理。"无人欲即皆天理"(《遗书》十五)。由此出发,二程确立了理学的目标"存天理,去人欲"。

"存天理"先要"明天理"。天理本来存在人的心中,但如不去"致知",仍然不能得到。二程引用《大学》中的"格物致知",作出新解,说:"致知在格物,非由外铄我也,我固有之也。因物而迁,迷而不知,则天理灭矣。故圣人欲格之。"(《遗书》二十五)所谓"格"，二程解释为"至"，就是即物穷理，说："凡一物上有一理，须是穷致其理。"(《遗书》十八)"凡物皆有理，精微要妙无穷。"(《遗书》九)依据"一物之理即万物之理"的论据，人们在一件一件日常事物上认识到理，也就可以豁然贯通，得到万物共同的"天理"。所以又说："须是今日格一件，明日又格一件，积习既多，然后脱然自有贯通处"(《遗书》十八)。认识到父子之间的"理"也就可以悟到君臣、夫妇之间的理。甚至认识到蜜蜂服从蜂王的"理"也就可以贯通君臣、父子、夫妇之间尊卑长幼的"理"。"致知"不"因物而迁"，才能得到共同的根本的"天理"。"格物致知"还必须排除人欲的蒙蔽。去人欲的修养方法，二程叫做"涵养须用敬"。二程把周敦颐的"主静"改为"主敬"，并自称不同于佛道的"虚静"。因为佛道的虚静是要屏除一切思虑，二程的"主敬"则是要用"天理"去时时检点、克制私欲，随时反省，"察之于身"，去人欲而存天理。二程说，这就是孔丘对颜回所说的"克己复礼"。"克己"就是克欲，"复礼"就是"存天理"。"理者礼也"，这也就是《尚书·大禹谟》所说的"人心惟危，道心惟微"，以"道心"克服"人心"。

"致知在格物"、"涵养须用敬"是二程学说中的两个重要的论题。《二程遗书》中记载程颐的这样一段问答语录。有人问："或有孤孀贫穷无托者，可再嫁否？"程颐答："只是后世怕饥寒饿死，故有是说。然饿死事极小，失节事极大。"(《遗书》二十二)"饿死事小，失节事大"成为理学的一句名言。它不仅用于禁止妇女再嫁，而且推广到君臣、父子、夫妇和各种政治、社会关系领域。这就是说，"去人欲"直到"饥寒饿死"，也不能违礼"失节"。二程解释他们所说的"人欲"，包括"耳则欲声，鼻则欲香，口则欲味，体则欲安"，认为这些都是"欲之害人"(《粹言》二)。照此推论下去，如果所有这些"欲"都被消灭，实际上也就走向佛教的"空无"和坐禅"入定"。但佛教的禁欲，旨在成佛。二程的克欲则旨在"守节"或"守礼"，即遵守政治社会秩序。二程的"存天理，去人欲"的说教，对统治者、压迫者说来，有着限制非分贪求和过分剥夺的作用。对被统治者、被压迫者说来，则起着诱导人们服从压迫的作用。通过传授自我修养的方法以达到被压迫者自愿地接受压迫的目的，是二程理学"致知"与"主敬"说的显著特点。

二程的"存天理，去人欲"说，在政治上必然导致保守而反对多欲。二程虽然也认为政事要"随时因革"，但"理之所不可易"，"则前圣后圣未有不同条而共贯者"(《陈治法十事》，引自《宋元学案·明道学案》)。程颢在《论王霸札子》中说："臣伏谓得天理之正，极人伦之至者，尧舜之道也。"后来霸者之道盛行，即是因为"人欲流行"。二程的复古的历史观和保守的政治观，自然使他在王安石与司马光的争论中完全站在保守派一边，参预反变法的活动。二程的学说也在反变法的年代里逐步形成。

司马光——司马光，字君实（一〇一九——一〇八六），陕州夏县人。他以儒者而为宰相，是神宗朝保守派的政治代表，在经学或哲学上，并没有多少建树。在司马光论学的著述中，贯串着"天命"的中心思想。他认为"天者，万物之父也。"万物都是"天定"的。"天使汝穷而汝强通之，天使汝愚而汝强智之，若是者必得天刑"（《文集》卷七二，《迂书·士则》）。司马光也提出"玄"或"虚"的概念，作为万物之原。在人类社会中，"玄"是"天子之象"。说："上以制下，寡以统众，而纲纪定矣"（《太玄·玄首注》）。所谓"纲纪"，即"三纲"（君臣、父子、夫妇）六纪（诸父、兄弟、族人、诸舅、师长、朋友）。各种社会关系都统一于"天子"的统治之下，"一以治万，少以制众"，便能确定不移，符合于"天命"。司马光的天命论和二程的天理论并没有根本的区别，但司马光的论述却很粗鄙浅陋，远不能和二程等人的周密的哲学论证比高低。司马光是二程理学的支持者，但他本人主要是政治家和历史学家，而不是哲学家。

王安石——王安石，字介甫（一〇二一——一〇八六年），江西临川人。和司马光在政治上对立的王安石在入相前，已是著有声名的学者。王安石所学仍以儒家经学为主。当时文坛，探讨义理心性，成为风气，王安石曾在一些著作中依据孟轲、扬雄立言，对当世各家之论，间有取舍。变法时期，王安石不能不撷取法家商鞅、韩非之说，但又依托《周礼》和《诗》、《书》，作出新解，以为变法的依据。在学术上，又在儒家经学的范围内作周旋。这些矛盾的现象反映到他的论学著述中，呈现出多方面的思想矛盾。

关于宇宙的构成和起源，王安石在他的名著《洪范传》中提出五行说，认为宇宙是由金、木、水、火、土五种物质所组成。所谓"行"，是"往来于天地之间而不穷"的"变化"。但是关于五行的起源，他又回到了"太极"说，认为"太极者，五行之所由生"(《原性》)。"自太初至于太始，自太始至于太极，太极生天地"(《道德真经集义》卷一转引)。关于"五行"的运动和变化，王安石作了精细的分析。他在《洪范传》中说："夫五行之为物也，其时，其位，其材……其声，其臭，其味，皆各有耦，推而散之，无所不通，一柔一刚，一晦一明。故有正有邪，有美有恶，有丑有好，有凶有吉，性命之理，道德之意皆在是矣。耦之中又有耦焉，而万物之变遂至于无穷"。王安石不把"万物之变"归于外在的"天理"，而从事物内部的矛盾"有耦"或"有对"中去寻找原因。这比前人对此的论述前进了一步，也为他的变法活动提供了哲学依据。

王安石要从事变法，就不能不反对儒学的天命论，但他在论学著述中又往往处于自相矛盾的境地。如他对《论语·宪问篇》中孔丘论道之兴废是"命也"的话提出疑问，说"苟命矣，则如世之人何?"(《文集》卷六七，《行述》)但在《答史讯书》中又说："命者，非独贵贱死生

426

尔，万物之废兴，皆命也"(《文集》卷七)。在变法的实践活动中，王安石最终不得不否定天命与人事的关系，以反驳保守派的攻击。他为回答人们的攻讦而论证的"天变不足畏、人言不足恤、祖宗之法不足守"，所谓"三不足"的名言，是王安石的思想所达到的高峰。关于"祖宗之法不足守"是王安石一贯的论点。他早在《言事书》中，即发挥韩非"世异则事异"的观念，提出"后世学者与先王之时异"，主张"视时势之可否，因人情之患苦，变更天下之弊法。"王安石曾反驳复古论，认为"归之太古，非愚则诬"(《文集》六九，《太古篇》)。又在《字说》中提出"新故相除"的论点。

王安石论"新故相除"，包括了自然（天）与人事。但他所谓革新，实际上仍只是局限在维护现存的封建统治秩序的范围。变法，即若干制度的改革，目的也是在于"富国强兵"，即加强宋王朝的统治。所以，他所谓不足守的"祖宗之法"，只是某些局部的"法"。至于封建伦常、礼义名分，那又是变动不得的。在这个基本点上，王安石与二程等理学家、保守派，并无分歧。他在《洪范传》论述五行变化的同时，就已提出君臣上下之道不能侵僭。说"执常以事君者，臣道也。执权以御臣者，君道也。""礼所以定其位，权所以固其政。""下僭礼则上失位，下侵权则上失政。"在《原教》篇中，王安石提出教化的目的，是使天下"君君臣臣，父父子子，兄兄弟弟，夫夫妇妇"即君义、臣忠，父慈子孝，兄弟相恩，夫妇相礼。他又由此提出"知分"和"正分"的论说，认为上下贵贱都是"常分"，不可僭越。这个常分是由命定的，所以说"分出于命"，"君子知命，小人知分"。(《性命论》)"分"是由礼来规定的，所以他又认为要做"大贤人"，必须"非礼勿视，非礼勿听，非礼勿言，非礼勿动"(孔子答颜渊语)，视听言动稍有不合于礼，即"不足以为大贤人"(《三圣人》)。

怎样才能使人知分守礼？王安石不能不对人们历来争议的人性说，作出自己的回答。他没有简单地附和历来的性善说和性恶说，而吸取了扬雄的善恶相混和告子的"生之谓性"的论点，加以发展，认为人之本性无所谓善与不善，而在于后天形成。人生活在世间，由于"习"即实际经历的不同，而形成善恶。他由此提出"修性"、"善性"、"复性"等说法，主张提倡礼乐教化，使人加强修养，即可达到复性以至尽性的境界，知分守礼，至于"至诚"。对于个人的修养，王安石也主张"内求"，说"圣人内求，世人外求。内求者乐得其性，外求者乐得其欲"(《礼乐论》)。王安石在学术上对扬雄极为推崇，说"扬雄亦用心于内，不求于外"(《文集》卷七，《答龚深父书》)。王安石的养性说不同于二程的"存天理，去人欲"，但他的内求于己的修养方法，却和"反观"说接近了。

王安石对儒家传统的经书作出新解，一时号为"新学"。所谓新学，自然是经学范围内的新学。不过，新学为变法提供理论依据，便不能不和保守派的理学处在相对立的地位。王安石著有《三经新义》，即《周礼义》、《诗义》和《书义》。全书不传，只存后人辑录的《周官新义》十六卷，《诗》、《书》的新义残存若干条，散见于宋人著述中。从现存的残篇中，可以约略看出《三经新义》主要包括三个方面的内容：（一）依托经书阐扬变法的理论。这是保守派理学家所攻击的主要方面。（二）依据经书，讲述礼法名分以维护伦理纲常。这和理学家并无根本的分歧。（三）在学术上作出新解。如对《尚书·武成》篇重加校理，对《酒诰》改定句读。南宋的朱熹也称赞为"推究甚详"（《朱子语类》卷七九）。王安石又著《字说》二十四卷。"新故相除"说即出自此书。《字说》借字义以讲义理，不免傅会牵强，在文字学上并没有什么学术价值。

王安石的一生主要是从事变法活动。他是一个有过重大影响的政治家，但在哲学上并未形成自己的完整的思想体系。

（三）理学的集大成者朱熹及其反对派

二程在北宋时创建理学。由于变法派与保守派在政治上的反复斗争，程学与王学也随之几经兴废。北宋末年，蔡京当权，标榜王学，禁止程学。北宋灭亡，高宗南迁，保守派指责王学误国，但王学在太学生中仍有广泛的影响。秦桧初入相，起用程颐弟子胡安国，为高宗讲经学，程学因而复兴。胡安国讲《春秋》（王安石不讲《春秋》，斥为"断烂朝报"），著《春秋传》，提倡"尊王攘夷"，以适应高宗建国抗金的需要，又提倡节义，阐发"兵权不可假人"，以适应高宗箝制大将，限制作战的需要。赵鼎、张浚为相，极力排抑王学。一一三八年（绍兴八年），秦桧再入相，程学与王学并用，被指为"阴祐王学"。一一四五年，高宗明令各地学官黜程学。秦桧死后，高宗又取消对学术的限制，取士不拘程、王一家之说。理学传到朱熹，才取代王学，形成完整的体系。

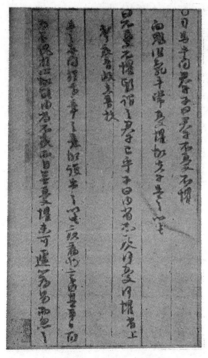

朱熹《论语注稿》墨迹

朱熹——朱熹，字元晦，一字仲晦（一一三○——一二○○年），徽州婺源人。朱熹生活在孝宗至宁宗时代，在政治派别的斗争中屡遭失败，但在社会上讲学授徒，产生了广泛的影响。朱熹死后，他的著作和学说,受到理宗的尊崇。南宋以后,朱学也一直成为理学的正统。朱熹吸收周敦颐、二程、张载以及北宋诸家学说,综合条贯,因而号为理学的"集大成"者,但他的学说的主要部分多是直接承继二程,后世往往程、朱并称,号为程朱理学。

朱熹是一个知识渊博的学者。他的著作涉及到哲学、历史、文学、教育等许多领域。主要内容在于三个方面:(一)哲学义理;(二)伦理纲常;(三)学术著述。朱熹学说对后世影响最大的,则是封建伦常。

一、哲学义理。朱熹继承二程,以"理"作为他的哲学体系的基础。认为"理"产生于天地万物之先,"若无此理,便亦无天地,无人无物,都无该载了"(《语类》卷一)。朱熹也承认"气"的概念,但认为理在气之先,气依理而存在,但理是永恒的,独立存在的。"万一山河大地都陷了,毕竟理却只在这里"(《语类》卷一)。这近似于佛教华严宗所说理与事是"能依"与"所依"的关系:"事既揽理成,遂令事相皆尽,唯一真理平奇显观"(《华严经·发菩提心章》,《大正藏》卷九五)。朱熹也接受了"太极"说,但认为太极并非"有个光明闪烁底事物在那里",而只是万物之理的总称。他说:"极是道理之极至,总天地万物之理,便是太极。"(《太极图说》)又说:"万物各有禀受,又自各全具一太极","人人各有一太极,物物有一太极"(《语类》卷九十四)。天地万物总的说来都是一个理,但又分别体现在每个人或物上。

这被称为"理一分殊"。朱熹的"理一分殊"说，继承周敦颐、邵雍等人的论说，也采择了华严宗的"一多相摄"说(《华严经旨归》)和所谓"月印万川"说(《永嘉证道歌》："一月普现一切月，一切水月一月摄")。宋代理学家以反佛为己任，朱熹讳言佛学，但他的学说却是明显地吸取了佛教的许多内容。

朱熹关于宇宙万物发展的学说，继承了邵雍、二程、张载以至王安石等人关于"一分为二""有对""有耦"等论点，又有所发展。朱熹认为一切事物都是由对立物组成，"天下之物，未尝无对"(《语类》卷六)，"至微之物，也有个背面"(《语类》卷六十五)。他进而提出对立的双方是由"一"化分出来，太极生两仪，两仪生四象，四象生八卦，"节节推去，莫不皆然"，"此只是一分为二，节节如此，以至于无穷，皆是一生两尔"(《语类》卷六十七)。朱熹发挥了张载"两故化"说，认为阴阳"交感"化生万物，并进而指出二者并非并立，而是总有一方处于"胜"的地位。他说："天地只是一气，便自分阴阳。缘有阴阳二气交感，化生万物，故事物未尝无对"(《语类》卷五十三)。又说："天地间无两立之理，非阴胜阳，即阳胜阴，无物不然，无时不然"(《语类》卷六十五)。朱熹关于事物发展的论述比前人前进了一步。他的二者不并立、一方胜一方之说，为维护封建伦常统治秩序提供了理论依据。

朱熹也继承了二程的"存天理，去人欲"说。朱熹认为"人只有天理、人欲两途"。天理与人欲也是对立的两方。因此,两者"不容并立"(《孟子·滕文公上》注),"此胜则彼退,彼胜则此退"(《语类》卷十三)。"存天理,去人欲"即以天理战胜人欲。存天理的途径,朱熹仍宗二程所说的"格物致知"和"主敬"。他认为"天理"和"天命"不同,天理是主宰一切的,但又是可知的。依据"理一分殊"的理论,人们今日格一物,明日格一物,一旦豁然贯通,便可以"致知""穷理"。朱熹继承张载、程颐的气质说,认为"人性本明",因为人的气禀有昏明清浊的差异,从而产生人性的善恶。去人欲如同使宝珠除去污秽的涸水,"宝珠依旧自明"。因此,必须克去私欲才能尽性穷理,使"天理常明"。朱熹曾说:"孔子所谓'克己复礼',《中庸》所谓'致中和'、'尊德性'、'道问学'。《大学》所谓'明明德',《书》曰'人心惟危,道心惟微,惟精惟一,允执厥中',圣人千言万语,只是教人存天理,灭人欲。"(《语类》卷十二)"穷理""克欲"构成朱熹全部学说的核心,贯穿在他对经学的注疏和讲解之中。

二、伦理纲常。孔子所创原始儒学,已着重于伦理及为人处世之道。西汉今文经学的大师董仲舒在《春秋繁露》中提出"王道三纲"之说,宣扬"君臣父子夫妇之义,皆取诸阴阳之道"。宋代社会经济关系重新组合,重建伦理纲常,成为巩固统治的实际需要,因而也成为理学的主要内容。三纲五常之说,经朱熹着力发挥，才逐渐形成后世封建制度的支柱。这是由于朱熹一方面把传统的三纲加以理论化，一方面又予以具体化和通俗化，从而在社会上产生了极为广泛的影响。

朱熹从他的"理在事先"的哲学命题出发，论证君臣、父子、夫妇之间的关系都和季节有春夏秋冬一样，是"天理使之如此"。天理"张之为三纲，纪之为五常"。"亘古亘今不可易"、"千万年磨灭不得"（《语类》卷二十四）。依据他的"阳胜阴"的理论，君臣、父子、夫妇之间都必须建立起统治与被统治的关系。依据"理一分殊"的理论，君臣、父子、夫妇之间各有其道，但又同是一理，即如何统治和如何接受统治的理。战国以来，儒、道、法诸家学说曾先后为统治者所提倡，以讲求统治的方术。程朱理学不仅讲论统治之道，而且还着重阐扬被统治的"理"，即诱导人们自觉地服从统治。"事亲须是孝"，"事君须是忠"，妻子须服从丈夫，并且要"从一而终"，终身守节。事亲、事君、事夫之道都是一个天理。如果不合其道，便是由于人欲的蒙蔽，须要"克欲""穷理"。西周以来，国家政权曾被家族化。国王是上天之子，又是臣民的君父。在朱熹的学说中，家族又被政权化。父子、夫妇以至兄弟之间，都是"尊卑上下"的统治关系。"乾尊坤卑，阳尊阴卑，不容并也"。家族的族长和家长，则统治整个的家族。"一家亦只容有一个尊长，不容并立，所谓尊无二上"（《语类》卷六十七）。朱熹把《大学》中所说的"格物致知正心诚意修身齐家治国平天下"，作为理论依据，企图在"理"的名义下，建立起上自朝廷下至每个家庭的一整套周密的社会秩序，劝诱人们通过"灭人欲"的自我修养方法以达到自愿服从。

与其他理学家不同，朱熹十分重视他的学说的普及和通俗化。这是朱学产生巨大社会影响的重要原因。程颐取《礼记》中的《大学》、《中庸》篇与《论语》、《孟子》合称《四书》。朱熹著《四书集注》，采择理学家中与己意相合的论说，加入自己的比较通俗浅近的注释，使理学借四书而得以传播。《四书集注》曾得到理宗的大力推崇。直到明清两代，仍是最为流行的文士必读之书。朱熹极为重视少年的教育，著《小学集注》，收集《礼记》、《曲礼》、《列女传》等古籍中有关三纲五常的说教，编为《内篇》四卷（《立教》、《明伦》、《敬身》、《稽古》），又取古近人的所谓"嘉言""善行"编为《外篇》两卷，全书合共六卷。朱熹在注释中予以解说发挥，教育青少年遵照三纲五常的道德规范，以确定自己的言行。又著《论语训蒙口义》《童蒙须知》等，供儿童学习。在《须知》中，从衣服冠履、语言步趋、洒扫涓洁、读书写字，直到杂细事宜，都作了极其烦琐的具体规定。如讲穿衣服要"颈紧、腰紧、脚紧"。谈话"凡为人子弟须是常低声下气、语言详缓"。读书要"正身体对书册，详缓看字"。"饮食于长上之前，必轻嚼缓咽，不可闻饮食之声"。"凡开门揭帘须徐徐轻手，不可令震警声响"。"凡

435

侍长者之侧，必正立拱手"，"凡侍长上出行，必居路之右。住，必居左"。"凡待婢仆，必端严，勿得与之嬉笑"。以至"凡如厕，必去外衣。下，必盥手"等等。实际上是日常生活中的一举一动，一言一行都要有具体的规定，以符合"尊卑上下"的"天理"。朱熹曾说，要使人们从小时即养成"圣贤坯模"，即不只从思想上而且从日常行动上，自幼便完全纳入"理"的框子之中。如果人们都能这样"正心诚意"地"修身"，变成不会反抗只会服从的活机器，自然也就家齐、国治、天下平了。

在朱熹关于三纲五常的说教中，还着重论述了"夫为妻纲"、"男尊女卑"，提倡对妇女的教育。妇女在家要读《论语》、《孝经》，还要学习班昭的《女诫》和司马光所写的《家范》。依据阳胜阴的理论，夫妇男女只能是主从关系。妇女要恪守《仪礼》和《周礼》所说的"三从"（未嫁从父，既嫁从夫，夫死从子）和"四德"（德、言、容、功）。妻子对丈夫要绝对服从，丈夫对妻子可依"七出"之条休妻、离弃。妇女则不能改嫁。唐代以至北宋，妇女改嫁，本来是社会上习见的事。二程提出妇女不得改嫁。有人问：男子再娶，也不合礼么？程颐回答说："大夫以上至于天子，自有嫔妃姜小，不需再娶。大夫以下，为了侍奉公婆和主内事，不得已再娶"（《遗书》卷二十二）。朱熹认为，二程提出妇女"饿死事小，失节事大"不可改易。朱熹还认为男女婚姻是"正风俗而防祸乱"之始，必须以"礼律之文"加以限制。他在任泉州同安县主簿时，当地贫民婚娶，不拘聘礼，自行结合，称为"引伴"。朱熹下令禁止，并申奏朝廷，请颁"婚娶仪式"严加约束。他认为同安县民"自旧相承，无婚姻之礼，里巷之民，贫不能聘，或至奔诱，则谓之'引伴'为妻，习以成风，其流及于士子富室，亦或为之，无复忌惮"。"乖违礼典，渎乱国章"，将会"酝成祸衅"。朱熹还下令妇女出门必须用花巾兜面，只留孔隙看路。后人因称这兜巾为"文公兜"（朱熹谥文公）。又令妇女鞋底装上木头称"木头履"，使行动有声，便于觉察，以防"私奔"。朱熹强化三纲使妇女更加卑贱无权，备受压迫。

三、学术著述。朱熹一生著述繁富，这使他在学术界获得较高的声望，因而也便利了他的学说的传布。在经学方面，著有《易本义》、《诗集传》、《论孟集义》、《孝经刊误》等多种。历史方面，有《通鉴纲目》。文学方面有《楚辞集注》。朱熹号为理学的集大成者，对北宋以来理学家的著述作了许多注解和编纂的工作。如《太极图解》、《通书解》、《西铭解》、《正蒙解》以及《谢上蔡语录》、《延平（李侗）问答》、《近思录》、《程氏遗书》等，又作《伊洛渊源录》，说明程学渊源。朱熹本人的讲学言论和平日写作的文稿，由后人编为《朱子语类》、《朱文公文集》等传世。朱熹在世时，著名的弟子有蔡元定、蔡沈父子，陈淳和朱熹婿黄榦等人，各有著述，传播朱学。

陆九渊——和朱熹约略同时，陆九渊创立了与朱熹对立的学派，号为"心学"。陆九渊，字子静（一一三九———一一九二年），江西抚州人，孝宗时举进士，曾任主簿、国子正等职，政治上并不显要，学术上也无师承。他在白鹿洞讲学授徒，融合孟子学说与佛教禅宗的思辨，独立形成所谓"心学"。陆九渊提出"宇宙便是吾心，吾心即是宇宙"。他发挥孟子"万物皆备于我"和"良知"、"良能"说，又汲取禅宗"心生，种种法生；心灭，种种法灭；一心不生，万法无咎"等论点，反驳朱熹的"天理"说，认为"心即是理"。他说："天之所以与我者，即此心也。人皆有是心，心皆具是理，心即理"（《象山全集》卷十一《与李宰》）。又说："此理本天所以与我，非由外铄。""道理无奇特，乃人心所固有者。""理"不是外在的，而是在我心中。因此，不须去"穷理"，而只须"明心。"他指责"天理人欲之分论极有病"，又指责朱熹解《尚书》"人心"为人欲，"道心"为天理，以为"此说非是"。陆九渊认为"心一也，人安有二心？"心只有一个，理也只有一个，"此心此理，实不容有二"。他因此反对程朱的"惩忿窒欲"，但也认为物欲可以蒙蔽本心，因而要"存心""养心"，即须"寡欲"和"剥落"，说："人心有病，须是剥落，剥落得一番，即一番清明"。"欲去，心自存矣"（《全集》卷三十二）。去欲存心的方法，则在于"切己自反，改过迁善"（《全集》卷三十四）。通过"自反"、"自省"，使心地清明，即是"圣人"。陆九渊由此发展到教人"安坐瞑目，用力操存，夜以继日"，即日夜闭目静坐"养心"。据说他自己曾习此半月，忽觉"此心已复澄莹中立"。这种修养方法，已近于禅宗的顿悟成佛。陆九渊的"心学"被朱熹指为"禅家之说"，不是没有理由的。

陆学创建后，一度成为与朱学并立的有影响的学派。朱陆两家曾进行过两次学术上的辩论。一次是在淳熙二年（一一七五年）朱熹与陆九渊同到信州鹅湖寺面议。陆九渊兄陆九龄和浙东的吕祖谦等都参加了这次辩论。争论的主题，是所谓"教人"之法。陆九渊历来主张用"易知易从"的简易方法发明本心，以立"根本"，甚至认为"学苟知本，六经皆我注脚"。因此，他在会上主张："先发明人之本心而后使之博览"。朱熹则主张读书格物"泛观博览而后归之约"。朱熹讥讽陆学过于简易。陆九渊则指责朱学烦琐支离，作诗说："易简工夫终久大，支离事业竟浮沉"（《全集》卷二十五）。第二次是在淳熙十四年至十六年之间。辩论主要是通过文字往返。陆九渊提出《太极图说》非周敦颐所作，认为"太极"之上不能再有"无极"。朱熹则以为"无极"是"万化根本"。朱陆两学派集会辩论，以传播各自的主张，这种方法显然也是受到了佛教论辩的影响。鹅湖之会由此成为中国哲学史上的著名事件。

朱陆的分歧，基本在于"天理"与"人心"，即宇宙万物的发展是取决于外在的抽象的"天理"，还是内在的人心（思想）。这在哲学上当然有明显的不同，但在社会政治思想上，朱陆又并无根本的歧异。因为他们所说的"天理"或"本心"，实际的内容都是封建伦常，即现存的社会秩序。他们所争论的教人之法虽有不同，但目的也都在于要人们"去人欲"或"剥落物欲"以达到自觉地服从封建伦常的统治。陆九渊曾据《尚书·洪范》论述"皇极"（皇权）和"彝伦"（伦常），是"终古不易"、"根乎人心而塞乎天地"。他在五十三岁时，奉诏知荆门军，整顿地主武装，捕杀逃户流民。在上元节向吏民六百多人讲演心学，说君臣上下是"人之所固有，心之所固然者"，"此心若正，无不是福；此心若邪，无不是祸"。所谓"心正"，"是不逆天地，不逆鬼神，不悖圣贤之训，不畔君师之教"。若能安心贫贱，"家或不富，此心实富"。清初，黄宗羲编著《宋元学案》论朱陆异同，说朱陆"同植纲常，同扶名教，同宗孔孟，即使意见终于不合，亦不过仁者见仁，智者见智"。黄宗羲触及朱、陆学说的实质，评语是恰当的。

在朱、陆两说流行的同时，浙江东部一带，又有陈亮、叶适、吕祖谦等人，各倡一说，与朱学相对立。

陈亮——陈亮，字同父（一一四三——一一九四年），婺州永康人。在孝宗朝三次上书，力主抗战，三次被诬陷下狱（详见本书第五册）。陈亮因主抗战而研究军事，提出许多杰出的军事思想。在政治和哲学上，则反对理学或道学。就所谓"王霸义利之辨"，与朱熹展开了争论。

"存天理，去人欲"是程朱理学的基本主张。陈亮则针锋相对地主张"事功",提出"功利之学"以对抗"性命义理之学"。他指责道学儒生"知议论之当正,而不知事功之为何物。知节义之当守,而不知形势之为何用?宛转于文法之中,而无一人能自拔者"(《戊申再上孝宗书》)。他认为"禹无功,何以成六府?乾无利,何以具四德?"陈亮反对朱熹的"理在事先"的天理论,以为"道"在日常事物之中,说"道之在天下,平施于日用之间"(《经书发题·诗经》),"盈宇宙者无非物,日用之间无非事"(《经书发题·书经》)。他因而也反对"天命之性"和"正心诚意"的"修身"之论,认为人是在实际行动中锻炼而成,说:"人只是这个人,气只是这个气,才只是这个才,譬之金银铜铁,只是金银铜铁。炼有多少,则器有精粗,岂其于本质之外,换出一般,以为绝世之美器哉"(乙巳春《与朱元晦书》)。又说:"风不动则不入,蛇不动则不行,龙不动则不能变化。今之君子,欲以安坐感动者,是真腐儒之谈也"(《癸卯通书》)。所以,他在上孝宗书中说:"人才以用而见其能否,安坐而能者,不足恃也。"

一一八五年以后的三年间,陈亮与朱熹在往来通信中,就"王霸义利",结合历史观反复展开辩论。朱熹宣布夏、商、周三代是合于"天理"的"王道"时代,以后一千五百年间,都是"人欲流行"的"霸道"时代,"有眼皆盲",一片黑暗。"只是架漏牵补,过了时日,其间虽或不无小康,而尧、舜、三王、周公、孔子所传之道,未尝一日得行于天地之间也"(《文集》卷三十六《答陈同甫书》)。陈亮反驳说，如果是这样，千五百年之间"万物何以阜蕃，而道何以常存乎?"又说："使千五百年间成一大空阙，人道泯息而不害天地之常运，而我独卓然而有见(指朱熹)，无乃甚高而孤乎! 宜亮之不能心服也。"陈亮在辩论中还尖锐地批评朱熹，说"而一世之自号开眼者正使眼无翳，眼光亦三平二满，元靠不得，亦何力使得天地清明，赫日长在乎?"朱熹认为汉唐时代"并无些子本领"，"全体只在利欲上"。陈亮则认为"汉唐之君本领非不洪大开廓，故能以其国与天地并立，而人物赖以生息"(《甲辰答朱元晦书》)，是有"**大功大德**"于天下。陈亮进而明确指出："诸儒自处者曰义曰王，汉唐做得成者曰利曰霸，一头自如此说，一头自如彼做，说得虽甚好，做得也不恶。如此却是义利双行，王霸并用"。这次关于王霸义利的争论，实际上是对理学义理至上论的一次最直接了当的冲击。陈亮在《戊申再上孝宗皇帝书》中，曾指责时弊："才者以跅弛而弃，不才者以平稳而用;正言以迂阔而废，巽言以软美而入;奇论指为横议，庸论谓有典则。"陈亮自己也正因为是多有奇论的伟才，因而平生不得见用。但他生活在"文恬武嬉"、"熟烂委靡"的士风之中，力持主战之论，力辟性命义理的空谈，独立不倚，一往无前，确是"**足为一世之豪**"。他著《酌古论》论军事，颇多创见，文章诗词也为一时上品，但在哲学上主要是在议论时事和往来书札

442

中表述了他的"事功"之论，而并没有写成系统的著述。

叶适——与陈亮同时代而稍晚的叶适，字正则（一一五〇——一二二三年），温州永嘉人，学者称水心先生。陈亮号为"永康学派"，叶适则号为"永嘉学派"。永嘉学派创始于道学家薛季宣、郑伯熊等人，经陈傅良至叶适而完成。叶适早年在孝宗朝任太常博士，曾在朝廷的斗争中为朱熹道学进言。但叶适始终力主抗金，宁宗朝韩侂胄出兵北伐，叶适出知建康府，领兵作战。韩侂胄败后，叶适以"附会用兵"的罪名，被免官家居。叶适经历了反复的斗争实践，在学术上逐渐摒弃道学的空谈心性，形成自己的学说。在叶适的著述中，前后的论说多有不同。晚年家居著《习学记言序目》，才使论说成熟，成一家言。永嘉学派应以叶适为主。代表叶适学说的著作应是《习学记言序目》。

叶适学说的一个中心内容，是提倡功利而反对空谈。他在孝宗淳熙五年（一一七八年）的《廷对》中，曾认为**"秦汉以还，习于功利杂伯（霸）之政，与圣人之道不类"，主张"谈谊而不谈利"**（《别集》卷九）。在此前后，他还在《进卷·管子》篇中，指责管仲"以利为实，以义为名"（《别集》卷六）。但在晚年所著《习学记言》中，则变而为倡言功利，与前说完全不同。这显然是由于一生的坎坷遭遇，使他在学术上也重又做了新的探索。朱熹、陆九渊都标榜董仲舒"正其谊不谋其利，明其道不计其功"。叶适在《习学纪言》中十分明确地写道："仁人正谊不谋利，明道不计功"，此语"初看极好，细看全疏阔。""古人以利与人，而不自居其功，故道义光明。后世儒者行仲舒之论，既无功利，则道义者，乃无用之虚语尔"（卷二三）。不计功利而讲道义，只是无用的空话。因此，叶适主张"以利和义"，使利与义统一。这一观点显然和"存天理，去人欲"、"主静无欲"之说直接对立。叶适明确地反对"以天理人欲为圣狂之分"（卷二），又说："生即动，何有于静？"（卷八）认为《乐记》所说"人生而静，天之性也"是错误的。

　　叶适进一步从哲学上论证了"道"和"物"的关系。他反对程朱的"理在事先"说，而认为"道在物中"。天地间的一切都是"物"，人本身也是"物"的一种。他说："自古圣人，中天地而立，因天地而教。道可言，未有于天地之先而言道者"（卷四七）。又说："物之所在，道即在焉。物有止，道无止也。非知道者不能该物，非知物者不能至道。道虽广大，理备事足，而终归于物，不使散流"（卷四七）。因此，他又认为"致知"是依靠"耳目之官"与"心之官"相配合，"自外入以成其内"。道和义理的认识也都要由事物来检验。"无验于事者，其言不合"（《别集》卷五），"欲折衷天下之义理，必尽考详天下之事物而后不谬"（《水心文集》卷二九）。叶适也公开反驳周敦颐、二程、张载等人关于太极无极、动静男女、清虚一大等等说法，认为是"转相夸授，自贻蒙蔽"。他解释宇宙的构成是由天、地、水、火、雷、风、山、泽八

444

物组合，八物即是八卦的依据。叶适企图从物质上说明宇宙，但他却拘守"五行八卦"之说，认为"五行八卦，品列纯备，道之会宗，无所变流，可以日用无疑矣。"（《记言》卷十六）叶适对陈亮颇为推重。陈亮死后，他曾作祭文哀悼，又为陈亮作墓志铭，为《龙川集》作序。叶适的功利学说当然会受到陈亮的某些思想影响，但他在哲学上的论说，却比陈亮更为丰富和深刻。

叶适的著述中，还有一个重要的内容，即对儒家的经书以至后人的经学、哲学著述，作了大量的评论。叶适认为三代以后，即"道德败坏，而义利不并立"。学者中他只推尊孔子，以为谈义理必须以孔子语为准的。经书中他只推重《周礼》，而认为《诗》《书》"最为入道之害"。叶适激烈批评子思、孟子学派的"尽心知性"说，认为周公、孔子是"以道为止"，思、孟是"以道为始"。他还批评荀子是"乖错不合于道"，老子是"以有为无"，庄子是不理"事物之情"。管子是"浅鄙无稽"，成为申、韩的先驱。法家申、韩和商鞅、李斯的学说，是使"民罹其祸而不蒙其福"。后世君主所谓"杂用王霸"，实际上是以"王道儒术缘饰申、韩之治"。陈亮惟重汉唐，以为君主有"拯民之志"，叶适则认为："如汉高祖、唐太宗与群盗争攘竞杀，胜者得之，皆为己富贵，何尝有志于民？"（《记言》卷三八）叶适在他的多种评论中贯串着"以利和义"，利义合一的思想。他的政治学说的基本观点是"善为国者，务实而不务虚"（《水心文集》卷二九）。

叶适对北宋的道学家周、邵、二程、张载都提出了犀利的批评。他指出邵雍之学是"荒诞无稽"。周、张、二程发明子思、孟子的"新说奇论"，是使思、孟学派的过失更加发展。他们出入于佛老而误解《易经》，虽然表面上攻斥佛老，实际上是"尽用老、佛之学"。他还指出："道学之名，起于近世儒者"。他认为"学修而后道积"，只能"以学致道"，而不能"以道致学"。叶适对北宋道学的批评，实际上也是对朱熹学的批评，但在他的著述中并未指名同时代的朱熹。朱熹则对叶适的永嘉学派多所指责，说："陆氏之学虽是偏，尚是要去做个人；若永嘉、永康之说，大不成学问，不知何故如此！"（《朱子语类》卷一二二）清人全祖望在《宋元学案序录》中说："乾淳诸老既殁，学术之会，总为朱、陆二派，而水心断断其间，遂称鼎足"。叶适的学说曾一时与朱、陆并立，比永康学派具有更大的思想影响。

　　和朱、陆、陈、叶约略同时而有影响的学者，还有张栻和吕祖谦。

　　张栻——张栻，字敬夫，汉州绵竹人，是南宋名臣张浚之子，学者称南轩先生。早年从胡安国之子胡宏研习程学。孝宗朝曾为吏部侍郎兼侍讲，出知袁州，擢任荆湖北路转运副使，改知江陵府，在任内曾严厉镇压反抗的人民。张栻讲授《论语》、《孟子》、《诗》、《书》，自成一学派，但基本上仍是二程的理学。张栻早年信奉胡宏的学说，曾怀疑孟子的性善论，而吸取告子的"生之谓性"说，但后来又转而崇信孟子，认为"人生性无不善"(《南轩文集》卷十三)。所以，张栻死后(一一八〇年死)，朱熹编集他的遗作，只取"晚岁之意"，而不取"早年未定之论"(《南轩文集序》)。

张栻学派的特征，是极力提倡"义利之辨"，而反对功利之说。张栻在答朱熹的信中说："今日大患是不悦儒学，争驰乎功利之末"(《南轩文集》卷一)。他认为功利之说行，必将使"三纲五常日以沦弃"，以致亡国。朱熹因而称赞张栻胸中"无一毫功利之杂"。张栻在经学和哲学上，并无多少建树，但由于与朱熹同宗程学，反对功利，一时颇有影响。

吕祖谦——婺州吕祖谦，字伯恭，与朱、陆同时，曾参与鹅湖之会。孝宗时举进士，历太学博士兼史职，进为秘书郎兼国史院编修官。以病归里，在浙东聚徒讲学，一时颇负盛名，号为东莱先生(曾祖封东莱郡侯)。吕祖谦的主要著述是在史论方面。他主张读史应自《尚书》开始，然后读《左传》和司马光的《资治通鉴》。著有《左氏博议》二十五卷，在史论中阐发自己的哲学思想和社会政治观点，议论风生，成为传诵的名作。又有《丽泽讲义》，讲解读书治学之道。他和朱熹、陈亮都是好友。但认为："近时论议，非颓惰即孟浪，名实先后具举不偏者，难乎其人，此有识者所忧"。吕祖谦似乎要吸取各家之长，去其所短，兼顾名实两个方面。因而他说"义理之上，不可增减分毫"。又说：古人为学，十分之九

在于实际活动,指责"今之学者,全在诵说"。他还指责:
"今之为学,自初至长,多随所习塾为之,皆不出窠臼
外。惟出窠臼外,然后有功。"这显然会导致脱离正统,
有所改革。吕祖谦曾劝告陈亮"从容自颐","不用则
退",对陈亮与朱熹关于王霸的争论,则主张"三代以
下,气脉不曾断"。朱熹曾认为同甫(陈亮)、伯恭(吕祖
谦)"二家打成一片。"但吕祖谦的论述只是包含有某些
注重实用和趋向变革的思想,并未形成完整的体系。
全祖望评论说:"小东莱之学,平心易气,不欲逞口舌以
与诸公角。大约在陶铸同类,以渐化其偏"(《宋元学
案·东莱学案》)。吕祖谦四十五岁即病死,但他传授生
徒甚多,为浙东学术的传播和后来文士集团的形成,奠
立了基础。

南宋孝宗至宁宗时期,社会经济较为稳定地发展,
政治上则在反复地探索着建国的方略。在此时期,哲
学思想呈现出空前活跃的局面,各学派竞相峥嵘。理
宗以后,南宋王朝的统治,日益危殆。统治者选中了朱
熹学派的理学作为官方哲学,企图凭借封建纲常的说
教,以维护垂亡的统治。朱熹学派因而受到多方的尊
崇(参见本书第五册)。学校教育和科举取士也都以朱
学为基准。理宗时,有真德秀、魏了翁,号为朱学后继。
魏了翁官至权礼部尚书,真德秀官至礼部侍郎。有人
攻讽魏了翁是伪(魏)君子,真德秀是真小人。真、魏二
人在学术思想上并无新创。其后,理学的名家,有黄

震、王柏、金履祥等人。黄震著有《古今纪要》、《黄氏日抄》，他宗法程学，但于朱学"大抵求其心之所安而止"。不满朱学的"专言性与天道"，也不满陆学的"用心于内"，而主张从事实学，说："君子之学，自本至末，无非其实"（《黄氏日抄》卷二七）。王柏考订《诗》三百篇经汉儒增补。弟子金履祥，南宋亡后，隐居金华山中讲学授徒。陆九渊学派的后继者，在江西和浙东讲学，浙东有杨简、袁燮、舒璘、沈焕等人，号为明州四先生。但陆派心学在南宋并未取得官方的认可。理宗时，程朱学派诸人从祀孔庙，不列陆九渊。朱、陆两派长期争论的结果，朱学在政治上战胜陆学，为南宋统治者所采用。朱学的推行，也加深了南宋统治的腐败。

（四）金元理学的传播

和南宋并立的金朝，在它的建立初期，处在从奴隶制到封建制的转化阶段，对于汉文化只是作为封建文明而逐步加以接受，还不存在提倡某一学派的问题。在长期战乱的年代，也没有出现什么"名家通儒"。金世宗、章宗倡导汉文化，奖励儒学，宋朝的经学和理学才又在金朝继续得到传播。霸州儒者杜时升在嵩、洛山中教授二程之学。《金史·杜时升传》说："大抵以伊洛之学教人，自时升始"。易州麻九畴治《易》与《春秋》，并以邵雍的《皇极经世书》授徒。金朝末年，在学术上有所撰述并在社会上有所影响的学者，是王若虚和赵秉文。

王若虚——真定藁城人王若虚，字从之，承安二年（一一九七年）经义进士。以县令进为国史院编修官，预修《宣宗实录》，曾奉使夏国，归为平凉府判官，转延州刺史。王若虚著《道学渊源序》，以为宋儒"使千古之绝学，一朝复续"。他推崇两宋理学家"推明心术之微，剖析义利之辨，而斟酌时中之权，委曲疏通，多先儒所未见"，但也指责理学"消息过深""揄扬过侈""句句必涵气象，而事事皆关造化"，"名为排异端（佛、老），而实流于其中"。因此，他赞同叶适的评论，以为理学家是将六经之书牵合性命之论，茫然不可测识（《论语辨惑序》）。他在《论语辨惑》中，对周敦颐、二程、朱熹、张栻等人的注释，一一加以评论褒贬。指出朱注"删取众说，最号简当"，但有些注解则是"妄为注释"，"过为曲说"。王若虚以金人而论宋学，得免派别的纠葛，因而议论较为客观平允。但他所学仍以宋学为主，并未能独辟蹊径，成一家言。所著文章编为《滹南遗老集》传世。

赵秉文——赵秉文，字周臣，磁州滏阳人，晚年号为"闲闲老人"，金哀宗时病死。生平研治《易》、《中庸》、《论语》、《孟子》诸经，兼善诗文。一时号为"斯文盟主"。赵秉文以程朱的道德性命之学自任，在学术上少有新创。晚年值金朝衰乱，又于禅学求慰藉。传世的著述有《闲闲老人滏水文集》二十卷。

蒙古灭金时期渐与汉文化有所接触。一二三五年，蒙古阔出军侵宋，攻下德安，俘儒生赵复。赵复字仁甫，德安人。杨惟中、姚枢携赵复至燕京，见忽必烈于潜邸。赵复与姚枢在燕京建周子祠（周敦颐祠），又建太极书院，讲授程朱理学。赵复带来程朱传注，尽付姚枢。《元史·赵复传》说："北方知有程朱之学，自复始"。金末儒生早已有人品评程朱之书，并非始自赵复。但建立书院，广收门徒，则确是自赵复始，学者称复为"江汉先生。"姚枢将程朱书授予许衡。广平人窦默与姚、许一起讲习性理之学。姚枢、许衡、窦默，成为元初影响一时的名儒，并且在他们的周围形成了一个汉人儒士集团。元世祖忽必烈多次向他们访问治道，并延聘教授太子真金。在元朝初年，蒙古奴隶制与封建制，汉法与"回回法"的政治斗争中，姚枢、许衡等人无疑是起了重要的作用，但在学术上，他们对理学虽也有过某些评议，却没有多少建树可言。

元朝灭南宋后，在江南著书讲学的学者，则有邓牧、吴澄和许谦。

邓牧——浙江钱塘人邓牧，字牧心。南宋亡后，他拒不在元朝做官。元成宗时，隐居在余杭山中的洞霄宫，曾与宫中道士编集《洞霄图志》。他的著述，则收编于《伯牙琴》一书。书名寓意是知音者少，书中的论说也确是迥然不同于流俗。邓牧亲历南宋亡国之痛，深感南宋崇信空谈，集权专制，贪婪腐败所造成的祸害，著《君道篇》痛斥皇帝的专制,说:"所谓君者,非有四目两喙,鳞头而羽臂也,状貌咸与人同,则夫人固可为也。今夺人所好,聚人所争,慢藏诲盗,冶容诲淫,欲长久治安可乎?"又痛斥官吏的贪暴:"吏无避忌,白昼肆行,使天下敢怒而不敢言,敢怒而不敢诛"。他同情人民的反抗,以为都是由于官吏的剥夺而引起,说:"人之乱也,由夺其食;人之危也,由竭其力;而号为理民者竭之而使危,夺之而使乱"(以上并见《伯牙琴·吏道篇》)。邓牧还表露了他对君民名分不严的尧、舜时代的幻想,甚至主张"废有司,去县令,听天下自为治乱安危"。在邓牧的著作中,有儒家"大同之世"的影响,也有道家太极阴阳说的阐述,但他自称"三教(僧、释、道)外人",以表明他并非崇信某家旧说。他的论说只是基于对现实社会统治秩序的愤嫉不平,从而提出强烈的抗议,产生虚幻的空想。这在理学纲常之说流行的年代,确是罕见而难能的。但邓牧隐居著书正如伯牙鼓琴,在社会上并没有多少反响。

吴澄——吴澄,字幼清,抚州崇仁人。与邓牧相反,吴澄继述程朱,传播道学。吴澄在元初被召入京师,成宗时在龙兴郡学讲学。文宗时病死,年八十五。吴澄历经元代七朝,多次入朝任讲官史职,晚年归家讲学授徒,学者称为草庐先生。吴澄讲学,祖述周、邵、程、朱,又企图调和朱、陆,对理学作通俗的讲解。如以"太极"为万物的总称,认为道、理、诚、天、帝、神、命、性、德、仁与太极都是一事。但他的基本论点，仍以为理是气的主宰。吴澄在元朝讲理学，与宋金对立时期已不相同，他不再讲"尊王攘夷"，而只讲伦常纲纪，以维护元朝的统治秩序。他说："三纲二纪，人之大伦也，五常之道也。君为臣之纲，其有分者义也。父为子之纲，其有亲者仁也。夫为妻之纲，其有别者智也。长幼之纪，其序为礼。朋友之纪，其任为信"（《草庐精语》）。吴澄校定诸经，晚年著《礼记纂言》，注训古礼，但他在哲学思想方面并无新创。

许谦——吴澄以后，理学的传播者是金华人许谦。许谦，字益之，早年从金履祥学理学。仁宗时在东阳八华山讲学，有门人千余人，自号"白云山人"。元顺帝至元三年（一三三七年）病死，年六十八。仁宗是理学的提倡者，金华是理学昌盛之地，许谦讲学四十年，一时很有影响。黄溍为他作墓志铭说："程子之道得朱子而复明，朱子之道至先生而益尊"。又说许谦之学"以五性人伦为本，以开明心术变化气质为先"（《黄金华集》卷三十二）。许谦在《入华讲义》中说，人伦有五，即君臣、父子、夫妇、长幼、朋友，谓之五伦。人性也有五类，仁、义、礼、智、信，谓之五性。大抵许谦讲学，着重于伦常和修身之道，对哲学义理无多探讨。但朱熹的理学经黄榦传至何基、王柏、金履祥，再传至许谦，在金华逐渐培育出一批信奉理学的儒生。明朝初年，金华文士形成以宋濂为首的集团，具有颇大的势力。

第二节　文学与艺术

唐代是文学艺术的极盛时期，在许多方面都为宋代文艺的发展奠立了基础。唐宋之间，是封建的社会经济发生重大变化的时期。宋代经济关系和政治制度的新发展，不能不推动文学艺术也出现新的创造。宋代文艺的发展，大致经历了三个阶段：（一）宋朝初年，承晚唐五代的靡丽之风，诗尚雕琢，文崇骈俪，文学上陈陈相因，很少新创。（二）仁宗以后，随着政治制度改革的尝试，文风也有较大的转变。以欧阳修为代表的散文作家，上接韩、柳，重又开展了古文运动。散文成为议论政事的有力武器。诗风也转而趋于平易，并且由于赋予论议的内容而构成宋诗的特色。五代时兴起的词，原来只供席上花前，浅斟低唱。由于宋代词人为它注入了丰富的思想内容，而使词一跃成为与诗文同样受到重视的文体。现存宋词，篇逾二万，作者千人。宋词彪炳一代，足以与唐诗比美。（三）宋朝南迁以后，抗金救国成为社会政治生活的主题。诗与词都以表现这一主题而得到发展。由于南宋城市经济的发达，适应居民文化生活的需要，出现了话本与南戏等新文艺，为小说与戏剧的发展，开拓了道路。

金代诗文并没有多少新成就，但诸宫调和院本的发达，却培育了元代的戏剧。元代戏剧创作极为繁盛，出现了不少思文并茂的名篇巨作，戏剧的发展盛极一时。唐诗、宋词、元曲（剧）汇为文学史上的三朵名花。

宋元时代，绘画与书法也具有时代的特色，涌现出不少名垂后世的书家与画家。

下面简略叙述宋元时代文学艺术各部门的发展概况。

（一）诗、词

一、北宋的诗词

北宋初年，文坛上仍然沿袭着晚唐、五代的颓靡纤丽的风气。北宋王朝"恩逮于百官惟恐不足，财取于万民不留其有余"，官僚、地主奢靡成风。颇有作为的宰相寇准，有诗云："将相功名终若何，不堪急景似奔梭！人间万事何须问，且向樽前听艳歌。"北宋官僚家中，大都蓄养歌伎，金尊檀板，纵情享乐。文风的颓靡纤丽正是这种社会风气在文坛上的反映。

北宋初年，在文坛卓然自立，有所成就的作家是王禹偁。王禹偁（九五四——一〇〇一年），字元之，山东钜野人。他曾有志于改革弊政，三次遭到贬谪。他的诗文都很为当时人所推重。赵匡胤称赞他的文章是"当今天下独步"。著名的隐逸诗人林逋也推崇说："纵横吾宋是黄州"（王禹偁谪居黄州）。诗学白居易，能得其清不得其俗。他的《畲田词》歌颂劳动者的勤奋，语言平易通俗。当然，他造句也着意雕饰，如"万壑有声含晚籁，数峰无语立斜阳"(《村行》)，"随船晓月孤轮白，入座晴山数点青"(《再泛吴江》)，字斟句酌，得来还是艰辛的。王禹偁晚年写了一首《点绛唇》："平生事，此时凝睇，谁会凭栏意"。他平生的政治抱负没有得到施展，含恨离开了人间。

真宗统治时期，朝廷上出现风靡一时的所谓"西昆体"。欧阳修称它为"时文"。杨亿、刘筠等文学侍臣在为皇帝撰写诏令、编修故事的公余之暇，作诗酬唱，编为《西昆酬唱集》。西昆即由此而得名。杨亿在序文中说：它是在"历览遗篇，研味前作，挹其芳润，发于希慕"而写成的。这一流派除杨亿、刘筠外，还有钱惟演、丁谓、张咏等十八人。后来有人也把同他们的诗风接近的作家如晏殊、宋庠、文彦博、赵扑等都列入这一派。他们的诗，"大率效李义山之为，丰富藻丽，不作枯瘦语"(《韵语阳秋》)。肯定这种文体的人说："西昆派必要多读经、史、骚、选"(冯舒、冯班《才调集》评语)。《四库提要》说："要其取材博赡，练词精整，非学有根底，亦不能熔铸变化，自名一家"。但是，这些作家生活狭窄，感情空虚，他们吟咏酬唱只是为了消闲解闷，专意于词藻形式，谈不上多少思想内容。大率是尚纤巧，重对偶，而且往往掇取前人作品中的华词缛藻，流于堆砌。刘攽《中山诗话》载一个故事：西昆派因为效法李义山，作诗时多剽窃李义山的诗句。有一次内廷设宴,优人扮李义山,衣服败裂,告人说:"吾为诸馆职捇扯至此"。闻者大笑。西昆派钱惟演曾作《无题》诗,有句云:"鄂君绣被朝犹掩,荀令熏炉冷自香"。这与李义山《牡丹》诗:"绣被犹堆越鄂君","荀令香炉可待熏"造语雷同,显然因袭。由此可以窥见西昆体诗作的大概。

宋初,词也同诗一样,沿袭晚唐、五代花间派的词风。著名的词人晏殊也没有能摆脱五代绮丽词风的桎梏。他们把词当成"娱宾遣兴"的作品,所描写的都是那种在秦楼楚馆、酒后歌余而浮起的春恨秋愁,离情别绪。小不同的是他们的作品比起晚唐、五代的词人来,用语清丽而不浓艳,含蓄而富韵致。晏殊的词,工于选语。他的名句"无可奈何花落去,似曾相识燕归来",属对工整而又自然,但思想上却只是对无可抗拒的流逝时光的怀恋。晏殊是一位富贵宰相,"喜宾客,未尝一日不宴饮",消磨在"萧娘劝我金卮,殷勤更唱新词"之中。这种用来侑酒的词,内容自然是寻欢作乐,甚至是庸俗无聊的。

对于文坛上这种因循萎靡的气象,人民当然是厌恶的。一些有识之士也力图加以改革。但是传统的惯力很大,需要几代人多方面的努力,才可能有所改易,重建起新的风格。仁宗时,政治改革的呼声高涨,文坛上的革新之风也相应地兴起,在诗、词方面逐渐树立起宋人的独特风格。

宋诗的奠基人当推梅尧臣、苏舜钦和欧阳修。

梅尧臣(一○○二——一○六○年),字圣俞,时称宛陵先生,安徽宣城人。他一生做小官,家贫,自言是"瘦马青袍三十载,功名富贵无能取"。他在当时诗名甚著。针对诗坛的纤靡空乏的风气,梅尧臣提倡一种古淡深远的新风。他在《读邵不疑学士诗卷》里说:"作诗无古今,惟造平淡难"。平淡并不是浅薄,而是要提倡一种"本人情、状风物"的写实精神。他曾说:"凡诗,意新语工,得前人所未道者,斯为善矣。必能状难写之景如在目前,含不尽之意见于言外,然后为至也。"(《宋史》本传)他主张把"诙嘲刺讥"托之于诗,诗应有所"刺",有所"美"。在《陶者》一诗中,他说:"陶尽门前土,屋上无片瓦。十指不沾泥,鳞鳞居大厦。"他写乡村的富豪,在一年丰收之后,"滥倾新酿酒,包载下江船。女髻银钗满,童袍毳毡鲜"(《村豪》),横行霸道,连地方官吏也不放在眼里。而终年辛劳的农民,却是"老叟无衣犹抱孙"(《小村》),"灯前饭何有,白薤露中肥"(《田家》)。官府又逼税追差,使人民挣扎在死亡的边缘。贫富的对比构成一幅鲜明的画图。诗人怀着深切的同情哀叹说:"嗟哉生计一如此,谬入王民版籍论"。他对自己身为官吏而为政无方感到惭愧,愿意"却咏归去来,刈薪向深谷"。作者以平淡的笔触,深刻地揭露了人民的痛苦。他的一些写景诗句也清晰如画。作为一个宋诗风格的开创者,梅尧臣的诗有时失于过分朴质、生硬，过分散文化、议论化，但他所开辟的道路，正是宋诗发生转折的方向。刘克庄把梅尧臣奉为宋诗的开山鼻祖，说"宛陵出，然后桑濮之淫哇稍息"，是符合实际的。

与梅尧臣齐名的苏舜钦（一〇〇八——一〇四八年），字子美，宋都开封人。"少慷慨，有大志"，几次上书评论时政。他曾由范仲淹荐用，但很快被罢黜，寄寓苏州，买木石作沧浪亭，"时发愤懑于歌诗，其体豪放，往往惊人"（《宋史》本传）。他对屈辱的澶渊之盟和西夏的侵掠怀着愤慨的激情。"予生虽儒家，气欲吞逆羯。斯时不见用，感叹肠胃热。昼卧书册中，梦过玉关阙"（《吾闻》）。"何人同国耻，余愤落樽前"（《有客》）。"愿当发册虑，坐使中国强。蛮夷不敢欺，四海无灾殃"（《舟中感怀寄馆中诸公》）。把忧国御侮的忠忱发之于诗，苏舜钦在两宋诗人中是最早的一人。对时政的抨击，他也比梅尧臣更为大胆和激烈。他的诗雄健豪放，但不免粗糙和生硬的缺点。

欧阳修（一〇〇七——一〇七二年），字永叔，庐陵人。他是宋代散文革新运动的主将。他继承了韩愈以文为诗的道路，诗风也一如他的文风，文从字顺，清新流畅。他的主要成就是在散文的改革上，但由于他的政治地位较梅、苏为高，对诗坛的影响也较大。《石林诗话》说："欧阳文忠公诗，始矫昆体，专以气格为主，故言多平易疏畅"。以文为诗，能够自由地发抒作者的思想感情，有平易的优点；但往往"失于直快，倾囷倒廪，无复余地"，因而损害诗意。所以，《扪虱新话》评论说："欧阳公诗犹有国初唐人风气。公能变国朝文格，而不能变诗格。及荆公、苏、黄辈出，然后诗格极于高古"。

欧阳修也能作词，但他的词只是承袭五代遗风。对词的形式与题材有所创新的主要人物是柳永。柳永（一〇〇四——一〇五四年）原名三变，字耆卿，福建崇安人。晚年举仁宗朝进士，但因仕途蹇乏，失意无聊，于是流连坊曲。柳永精通音律，能变旧声为新声，为乐工歌妓谱写了大量新乐府。他的《乐章集》里共收有一百多种词调，其中绝大部分是他新创的。他还发展了词体，创为慢词。在这之前，从晚唐、五代以来，多行小令。每首的字数在五十八字以下。这时，民间的新乐曲已经大为发展。柳永向民间音乐吸取营养，创制成篇幅较长的慢词，字数往往比旧调增加二三倍。短章小令之类，一般只限于抒情。长调慢词则除抒情外，还可以写景、叙事，内容大为丰富。但因此也要求布局紧严，段落分明，前后呼应。柳永的词，正是"层层铺叙，情景兼融，一笔到底，始终不懈"（夏敬观《手评乐章集》），表现了组织长篇的卓越才力。柳词在内容上多写失意飘零的羁旅行役。雅词之外，他也写了不少所谓俚词，采用大量生动活泼的民间语言，反映中下层居民的生活，因而受到人们的喜爱。所谓"凡有井水饮处即能歌柳词"(《避暑录话》),主要是指这种俚词。但这些作品中有不少是庸俗、猥亵的糟粕,因此柳永也以"浅近卑俗"(王灼语)而为人所垢病。

对词的发展有所贡献的张先,和柳永齐名。柳、张的词,一方面保持晚唐、五代以来含蓄婉约的特点;另一方面又表现为浅露,言尽意尽。他们在词的表达方式、体裁形式方面都带有某种过渡性质,起着承先启后的作用。

经过上述诸人的提倡和实践,宋代的诗、词进入了繁盛时期。宋诗是在唐诗高度成熟的基础上发展起来的,但又有新的开拓,形成鲜明的特色。明、清的一些评论家颇陋薄宋诗,甚至有终宋之世无诗之说(王夫之语)。他们认为宋诗的弊病在于散文化、议论化。其实这也正是宋诗的特点。散文化不单是矫西昆体繁缛的必要,也是文风趋向平易所必然。议论化也为诗开拓了一个新境界,使之更直接地反映社会矛盾。杜甫的五言古诗已多议论,但这并没有妨碍他写出《赴奉先县咏怀》等名篇。当然,任何事物超过一定限度,都会走向反面。过分的散文化和议论化,会有损韵律,流于枯涩。就这些方面说,宋诗总是瑕瑜互见的。

政治家王安石,在诗和散文方面也有很大的成就。王安石极重杜诗,推崇杜甫的忧国忧民,"吟哦当此时,不废朝廷忧。常愿天子圣,大臣各伊周。宁令吾庐独破受冻死,不忍四海寒飔飔"(《杜甫画像》)。杜甫的这种精神,深为王安石所叹服。他陋薄李白,说李白虽然"诗语迅快,无疏脱处,然其识见下,十句九句言妇人酒耳"。王安石主张文章"务有补于世",由此出发而论李、杜,因而评价不同。他很推重欧阳修,因为欧阳修力挽西昆的颓风,与他的文学观点是一致的。王安石早年所写的诗作,主要是古体。诗中较为广泛地触及当时的社会矛盾和政治积弊。包括人民的苦痛(《发廪》、《感事》、《河北民》)、军事制度(《省兵》)、经济政策(《寓言》第四首"婚丧孰不供"、《兼并》)、榷茶(《酬王詹叔奉使江南访茶利害》)、河漕(《和吴御史汴渠》)、水利(《送宋中道倅洺州》)、盐政(《收盐》)、被镇压的囚徒(《叹息行》)以及借评论历史事件与历史人物来发抒自己的政治见解和抱负。在风格上意气纵横,惟意所向,如排山襄陵,略无桎碍。但是,另一方面也因此显得缺乏含蓄;有时用语险怪,多采故典,对后来的诗风带来不好的影响。他的晚年在律诗的技巧上力求精严,达到了炉火纯青的境地。

《石林诗话》称赞他的写景诗"选语用字,间不容发。然意与言合,言随意远,浑然天成"。有名的《泊船瓜洲》:"京口瓜洲一水间,锺山只隔数重山。春风自绿江南岸,明月何时照我还。""绿"字曾经多次修改,先用"到",后来改用"过"、"入"、"满",都不合意,最后才选用"绿"字,起了画龙点睛的作用。这说明作者遣词用句,千锤百炼,态度是很严谨的。正如他自己所说:"看似寻常最奇崛,成如容易却艰辛"。王安石晚年的诗,表面上冲淡宁静,实际上却涵蕴着"烈士暮年"不能自已的"壮心"。"尧、桀是非时入梦","每逢车马便惊猜",所表明的正是一种表面平静所难以掩饰的激情。王安石写词不多,但如有名的《桂枝香》"登临送目",气势浑厚,是公认的佳作。

苏轼(一〇三七——一一〇一年),字子瞻,号东坡,四川眉山人。他在诗、词、散文等方面都有很高的成就,蔚为一代名家。父苏洵、弟苏辙,都有文名,一时合称"三苏"。庆历以来,士大夫中谈论政治改革是一时的风气。苏轼早年也谈改革,但是,他所提出的主张,除役法改革外,其余都很平庸,缺乏政见。在王安石变法时,他认为是操切生事而予以反对。朱熹评他"分明有两截的议论";陈亮也讥他"转手之间,而两立论焉"。这是苏轼的弱点,也是当时一些文人的通病。因为他反对变法,终神宗之世,都遭到排斥。甚至因他写诗,语涉讥刺,而被捕入狱,几乎丧命。元祐以后,保守派执政,他又反对司马光废免役而复行差役法,主张较量利害,参用所长,因而又为保守派所不容。这些都表明了苏轼在政治上的迂阔和天真。但作为诗人,他勇于革新,气势豪放,取得很大的成功。关心现实与不容于现实,构成苏轼思想上用世与超世的矛盾,但其基本趋向还是积极的。熙宁九年,苏轼黜居密州,写成了有名的《水调歌头》"明月几时有"。他在极度的失意愁怨

苏轼《黄州寒食诗》墨迹

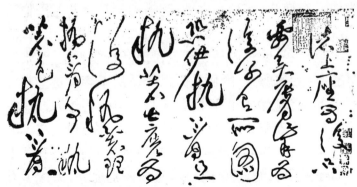

黄庭坚《诸上座帖》墨迹

中发出了"我欲乘风归去"的浩叹。然而，对生活的热爱，又使诗人不忍遁世，终于作出了"起舞弄清影，何似在人间"的抉择。苏轼的诗词，在思想矛盾中力求解放，用鲜明的浪漫主义构成独具特色的新声。

苏轼的诗，诸体皆工，尤长于七古。沈德潜称誉他"胸有洪炉，金银铅锡，皆归熔铸。其笔之超旷，等于天马脱羁，飞仙游戏，穷极变幻，而适如意中所欲出"。梅尧臣、苏舜钦始倡平淡；欧阳修不为尖新艰险之语，而有从容闲雅之态，开拓了北宋一代诗风。苏轼不提倡艰险，但要求"新诗如玉雪，出语便新警"。并说："出新意于法度之中，寄美理于豪放之外"。这"新意"和"豪放"便是苏轼作品的特征。苏轼对词的发展，功绩尤为巨大。他"一洗绮罗香泽之态，摆脱绸缪宛转之度"（胡寅《酒边词》）。他用写诗、写散文的笔法来作词，不拘守过分严格的音律；并且扩大了题材的范围，使词能同诗歌、散文一样，表达复杂的生活和情致。他采用韩愈所谓的盘空硬语来抒写他胸中的抑郁，使词的创作一反传统的婉约而出现豪放的风格。用硬语代替软语，用言尽意尽代替半吞半吐，用不满意代替满意，这就是豪放派与婉约派的分界线。刘辰翁说："词至东坡，倾荡磊落，如诗，如文，如天地奇观"（《辛稼轩词序》），为词的发展开拓了广阔的道路。但由于他在政治上是保守的，思想上又杂有老、庄消极成分，所作诗词很少昂扬的情调，连认为要由关西大汉来唱的《念奴娇》"大江东去"，最后仍归结为"人生如梦"，意境是消沈的。

在苏轼周围，集合了黄庭坚、秦观、晁无咎、陈师道（所谓"苏门四学士"）及张耒、李廌（合前四人称为"六君子"）等人，形成一个诗派。但他们都不拘一格，各有千秋。黄庭坚在诗坛上与苏轼齐名，他与陈师道同为江西诗派的鼻祖，予南宋的诗风以巨大的影响。黄庭坚（一〇四五——一一〇五年）江西分宁人，字鲁直，自号山谷道人。他以诗文受知于苏轼，由于当时的政争，两次受到贬黜，以至于死。他早年的诗词，大抵效法欧阳修，平易流畅。晚年风格发生了变化。他在《答洪驹夫书》一文中说："老杜作诗，退之作文，无一字无来处。盖后人读书少，故谓韩、杜自作此语耳！古之能为文章者，真能陶冶万物，虽取古人之陈言入于翰墨，如灵丹一粒，点铁成金也。"这些话实际是后来江西诗派的创作纲领。它要求：一是诗文要作到"无一字无来处"；驯至末流，便是在作品中大量堆砌典故。二是要能点铁成金，即所谓"脱胎换骨"。他还提倡"奇"、"拗"。"奇"就是以俗为雅，以故为新；"拗"就是破弃声律。总之，是力图把冷僻的故事、生硬的语汇，运用到诗中，应该用平的地方用仄，故意违拗，以求声律奇古。拗又有单拗、双拗、吴体三种。这些都是在于形式上的改变。刘克庄说：黄庭坚"会粹百家句律之长，究极历代体制之变，搜猎奇书，穿穴异闻"，"锻炼勤苦"，"自成一家"，大概是不错的。黄庭坚所处的时代，朝廷上党争激烈，政潮起伏不平。他为了保身，在诗文中故作超脱，专从文字技巧上下工夫。因之，他的诗词在思想内容上没有什么特点。

秦观的成就主要在词。他善于刻画，情韵兼胜，但气格不高，纤弱无力，在风格上接近于柳永。苏轼就曾指出：他的《满庭芳》"山抹微云"中，"销魂当此际"句是柳永的词语。

北宋末年，以宋徽宗、蔡京等为首的统治集团沉湎于穷侈极奢的享乐之中。这种风气也给文坛带来了影响。贺铸、周邦彦就是这种影响下产生的作者。他们的作品都是满纸风月。周邦彦的词，南宋人陈郁说是"二百年来，以乐府独步"。戈载说："其意淡远，其气浑厚，其音节又复清研和雅，为词家之正宗"。近人王国维更说他是"两宋之间，一人而已"，都不免褒扬过分。周邦彦的词主要是写男女之情，只是较柳永稍为含蓄。但他精通音律，能自度曲，所制乐府长短句，词韵清蔚，在词的格律、法度和型式上有所创制，开南宋姜夔、吴文英等人一派的先声。

二、南宋的诗词

北宋亡于女真，南宋避地江南，屈辱苟安。诗人们依据他们的经历而激起多种的情思：离黍的哀思、飘泊的愁怨、投降的耻辱、光复的壮心，所有这些都发为诗词。汉族人民反抗金兵南侵，要求恢复大好河山，成为南宋一代诗词的主流。这一时期有成就的诗人,大都或多或少地受过江西诗派的影响,但他们在自己的创作实践中,部分或全部地摆脱了江西诗派的束缚。

南宋初年的诗人曾几与江西诗派的渊源很深,但他的诗风清淡,词意明快。他是大诗人陆游的老师,曾因忤秦桧而去职。作家陈与义刻意学杜诗,在艺术技巧与思想内容上都高出于同时代的江西诗派中人。他不满南宋王朝的逃跑退却,作品中对沦陷的故乡寄予无限的深情。南宋初的几位著名人物岳飞、张元干、张孝祥等,都是坚定的抵抗派。岳飞的《满江红》"怒发冲冠"一首,浩气凛然,强烈地抒发了抗金报国的雄心壮志,是南宋人民抗金斗争的精神的凝结。张元干的《贺新郎》"寄李伯纪丞相"和"送胡邦衡待制赴新州"二首,慷慨悲凉,表现了诗人坚贞不屈,反对投降的高尚品格。稍晚的张孝祥,在《六州歌头》"长淮望断"里,以炽热的情感叙说了人民渴望恢复的激情:"闻道中原遗老,常南望,翠葆霓旌。使行人到此,忠愤气填膺,有泪如倾"。二张的词,直接继承了苏轼豪放的风格,下开辛弃疾一派的先河。

李清照(一〇八四——一一五一年)是著名的女词人,号易安居士,山东济南人。她的丈夫赵明诚是金石学家。李清照于前辈词人颇推重秦观、黄庭坚。她与赵明诚婚后感情非常融洽。金兵南侵破灭了美满的生活,被迫颠沛南流,赵明诚在赴湖州太守任的道上病死。这以后，李清照只身飘泊在浙东一带，晚景十分凄苦。她的诗留下来不多，但《夏日绝句》："生当作人杰，死亦为鬼雄。至今思项羽，不肯过江东"。《送胡松年使金》："愿将血泪寄河山，去洒青州一抔土！"以及断句"南渡衣冠思王导，北来消息少刘琨"诸作，都表达了她悲愤热切的忧国伤时的心境。李清照的词接近正统的婉约派。她认为词与诗不同，"词别是一家"。由于过分地强调词的音律与婉约的传统手法，她的词在题材和思想内容上受到很大的局限，但在技巧上十分纯熟，语言艺术上的造诣达到了高峰。她的词，生动细腻地描绘了她早年真挚的爱情与晚年流落的愁苦。《醉花阴》："莫道不消魂，帘卷西风，人比黄花瘦"。鲜明的形象，含蓄的感情，达到了婉约词人所追求的最高境界。《声声慢》："寻寻觅觅，冷冷清清，凄凄惨惨戚戚"，一开始就以七个叠字，用浓重的彩笔渲染出了那种无法排遣的愁苦，真具有大珠小珠落玉盘的美感。李清照的遭遇，也是当时广大妇女共同的遭遇，因此，虽然她的词情绪低沉，但感情真切，十分动人。

南宋的诗人，旧来都以尤袤、杨万里、范成大和陆游并称为四大家。不过尤袤现存的作品，不很相称。杨万里（一一二四——一二〇六年），自号诚斋，早年学江西诗派，后来转而师法自然，创为一种清新活泼、平易流畅的"诚斋体"，写成了不少反映劳动人民生活和抒发忧国忧民情感的诗篇。范成大（一一二六——一一九三年），号石湖，他出使金国时写的七十二首七绝，和晚年归隐石湖时写的《四时田园杂兴》，是他的代表作。其中佳句如"岂是不能扃户坐，忍寒犹可忍饥难"，确是优秀的作品。

陆游（一一二五——一二一〇年）是南宋杰出诗人，字务观，号放翁，浙江山阴人。儿时即遇金兵南侵，备受流离迁徙的痛苦。壮年目睹南宋统治者忍耻包羞，强烈要求抗敌复仇，收复失地。他在参加进士考试中，因喜论恢复而受到秦桧的迫害，秦桧死后才被起用。张浚北伐失败，陆游也因"交结台谏，鼓唱是非"，力说张浚用兵而被罢黜。其后，陆游宦游入川，先后入参王炎与范成大的幕府。他怀着以塞上长城自许的雄心，从军到汉水之滨，"千年史册耻无名，一片丹心报天子"（《金错刀行》）。但是，南宋统治集团文恬武嬉，陆游的热望不免落空。他只能作为一个行吟驴背的诗人，在细雨中的剑门吟哦踯躅。一一七七年，陆游饱含悲愤地写下了《关山月》一首："和戎诏下十五年，将军不战空临边。朱门沉沉按歌舞，厩马肥死弓断弦。戍楼刁斗催落月，三十从军今白发。笛里谁知壮士心？沙头空照征人骨。中原干戈古亦闻，岂有逆胡传子孙？遗民忍死望恢复，几处今宵垂泪痕！"对耻辱的和议与醉生梦死的统治者发出了有力的控诉。在四川逗留的八年是诗人创作最旺盛的时期。一一七八年，陆游被召回临安后，又作过几任地方官，很不得意，但坚持抗战的

470

主张则始终不移,最后竟因此受到当政者的忌刻,罢官乡居。韩侂胄当政时期,陆游曾短期出仕,为韩侂胄撰写了《南园阅古泉记》一文,颇为反对派所讥议。其实为抗金而合作,是无可非议的。八十六岁高龄的陆游,在临终前还写下了七律《示儿》一首,渴望王师北定中原。《示儿》诗情思并胜,传诵一时,是罕见的名篇。

陆游诸体皆工而尤长七律,艺术风格雄肆奔放,明朗流畅。刘克庄称他"记问足以贯通,力量足以驱使,才思足以发越,气魄足以陵暴。南渡而下,故当为一大宗。"他是一个很勤奋的作家,直到老年,还是以"无诗三日却堪忧"。他所保存下来的诗有九千三百余首,大部分是抒发爱国的情思。正如靳荣藩《读陆放翁诗集》所说:"卷中多少英雄恨,不是寻常月露词"。

和陆游同时,雄据词坛、两相辉映的,是辛弃疾。辛弃疾(一一四○——一二○七年),字幼安,号稼轩,山东济南人,廿一岁时,曾参加耿京所领导的抗金农民起义军。南下投宋之后,积极建议恢复。但是,腐败的南宋统治者,把他视为所谓"归正人",予以歧视和压制。辛弃疾自青年时领兵抗金,"壮岁旌旗拥万夫,锦襜突骑渡江初";陆游称赞他"管仲萧何实流亚",是能文能武的经国之材。然而,却长期充任无足轻重的地方官,壮志难申。"落日楼头,断鸿声里,江南游子。把吴钩看了,栏干拍遍,无人会,登临意。"(《水龙吟》登建康赏心亭)诗人把他悲歌慷慨、抑郁无聊之气,一寄之于其词。一二〇四年，他出任镇江知府，正当韩侂胄紧张地筹划北伐，辛弃疾以廉颇自况，愿杀敌报国。他在镇江府任上积极进行军事准备，但是很快又被调离，空怀着规复中原的宏愿，抑郁而死。

辛弃疾的词，留传至今的有六百多首。刘克庄称赞为"大声镗鞳，小声铿鍧，横绝六合，扫空万古"。他继承和发扬了苏词豪放的风格。周密在评论苏轼和辛弃疾时退苏进辛，理由是"苏之自在处，辛偶能到之；辛之当行处，苏必不能到。二公之词，不可同日语也"。把不同时代的古人放在一起来比长短，未免勉强。苏词首创豪放的风格，其巨大成就是不容否认的。苏词的豪放表现为超逸。辛词继承并发扬了苏词的传统，其豪放则表现为激励风发；在内容上则紧密联系国家民族的命运和前途。这是南宋这一特定时代的产物，确是苏词所不能及。辛词也在更大程度上突破了词体格律的束缚，自由恣肆，语言也丰富生动，"如春云浮空，卷舒起灭，随所变态，无非可观"；但过多用典，即有所谓"掉书袋"的缺点。他在词中往往议论纵横，也时有议论过甚的毛病，致有"词论"之讥（陈模《怀古录》引潘牥语："东坡为词诗，稼轩为词论"）。但是，内容与形式并盛，仍是辛词的一大特色。

和辛词风格相同的词人还有陈亮、刘过和韩元吉等。他们政治思想上的共同特点是坚持抗战，并因此而受到压抑和排斥。与之相反，姜夔、吴文英、张炎、周密这一派人则极力回避现实，沉浸于词本身的艺术追求。这种词风的产生也是同当时的社会环境密切联系的。屈辱的对金和约使南宋小朝廷终于稳定了偏安的局面，同时也腐蚀了恢复旧疆的积极精神。举朝上下都沉醉在苟安旦夕，纵情享乐的风气之中。林升《题临安邸》："山外青山楼外楼，西湖歌舞几时休？暖风熏得游人醉，直把杭州作汴州！"正是南宋统治腐败靡烂的写照。在达官贵人的酒宴席上，出现了一批吟风弄月的帮闲文人。姜夔、吴文英就是这批文人的代表。姜夔长于音律。他自制谱曲，无不协律，很讲究形式、音律和词藻的美，上承周邦彦而发展为后来以音律为主的格律派。过去评论姜词说："古今词人格调之高，无如白石"（王国维）。"前无古人，后无来者，真词中之圣也"（戈载）。"南渡一人，千秋论定"（冯煦）。这主要是指他长于音律说的。他的词句，造语奇警。如"波心荡，冷月无声"。"冷香飞上诗句"，"数峰清苦，商略黄昏雨"，也得到人们的赞赏。最负盛名的《暗香》《疏影》，其中说："昭君不惯胡沙远，但暗忆江南江北"。又《同潘德久作明妃诗》："虽为胡中妇，只著汉家衣"。也还是有所寄托的，比起吴文英等人要高明得多。人们批评吴文英的词说："梦窗（吴文英号）如七宝楼台，眩人眼目，拆碎下来，不成片段"（张炎）。"用事下语太晦"（沈义父）。说明他的作品象一个漂亮的肥皂泡，就外表的音律和词藻看，五光十色，瑰丽非常，思想内容却十分空虚。为了强求形式，甚至可以不顾辞义。张炎的父亲张枢，"每一作词，必使歌者按之。稍有不协，随即改正"。有一次，他发现自己词中有"琐窗深"一句中的"深"字不协，便改为"幽"；还是不协，最后改为"明"，才算协律。"深"与"明"在意义上是相反的，但为了协律，便可以任意换置。晚宋的词家对一个字严格到要求辨四声、五音，分别阴阳，而思想内容则可以置之不顾。在这样一种形式主义的追求下，词的生命力也就要完结了。

在诗的领域里，南宋后期江西诗派进一步风行，诗风颓靡，形式上生硬拗捩，一派衰败的气象。永嘉四灵（徐照字灵辉、徐玑字灵渊、翁舒字灵舒、赵师秀字灵秀。他们都是永嘉人）起而反对江西派，但因为思想内容与艺术功力都比较浅狭，不足以矫正时风。四灵派的推广，成为所谓江湖派（陈起能辑诸家诗，题为《江湖小集·后集》）。这些人都是江湖游士，品类复杂。其中比较出色的有刘克庄、戴复古、方岳等。刘克庄在词上继承辛派词人的豪放风格，是南宋后期能独树一格的重要词人。

南宋末年，蒙古南侵，在南宋的危急关头，文天祥毅然奋起，高举抵抗的旗帜。他也是一个杰出的诗人。他兵败被俘后，在《过零丁洋》诗中，慷慨誓言："人生自古谁无死，留取丹心照汗青"，充分显示了坚贞不屈的英雄气概。同时的文人如谢枋得、谢翱、汪元量、郑所南、林景熙等也都和文天祥有共同处。他们的诗，悲愤苍凉，表现了诗人们的气节。

三、金元的诗词和散曲

金元的诗词，从风格上讲，大体上是两宋诗词的延续。金初的诗人，多是被拘留的宋朝使者，其中著名的有宇文虚中、高士谈和吴激等。他们被迫留仕金朝，但又萦情故国；不满忍辱事仇，但又无所作为，只是抒发哀思，很少有积极的情绪。

金世宗、章宗时期，党怀英、赵沨、王庭筠等活跃在诗坛。他们的作品很少触及社会矛盾，在形式上则大都模仿苏轼和黄庭坚。刘祁说："明昌间，作诗尚尖新"。金中叶的诗风基本上是崇尚江西诗派。当时，金和南宋都崇江西诗派，但表现各有不同。金人追求尖新奇峭，南宋崇尚使事用典。换句话说：金人着重于以俗为雅，而南宋人则以故为新，各执江西诗派的一枝。章宗明昌以后，作家益趋于雕章琢句，追求形式的新巧，呈现一种多华而少实的风气。科举考试的文章也要求拘守格法，苟合程式，十分平庸陈腐。赵秉文、杨云翼出，思有以矫正，于是提倡唐宋古文。金宣宗初年，赵秉文在省试时录取李献能。李献能所作的赋"格律 稍 疏 而词藻颇丽"，于是举子大哗，以为"大坏文格"。这种文风是与金朝的衰败相一致的。

金宣宗南迁以后，一直到忽必烈建立元朝以前的一段时期，北方处在战乱之中，沦于蒙古贵族统治之下。元好问的"丧乱诗"就是这一时期的记录。元好问（一一九〇——一二五七年），字裕之，号遗山，太原秀容人。他的创作生活，前半是随金室南迁汴梁，后半是在蒙古统治下度过。他的诗，"奇崛而绝雕刿，巧缛而谢绮丽，五言高古沉郁，七言乐府不用古题，特出新意"（《金史》本传）。他力矫前一时期金诗的形式主义颓风，成为金元之际北方文坛的一代宗师。他不满意于江西诗派"奇外无奇更出奇"的风气，没有生拗粗犷的毛病，但也没有完全摆脱江西诗派的影响。他的诗作如《癸巳五月三日北渡三首》、《续小娘歌十首》描绘蒙古军的肆意俘掠，《壬辰十二月车驾东狩后即事五首》记载了战火所带来的毁灭性的破坏，《雁门道中书所见》、《寄赵宜之》反映了兵乱后人民的灾难。这些诗暴露社会的黑暗、同情人民疾苦，以浑厚深沉的艺术风格而达到一定的成就，但总的基调仍是消沉的。元好问在汴京被围时曾为叛臣崔立撰颂德碑，后来又同张德辉到漠北觐见忽必烈，投降蒙古。金亡之后，山西地方诗人集结在元好问周围，形成所谓河汾诗派。他们的诗摹仿中晚唐。对金的亡国，怀抱淡淡的留恋，有些诗也表现了对人民痛苦的同情。他们的风景诗，刚健清新，多有佳作。

元朝初年，北方和南方的诗文各自保持原有的特色。北方的作者如刘因、王磐、王恽、鲜于枢等沿着元好问所开辟的道路，学苏、黄而小变其调，清澹古朴，意尽言尽。南方作家如刘辰翁、方回、戴表元、仇远、赵孟𫖯等略变江湖诗派的风格而崇尚晚唐，清丽婉约。他们对蒙古贵族统治下的人民的痛苦有过一些揭露，也隐约地流露出悲凉的故国之思。但总的来说，思想性是薄弱的。成宗元贞、大德以后，北方的元明善、姚燧、马祖常，南方的袁桷相继而起，作古诗模仿魏晋，律诗学盛唐，风格清丽猷壮，开始形成南北统一的诗风。稍后的虞集、杨载、范梈和揭傒斯，号为元代四大家，是当时著名的代表人物。虞集（一二七〇——一三四七年），字伯生，蜀郡人，宋亡，留寓在抚州路崇仁。他的诗优裕闲雅，有的作品接近李商隐，格律颇工，而且运用娴熟。所以他自称自己的诗如"汉廷老吏"。杨载（一二七一——一三二三年），字仲弘，福建浦城人。他认为诗当取材于汉魏，而音节则以唐为宗。他的特点是含蓄委婉。范梈（一二七一——一三三〇年），字享父，一字德机，临江路清江人。揭傒斯（一二七四——一三四四年），字曼硕，龙兴路富州人。他们二人都受江西诗派的影响，但主要倾向是崇尚晚唐。他们的写作技巧不及虞集和杨载，但内容题材广泛，触及到社会上的某些不合理的现象。

元代徙居中原的各族人，学习汉文化，也涌现出不少运用汉文进行写作的诗人。贯云石、马祖常、萨都剌、丁鹤年、高彦敬、康里子山、达兼善、雅正卿、斡克庄、鲁至道等都颇有时名。回回人萨都剌（一二七二年——？），字天锡，世居雁门。他以写宫词著称，清婉流丽。他的词也很出色，《满江红》"金陵怀古"，沉郁苍凉，继承了苏词豪放派的风格。

元末农民大起义前夕，社会矛盾日趋尖锐。朱德润、廼贤等的作品中，对时政的黑暗进行了某些揭露。在大起义战争中，文士多采远居避祸的态度。他们虽然对元朝政府有某些不满，但更害怕人民的反抗斗争。这一时期中比较著名的诗人有王冕、杨维桢等。王冕的诗，自然质朴，气骨高奇，风格有时颇似李贺。杨维桢喜作乐府诗，"大率秾丽妖冶，佳处不过长吉、文昌，平处便是传奇、史断"。一般来说，他的诗，技巧纯熟，内容贫乏。

元代诗坛还出现了一种新的文体"散曲"。散曲是文士作家基于民间的"俗谣俚曲"，又吸收词的某些特点而形成的文学体裁。元代散曲极为流行，取得与诗、词同样重要的地位。散曲有小令与套数两种。小令是一个曲牌的小曲，套数是不同曲牌而属于同一宫调的若干支曲联缀成套。明人朱权所编《太和正音谱》，收录元代散曲作家有一百八十七人，其中不少人是达官显宦。他们在纵情诗酒之余，作曲取乐。曲子可由妓女歌唱，内容多是男女私情。也有一些曲是失意文人寄情山水，发抒心中的郁结。如张小山（名可久）、乔梦符（名吉）等人的作品，虽然思绪消沉，但写物状景，造语清新，在艺术上取得了不同于诗词的新成就。一些弃官隐退的文人，饱经仕途的险恶，深知名利场中的丑恶。归隐之后，在曲中寄寓感慨，也偶有几句同情人民疾苦的呼声。如卢疏斋（名挚）、张养浩的某些作品即属于此类。元末作家刘时中，有《上高监司》套数《端正好》两套流传。曲中极其犀利地揭露了吏治黑暗，钞法败坏，物价高涨，民不聊生，生动具体地描写了人民生活的贫困，是散曲中不可多得的佳作。散曲套数是杂剧唱词的基础。元代的著名剧作家如关汉卿、马致远、白朴、王实甫等人（见后节），也都是杰出的散曲作家。流传至今的这些剧作家的套数和小令，是元代散曲中的优秀作品。

畏兀儿族作家贯云石（小云石海涯），自号酸斋，曾在两淮任达鲁花赤，精通汉文化，尤长于词曲。归隐后，作曲甚多，有《酸斋乐府》传世。一般说来，散曲较诗词更为通俗易懂。散曲吸收了西域和女真等民族的曲调，声腔也更为丰富新颖。元人杨朝英选录较好的散曲作品，编成《朝野新声太平乐府》和《阳春白雪》等曲集。明初人也续有编选。入选的作者，包括一批象贯云石这样以汉文作曲的各民族作家。如阿鲁威、杨景贤是蒙古人，李直夫、奥敦周卿、蒲察善长等是女真人，阿鲁丁、阿里西瑛、赛景初等是色目人。作家中包括了各民族的文士，这也是元朝散曲的一个特点。

(二)散　文

　　韩愈、柳宗元提倡的古文运动，取得了辉煌的成绩。五代，宋初，文风又一度发生逆转。宋初承晚唐、五代的靡丽之风，当时的所谓"时文"，即四六骈体文，又在文坛上占居统治地位。西昆派文士杨亿、刘筠倡为繁缛的辞藻，"能者取科第，擅名声，以夸荣当世，未尝有道韩文者"（欧阳修：《记旧本韩文后》）。一时文士专意于《文选》，草必称"王孙"，梅必称"驿使"，月必称"望舒"，山水必称"清晖"。这种僵死浮华的文体当然是令人厌恶的。林逋隐居西湖，皇帝派人去找他。他给来访者写信，用的是"俪偶声律之式"。有人评论说："草泽之士，不友王侯，文须枯古；功名之子，俟时致用，则当修辞立诚。今逋两失之矣！"当时官府的公文程式用的是俪偶声律之式，而民间通行的则是"枯古散文"，也就是所谓"平文"。但这种散文的发展趋势却是不可遏止的。

　　宋初最早提倡古文的是柳开。其后，王禹偁、苏舜钦、穆修、石介等相继而起。穆修一生潦倒，但搜集韩、柳文不遗余力。在《答乔适书》中，说："盖古道息绝不行，于时已久。今世士子习尚浅近，非章句声偶之辞，不置耳目，浮轨滥辙，相迹而奔，靡有异途焉。其间独敢以古文语者，则与语怪者同也。众又排诟之、罪毁之。不目以为迂，即指以为惑，谓之背时远名，阔于富贵。前进则莫有誉之者，同侪则莫有附之者。"在这种风气面前，他敢于逆流而进，见识和毅力都是超出时人。石介著《怪说》，猛烈攻击杨亿、刘筠的文风是"穷研极态，缀风月，弄花草，淫巧侈丽，浮华篡组，刓镂圣人之经，破碎圣人之言，离析圣人之意，蠹伤圣人之道"。石介是著名的经学家，他在文风上是倡导韩愈"文以载道"的传统。

要改革文体，必须改革科举考试，提倡散文。庆历中，范仲淹推行新政，"精贡举"一项规定：进士先策论，后诗赋。这一改革得到欧阳修的支持。欧阳修认为："旧制用词赋，声病偶切，立为考式。一字违忤，已在黜落，使博识之士，临文拘忌，俯就规检。美文善意，郁而不申"。新政虽然很快失败了，但欧阳修并没有退缩。嘉祐二年，他主持贡举，极力排抑流行的险怪奇涩之文。所谓"太学体"，实际上即是西昆体。欧阳修排抑西昆，倡导古文，树立了平易流畅的文风，使场屋之习，为之一变。韩愈文章险仄，欧文则简洁明畅，平淡通达。谢叠山说欧文"藏锋敛锷，韬光沉馨"，不如韩文之"奇奇怪怪，可喜可愕"。这种平易的文风，显然更适合于宋代文化发展的需要。

散文经过欧阳修的提倡，在英宗、神宗年间，王安石、曾巩、三苏等都以散文著称于时。韩、柳发动的古文运动在宋代重又得到新的发展。因之，后世将韩、柳与欧、王、曾、三苏并列，号为唐宋八大家。曾巩的文章通达质朴，王安石的文章简健劲峭，苏轼的文章则纵横倏忽，姿态横生。他们共同的特点都是自然平易，文从字顺，并长于议论说理。朱熹评曾巩"文字依傍道理作，不为空言"。王安石说："尝谓文者，礼教治政云尔"。"且所谓文者，务为有补于世而已矣；所谓辞者，犹器之有刻镂绘画也。诚使巧且华，不必适用。诚使适用，亦不必巧且华。要之以适用为本。"(《上人书》)后人论苏轼，也说他"长于议论而欠弘丽"(《岁寒堂诗话》)。这些评论，大体上说明，宋代散文重新走上了"文以载道"的道路。

北宋时期，古体散文代替了西昆的俪文。但骈体四六文仍用于诏制表启。南渡以后，以陈亮、叶适为代表的永嘉学派师法苏轼，才辩纵横，发展为政论。理学家们则极意强调义理，把文词视为琐事。理宗崇尚道学，淳祐四年，徐霖"以书学魁南省，全尚性理，时竞趋之，即可以钓致科第功名。自此非《四书》、《东西铭》、《太极图》、《通书》、语录，不复道矣。"(周密：《癸辛杂识》)理学家们重性理而轻辞章，从文学上说，是走上衰敝。故宋濂有"辞章至于宋季而弊甚"之叹。元初的散文作家有姚燧、戴表元等。戴表元的门弟子中最著名的是袁桷。《四库提要》认为他起着承前启后的作用。此后，虞(集)、杨(载)等都以诗文著称。元末，黄溍、欧阳玄也长于散文。但是，总的来说，元代散文基本上还是对唐宋人的模仿，并没有什么新的发展可说。

（三）话本与诸宫调

宋金元时代城市经济发展，城市里出现了一些讲说故事的人，叫作说话人。他们讲故事的稿本称为话本。"话"的意思即故事。

说话是从唐代的"说话"和"市人小说"发展而来。佛教的俗讲、变文也在形式上给了它以启发和影响。北宋的都城汴京，说话很盛。说话人多有专长，如说小说、合生、说诨话、说三分、说五代史等。南渡以后，在临安城中说话仍然十分繁盛。《都城纪胜》载："说话有四家：一者小说，谓之银字儿，如烟粉、灵怪、传奇。说公案，皆是搏刀赶棒，及发迹变泰之事。说铁骑儿，谓士马金鼓之事。说经，谓演说佛书。说参请，谓宾主参禅悟道等事。讲史书，讲说前代书史文传、兴废争战之事。最畏小说人，盖小说者能以一朝一代故事，顷刻间提破。"讲史和小说的区别，在于讲史一般篇幅要比小说长，讲史大抵依据史书，略加渲染；小说则大都取材于日常生活和口头传说。所以，小说比讲史更吸引听众。

现存的所谓宋元话本都是经过后人修改过的宋代说话人的稿本。讲史如《新编五代史平话》，小说如《碾玉观音》等，人物描写都很出色。由于城市居民繁众，说话人投合不同阶层人的趣味，话本的内容庞杂，思想性与艺术性都有很大差异。多数话本的主人公是普通的城市居民，反映了他们不同于农村中地主士大夫的生活方式和社会活动。在程朱理学的影响下，不少话本直接宣扬伦理纲常。也有一些话本从不同方面表达了南宋人民抗金的愿望。话本运用接近当时口语的文字写成。在人物的刻画、环境的描写和人物对话方面，都显示了这种文艺作品的崭新风貌，对明清小说产生了重大的影响。

宋代城市中发展起来的另一种文艺是戏曲。宋代的戏曲大致可以分为两大类：一类以歌舞讲唱为主，如转踏、曲破、大曲、赚词、鼓子词、诸宫调等。另一类是和戏剧更为接近的傀儡、影戏、杂剧等。诸宫调的创始人是北宋泽州人孔三传。这种文学体裁由散文和韵文两部分组成。韵文由几种不同宫调（即乐曲的声调）结合成一套曲子，用以讲述一个故事，所以叫作诸宫调。靖康年间，金兵围汴京，向北宋索取教坊乐人、杂剧、说话、弄影戏、小说、嘌唱、弄傀儡等各色艺人一百多家。因此，说话、诸宫调等在金朝也十分流行。著名的董解元《西厢记诸宫调》就是当时说唱诸宫调的稿本。

董解元身世不明，大约是金章宗时人。"解元"是当时人对文士的通称。《西厢记诸宫调》是根据唐元稹的《莺莺传》传奇改写而成。原作情节的重要改变，是张生与莺莺双双出走，结成良缘。这个改变冲破了传统观念的束缚，在思想内容上是重大的进步。这部作品一共用了十四种宫调，一百九十三套组曲，结构严谨，曲折多致，从事件的矛盾冲突中表现了人物性格的特征和思想感情的变化。胡应麟称它："精工巧丽，备极才情，而字字本色，言言古意，当是古今传奇鼻祖。"它是我国文学史上第一次出现的长篇组曲，被誉为"北曲之祖"。董西厢在讲唱时合琵琶而歌，所以又叫《西厢挡弹词》或《弦索西厢》。表演时，弹奏和念唱是由一人兼擅的。

（四）戏　　剧

宋代的戏剧，统称作杂剧，但已没有完整的剧本流传，内容与结构都不能详知。金代称为院本，即"行院之本"。扮演戏剧的人多为倡伎，演员们所住的地方称作行院，他们的演唱本即称作院本。在金院本和诸宫调的基础上，形成了盛极一时的元杂剧。它的科白即表演动作与对话部分，承袭了院本的体制；曲即唱词部分，则明显地源于诸宫调。它的新发展主要表现在两个方面：一是从宋、金的叙事体改变成为代言体；二是在曲调上更多的采用了民谣小曲。元杂剧的形成，是我国戏剧史和文学史上的重大事件。

元杂剧基本上是一种歌剧，演出时添加一些科白，借以表述剧情，使场面显得生动活泼。曲词也就是唱

古杭新刊的本关大王单刀会

词。元剧唱词一般是由同一宫调中的几支曲子或十几支曲子组成的套曲。每一支曲子都由韵律铿锵的长短句组织而成,有其一定的格式,但在定格之外,可以增加衬字。句尾十之八九都押韵。在形式上既自由,又复杂,声律上也很优美。套曲一韵到底,配合科、白,便成为一折(相当于一幕)。元剧一般由四折组成,另外可加"楔子",置于各折之前或之间,充当开场或过场的作用。通常一个剧自始至终都由一个角色演唱,即由正末或正旦唱曲。但在各折中他所扮演的人物可以不同。由正末唱的叫末本;正旦唱的叫旦本。其他角色充当配角,只有宾白。剧本的最后有二句或四句诗对,叫"题目""正名",用以点出剧本的主题。

元杂剧产生在金元之际,到元成宗时而臻于极盛。它是宋金以来的戏剧合乎逻辑的发展,是在城市经济发展的土壤中生长繁荣的。邾经《青楼集序》,说:"我皇元初并海宇,而金之遗民若杜散人、白兰谷、关已斋辈,皆不屑仕进,乃嘲风弄月,留连光景"。金元之际,连年战乱,社会上的一些文人不愿或不能仕进,借编写杂剧以抒发愤闷。他们和广大城市居民多有联系,有的即与演员们一起,粉墨登场。因此,他们的作品能从各个方面比较深刻地反映社会现实和下层群众的思想感情。

金元之际的杂剧,在山西一带最为流行。元初发展到大都路(今河北地区)。元朝灭宋后,又传入江南。

元代的杂剧作家，有姓名可考的有一百七八十人，见于记载的杂剧作品达七百三四十种。实际的数目当然还要远远超过。现在保存下来的有一百六十余种。元杂剧的发展，大体可分为二期。成宗大德以前为前期，以后为后期。前期的人才最盛，都是北方人。白朴可能是最早的杂剧作家，字太素，号兰谷，山西隩州人。生于一二二六年，死于一三〇六年以后。与关汉卿、马致远等同称为杂剧大家。白朴写过杂剧十六种，现存三种。他的代表作《墙头马上》，描写一对青年男女自由结褵的离合故事，最后由官居尚书的公公和婆婆牵羊担酒向儿媳"陪话"，才又重新完聚。故事情节曲折，是出色的佳作。

关汉卿，号已斋，约生于金末。他可能原居山西解州，以后来到大都。所以，《录鬼簿》说他是大都人，《析津志》说他是燕人。他在元朝没有任过官职，《录鬼簿》说他是"太医院户"，大约是系籍医户。他是一位博学多才的剧作家，并且"躬践排场，面傅粉墨，以为我家生活"，亲自参加演出活动。元朝灭宋后，他去到杭州，约在成宗时死去。他写过杂剧六十几种，现存十五种，对元杂剧的形成与发展，贡献最多。他所写的杂剧，结构谨严，人物性格鲜明。一些剧作具有较强的思想性。《窦娥冤》大约是他晚年写成的代表作。剧中描写一个孤苦善良的少女窦娥，被屈含冤而被处斩。临刑前愤怒地控诉："为善的受贫穷更命短，造恶的享富贵又寿延"。"地也,你不分好歹何为地。天也,你错勘贤愚枉做天"(《元曲选》本)。剧中窦娥的恨天骂地,正是对元朝统治下黑暗的社会现实的揭露,是反映了作者的心声。《拜月亭》剧描写金宣宗时人民的流离,实际上是直接揭露蒙古侵金所带来的灾祸。《望江亭》《救风尘》两剧分别描写改嫁的州官夫人和仗义勇为的妓女。她们都是机智英侠,勇于和邪恶势力较量,与南宋理学统治下"三从四德"的妇女形象迥然不同。关汉卿剧作的题材极为广泛,涉及到社会生活的许多方面,但他往往把理想的完满结局,寄托于"明主""恩官",这又反映了他的思想的局限。关剧的曲文,造语遣句,清新蕴藉,文采风流,在金元词曲中亦是上品。元人钟嗣成著《录鬼簿》为剧作家立传,列关汉卿为首。明初贾仲明称关汉卿为"梨园领袖""编修师首""杂剧班头"。关汉卿是元代成就最高贡献最大的戏剧家,也是当时的剧作者和演员们公认的首领。

马致远,字千里,号东篱,大都人。元世祖时,曾任过江浙省务官,大约是在一二八五年以后。成宗时,他曾参与组织"元贞书会"。著有杂剧十三种,现存七种。金元之际,全真道在北方地主文人中传播,马致远受到一定的影响。在他的剧作中,消极遁世的思想时有表露。他长于写抒情的悲剧,语言平易而情致深浓,自成一家。他的名作《汉宫秋》描写王昭君在出离汉境后,投江而死。匈奴单于与汉朝重新和好。剧中指责汉王朝文官武将"枉被金章紫绶","都宠着歌衫舞袖",边关有事,"没个人敢咳嗽"。毛延寿"叛国败盟,致此祸衅"。这是一个悲剧,情节不合于历史的实际。但它在元朝统治下演出,具有一定的现实意义。明臧晋叔编辑《元曲选》,以《汉宫秋》为首篇,给予颇高的评价。《中原音韵》作者周德清论元曲制作,以关、白、郑(光祖)、马为代表。大抵成宗以后,马致远是继关汉卿而起的最有影响的剧作者。

王实甫名德信,大都人。生平事迹不详。他的创作活动主要是在成宗大德年间。撰剧十四种,现存三种。他的代表作《西厢记》,以董西厢诸宫调为蓝本,把唐代《莺莺传》中的轻薄少年改写成忠实于莺莺的"志诚种",以张君瑞中状元,"庆团圆"而结束。《西厢记》以争取婚姻自主为主题,成为六七百年来流传最广的佳作。全剧共五本二十一折(一说第五本为后人续作),实际上是由五个四折的剧本联成一个长剧,首尾条贯。这就有足够的篇幅,便于描写情节的变化和人物的思想感情,戏剧冲突也得以向多方面展开。这种长剧的体制,为杂剧发展为"传奇",开辟了道路。

大德以后的剧作家,成就较大的是郑光祖(名德辉)。他的作品以历史剧为多,但代表作爱情剧《倩女离魂》构思新奇,富于浪漫色彩。无名氏的剧作《陈州粜米》揭露权豪势要的横行与百姓的冤苦,塑造了为民除害申冤的清官。清官戏在元代大量出现,是昏暗的现实社会中人民大众的政治理想的反映。元仁宗朝实行科举，提倡理学。此后出现的一些剧作，宣扬伦理纲常，成为理学的宣传品。但以北宋梁山泊起义为题材的剧作，也在此时陆续出现。宋江、李逵、燕青等为主角的戏剧，逐渐流行，使他们成为人所熟知的人物。

大德以后，杭州代大都而成为戏剧的胜地。北方的许多剧作家陆续迁来杭州。陈旅《送扬州张教授还汴梁》诗："花边细马踏轻尘，柳外移舟水满津。莫向春风动归兴，杭城半是汴东人"。杂剧在杭州盛行，是以拥有北方观众为基础的。但是，成宗以后，南曲也逐渐吸取北曲而得到发展。

祝允明《猥谈》说："南戏出于宣和之后，南渡之际，谓之温州杂剧"，也称为"永嘉杂剧"或"戏文"。入元以后，南戏仍很流行，据记载当时有一百六十八种剧本，现存的仍有十六种左右。南戏早期的唱词据宋词和俚谣巷曲杂凑而成，结构疏散，科诨较多，艺术形式比较自由而粗糙。北方杂剧南传之后，南戏吸收了北剧的某些优点，唱词采用联套的办法，减少了科诨，以便集中刻画人物。同时出现了南北腔合调的新唱腔，沈和、范居中都能作"南北腔"。北杂剧与南曲戏文的逐渐合流，形成南北曲兼用的体制，最后导致明人"传奇"的产生。这是中国戏剧史的一大进步。

一般说来：南戏的体制具有以下一些特点。一个剧本没有固定的出数，可长可短，不象北杂剧那样通例作四折（少数有五折的）。每一出中也不象北杂剧那样通押一韵，更不机械地限制使用同一宫调中的曲牌。至于登场演唱的角色，可生可旦，不必由一人唱到底，完全按剧情的需要，可以由二人互唱，甚至数人合唱。这些改进使南戏较之北杂剧有了更多的灵活性，便于表达故事和抒写感情，增强了戏剧的效果。

现存的南戏中比较著名的有《荆钗记》、《白兔记》、《杀狗记》、《拜月亭》等。北方杂剧题材广泛，为南戏所吸收。《拜月亭》基本上是依据关汉卿《闺怨佳人拜月亭》杂剧改编而成。剧中描写蒙古侵金时期，金朝的青年男女蒋世隆与王瑞兰的悲欢离合。曲词优美动人，人物性格的描写比关剧细腻，内容也较丰满。这个剧本在南戏的发展中起着继往开来的作用。

元末著名的南戏作家高明，字则诚，温州瑞安人。顺帝至正五年（一三四五年）举进士，在处州、杭州等地任过小官吏。一三五六年后隐居庆元南乡的栎社，以词曲自娱。他的名著《琵琶记》可能就是在这时候写成的。《琵琶记》写蔡伯喈和赵五娘的离合，是南宋民间广为流行的一个故事。陆游《小舟游近村，舍舟步归》诗："斜阳古柳赵家庄，负鼓盲翁正作场。死后是非谁管得，满村听说蔡中郎。"徐渭《南词叙录》里列举的宋元南戏剧目中，有《蔡伯喈琵琶记》和《赵贞女蔡二郎》二本，并注明"即蔡伯喈弃亲背妇，为暴雷震死，里俗妄作也。"高明把原来的不忠不孝改为"全忠全孝"，颂扬纲常节义，充满程朱理学的说教。这显然是理学长期在江南传播的产物。但《琵琶记》中人物性格刻画细致，语言丰富多采。这些都标志着南戏已发展成熟，也标志着这个剧种已达到了顶点。明王朝建立后，"南戏"传入北方，乃由杂剧和"传奇"取代了。

(五)绘画与书法

一、绘　　画

宋承唐、五代之后，绘画艺术呈现新的发展。郭若虚比较宋和唐、五代的差别，说："近方古，多不及，而过亦有之。若论佛道人物，士女牛马，则近不及古。若论山水林石，花竹禽鱼，则古不及近"。释道画经过了魏晋隋唐以来的发展，题材已经陈旧。理学家以反佛道相标榜，影响所及，也造成释道画的衰落。山水花鸟则呈现前所未有的繁荣。南宋以后，山水画又代替花鸟画占踞画坛，成为一时风尚。这种变化，经元代而影响到明、清。

宋朝皇帝多重视绘画，有的本人便是优秀的绘画家或鉴赏家。北宋继承西蜀和南唐的画院制度，而扩大其规模，朝廷设立翰林图画院，罗致全国的画家，优予俸值，为他们提供了较好的创作环境。当时的画家多以能进入画院为荣。徽宗时，规定画院按太学考试的办法招收画家，入院后除学习绘画外，又兼修经、律、

《说文》、《尔雅》等辅助学科，分三舍考试升降。院画在风气上，"一时所尚，专以形似"，"往往以人物为先"。粉本（画稿）必须先呈皇帝审看，"少不如意，即加漫垩，别令命思"。可见画院制度虽然为画家提供了条件，但精神统治是很严厉的。讲究"形似"和"格法"成为院画的特征。这对于画家的创作活动无疑是一种束缚。于是，在院外出现了所谓墨戏的文人画，他们要求脱略"形似"的束缚，信笔草写，以抒发个人的意趣。这种风气到了元代大为盛行。

山水画——唐王维创水墨山水（破墨），发展到后梁的荆浩、关仝，已超出李思训的青绿山水一派，占居统治地位。水墨画通过皴擦的变化和墨色的渲染，描绘出苍劲挺秀的山木岩石，和蒸郁苍茫的山岚烟雨，气韵泱然，富于表现能力。李成、董源、范宽都是北宋初水墨山水画的大家。李成善于以直擦的皴法，写齐鲁地区的"平远寒林"。《宣和画谱》说："于时凡称山水者必以成为古今第一"。董源以平淡天真之笔，状写江南秀丽的景色。《画鉴》说他的画"得山之神气，足为百代师法"。他们都是由五代而入宋的画家。

稍后的范宽，初学李成，进而认识到"前人之法，未尝不近取诸物。吾与其师于人者，未若师诸物也。吾与其师于物者，未若师诸心。"他旅居终南、太华，"览其云烟惨淡，风月阴霁难状之景，默与神遇，一寄于笔端之间"。《图画见闻志》把他与李成、关仝并列，认为"智

494

郭熙绘《早春图》

妙入神，才高出类，三家鼎峙，百代标程"。熙宁年间的郭熙，不仅是独步一时的优秀山水画家，而且是一位著名的绘画理论家。他所著的山水画论（见《林泉高致集》），大部分是现实主义艺术创作的经验总结。米芾、米友仁父子创水墨淋漓的所谓米点山水，世评小米的画，"点滴云烟，不失天真"。

南宋初年，青绿派山水又一度盛行，其代表作家有李唐、刘松年、赵伯驹等。以后，著名的画家马远、夏珪，师法李唐，他们在格局上脱胎于青绿，而参用水墨，调和两派，笔法苍劲，水墨淋漓，具有独特的风格。

花鸟画——北宋的花鸟画承五代黄筌、徐熙两派之后，黄筌的儿子居寀，徐熙的孙子崇嗣、崇矩，仍然各树门户。郭若虚在论黄、徐同异说：所谓"黄家富贵"、"徐熙野逸"这两种不同风格的形成，是由于他们的环境和地位所决定的。黄氏父子一直给事宫中，多写宫苑所有珍禽瑞鸟，奇花怪石，富丽精致是必然的。徐熙是江南处士，多状江湖所有汀花野竹，水鸟渊鱼，不华不墨是其本色。由此而发展成为黄居寀的钩勒填彩，被奉为院体的标准；徐崇嗣以丹铅叠色渍染（没骨法），为在野派的领袖。但后来在发展中两派日趋融合。神宗时，赵昌、崔白都以写生擅长，风格一变。此后的著名画家是宋徽宗赵佶。徽宗是北宋亡国之君，昏于政事，却寄情书画，用力甚勤。他的作品在工整之中，神形兼备。所画的鸟，多用黑漆点睛，隐然豆许，高出

宋徽宗桃鸠图

496

于缣素，晶莹欲动。他对花鸟的习性，也观察入微。南宋的花鸟画，仍然沿袭工整细润的画院风气，不过，简淡纤细的趣向也日渐明显了。

风俗画——以广大社会生活为题材的风俗画的出现，是宋代画史上一个有意义的创举。北宋末年张择端所作的《清明上河图》是具有代表性的优秀作品。在长达五百余公分的画卷里，作家以墨骨淡彩设色，运用朴实的写实手法，生动地描绘了开封都城汴河两岸繁忙的都市生活。市面上鳞次栉比的商店，街道上车马负贩的人流，以及运河上穿梭往来的船只，都再现在卷上。它不单是艺术的珍品，同时也是研究宋代城市的宝贵资料。

诗余墨戏的文人画——北宋由于文同、苏轼、米芾等人的提倡，文人士大夫在诗酒之余，以游戏的态度，纯任天真，率意作画。画面是由简笔水墨写成的林木窠石、梅兰竹菊，以及简笔的山水人物。于是形成一种词人墨客，在"文章翰墨，形容所不逮"时遣兴寄意的墨戏画。苏轼所写的竹子，从根到梢，一笔而出。其兴之所至，完全不受"形似"、"格法"的限制，和院画的工整细润之风正好相反，开后世写意派的先声。

元代绘画——元代文人处在蒙古贵族统治之下，往往以笔墨发抒胸中的郁结。这就使宋以来的文人写意画益趋兴盛。所谓"元人尚意"，求意趣而不重形似，是元代画风的特点。元朝著名的画家是赵孟頫。他自称刻意学唐人，提倡复古，对人物、山水、花鸟、鞍马和竹石，无不精工。作品以妩媚、工整和细润著称。他是院画"形似"、"格法"的集大成者，又是追求意趣的文人画的大家。盛大士说："赵吴兴集唐宋之成，开明人之径"（《溪山卧游录》）。但作为元画的代表则当推元末的四大家：黄公望、吴镇、王蒙和倪瓒。他们把水墨山水画推向了登峰造极的境地，给明、清两代以巨大影响。元以前画山水多用绢素，使用湿笔，谓之"水晕墨章"。元后期诸家则纯用生纸，使用干笔皴擦，以水墨为主或加浅绛淡彩。这些手法成为后来画坛的专尚。明陈继儒在评元人画风时说："元之能者虽多，然率承宋法，稍加萧散耳！吴仲珪（镇）大有神气，黄子久（公望）特妙风格，王叔明（蒙）奄有前规。而三家未洗纵横习气。独云林（倪瓒）古淡天然，米痴后一人而已。"（《妮古录》）倪瓒的画风，据他自己说："仆之所谓画者，不过逸笔草草，不求神似，聊以自娱耳！"陈继儒所欣赏的正是这种逸笔草草的文人画风。同时的王冕，善作没骨花卉，又善画墨梅，万蕊千花，自成一家。

二、书　法

宋太宗命侍书王箸选集古先帝王名臣墨迹，编成《淳化阁帖》。其中真伪杂揉，缺乏鉴别，但帖法却从此大盛。帖学兴而导致古人笔法的消亡。所以，欧阳修说："书之盛莫盛于唐，书之废莫废于今"。又说："今士

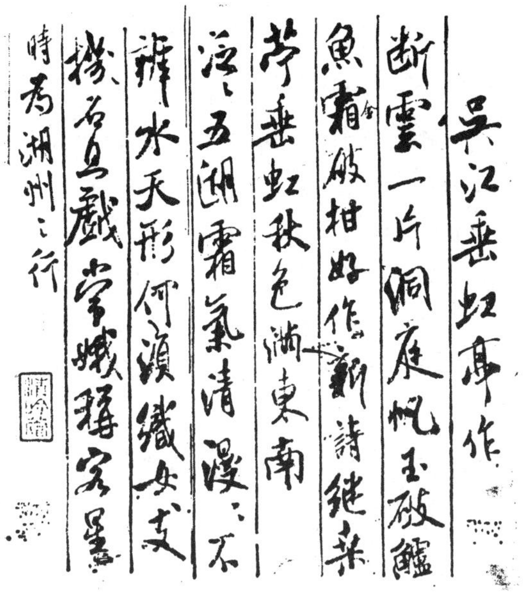

吳江垂虹亭作

斷雲一片洞庭帆玉破鱸

魚霜破柑好作新詩繼采

苕溪垂虹秋色滿東南

泛泛五湖霜氣清漫漫不

辨水天形何須織女支

橃君且戲常娥孀寡墨

時為湖州之行

米芾墨迹

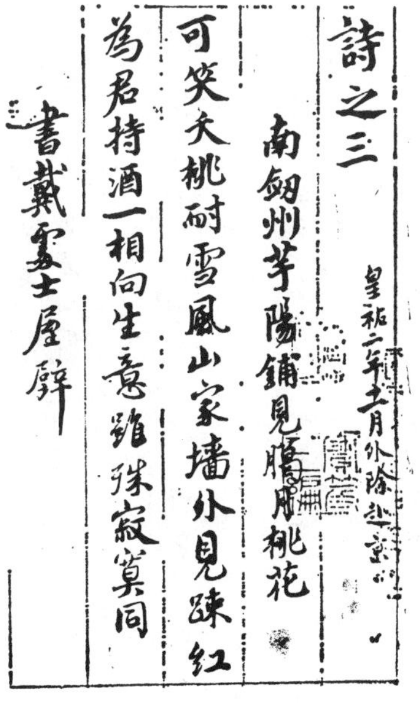

詩之三

南劍州芋陽鋪見臘月桃花

皇祐二年十月外除赴京師

可笑夭桃耐雪風山家牆外見疎紅

為君持酒一相向生意雖殊寂寞同

書戴雲士屋壁

蔡襄墨迹

大夫务以远自高，忽书为不足学，往往仅能执笔"。

　　宋人学步，多以唐颜真卿和五代杨凝式为归依，而上追右军。到苏、黄、米、蔡出，才正式确定宋代书法的局面。苏轼刻意创新，笔圆而韵胜。黄庭坚英俊挺秀，书得笔外意。苏、黄的书法都是以神韵见重的。米芾学古人笔法最勤，技巧为当时第一，用笔俊迈，沈著飞翥，得王献之笔意。蔡襄以楷书见长，字体娇娆，有如多饰繁华的贵族少妇。宋徽宗也擅长书法，以所谓"瘦金体"自成一格。

　　元人书法崇尚复古，而以赵孟頫为巨擘。他的书

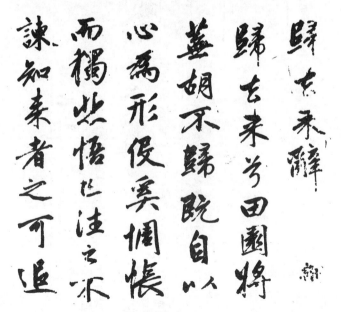

赵孟頫墨迹

法超迈唐人而直接晋人。对于古篆、隶书、章草,也无不勤苦学习。因此,被誉为"篆、籀、分、隶、真、行、草书,无不冠绝古今"。他主张书画同法,"石如飞白木如籀,写竹还应八法通。若也有人能会此,须知书画本来同.'他的书,也同他的画一样,具有一种特有的妩媚而以韵胜。此外,康里子山善真行草书,得晋人笔意。鲜于枢善行草,与赵孟頫齐名。书法到宋季日趋衰敝,元代重得振兴,主要是得力于赵孟頫与鲜于枢二人。

三、雕　　塑

宋、元的雕塑,在风格上沿袭晚唐的传统,而趋于

山西太原晋祠圣母殿侍女

纤弱。太原晋祠圣母殿中的侍女塑像，建造于北宋元
祐时期，体态修长，娴雅纤秀，和唐人仕女的健美丰满
形成明显的对比，典型地反映了宋人的风格。塑像情
态各异，栩栩如生，表现了高度的现实主义手法。

元代崇尚喇嘛教，密教的雕塑艺术因此一度盛行，
形成为元朝雕塑艺术的典型风格。居庸关过街塔的
浮雕是其代表。元世祖忽必烈时，尼泊尔人阿尼哥入
仕元廷，他长于画塑，又铸金人为像，两都寺观的神像，
多出其手。刘元曾从阿尼哥学塑西天梵像，也称绝艺。
这种作品都是以腰细、肉髻高为其特征。

第三节 学 术 著 作

哲学与文艺呈现新发展的同时，宋代的文史学术
研究也出现繁荣的景象。北宋至元初，陆续完成了一
批卷帙浩繁的学术著作和资料汇编。这显然是由于印
刷术的发达，提供了便利的条件，但也由于学术思想上
出现了和理学的空谈心性正好相反的求实际与求完备
的观念。由于宋太宗的提倡，宋初先后编成文史四大
类书，成为大规模学术工作的开端。在学术研究中，
历史学是最为发达的部门。宋元时代建立了纪述当代
事迹的制度，并且陆续完成了纪传体的前代史《新唐
书》和五代、宋、辽、金诸史。在后来所谓"正史"的二十

四史中，占有六种之多。《资治通鉴》、《续资治通鉴长编》、《通志》、《文献通考》等规模巨大的重要著作，也都出现在这一时期。在历史编写体例上，突破了传统的纪传体，新创了编年体、纪事本末体和综合条贯的专史体等体裁。取材繁富、纪述求实、体制创新，成为宋元历史学的显著的特点。

历史学的发展，推动了金石考古学和目录学这两个新学科的形成。地方志的编修和地图的绘制刊刻，也是学术研究中的新成就。由于经学和历史学、金石考古学的发展，使音韵学和训诂学开拓了领域。

下面简略介绍各学科的重要学术著作。

（一）北宋四部文史总汇

宋太宗灭北汉，巩固了宋朝的统治。他在加强中央集权的政治制度的同时，也注意提倡学术，聚集南北文士，编纂前代文史典籍。太宗时先后编纂《太平御览》、《太平广记》、《文苑英华》三部大类书，真宗时又编纂《册府元龟》，总称为宋代"四大书"。

九七七年三月，宋太宗命翰林学士李昉、扈蒙等，将北齐祖孝征《修文殿御览》，唐欧阳询《艺文类聚》，唐高士廉、房玄龄《文思博要》等古代的类书和其他文籍，"参详条次，分定门目"，编为类书。太平兴国八年（九八三年）十二月撰成，共一千卷，原名《太平总类》，改名为《太平御览》。全书分天、时序、地、皇王、偏霸、人事、兵、职官等五十五部、四千五百五十八类，是一部规模巨大的大类书。此书所收古籍一千多种，后世多无传本，赖《御览》而得以流存。

宋太宗又命取《道藏》、《释藏》及野史、小说等，编为一书。九七八年八月编成，共五百卷、目录十卷，赐名《太平广记》。全书分为神仙、女仙、道术、方士、童仆奴婢、幻术、妖妄、神、鬼、草木、畜兽等九十二大类，一百五十多小类。全书采录自汉代至宋初的笔记、小说、野史等近五百种，保存了大量的古代小说和有关社会经济、典章制度的资料，是重要的古代小说总集。

九八二年九月，宋太宗以前代名家文集，数量甚多，不加铨择，难以流传，命翰林学士承旨李昉、学士扈蒙、直学士院徐铉、中书舍人宋白等分类编纂，收取精华。雍熙三年（九八六年）十二月书成，共一千卷、目录五十卷，名为《文苑英华》。此书上承梁《昭明文选》，采录梁末至唐代的诗、文一万九千一百零二首，分赋、诗、歌行、杂文、启、书、疏、序、论、议、墓表、行状、祭文等三十七类。每类之中又分若干子目。如赋类，即分天象、岁时、地、水、帝都、邑居、宫室等四十子目，保存了南朝梁末至唐代的大量诗文，是古代的诗文总集。

一〇〇五年九月，宋真宗又命刑部侍郎、资政殿学士王钦若，右司谏、知制诰杨亿编修历代君臣事迹，一〇一三年书成，共一千卷，赐名《册府元龟》。全书自上古至五代，分部门顺序排列。共分帝王、闰位、僭伪、将帅、邦计、学校、刑法、内臣、牧守、外臣等三十一部，部有总序；一千一百零四门，门有小序。另有目录、音义各十卷。收录古代史籍，兼取经、子二部著作，唯不取说部。宋真宗为本书的编纂，亲定义例，书成后又署名作序。真宗在给王钦若的手札中，说此书："非独听政之暇资于披览，亦乃区别善恶垂之后世，俾君臣父子各有鉴戒。"编纂此书出于政治目的，但对宋以前的史籍做了很多辑佚和校勘的工作，特别是保存了唐、五代的许多原始史料，是一部可贵的史料汇编。

北宋在太宗提倡下，开编修类书的创例。南宋时，王应麟编辑《玉海》二百卷，分二十一门。多采宋代历朝实录和《国史》、《日历》，辑录了宋代的许多史事，为他书所未详，也是一部重要的类书。

（二）历史学著作

前代史的编修 北宋时期继续编修唐代和五代十国的历史，并对旧史重新作了一些整理。金朝继承汉人修史的传统，曾编修辽史。元朝完成了宋、辽、金三史的编纂。宋金元时代不断进行前代史的编修，成绩是显著的。

旧五代史——原名《五代史》。宋初，薛居正等人受宋太祖之命，编撰梁、唐、晋、汉、周五代史，九七四年成书，共一百五十卷、目录二卷。此书多据五代各朝实录和范质《五代通录》等史籍，仿照《三国志》体例，保存了五代十国时期的丰富史料。

唐会要和五代会要——唐朝人编纂过几种当代会要，但唐宣宗以后，记载阙如。北宋初，王溥采录宣宗到唐末的史事，续编成《唐会要》一百卷。全书分五百十四目，详细记载这一时期的沿革损益。王溥又编成《五代会要》三十卷，共二百七十九目。

新唐书——五代后晋刘昫、张昭远等人撰《唐书》，成书仓促。宋仁宗嫌其浅陋，命欧阳修、宋祁、范镇等人重修。一〇六〇年全书编成，共二百二十五卷、目录一卷，称为《新唐书》。刘昫旧著称《旧唐书》。新书严谨简洁，本纪不如旧书材料丰富，志比旧书详尽。新书不用骈文而用古文撰述，采用小说材料，并增加了以前史书所没有的仪卫、选举、兵等志。新书的缺点是任意删弃旧书资料，改写文句，并仿照《春秋》义例，多所褒贬。

新五代史——北宋欧阳修对《旧五代史》极为不满，决心重作，撰成《五代史记》（即《新五代史》）七十四卷，藏于家。死后，家属上献朝廷刊行。此书在体例方面，效法《南、北史》，打破朝代界限，把五朝的纪、传综合一起，按时间先后编排。列传部分采用类传，分立家人传、臣传、死节传等传，历官数朝的人编在杂传。

但模仿《春秋》义例，以一字寓褒贬，宣扬儒学的说教，王安石评为"文辞多不合义"。书中因过分讲究文辞，往往使史实失真。欧阳修私人改编官修的正史，这在中国史学史上是一个创举。此后，路振撰《九国志》五十一卷，南宋陆游撰《南唐书》十八卷，也都是重要的私人著述。

辽、金、宋三史——元初，世祖即下诏编纂辽、金、宋三史。元朝国史院数次纂修辽、金、宋三史，到元顺帝时，已经基本完成，纪、传、表、志大体都已具备。只是由于大臣们对王朝的正统、三史的体例争论不休，长期不能成书。元顺帝令丞相脱脱主持其事。脱脱拟定辽、金、宋三国各为一史，"各与正统"，停止了正统的争议。三史同时编修，于一三四五年全部编成。

《辽史》，共一百十六卷，计本纪三十卷、志三十二卷、表八卷、列传四十五卷、另附《国语解》一卷。辽道宗时，耶律俨曾撰修辽朝《实录》，金人陈大任纂修《辽史》。两书成为元人修史的基础，《辽史》最后的纂修，前后只用了十一个月仓促完成，全书疏误和矛盾之处甚多，但较多地保存了史料的原貌，是研究辽史的基本资料。

《金史》，共一百三十五卷，计本纪十九卷、志三十九卷、表四卷、列传七十三卷。纂修者以金朝的实录和元初王鹗辑《金史》作为基础，参考金末刘祁《归潜志》等书，所据史料远较《辽史》丰富，较为详备地记载了金代的发展史。各"志"保存了许多有关政治制度和社会经济的资料。《世纪》一篇，叙述金朝建国前各部落的发展状况，尤为可贵。从历史编纂学方面说，《金史》远胜于《辽史》。

《宋史》，共四百九十六卷，计帝纪四十七卷、志一百六十二卷、表三十二卷、列传二百五十五卷，是二十四史中最庞大的一部官修史书。脱脱等人以宋朝的国史作稿本，再参照实录、会要、日历等其他文献编成。宋理宗以前，国史俱备，所以《宋史》记载宋理宗以前史事较详，以后则因国史未修而较为简略。《宋史》中表彰道学的内容，大部分抄自南宋李焘的《四朝国史》和谢方叔的《中兴四朝国史》，但也删去了这些国史中过分夸张道学家的一些言论。《宋史》的优点是保存了宋朝国史的基本面貌，文字改动不多；资料丰富，内容详备。缺点是前详后略，有些记载互相牴牾，还有一人两传，一事数见乃至有目无文等情况。

资治通鉴 《资治通鉴》的编成，是历史学的重大成就。全书共二百九十四卷、目录和考异各三十卷。一〇六六年，司马光奉诏设局编修，一〇八四年书成奏上。全书起周威烈王二十三年（前四〇三年），止于后周世宗显德六年（九五九年），是我国第一部编年体的通史（《春秋》为编年国史）。

一〇六六年四月正式置史局编修以前，司马光原已写成自周威烈王二十三年至秦二世三年的史事，共八卷，称为《通志》。
这就是后来《通鉴》
的前八卷。正式置
局以后，到一一七
〇年九月司马光赴
洛阳以前，史局设
在开封，由刘恕和
刘攽协助编修。刘
攽专职汉史长编的
写作。刘恕撰魏晋
南北朝的长编。在
开封的五年时间
里，司马光及其助
手写完了《通鉴》

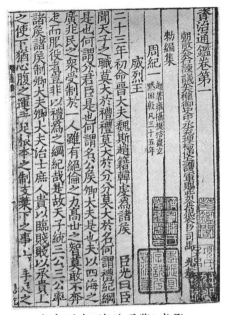

南宋刊本《资治通鉴》书影

前、后《汉纪》各三十卷、《魏纪》十卷。一一七一年初，
刘攽离开史局，六月，由范祖禹接替。

一一七〇年九月，司马光因反对王安石而离开开
封，出知永兴军。一一七一年四月，改为权判西京留司
御史台。司马光以史局自随，在洛阳继续编写。这时
期，范祖禹专修唐代的长编和刘恕未完成的五代十国
的长编（刘恕已死）。

司马光广泛收集史料，如正史、杂史、笔记、小说、
地志、文集等，按时间顺序撰"丛目"，即大事目录，兼作
史料索引。编写长编的原则是"宁失于繁，毋失于略"。

方法是按丛目的史料索引，翻阅全部有关史料，然后决定取舍、详略。写成后，由司马光删繁去冗，修辞润色，最后定稿。

司马光编写《通鉴》的目的，是要从历史上为封建统治者提供政治统治术，以资借鉴。他自己说因为厌烦旧史的繁杂，所以"删削冗长，举撮机要，专取国家盛衰，系生民休戚，善可为法、恶可为戒者，为编年一书，使先后有伦，精粗不杂"，是为了"穷探治乱之迹，上助圣明之鉴"（《谢赐〈通鉴·序〉表》）。宋神宗因而赐名本书为《资治通鉴》。但他在编写时，并不着重于"《春秋》义法"，力求符合历史事实，言必有据。对于记载中分歧较大的事项，选择证据分明、情理近实的写入正文。其余则另行编录，说明舍此取彼的理由，写成《考异》一书，以资参阅。

《通鉴》语言简洁，叙事生动。宋神宗称赞为"博而得其要，简而周于事"，是恰当的评语。《通鉴》作为最早的一部编年通史，标志着历史学达到了新的水平。

南宋袁枢撰《通鉴纪事本末》，共四十二卷，一一七三年稍后成书。宋代以前，史体只有编年、纪传两种。袁枢喜读《通鉴》，但《通鉴》卷帙较多，一件事或者隔越几卷，翻检不易。袁枢自出新意，把《通鉴》中的重要事件，区别门目，以类排纂，每件事各详始终，自列标题，每篇又按时间顺序自为头尾。从三家分晋到周世宗征淮南，经纬清晰，节目详具，前后始末一目了然。从而使纪传、编年贯通为一，创立了新的史体——纪事本末体。

元朝初年，台州人胡三省写成《新注资治通鉴》。胡三省于南宋理宗宝祐四年(一二五六年)举进士，曾做过州县官，后在淮东幕府任职。《通鉴》原有刘安世《音义》十卷，不传。又有史炤《释文》，多有疏误。胡三省在居官之余，重撰音注。南宋灭亡前后，隐居家中，全力撰写注释，散入《通鉴》本文之下。自称"凡纪事之本末，地名之同异，州县之建置、离合，制度之沿革损益，悉疏其所以然"。又纠正《释文》，撰《释文辨误》十二卷。一二八五年，《新注资治通鉴》全部完成。此后，又屡加修订。《通鉴胡注》对宋以前的通史，作了全面的考订，成就是巨大的。

当代史的编纂 宋元时期历史学的另一特色，是详于当代史的编修和史料的整理。宋朝设置史馆，分国史院和实录院。金朝设置国史院。元朝设翰林国史院。宋朝由宰相兼任"提举国史"、"监修国史"、"提举实录院"等职。金、元也由丞相"监修国史"或"修国史"。宋朝的当代史和史料汇编，有日历、实录、会要、国史、敕令、御集、宝训等。金有起居注、日历、实录、圣训、国史、私史。元有起居注、实录、经世大典等书。宋金元三朝官修的实录、国史等，多已不存。只有钱若水编《太宗实录》二十卷流传。宋朝的会要，现存残本，是重要的宋代史料。宋朝编纂当代的会要，规模很大，前后十多次，成书十种，总数达二千多卷。会要的体例，分类和门，如王洙等编《庆历国朝会要》，共分十五总类。王珪等编《元丰增修五朝会要》扩充为二十一总类。每种会要，纂修时间少者数年，多者前后三十年至五十多年，屡经删改增补，才得完稿。清人徐松从《永乐大典》中辑录宋会要文字，成《宋会要辑稿》一书，使会要的部分原文，得以保存至今。虽然辑录中不免讹误，但保存史籍的功绩还是重大的。元仁宗时所修《经世大典》原书不存，也在《永乐大典》残卷中留有若干残篇。元苏天爵编《国朝文类》收录了《经世大典》的《序录》多篇。

宋代的当代史，也由私人编纂整理。现存的重要史籍，有以下几种。

续资治通鉴长编——眉州丹棱人李焘，从一一四二年开始，为编写宋朝当代史做准备工作。一一五九年，完成《皇朝公卿百官表》九十卷，受到朝廷的重视，录付史馆保存。此书追继司马光《百官公卿表》，详细记录自宋太祖到北宋末的新旧官制，百官除授等史事。这是李焘正式编写《续通鉴长编》之始。此后继续编写史事，到一一八三年成书，共九百八十卷、事目十卷。又编出《长编》的节本，名为《举要》六十八卷，目录五卷。两书合计一千零六十三卷。李焘以四十年的时间，写成了这部编年巨著，成为第一部当代通史。

李焘广泛搜集北宋历史的官方资料，如日历、实录、会要、国史、御集、宝训、敕令、百司指挥等，还搜集士大夫的私家记载，如笔记、小说、私史、家传、行状、志铭、文集、奏议、内外制、函牍等，不可胜计。他造了十个木橱，每橱装二十只抽屉，每屉用甲子编号，所得资料按月日先后编排，井然有条。在编写时，对史料进行辨别真伪和考订异同的工作，对各家记载的零星片断史料融会贯通，还把异同诸说附注于正文之下。按照"近事则详，远事则略"的方针，越往后内容越详。叙事谨慎，不妄加论断。李焘认为，他的这部著作卷帙浩繁，不足以称《续资治通鉴》，所以命名为《续资治通鉴长编》，以便由后来的学者参订刊削。《续通鉴长编》保存了北宋丰富的文献，是一部很有价值的宋代史料书。

《续通鉴长编》问世后，南宋杨仲良仿照袁枢《通鉴纪事本末》的体裁，编成《通鉴长编纪事本末》一书，共一百五十卷。此书依据《长编》所载史事，分门别类地编纂北宋的重要事件，使读者便于了解事件的始末原委。

建炎以来系年要录——李焘《长编》只载北宋九朝的事迹，继此而作的，有南宋李心传撰《建炎以来系年要录》二百卷。一二一〇年写成。此书专载高宗一朝的史事，仿照《通鉴》体例，编年系月。采录的资料以日历、会要、国史为主，参以野史、笔记、家传、墓志、行状、案牍、奏报等文献。对于不同的记载，从实叙录，以待后人论定。

三朝北盟会编——南宋徐梦莘撰，共二百五十卷，绍熙五年(一一九四年)十二月成书。记述自徽宗政和七年(一一一七年)，中经钦宗，至高宗绍兴三十二年(一一六二年)宋、辽、金三朝交涉与和战的历史。此书的主要特点是对于各种史料全录原文，"其辞则因原本之旧，其事则集诸家之说"，不随意去取，不妄立褒贬，以备史家采择。被征引的二百多种史籍，得以保存了原貌。徐梦莘坚信，客观地介绍各家之说，让人们参考折衷，其实自见。此书不仅保存了宋、辽、金大量军事和政治方面的史料，也还保存了辽、金的许多社会经济史料。

　　宋九朝编年备要——南宋陈均撰，共三十卷，编年体。一二二九年成书。此书广采日历、实录、李焘《长编》及司马光、徐度、赵汝愚等十多家著作，删繁撮要，博考互订，记载北宋九朝的史迹。作者据事直书，不加褒贬。

　　两朝纲目备要——南宋人(不知姓名)撰，共十六卷。记述南宋光宗、宁宗两朝史事。此书叙事简明，所记两朝政治和经济的一些事迹，为其他史书所不载。

　　宋朝比较重要的当代史还有：南宋熊克撰《中兴小纪》四十卷，叙述宋高宗一朝历史。刘时举撰《续宋编年资治通鉴》十五卷，记载南宋高宗至宁宗的事迹，成书约在理宗时。佚名《宋季三朝政要》六卷，纂集理宗到南宋亡国的本末，大约是南宋遗民入元后所撰。

此外，南宋人叶隆礼，采前人记载，成《契丹国志》二十七卷；宇文懋昭依据见闻成《大金国志》四十卷，是辽、金的当代史。两书多有来自传闻的纪录，不免失实，但也保存了一些可供参考的资料。

通志与通考 通志与通考是宋元时期新创的史学体裁。

通志——南宋郑樵撰，共二百卷，计帝纪二十卷、年谱四卷、略五十二卷、列传一百二十四卷。一一六一年成书。郑樵字渔仲，福建兴化人。他强调《史记》通贯古今的优越性，批评《汉书》等断代为史的局限性，决意编写一部融会群书、包罗万象的通史。为了编写这部书，他作了三十年的艰苦的准备工作，收集和研究了大量资料，分别写出各种专门著作。晚年，由于感到精力衰竭，以不到两年的时间，匆匆编纂成书。因此，《通志》只是他辛勤纂成的初稿。其中纪和列传综合诸史而成，使无重复之处。年谱是他新创的体例。又有"略"相当于正史的各志，共二十略，集中了全书的精华。内容包括上古到唐代。其中氏族、六书、七音、天文、地理、都邑、谥、器服、乐、艺文、校雠、图谱、金石、灾祥、草木昆虫等十五略，大半为历代正史所无。礼、职官、选举、刑法、食货等五略也并不完全因袭前人。郑樵主张"会通"，提倡编写通史，指出断代史之失为"繁文"（重复）、"断梗"（史事不相连接）。同时主张据实纪录，反对过去史书的褒贬美刺之法，斥之为"妄学""务以欺人"。认为史书"以详文该事，善恶已彰，无待美刺"；又反对阴阳五行说，斥之为"妖学，务以欺天"，认为史书"专以记实迹"，应"削去五行相应之说"。这些都是独到的见解。

文献通考——元马端临撰，共三百四十八卷。一三〇七年成书。马端临，字贵与，饶州乐平人。元初任柯山书院山长、台州州学教授。司马光的《通鉴》对典章制度记述比较简略。马端临仿照唐杜佑的《通典》，详细记录自古代到宋宁宗嘉定末年的各种制度及其沿革。《通典》原分食货、选举、职官、礼、乐、兵刑、州郡、边防等八典，记载内容一般到唐玄宗天宝年间为止。《文献通考》扩充至二十四考，其中食货一项即细分为田赋、钱币、户口、职役、征榷、市籴、土贡、国用等八考，同时，又新增加了经籍、帝系、封建、象纬、物异等五考，内容方面也补充了《通典》的不足，天宝后到嘉定末年这段时间内又作了新的编纂。《通考》收录大量经籍、史书、传记、文集、奏议、笔记等文献，还摘引唐宋诸臣的奏议和士大夫的议论，夹叙夹议，使读者对于一事的本末能获得概括的知识，并经常加以作者的按语。在食货各门中，注意到各项制度的变革，划分出变革的阶段性的标志。《通考》记载宋代的制度最详，多为《宋史》各志所未载。

《通志》、《文献通考》与唐杜佑《通典》被学者合称为"三通"。

516

（三）金石学、考古学

金石学和考古学成为独立研究的部门，是宋代学术的一大成就。

宋代金石学、考古学发端于宋真宗时期对古铜器的研究。一〇〇〇年（咸平三年），乾州获得古铜鼎一件，方形四足，上有古文二十一字，真宗命儒臣考证，验其款识，认为是"史信父甗"。把古代器物当作一门学问来研究，还是宋仁宗以后的事。

刘敞《先秦古器记》——宋仁宗时，刘敞和欧阳修大力搜集古代器物，进行著录和考订。一〇六一年，刘敞出任永兴军路安抚使，长安的古墓荒基很多，经常出土古物。刘敞搜集到先秦鼎彝十多件，考订文字，请工匠摹勒刻石、绘象，一〇六三年，撰成《先秦古器记》一卷。有图录、铭文、说及赞。刘敞书已失传，从欧阳修《集古录》所收先秦古器可见大概。

欧阳修《集古录》——凡一千卷，一〇六三年成书。此书收录了上千件金石器物，是学术史上第一部金石考古学专著。所收集器物，上自周穆王，下至隋唐五代，内容极为广泛。随得随录，不依时代编次。一〇六九年，欧阳修子棐"撮其大要，别为录目"，成《集古录跋尾》十卷传世。

吕大临《考古图》——共十卷。一〇九二年自撰序。本书对所收录的每件器物，绘图摹文，释文列于其下，并将器物的大小、尺寸、容量、重量、出土地点、收藏者一一写明。另有《考古图释文》一卷。

李公麟《考古图》——又称《古器图》，一卷。李公麟是北宋后期著名的画家，好古博学，善画工诗，多识古字。收集到夏、商以后钟、鼎、尊、彝，都能考定世次，辨认款识。他的《考古图》对每件器物，都图绘形状，并解释其制作、铸文、款字、义训及用途，再作前序和后赞。有的学者认为，宋代"士大夫知留意三代鼎彝之学，实始于伯时（即李公麟）"（翟耆年《籀史》）。

王黼《博古图》——又称《宣和博古图录》，共三十卷。宋徽宗时，士大夫以至宫廷贵族竞相访求和收藏古物，每一器物动辄值数十贯甚至上千贯，因此"天下冢墓，破坏殆尽"（蔡絛《铁围山丛谈》）。徽宗所得器物，由王黼考订编纂，分成二十类，共八百多件，是北宋金石文物的精品。

赵明诚《金石录》——共三十卷。赵明诚，宋徽宗时人，每得书画鼎彝，即与妻李清照研究整理，指摘疵病。他经过二十年努力访求，收辑金石刻词二千卷，包括所见夏、商、周到隋、唐、五代的钟鼎彝器铭文款识，以及碑铭、墓志等石刻文字。又据二千卷刻词逐件鉴别考订，撰成《金石录》三十卷。前十卷共二千条，记述古代金石器物、碑刻、书画近二千件的目录，后二十卷收录这些器物的跋文，叙述器物出土的时间、地点、

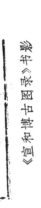

《宣和博古图录》书影

《金石录》书影

519

收藏者以及器物的内容，是当时所见金石文字的总录。

薛尚功《历代钟鼎彝器款识》——共二十卷。薛尚功在南宋高宗时任职。此书收集从夏、商到秦、汉的铜器、石器铭文，近五百件，订讹考异，详加解释。在宋代集录彝器款识的专著中，此书最为丰富，编次也较有条理。

沈括《梦溪笔谈》、郑樵《通志》等书，也包括金石考古方面的内容。沈括不仅记录这些古物的形状和款识，而且进一步研究器物的制作方法和原理。如从冶金学理论来解释古剑，用光学原理来解释古镜，用几何学原理来解释弩机上"望山"的用法，都具有一定的科学价值。郑樵在他的《通志》二十略中，专列《金石略》，记录他一生中见到的古代器物，并且作了考订。其中证明石鼓为秦代遗物，是可信的定论。

洪遵《泉志》十五卷、龙大渊等《古玉图谱》一百卷、郑文宝《玉玺记》、王厚之《汉、晋印章图谱》各一卷、岳珂《桯史·古冢柈盂记》等专门研究古代某些器物，这些都是宋以前学者不曾注意的学问。

宋代学者在金石考古学方面的主要成绩是：第一，辛勤收录古代文物，使原来的奇器珍玩成为学术研究的对象，为清代的汉学研究开拓了先路。第二，创造了传拓文字和绘制图形的方法。依据拓本刻木上石，以求长久。用画图描写每一器物的形状体制，并说明尺寸、轻重，以及出土地点、收藏者，款识则摹写文字。第三，肯定了古代器物的名称。如钟、鼎、鬲、甗、敦、簋、尊、壶等，都是古器自载其名称，宋人因以定名的。

（四）目 录 学

班固撰《汉书叙传》，始有"目录"之名。宋代"目录学"成为一门专学。宋、金、元时期在目录学方面有十分显著的成绩。

崇文总目——宋代承袭前朝，由官府聚集学者，校勘图书编目。仁宗时，因昭文馆、史馆、集贤院及秘阁所藏书籍谬滥不全，命翰林学士张观等看详，定其存废。又命王尧臣、王洙、欧阳修等，校正条目，前后历时八年，定著三万六百六十九卷，分类编目，总成六十六卷，赐名《崇文总目》。《总目》著录群书，首书名，次卷数，最后著录撰人或注释者姓名、年代、官衔，并略考其存缺情况，是一部相当详备的目录书。

通志·艺文略——郑樵《通志》中编有《艺文略》。郑樵不取唐以来经史子集的四部分类法，也不赞同《七略》的体例。《艺文略》尽收古今目录所述群书，分为经、礼、乐、小学、史、诸子、天文、五行、艺术、医方、类书、文（即集部）等十二大类，又细分为一百五十五小类，二百八十四目。这种分类法，在当时是一个显著的革新。郑樵还重视图谱，认为书籍不仅应有目录，还必须具备图书表谱。《通志》撰有《图谱略》，是一创举。

私家藏书目录——宋、元学者私人编写一家收藏的书籍目录，成为一部专书，这也是一种新创。代表作有晁公武《郡斋读书志》、尤袤《遂初堂书目》、陈振孙《直斋书录解题》等。《郡斋读书志》四卷，对每种书籍的作者或注疏者的爵里时代，都有详细的介绍，并且对书籍的内容优劣得失，作出评论。《遂初堂书目》是尤袤就其所藏书籍撰修的目录，特点是略记各书的版本，为后世开辟了注重版本的风气。陈振孙在宋理宗时传录郑樵等家藏书，达五万一千一百八十多卷，每书后，著文介绍作者、内容，并略评其得失，称为"解题"。马端临所著《文献通考》中有《经籍考》七十六卷，大体据《郡斋读书志》、《直斋书录解题》二书编成，分为四部，每部分若干类，每类各有小序，介绍其内容，叙述其学术渊源、派别及其兴衰、存亡。著录各书，先录作者姓名，后述书名、卷数。又有解题，介绍作者的经历和书的内容得失，并附按语考订。目录学方面的考证工作，是马端临的独创。

（五）音　韵　学

宋元时期的音韵学，包括今韵和古韵的研究，也取得了可观的成绩。

今韵——所谓今韵，是指魏、晋、唐、宋时代的语音。隋代陆法言等撰《切韵》五卷，是研究"今韵"最重要的著作。宋太宗时，撰《广韵》一百卷。真宗时，命陈彭年、邱雍等校定《切韵》五卷，次年赐名《广韵》。《广韵》依平、上、去、入四声，将韵部分为二百零六个，是当时文人作诗文押韵的标准。但此书分部过于繁琐，实际用韵仅一半左右。仁宗景祐时，贾昌朝撰《礼部韵略》，比唐代减少九部，存一百零八部（王应麟：《玉海》）。金哀宗时，王文郁撰《平水韵略》，分上、下平声各十五韵，上声二十九韵，去声三十韵，入声十七韵，共一百零六韵。与此同时，张天锡撰成《草书韵略》，分部与王文郁略同。这表明一百零六部的诗韵，可能是金代的官韵。南宋理宗时，刘渊撰《壬子新刊礼部韵略》，比仁宗景祐《韵略》少一部，比金代王文郁《平水韵略》多一部，共一百零七部。元代周德清编《中原音韵》，将入声合并于平、上、去三声，再以平声分为阴、阳二声，以合四声之目，分韵也是一百零六部。以上几种韵书的一百零六韵，成为后世通用的诗韵。

司马光撰《切韵指掌图》二卷，附《检例》一卷，把三十六个字母分清、浊，作二十图，以独韵为首，其次为开合韵，每类之中又以四等字多寡为顺序。用图表的方法研究切韵，是一个创造。

古韵——如果用《广韵》来读《易》、《诗》、《楚辞》、《老子》一类有韵的文字，就会发现"今韵"与古韵往往不能吻合。北宋末，南宋初，吴棫开始对古韵作专门的研究。

吴棫，字才老，建州建安人。著有《毛诗补音》、《楚辞释音》、《韵补》等(《宋史翼》卷二十四本传)。今仅存《韵补》五卷。此书从《易》、《书》、《诗》而下到宋朝一些文人如欧、苏的著作，共五十种，收集用韵和今音的不合之处，把它们综合一起(《直斋书录解题》)，就《广韵》二百零六部提出古通某(如"冬""锺"注：古通"东")、古转声通某(如"佳"、"皆"、"哈"注：古转声通"支")、古通某或转入某(如"江"注：古通"阳"或转入"东")。概括地说，他的学说，可分"通"、"协"两个方面。"通"是说音本相近，古人韵缓，可以通用，如东、冬、江相通；"协"是音、韵俱非，必须转声读之，才能相协，如在佳、皆韵下注"古转声通支"。吴棫的协韵说本来没有什么不对，只是他不知道协韵就是古人的正音，而把今音合于古书，因此不能一以贯之，不免颠倒错乱，甚至出现一些臆说。不过，吴棫根据古籍古韵或者今人所用古韵，互相比较，来考定古韵的分合，为后人开辟了研究古韵的途径：朱熹的《诗集传》，大多因袭吴棫的协韵说，只在"推不通"处，用已意补入。

又有郑庠撰《诗古音辨》，把二百零六部韵目，归并成阳、支、虞、先、尤、覃六部。这是中国声韵学上古韵分部的开始。郑著不传，后世学者分古韵为十部、十三部、十八部或二十一部，都是以郑庠所定六部为基础，渐趋周详。

（六）地理学——地志与地图

宋元时期城市经济和商业的繁荣，交通的发达，以及政治、军事的实际需要，促使这一时期的地理学获得较大的发展。

方志 方志是记载地区的历史、地理和现状的著述，包括政区演变及山川、物产、风俗、人口等各个方面。宋、元统治者命令各地普遍编纂图志，奏报朝廷。朝廷又命专人，将各地区方志汇总，编成全国范围的总图志。这些著作数量之多远远超过前代，在编纂方式上也形成一定的体例。

总地志——从北宋初年起，出现了许多全国总地志。在唐代李吉甫《元和郡县志》的基础上，改进了编修体例，内容也更完备。

《太平寰宇记》，北宋乐史撰，共二百卷，目录二卷。太宗太平兴国年间成书。记述范围，以宋初十一道为主，附及周邻各少数族和外国。乐史自称"万里山河，四方险阻，攻守利害，沿袭根源，伸纸未穷，森然在目。"（乐史《上〈太平寰宇记〉表》）《寰宇记》大体上沿袭唐代地志的体例，但不附地图，增加了人物和艺文的材料，使以后的地志体例为之一变，地理的内容减少，历史的资料增多。

《祥符州县图经》，北宋李宗谔等撰，共一千五百六十六卷、目录二卷。真宗景德年间，命翰林学士李宗谔、知制诰王曾等重编各路所上图经。大中祥符三年（一〇一〇年）十二月，书成献上。各地疆界、道里、户口、赋税、民情风俗等都一一具载。南宋编修的各种地方志，大多引用此书。

《元丰九域志》，北宋王存等撰，共十卷。一〇八〇年成书后，陆续修订补充，一〇八五年正式颁行。王存等依据原有的《九域志》重加编纂；由于"不绘地形，难以称图"，因此改名《九域志》（此前，方志收有地图称为"图经"）。《元丰九域志》在内容上，按路、州的系统来叙述，注重记载本朝的现状，很少涉及以前的沿革。各州记载地里、主客户数、土贡和各县的情况。

《舆地广记》，北宋欧阳忞撰，共三十八卷，徽宗政和年间成书。《舆地纪胜》，南宋王象之撰，共二百卷，一二二七年（宝庆三年）成书。《方舆胜览》，祝穆撰，共七十卷，一二三九年（嘉熙三年）成书。这三部宋代的总地志，都注重记载宋以前的史事和人物，地理方面的内容较少，但对后代编修《一统志》很有影响。

《大元大一统志》，共一千三百卷。元世祖时，命搜辑全国总地志，以明"一统"。一二九四年，书成，共七百五十五卷，名《大一统志》。成宗时，陆续获得云南、甘肃、辽阳等地的图志，又命秘书监增修。一三〇三年再次成书，共一千三百卷，由孛兰肹、岳铉等献上。顺帝时，刻印流传，定名《大元大一统志》。此书大致以一州为一卷，如事迹较多，则分为数卷。每州约分十目，为建置沿革、坊郭乡镇、里至、山川、土产、风俗形势、古迹、宦迹、人物、仙释等。所用材料大多引自唐、宋的各种地志，内容比宋志更加丰富。《大元大一统志》今已失传，仅存辑自《永乐大典》等书的残卷。

地方志——专记一州一县甚至一镇的地方志，宋代流传至今的还有二十多种。以时间而言，南宋比北宋多；就地区而言，南方比北方多。这是与社会经济的发展趋势相适应的。元代的地方志也是南方多于北方。

流传至今的宋、元地方志，比较重要的有十几种（见下页表）。

这些地方志分类细致，文词也比较雅驯。包含的内容，有各地的方位、面积、疆界、道路、天然财富、户口、农产品、手工业产品、商税、赋税等有关地理和社会经济方面的资料，但更多的是职官、科举、人物、古迹、艺文等，比《太平寰宇记》更加史传化。不过，这些记载为研究各城市的经济、政治等情况，保存了有用的资料。地方志一般在卷首附有地图，更是珍贵的文献。

金代初年，也曾编纂过《州郡志》，海陵王时有的府、州编纂过《正隆郡志》（《金史·地理志》）。

地图　宋、金、元各朝都重视地图的制作。北宋初年规定，每逢闰年，各州上贡地图和户籍，称为"闰年图"。后来又规定各路每十年画本路图一份，上交职方

书　　　名	卷数	编　纂　者		成书时间	记述区域
吴郡图经续记	三	北宋	朱长文	一〇八四年	苏　州
吴郡志	五十	南宋	范成大	一一九二年	平江府
乾道临安志	十五	南宋	周　淙	一一六九年	临安府
淳祐临安志	十	南宋	施　谔	一二五二年	临安府
咸淳临安志	一百	南宋	潜说友	一二六八年	临安府
乾道四明图经	十二	南宋	张　津	一一六九年	明　州
宝庆四明志	二十一	南宋	罗　浚	一二二七年	庆元府
开庆四明续志	十二	南宋	梅应发	一二五九年	庆元府
延祐四明志	二十	元代	袁　桷	一三二〇年	庆元路
至正四明续志	十二	元代	王元恭	一三四二年	庆元路
淳熙三山志	四十二	南宋	梁克家	一一八二年	福　州
景定建康志	五十	南宋	周应合	一二六一年	建康府
至正金陵新志	十五	元代	张　铉	一三四三年	集庆路
绍熙云间志	三	南宋	杨　潜	一一九三年	秀州华亭县
剡录	十	南宋	高似孙	一二一三年	绍兴府嵊县
嘉定镇江志	二十二	南宋	卢　宪	一二一六年	镇江府
至顺镇江志	二十一	元代	俞希鲁		镇江路
齐乘	六	元代	于　钦		山　东

员外郎，称为"职方图"。朝廷参照各路的地图，绘制成本朝全图。此外，还绘制各种专门性的地图，如外域、边防、宫阙、山川、水利、交通、都会等，种类繁杂，数量甚多。《宋史·艺文志》和《玉海·地理门》著录了宋代的许多种地图，有《山川形势图》、《南北对镜图》、《混一

528

图》、《掌上华夷图》、《西南蛮夷朝贡图》、《交广图》、《河西陇右图》、《麟、府二州图》、《河东地界图》、《地里图》、《指掌图》、《福建地理图》、《东京至益州地里图》、《契丹疆宇图》、《契丹地里图》、《西域图》、《海外诸蕃地里图》等。北宋末年，金兵从开封掠取了宋朝宫廷中保存的《大内图》、《夏国图》、《宝箓宫图》、《隆德宫图》、《相国寺图》、《五岳观图》等。南宋孝宗有志恢复，在他的宝座后金漆大屏风上，画有本国和周邻各族、各国的地图，便于随时观览。

宋太宗时，命画工将各州图，合并绘成一幅全国图，共用绢一百匹，藏在秘阁。宋制，每匹绢长四十二尺、宽二尺零五分，这幅地图的面积就大八千多平方宋尺（宋尺比今市尺略小一、二厘米），可以说是历史上罕见的特大地图了。

《华夷图》——唐代贾耽曾绘制《海内华夷图》，对宋代的绘图技术影响很大。北宋赵竦重定《华夷图》，一尺半见方，字如蝇头。苏州人张琪擅长刊锋，上石三年始成。这幅地图在一一三七年（刘豫齐国阜昌七年）上石，高、宽各三尺余。据石刻题记可知这是在贾耽图的基础上，将唐的行政区域名称改为宋制，又将河道的流向按宋代的状况描绘。图中对宋朝的山水、长城、湖泊，各州的地理位置表示得相当清楚。图中的海岸轮廓与实际情况相差较大，但东部的海岸线还大致分明。黄河在今山东利津处入海，是一〇四八年（仁宗庆历八年）以前的状况，绘制时间当在一〇四八年以前。

《禹迹图》——此图在《华夷图》石碑的背面，与《华夷图》同时上石。图中黄河在今天津市附近入海，绘制时间比《华夷图》稍晚。图中使用计里画方的方法，每方折地百里。海岸线特别是山东半岛和雷州半岛，画得比较清晰，这说明这时对沿海地区的了解已有所深入。河流也较精确。在图中相当于图名和图例之处，刻有"《禹贡》山川名"、"古今州郡名"和"古今山水地名"等字，可能原图古、今（宋）地名并列，以黑、红二色区分，上石时无法分别朱墨，所以只刻今（宋）名。南宋时，镇江府等地曾依长安本重校，再行立石。与同时代的欧洲舆地图比较，《禹迹图》的绘制技术是先进的。

《天下州县图》——一〇七六年，三司使沈括向宋神宗奏请，编绘全国地图，并提出借用职方所藏各种图经和地图。一〇八八年，绘制成功，名《天下州县图》，又称《守令图》。沈括在实地考察中留意山川形势，即使天寒地冻、长途跋涉，也坚持作测绘地图的工作。他在魏晋裴秀"制图六体"的基础上，提出了制图七法：分率、准望、牙（互）融、傍验、高下、方斜和迂直。他所绘《天下州县图》，以二寸折百里，其中道路曲直，山川障碍，皆随事准折。还绘成纬度格和经度格，分为四至八到，共二十四至，以子丑寅卯等十二支、甲乙丙丁庚辛壬癸等八干、乾坤艮巽四卦称之，防备后世此图遗失，

530

看到文字记载，按照二十四至分布州县，仍然可以复原。沈括的这套地图（总图一大轴、一小轴，各路图十八轴）和文字记载，都已失传。

《地理图》——南宋黄裳在任嘉王（宋宁宗）府翊善时绘制。黄裳通晓天文、地理。这幅地图的绘制时间比《华夷图》、《禹迹图》要晚一些，但所画海岸线和河流，都与《禹迹图》相同，所不同的是不用计里开方法，而画了许多立体的山脉，很近于现代地图的自然描景法。这幅地图的石刻现在还保存在江苏省苏州市，是一二四七年上石的。

《舆地图》——元初朱思本绘制，共二卷。朱思本是元朝地位较高的道教徒，受命代祀名山河海。他利用这个机会，旅行全国各地，进行实地调查，绘成此图。由于画面较大（长、宽各七尺），不便流传，虽然也曾刻石，但未能保存传世。从现存明代罗洪先据此改绘的《广舆图》，可推知朱图的大概。

地图模型 宋神宗时，沈括察访河北边区，调查山川险要，用面糊、木屑、熔蜡塑成山川、道路形状，作成轻便的模型，回官衙后用木刻制正式模型。从此，边区各地都制作木图。南宋黄裳也作过《舆地图》木刻模型。朱熹曾访求黄裳的木图准备仿制，还准备仿照谢庄的办法，将两三路合作一图，旁设凹凸，使犬牙交错，互相吻合，明刻标志，以便装拆。朱熹还用胶泥制过地图模型。

沿革地理 由于印刷业的发达,书籍流通方便,易于进行排比对照的研究,沿革地理学因而得到发展。这时,出现了不少专门性的著作。据《宋史·艺文志》等书著录,有易被《禹贡疆理广记》、吴澥《历代疆域志》、杨湜《春秋地谱》。这几部著作依据宋以前历代地理志的材料编纂而成,有的研究历代的地理,有的专门研究一代的地理。在宋代的大部分地志中,也都列专章叙述沿革。《太平寰宇记》叙述郡县,首先介绍建置沿革。《舆地广记》记述沿革地理的材料更多。沈括《梦溪笔谈》也有一些沿革地理的论述,如对郢都、云梦泽、唐代扬州等。郑樵《通志》中,有地理、都邑二略,都是沿革地理的著作。其中《地理略》的历代封畛是考证宋以前历代的疆域沿革,而《都邑略》则是郑樵新创的体例,专门论述历代各国的都邑,同时附述历代周邻各族的都邑。南宋王应麟,以研究《资治通鉴》的地理著名,撰有《通鉴地理考》一百卷,此书已失传。今存《通鉴地理通释》十四卷,从历代州域、都邑、形势到石晋十六州、燕云十六州,兼及两宋的地理情况,各为条例,逐一考核。另有《诗地理考》六卷,考证三代时期的疆域地理。元初胡三省注《资治通鉴》涉及历代地理,也有较精辟的论述。

河源志——中国古代对于黄河上游地区,已有相当的了解。《禹贡·导水·河水》说:"导河积石,至于龙门。"唐代官员多次到达河源一带,但对河源的记述

元代陶宗仪《辍耕录》黄河源图

仍然十分粗略。元世祖时，女真人蒲察都实奉命为招讨使，往求河源，开始了对黄河源的第一次有计划的勘察。一二八〇年，都实西行，同年冬天还报，具述黄河上游两大湖（合称"阿剌脑儿"，即今鄂陵湖、扎陵湖）和星宿海（"火敦脑儿"）的情况。后来，翰林学士潘昂霄从都实之弟阔阔出处得悉这次踏勘的详情，撰成《河源志》一书。根据此书，都实已对河源一带的星宿海及"阿剌脑儿"进行了实地勘察，并且对当地的地理情况，如地形、水系、植被、动物、人口、聚落分布等一一作了记录。都实的勘察虽然已经到了河源以下的星宿海和鄂陵、扎陵二湖，但还没有穷源。不过，他的踏勘和记

533

录,使人们对黄河正源的认识前进了一大步。

西域南海地理著述 宋代南海贸易发达,元代西域畅通,南海往来频繁。一些学者综述见闻,写成西域南海地理著述多种,扩大了人们的知识领域。

萍洲可谈——北宋朱彧撰,共三卷。一一一九年写成。朱彧父朱服,曾在徽宗初年知广州。朱彧记述其父所见所闻,较多地记述广州市舶和蕃坊的情况。其中也记录了一些亚洲国家如高丽、三佛齐的地理情况。宋朝海船使用指南针进行远洋航行,朱彧注意到这一重大的创举,记录书中,保存了珍贵的资料。

宣和奉使高丽图经——北宋徐兢撰,共四十卷,分二十八门。一一二三年,路允迪、傅墨卿出使高丽,徐兢为属官,因撰此书,十分详细地描写高丽的地理、物产、民情风俗、典章制度,还图画其形状,回朝后献上。此书也记载了宋朝海船使用指南针的情况。

岭外代答——南宋周去非撰,共十卷二十门。一一七八年作序。周去非根据自己任桂林通判时的见闻,其中外国门、香门、宝货门、金石门等,记录宋朝南方与东南亚、西南亚以及东非各国的地理、交通、物产、风俗等情况,较为详细。周去非撰书的目的,是为了回答人们关于岭外事情的询问,使宋朝人民了解许多外国的地理知识。

诸蕃志——南宋赵汝适撰,分上、下二卷。据作者一二二五年所撰自序,他这时任提举福建路市舶官,

534

"暇日阅诸番图"，并"询诸贾胡，俾列其国名，道其风土，与夫道里之联属，山泽之蓄产，译以华言"，据以写成《诸蕃志》。上卷叙述亚、非两洲共五十九国的地理以及与宋朝的关系，下卷叙述龙脑、乳香、没药等四十多种海外物产，每件物产都记载产地、采制方法及用途等。《诸蕃志》是我国古代著名的异域志之一。

西游录、北使记、西游记、西使记——一二一九年耶律楚材从成吉思汗西征，在西域居住六年，行程五六万里，写成《西游录》一书。一二二〇年金使乌古孙仲端奉派使蒙古，觐见西征中的成吉思汗。他返回后口述行程，由刘祁记录，题为《北使记》。全真道士丘处机（长春真人），一二二一年应成吉思汗之邀西行，经蒙古，到达中亚，三年后回国。随行的弟子李志常记录行程见闻，成《长春真人西游记》一书。一二五九年，常德奉元宪宗之命前往波斯，次年回国。他的旅行历程由刘郁写成《西使记》。以上这些游记都叙述了他们经历的山川城市和沿途的民族风习，是关于西域历史地理的有价值的著述。

真腊风土记、岛夷志略——宋代记述海外情况的专书，由于作者得之传闻，不免有些失实。元代一些海上旅行者写作的海外地理著述，由于亲自经历，记载的内容更为详实可靠。周达观在一二九六年随元朝使臣赴真腊一年多，回国后撰成《真腊风土记》一卷，共四十则，记述今柬埔寨的城廓、宫室、服饰、村落、出产、贸易等地理情况。汪大渊在一三三〇年到一三三九年,两次随商船出海,途经南海诸岛和印度洋沿岸数十国,还可能到过东非。他随手记下见闻,回国后编写成《岛夷志略》一书。书中某些内容沿袭周去非、赵汝适的旧说,但大部分记载详实,较当时其他的有关地理著述更为可信。

第四节 科学技术

在我国科学技术史上,宋元时代是科学技术最为繁荣发展、各种发明创造层出不穷的重要时期。天文学、数学、医学与本草学以及技术科学的许多部门都取得了新成就。下面分别作简要的叙述。

(一)天文学与数学

天文学 宋朝历法一共改了十九次,是我国历史上历法改革频繁的一个朝代。历法的不断改革,反映了天文学研究的活跃。

宋朝天文学的发展可分为三个阶段。北宋初到神宗前,历法以崇天历为代表,主要成就是超新星的观测;神宗朝到北宋末,历法以纪元历为代表,主要成就是水运仪象台的制造;南宋时代以编撰统天历为著名。

北宋初，用后周王朴的钦天历。钦天历在天体运动的计算中提出了等加速运动的公式，是准确的。仁宗朝用崇天历前后达四十年。著名的天文学家楚衍参与崇天历的编撰。在司天监任职四十多年的天文学家杨惟德，在他的著述中曾一再介绍崇天历。崇天历的天文数据较接近天文实际。至和元年（一〇五四年）四月朔有一次日全食。当时在汴京观测这次日食是"日食既，至申乃见，食九分之余"。用崇天历推算食甚时间在申正一刻二十分，食分为九分半弱，与观测所得几乎相同。北宋又有纪元历，是天文学家姚舜辅等所编撰，它的求赤道坐标变换为黄道坐标的计算方法比较简易。纪元历中还引进了四次方程式的算法。它的各项天文数据多为金大明历和元授时历所采用。北宋沈括提出了十二气历的编制方法，虽没有实行，但在历法史上无疑是一项卓越的成就。

　　北宋的天象观测很有成绩。对天空三十一大区（即三垣：紫微垣、太微垣、天市垣和二十八宿）恒星位置的观测共进行了六次。大中祥符、景祐、皇祐、元丰、绍圣和崇宁年间各进行过一次。元丰时的观测被画成星图，见于苏颂的《新仪象法要》和黄裳的天文图。一二四七年（淳祐七年）黄图在平江府复刊，即现存的苏州天文图。崇宁年间观测到的记录，部分载入纪元历内，所测二十八宿距度星的平均误差绝对值只有$0°.15$，已很精密。

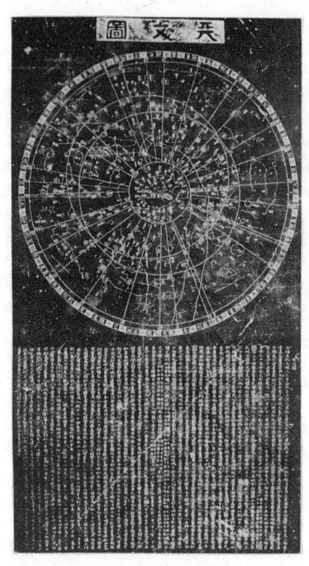

江苏苏州南宋石刻《天文图》

北宋有两次超新星的观测，一次是一〇〇六年（景德三年），一次是一〇五四年（至和元年）。前者是在司天监内观测到的，在骑官星西，相当今天蝎宫星座，形状如同半个月亮，四周有光芒，亮度可以鉴别物体。后者是杨惟德观测到的。这星本来很暗淡，他观测时忽然亮起来，星的亮度和金星差不多，四周都是光芒，颜色已达到炽白状。这是因为星的内部结构突然变化而引起爆发，亮度增加千万倍所致。杨惟德观测到这颗超新星的位置在天关星附近，相当今金牛宫星座内，所以这超新星称为一〇五四年金牛座超新星。

一〇〇二年（咸平五年）司天监对狮子座流星雨的观测，一〇六四年（治平元年）沈括对陨星的观测，一〇六六年（治平三年）司天监对哈雷彗星的观测，都很有名。沈括对这次陨星的记录也很翔实。历史上以陨星为陨铁的解释，沈括是第一人。

元代铜壶滴漏

北宋的天文仪器制造也有成就。在计时仪器方面，仁宗朝有燕肃造莲花漏，在很多州使用。莲花漏就是浮漏，用两个放水壶，一个受水壶，再用两根叫"渴乌"的细管，利用虹吸原理，把放水壶中的水，逐步放到受水壶中，使受水壶中水平面高度保持恒定。相等时间内受水壶的水流速度恒定，据以测定时间。

元祐年间，苏颂和韩公廉等制造水运仪象台。这是把测量仪器的浑仪，表演仪器的浑象和计时仪器集中在一起的一项划时代创作。这个水运仪象台分三层，高三丈，上层放浑仪，中层放浑象，下层是传动机械设置部分。在报时的设置上又分五层木阁。古代以一天为一百刻，又一天有十二时辰，一夜有五更，一更有五筹（五夜）。这五层木阁都能报告出来。这个仪器用水力转动，吸收前人许多优点而发明了和钟表中相同的擒纵器，使这仪象台有节奏的按时转动，把报时、观象、测天同时表达出来。刘弇（元丰二年进士）在《龙云集》卷二《太史箴并序》一文中说："其后筑台，别置浑仪象，激金水其下，机擎轮吞排，晦斡明至，与造化分疾徐低昂。"推崇备至。

南宋改历，以宁宗朝杨忠辅的统天历为冠。统天历定一回归年的长度是 365.2425 日，和现代通用的格列高利历相同。后来元朝的授时历也同这个数据。统天历还提出了回归年日数长度变化的法则。

绍兴年间，王及甫曾制造假天仪，见他所著的《天经》。这假天仪整个形状象一个瓮，瓮里面"钻穴为星"，把我国看不到的南天星座部分作为瓮口，瓮用柱撑起，瓮口有四柱小梯，观看时可以扶梯进去。这个瓮还有一根轴可以转动表演。元朝郭守敬造玲珑仪也是一个假天仪，是王及甫工作的继续。

金灭北宋，把纪元历也带到北方，成为金杨级编大明历的底本。一一八〇年（大定二十年），赵知微重修大明历。赵知微的贡献有两条，一是对太阳视运动的计算中初步用了内插法三次差的公式。二是对日月食食限的计算用了几何方法。这都是天文计算方面进步的措施。契丹人耶律履修乙未历，没有实行。后来耶律履之子耶律楚材在元初修庚午历，庚午历内容虽十九采自赵知微的大明历，但耶律楚材在历法中提出了朴素的地球经度（里差）概念，也是我国古代天文学上的一项创见。又据《金史·天文志》，兴定五年（一二二一年）司天台内还有女真族天文学家夹谷德玉担任天象观测工作。

金朝从北宋得到的天文仪器，放在法物库内搁置了二十多年。一一五四年（贞元二年）始交司天台管理。贞祐南渡后没有搬回开封。又因当时铜的缺乏，在开封也没有造新的浑仪。据《金史·章宗纪》，承安四年（一一九九年）有丑和尚进浮漏、水称、影仪、简仪等图，当时"命有司依式造之。"浮漏即指莲花漏。水称在北宋水运仪象台中约相同于天衡。影仪和简仪的内容不详（可能为后来郭守敬造简仪和景符时所据）。

明昌年间，张行简又造星丸漏，比较新颖。星丸漏北宋叫辊弹漏刻，很少记载，相传是后唐僧人文诰所发明。利用一铜丸，通过四个曲折的孔道，从上放入自下落出，保持恒定速度而测定时刻，在行军和旅途中应用。后来元朝都城用的碑漏，也是星丸漏的一种。又据《金史·章宗纪》，泰和四年（一二〇四年）司天台长行张翼曾进《天象传》。长行是司天台内的散职官名，《天象传》当是天象记录的专书。

元朝天文学以郭守敬等人编制授时历为其高潮。清代所编《畴人传·郭守敬传》说："推步之术，测与算二者而已。简仪、仰仪、景符、阑几之制，前此言测候者未之及也；垛叠招差、勾股弧矢之法，前此言算造者弗能用也。先之以精测，继之以密算，上考下求，若应准绳，施行于世，垂四百年。可谓集古法之大成，为将来之典要者矣。"这不独是对郭守敬等人的评价，也是我国古代天文学的总结。测是观测，代表仪象；算是历算，代表历法。先通过观测实践，再通过计算实践，所得结论是"若应准绳"，便以为法。一二八〇年（至元十七年）授时历编成，郭守敬等人在给忽必烈的奏报中说：自西汉三统历到北宋纪元历共一千一百八十多年，历法改了七十次，其中新创法的有十三家。从纪元历到至元十七年又一百七十多年，授时历考正凡七事，新创法又五事。按授时历中考正七事都是对天文数据的重新测定。包括冬至时刻、回归年长度、太阳的位置、月亮

542

的位置、交食的辰刻、二十八宿距度和太阳出入时刻。其中测二十八宿距度比北宋崇宁年间观测的还要精细。回归年长度则采用了统天历的数据而加以详细证明。创法五事都是对天文计算的改革，可归纳为两点，一是全面用内插法三次差计算并定出公式，即所谓"垛叠招差"。二是引进了球面直角三角形法，即所谓"立浑比量"。

授时历的完成主要归功于郭守敬在仪象观测上的贡献。在天文仪器制造上郭守敬确有惊人的创造力。他十五六岁时即致力于这方面的工作，一直到大德年间将近七十高龄还造天文钟呈进。专研于此，达半个世纪。郭守敬在天文仪器制造方面勇于创新，力求提高精确度和切合实用。元以前的浑仪上有七八个大小的环，环环相套，在观测上妨碍视线。郭守敬造简仪以简化浑仪，只保留了两套观测用环，一个是测量赤道坐标，一个是测量地平坐标。元以前的圭表高八尺，郭守敬造高四十尺的铜表比旧有的表高五倍，这样对测量日影长度的相对误差可减少到五分之一，测量的精确度大为提高。又在高表上设置了景符，能测量到太阳圆面中心的精确位置。他又造七宝灯漏、柜香漏、屏风香漏等计时设置，都是根据不同要求而制造使用的。

元朝在天文学上还有一项重要的成就，即一二七九年（至元十六年）的大规模纬度测量。这次测量在二十七个观测站举行，地理纬度从北纬15°到65°。观测

河南登封元代观星台

的结果在陕西行省、河南行省和中书省直辖地的十四个观测点用纬度值来比较，平均误差在半度以内。可见观测的精细可贵。

数学　与天文学关系密切的数学，宋元时代也很发达，出现了好几位有成就的数学家。北宋有贾宪，南宋末有秦九韶和杨辉，金末有李冶，元初有朱世杰。秦、杨、李、朱是金元之际数学上的四大家。

贾宪是天文学家楚衍晚年的学生，做过右班殿直和左班殿直。时在沈括之前。王洙《谈录》上说："贾宪运算亦妙，有书传于世。"贾宪在数学上的发明有二：一是开方作法本源图，就是指数为正整数的二项式定理系数表，从商除、平方、立方、四次方一直到六次方的系数列成一个图，世称贾宪三角形。比西方同样的巴斯加三角形要早六百年。二是增乘开方法，是解一元多次方程求正根的一种简便方法。这种方法也比西方为早。商除是一次，平方是二次（是面积），立方是三次（是体积），这都容易理解。再进一步碰到四次是什么，要突破这一点，确实很非凡。开四次方可以，则开多次方便可类推了。贾宪为我国古代代数学的发展奠定了基础。

贾宪以后，沈括在数学上也做了些工作。一项叫会圆术，就是已知弓形的弦和圆径求弧长。在我国历史上首先提出弧线与直线的关系，但沈括的结论还是一近似公式（这公式元朝郭守敬等人撰授时历时用到它）。又一项叫隙积术，用到一种高阶等差级数求和的方法。沈括还发明了指数相乘的法则。物理学上凹面镜成倒像的解释，沈括说算家叫"格术"。天文学上推算五星运动的顺逆留合，沈括说算家叫"缀术"。测量学上的审方面势，沈括说算家叫"嵩术"。当时对待数学和其他科学的关系，于此可见。

秦九韶，南宋末普州安岳人。早年曾在杭州从隐君子受数学。一二四七年（淳祐七年）著《数书九章》一书。他在著作中发展了贾宪的增乘开方法，解一个一元十次方程式，并附有算图。算图中列算式如层层剥笋，秩序井然，所以现在还有人把增乘开方法叫"秦九韶程序"。秦九韶还发明了整数论中一次同余式组的普遍解法，这就是闻名世界的中国剩余定理。

金代，数学上发明了天元术。大约金中叶开始流行，之后得到迅速的推进。一一八四年（大定二十四年），平阳毕履道为了校订地理书用到当时流行的算法。又有平阳人蒋周著《益古》一书，记录了天元术。还有金都水监颁印的《河防通议》（约在明昌年间）也有算法讲到天元术。蒋周这部书已佚，《河防通议》中的算法可以从元人引用中得知。最早的天元术比较简单，立出算式只是解一个一元二次方程。天元术发明后，平阳、太原、东平、真定等地区广为传播。

天元术以"元"代表未知数 x，以"太"代表常数项。列式时把元字写在算码的右侧，如‖元即表示2x，或单写太，如‖太也同。写了元便不写太，写了太便不写元。方程式的各项是从下而上，即太在元下，太是常数项，元是 x 项，元上是 x^2 项，再上是 x^3 项等等。太下是 $\frac{1}{X}$（即 x^{-1}）项，再下是 x^{-2} 项等等。也有记法从上而下恰恰相反。在用算筹排列时，正数用红色筹。负数用黑色筹。用算码时，正负数也用红黑色区别，但为了书写方便，可在算码的个位数加一斜撇，如 −2 作 ‖，−231 作 ‖‖‖。天元术的方法一般是根据问题中已有条件，立天元一（x）为未知数（所求数），最后列出方

546

程式,解方程得数。至于解方程式在一元三次以上,就要用到贾宪的方法。

金末在真定府一带流传的一部数学著作叫《洞渊测圆》,指演算勾股容圆(直角三角形的内接圆)算题共有十三问。李冶根据此书加以推广，又集天元术的大成,写出了他的名著《测圆海镜》。

天元术出现后，很自然地发展为天地二元术，天地人三元术和天地人物四元术。这大概已是元代的事了。

现在流传下来的元代数学著作有:《锦囊启源》、《透廉细草》、《丁巨算法》(一三五五年),只存辑本;《算法全能集》、《详明算法》、《算学启蒙》(一二九九年)、《四元玉鉴》(一三〇三年)存有足本。后两书都是朱世杰所撰。朱世杰是元朝数学家的代表，也是当时世界上杰出的数学家之一。

朱世杰在数学上的贡献主要是发明四元术和多种高阶等差级数求和方法。他是一位数学教习，周游湖海二十余年。他的数学实践活动大约在元朝初期。由天元术发展到四元术是当时数学演算中的必然结果。四元术以天地人物表示四个未知数，天在下，地在左，人在右，物在上，中间是太。和天元术的表示法相类，太(常数项)下面是天的一次方、二次方等等,左边是地的一次方、二次方等等,右边是人的一次方、二次方等等，上面是物的一次方、二次方等等。如果天与地相乘则放在左下方各位置,地物、物人、人天相乘类似。只有不相邻的天物(上下)、地人(左右)相乘各项,则放在相应的夹缝内。四元术的计算方法用四元消法,把四个元经过剔消,最后剩下一个元。这个元如果不是天元,可以易位。然后用天元术的解法,求得答案。《四元玉鉴》的一篇序文上说:"上升下降,左右进退。互通变化,乘除往来。用假象真,以虚问实。错综正负,分成四式。"这种数学思想的形成是经过了比较复杂的思辩过程。在我国古代数学中明确提出数学"用假象真,以虚问实",这还是第一次。

朱世杰的多种高阶等差级数求和方法,古代叫垛积术。他以茭草垛(即一加二加三加四……)为母垛,推演出各种不同方式的垛而求其积。其名称有茭草落一形、三角落一形、撒星更落一形等十多种。朱世杰在垛积命名和演算上都掌握了演绎归纳的初步方法,他演算的结果和推导的公式都很准确。朱世杰这方面的工作,在当时的世界上也是先进的。

由于手工业生产的发达,商业上交换的频繁,宋元时代实用算术方面也有很大的进展。第一是发明了除法口诀。第二是出现了完整的算码。第三是计算工具由筹算发展为珠算。

简易乘除法在唐中叶已有人注意。北宋初徐仁美设"增成立一"法,沈括说:"增成一法,都不用乘除,但补亏就盈而已。假如欲九除者增一便是,八除者增二便是。"九除增一和八除增二就是后来的九一下加一和八一下加二等句。同时，宋初的应天历内提到身外除一、身外除三等，身外除一指除数是十一，身外除三指除数是十三。可知除法口诀在宋初已开始有了萌芽。这一新生事物很快为广大人民所掌握，到南宋末和元初，除法九归的口诀便全部成熟了。二一添作五、三一三十一等句在计算技术中传诵开来。又在田亩计算中发明了飞归。在斤两换算中，创造出斤求两和两求斤诀。记录简易乘除法的专书应推南宋末杨辉的著作。杨辉是钱塘人，著有《杨辉算法》，对后来省算工作的推广影响很大。

南宋出现了算码，关键是零符号的发明。南宋蔡沈的《律吕成书》内，把118098用文字表示为十一万八千□□九十八，这□□即代表空百。画方时一快便变成○了。大约江南在南宋末，北方在金末元初，数学著述中都出现了○的符号。零的发现是数学史上一件大事。北宋司马光《潜虚》中曾经以×表示四。这样我国算码的初步形体是 丨丨丨 ||| X 乚 ㇏ 丄 〒 文，后来书写乚变成8，义变为乂为文。这就是后世所说的苏州码子字。在阿拉伯数码字推广使用以前，我国数学上的演算，商业上的会计都用这种算码。

元代已普遍使用算盘。刘因《静修先生文集》中有算盘诗。元剧中也见算盘。元末明初陶宗仪的《辍耕录》已论算盘珠。近年发现洪武辛亥（一三七一年）金陵王氏勤有书堂新刊《对相四言杂字》(看图识字书)有算盘图,十档,上二珠下五珠。这是目前发现最早的珠算算盘图。这部《对相四言杂字》中图绘的服装纯是元代式样,知此书的祖本当在元代。书中还有算子图,算子即算筹。《水浒传》中所称的算子也即这种算筹。由此看来,元朝到明初仍是筹算和珠算并用时代,大概到明中叶以后,便废弃筹算而专用珠算。

(二)医学与本草学

宋朝编辑出版了大量医药书籍,传播医药文化。仁宗时,两次集中校刊医书。一〇二六年(天圣四年)编辑出版了王惟一的《铜人腧穴针灸图经》三卷,并在汴京刻石。又铸铜人,刻画经穴传授。九七八年(太平兴国三年),王怀隐主编《太平圣惠方》一百卷,按一千七百二十九种症状,收集一万六千八百三十四份处方,分一千六百七十门类编排,在九九二年(淳化三年)和一〇八八年(元祐三年)先后出版。太宗雍熙年间,贾黄中等人编辑《神医普救方》达一千卷之多。徽宗时,曹孝忠主编《圣济总录》二百卷,收录药方二万多,已雕板而不及付印,北宋亡。金军占领汴京时取走书板,后在金、元刊刻。

神宗元丰中,诏令各地名医进特效药方,由太医局通过试验,证明可用后,按方制药,在太医局熟药所出售，并把药方出版，公诸于世。徽宗大观时，陈师文等又进行订正，凡录二百九十七药方，分二十一门，这就是有名的《和剂局方》。局方的出版是北宋后期医学中的一件大事。局方所收的都是复方，这是我国古代第一部由国家颁发的配方手册。岳珂说："《和剂局方》乃当时精集诸家名方，凡几经名医之手，又经太医局内臣参校，可谓精矣。"《和剂局方》一书后来曾不断增补，在宋朝风行一时。

北宋医学已分九科，即：大方脉（内科）、风科、小方脉（儿科）、产科、疮肿兼折伤（外科）、眼科、口齿兼咽喉、针灸、金镞兼书禁（金镞也属外科，书禁指祝由科等类）。

宋代医学上的成就，以儿科为最著。北宋中叶，钱乙著《小儿药证直诀》三卷，钱乙专研儿科四十多年，对儿科常见病都有比较准确的治疗方法，已能鉴别痘疹和其他发热病不同。南宋初，刘昉等人编《幼幼新书》四十卷，同时还有《小儿卫生总微论方》二十卷，收集儿科病例比较全面。前者对婴儿保育方法、新生儿病和小儿发育异常等都有详细的记载。后者举出小儿脐抽风和成人的破伤风属同一种病，是诊断学上很大的发明。又对小儿缺唇的缝合和小儿骈指的切断，也创我国医学上的先例。

妇产科在宋代也有进展。哲宗时，杨子建著《十产论》，记载了横产（手先露或臂先露）、倒产（足先露）、偏产(额先露)、碍产(脐带攀肩)等不同类型,并说明如何使胎位转正的各种方法,是我国古代产科学上的著名文献。南宋陈自明著《妇人大全良方》二十四卷,也是一部妇产科的重要专著。

南宋出现了病因学的著作。陈言著《三因极一病证方论》十八卷。三因是把疾病发生归纳为三种原因:一种是由于气候影响的疾病,叫做外因病;一种是由于情感关系而得的疾病,叫做内因病;还有一种是由于饮食关系或外伤引起的病叫不内不外因病。当然这种分类法还欠完善,但病因学的出现,说明南宋在医学研究上跨进了一步。南宋末,施发著《察病指南》,绘有脉影图,也是一项医学上的成就。

一二四七年(淳祐七年),宋慈著《洗冤集录》五卷。这是总结宋和宋以前的法医学知识,包括杀伤、验尸、检骨和死伤的鉴别,服毒致死的毒物介绍,和救死方的记载等。其中合血法和滴骨法,有一定的道理。

金代医学的发展,分为三期:海陵王以前为前期,世宗至章宗泰和时为中期,章宗泰和年以后为后期。

前期医学的代表是成无己的工作。成无己原为北宋开封名医,后随金军北上,为权贵携居临潢。他的工作主要是对《内经》、《伤寒论》等古典医书作注释。由于成无己名望很大,所以他的著作受到当时的重视,开金代研究医学的风气。中期医学的代表是刘完素和张元素两人,《金史·刘完素传》说他"好用凉剂,以降心火，益肾水为主。”赵秉文《闲闲老人滏水文集》也说：“本朝大定间，河间刘守真号完素，精于《素问》，多用凉药，以矫一时之弊。”所以后世称刘为寒凉派。《金史·张元素传》说：元素“平素治病不用古方”，“古方新病，不相能力”，自为家法，独树一帜。后期医学的代表是张从正和李杲。张从正，字子和，他去世时金朝还没有亡。李杲则进入元代。张从正继承了刘完素的学术思想又有所发挥。他用古医书的汗下吐法，用得很精，号称“张子和汗下吐法”。他力主去邪而用攻法，所以后世称他为攻下派。张从正晚年颇不得志，他自己写了一首诗，说“酷嗜医经五十年，野芹曾献紫宸前，而今憔悴西山下，更比文章不值钱。”李杲是张元素的学生，他有两部医学名著，一是《内外伤辨惑论》，二是《脾胃论》。元好问为《脾胃论》作序，说：“往者遭壬辰之变，五六十日之间，为饮食劳倦所伤而没者将百万人，皆谓由伤寒而没。”“壬辰之变”即指《金史·哀宗纪》所载的天兴元年（一二三二年）五月“汴京大疫，凡五十日，诸门出死者九十余万人，贫不能葬者不在是数”，是一次大的流行病热症。李杲以为不是伤寒，用治伤寒的方法是错误的。他通过治疗实践创内伤学说。元好问说李杲撰“脾胃论丁宁之，下怯千载之惑。”李杲以为“内伤脾胃，百病由生。”用温补脾胃之法治之。后世称之为补土派（脾于五行属土）或温补派。

元朝医学在宋金医学的基础上又有所进步。其中有成就的可推朱震亨、危亦林等人。朱震亨，婺州义乌人，著有《格致余论》、《局方发挥》等书。他多受刘完素和李杲的影响，但并不拘泥于他们的学说。他主张"阳有余而阴不足"，创"滋阴养火"方法。后世称他为滋阴派。他所用的有些药剂如大补阴丸、琼玉膏等，到现在还流传服用。刘完素的寒凉派、张从正的攻下派、李杲的补土派和朱震亨的滋阴派，号称金元医学的四大学派。金元医学四大家继承了传统的医学体系，但又各自体现了这时期的时代特征。朱震亨的《局方发挥》是批评北宋的《和剂局方》，认为局方的缺点是按经验办事，"官府守之以为法，医门传之以为业，病者恃之以立命，世人习之以成俗"，没有考虑到产生疾病的新的因素。"集前人已效之方，应今人无限之病"，势必要发生问题。这对墨守成规的人是确切的批评。

危亦林是伤科专家，著有《世医得效方》二十卷（一三四三年）。在本书第十八卷中有"用麻药法"，是世界上用麻醉药治病的较早记录。

本草学的发展在宋元是一个高潮，尤其是北宋更为突出。本草学不仅是药物学，它还包含了植物学、动物学、矿物学等知识，是宋元自然科学全面发展的标志之一。

九七三年（开宝六年）刘翰、马志等修《开宝本草》二十卷，比唐《新修本草》增加药物一百三十三种。仁宗时掌禹锡等又修本草，一〇六一年（嘉祐六年）成书，称

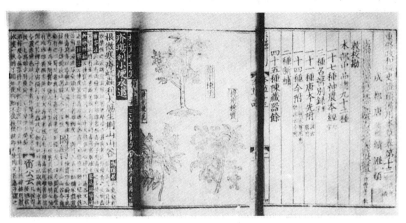

《重修政和经史证类备用本草》书影

《嘉祐本草》，又增加药物一百种。次年，苏颂在这基础上撰《图经本草》二十卷，是刊本本草有图之始。一〇九二年（元祐七年）陈承又将这两书合并，并加注释，成《重广补注神农本草并图释》二十三卷。唐慎微又添加药物六二八种，撰《经史证类备急本草》三十二卷。徽宗大观年间和政和年间又加增订，世称《大观本草》与《政和本草》，广为流传。政和时，寇宗奭撰《本草衍义》二十卷，辨正药物四百多种。南宋时，出现了彩绘本的本草著述，现传有《履巉岩本草》。元朱辕撰《大元本草》，"欲广本草以尽异方之产"书稿未刊，现存有许有壬的一篇序文，收在《至正集》内。

《图经本草》中丰富的植物学知识，来自各植物药产地人民的长期调查研究。对植物形态，一般按苗、茎、叶、花、实、根依次叙述。已知苗茎是同类。对于茎，已能分别"苗如藤蔓"的缠绕茎，"蔓延草木之上"的攀缘茎，和"其茎如筋"的直立茎。对于叶，已能区别叶序，凡对生叶序叫做"两两相对"；轮生叶序叫做"叶作层，每层六七叶如车轮"；丛生叶序叫做"叶青碎作丛"。一般为互生叶序。对叶缘也予注意。对于花，则花萼、花托、花蕊、子房、花序等都有详略不同的记载。花的颜色说得最为详细。《本草衍义》记载石南花说："正二月间开花。冬有二叶为花苞，苞既开，中有十五余花，大小如椿花，甚细碎，每一苞约弹许大，成一球，一花六叶，一朵有七八球，淡白绿色，叶末微淡赤色，花既开，蕊满花，但见蕊不见花。"对花的观察如此细致，与现在的植物志相比，也无逊色。对于果，一般叫荚子或子，子又叫人（仁），大部是对种子而言。还有角（果）、核（果）、荚果等名称。白瓜也以果实为名，这和现在叫瓠果的意思相同。

宋朝还有很多植物专谱，这也和本草学的发达有关。其中以欧阳修的《洛阳牡丹记》，陈翥的《桐谱》，蔡襄的《荔枝谱》，王观的《芍药谱》，刘蒙的《菊谱》和南宋韩彦直的《橘录》最为著名。这些专谱分别总结种植的经验，记载某种植物的品种、性状、栽培技术、防治病虫害、果实的加工和贮藏方法等。和园艺学有关的著述，有南宋陈景沂的《全芳备祖》。

北宋时已观察到植物通过嫁接可以产生变异的现

象。《图经本草》中关于牡丹的记载，说"圃人欲其花之诡异，皆秋冬移接，培以壤土，至春盛开，其状百变。"一〇八二年（元丰五年），周师厚详细叙述了花的四时变接法。刘蒙论菊花时说："岁取其变者以为新"，是知道变异与形成新种有关。沈括《梦溪笔谈》中已接触到植物生态学的领域，即植物生态因素与气候、地形、湿度和高度有关。和沈括同时的陆佃，记载了枣树根部用绳缚紧可使枣子自落的方法，已观察到植物生理学有关的一些现象了。

动物学知识方面，《图经本草》内观察到乌贼"八足聚生，又有两须"，与近代定为十腕类相符。又记载动物的生活史，如穿山甲食蚁，牡蛎的"蛎房"如山以及螳螂的产子等，都比以前的记录生动而具体。《本草衍义》断定河豚实有大毒，校正了《神农本草经》的错误。又论鲙鱼"腹重坠如囊"。寇宗奭"尝剖之，中有三小蟹，又有四五小石块，如指而许，小鱼五七枚。"则已知道通过解剖观察动物的食性。元王恽撰《宫禽小谱》介绍十七种鸟类的形态，是我国较早的论鸟类的专书。

《图经本草》中还记载了紫铆（即紫胶虫）分泌紫胶的现象。关于五倍子，北宋著述中说：四川等地有一种虫叫蟆子，它寄生在盐肤木树背阴处，春天生子，卷叶成窠，大如桃李。其寄主及生活状况几乎和现在所知相同。南宋开始人工饲养白蜡虫，并有关于白蜡虫的生活史的记载。紫胶、五倍子、白蜡都是现代某些工业上需要的原料。

《图经本草》中还记有采珠砂时对矿床的认识叫珠砂床，并有岩石断口特征的描写。沈括对石膏结晶体的观察，已经从原有形态、色泽及将石膏加热后的变化等各方面都作了分析。可见当时人们对某些物质的研究已不只从表面现象去观察，而且进一步注意到内部结构了。

《图经本草》载有动物化石的资料。元丰年间，孔武仲的诗集和南宋初杜绾的《云林石谱》都记录了鱼化石。江西武宁保存有北宋时代所发现的一块化石的实物，形状象竹笋，上面有黄庭坚的题诗。黄庭坚说它是笋石。经考定为中华震旦角石，是一种动物化石。沈括曾注意到植物化石与古地理和古气候的联系，这种思想是很进步的。

（三）技 术 科 学

宋元时代出现了好多种技术专书。我国古代文化史中的技术科学部分逐渐形成了。这些技术专书中有论建筑技术的《木经》和《营造法式》，有论冶炼技术的《浸铜要略》，有论织机技术的《梓人遗制》，有论制盐技术的《熬波图咏》，还有论造船技术的船式、船样诸书。《武经总要》中则收集了有关军事技术的纪录。《新仪象法要》是一部论述天文仪器制造技术的专书。这些专书的出现，充分说明了宋元时代在建筑、冶炼铸造、纺织、制盐、造船等技术各方面都有较高的水平。关于宋代的农业技术和工业技术上的三大发明即活字印刷术、指南针用于航海和火药用于制造火器，已见另章（见本书第五册），这里不再重述。

建筑——北宋初，工匠喻皓著《木经》三卷，其中规定屋架尺度以梁的跨度为准，阶基高度以柱高为准，后人都依以为法。喻皓和画师郭忠恕参加了九八九年（端拱二年）所完成的开宝寺塔的建筑工作。

一一〇三年（崇宁二年），李诫集合了建筑工匠的智慧，并依据他自己从事建筑的经验，编成《营造法式》一书，这是我国古代建筑科学的一项宝贵遗产。《营造法式》中的大木作制度首先提出用材的标准，共分八种，这样木材的使用就能控制。其次对于梁、柱和斗拱作了详细的介绍和分析。为了增加建筑物的稳定性，书中记载了柱的"生起"和"侧脚"的方法。生起是由中心到四角的柱逐渐增加柱高。侧脚是外围的柱脚稍微向内侧倒斜一些。这样都使建筑物重心向内，使梁、柱、枋的结合更加紧密。梁的截面规定高与广的比例是十五比十（即三比二，$3/2 = 1.5$），这和现在计算上要求比例为$\sqrt{2}$（$= 1.4142$），误差很小。斗拱是由方形的斗和近似弓形的拱累叠而成，介于梁和柱之间。根据建筑物的大小，斗拱分好几层，逐层向外挑出，形状上大下小，好象一个托座。前面挑出屋檐，后面承托梁架。斗拱是我国古代建筑中比较复杂的结构部分。斗拱有放在柱头的、柱间的和房屋四周转角的，各有专门的名称。对屋顶则有"举折"的制度，即规定各种结构的坡度标准。

《营造法式》中的小木作制度，是包括门窗、栏杆、天花板、楼梯等各件的制造方法和用材规格。还有佛殿中的转轮藏，设计巧妙，整个转轮利用中心一根立轴转动。宋胡寅《斐然集》上说："载以机轮，推而转之。"立轴上下都用铁制器械困住。转轮分七格，每格放佛经的经匣，轮轴运转，可检阅所需要的佛经。四川江油窦圖山云岩寺内发现南宋初期制作的飞天藏，仍保存了北宋时代的建造手法。飞天藏又叫星辰车，也是轮藏的一种，据研究已有轴承的装置。

小木作还制造各种器械和木样。北宋最有名的器械是指南车和记里鼓车。指南车和记里鼓车北宋以前已有发明，但制法失传。一〇二七年（天圣五年），燕肃重新设计制造指南车，卢道隆设计制造记里鼓车。一一〇七年（大观元年），吴德仁又设计制造指南车。尺寸规范都有详细记载。这是我国古代对齿轮系的高度运用。用两个齿数相同的齿轮，中间嵌入一个中轮，便能按同一速度和同一方向运转。记里鼓车是用轮轴机械量度地面距离的特有装置。欧洲到十七世纪才有类似的计步计的发明。

《营造法式》还记录了当时木工所用的一些新工

具，其中有起线刨子，为加工门窗复杂线脚之用；又有窄锯，为锯曲线时用；又如雕镂的镂，专用来雕缕空花纹。

《营造法式》中的窑作制度，记录了烧窑技术。据《宋会要》记载当时有东西窑务，内工匠分为瓦匠、砖匠、装窑匠、火色匠、粘胶匠、鸱兽匠、青作匠、积匠、輂窑匠、合药匠十类。《营造法式》内的分工也大致相同。其中火色是掌握火候。粘胶指粘瓦粘砖之类。鸱兽指造鸱尾和兽头等琉璃制品之类。青作是烧青瓷。积匠和輂窑都指垒窑工作。合药即合琉璃药，指配釉料的方法。

冶炼和铸造技术——苏颂《图经本草》中说到，江南、西蜀凡有炉冶的地方都有铁。锻家烧铁赤红，在砧上打铁，有打落细皮屑的叫铁落，俗名铁花。铁矿石初炼出来铸镉（音写xiě。铸造方法）器物的叫生铁。再三销拍，可以作金属薄片的叫熟铁。生熟相和用来作刀剑锋刃的叫钢铁。锻灶中飞出如尘，紫色而轻虚，可以磨莹铜器的叫铁精。对北宋锻铁生产过程，记载完备无遗。其中铁精即三氧化二铁，现代还用来作为金属宝石等器抛光之用。销拍就是炒炼。生熟相和制造钢铁，就是沈括《梦溪笔谈》中所说的灌钢或团钢法。

宋朝在铜的生产上，除一般矿冶外，还采用了胆水浸铜法。一〇三五年（景祐二年），宦官阎文应献计给许申"以药化铁成铜"。后二年，钱逊奏报："信州铅山产石碌，可烹炼为铜。"浸铜法是把生铁锻成若干薄铁片，如鱼鳞状排列在胆水槽中，浸的时间短则五天，长则十天。要看胆水的浓度而定。浸后，胆矾的铜离子被金属铁取代，形状如赤煤附在原铁片的周围。把它取出刮下来，在炉中"烹炼"三次便成铜。当时的生产指标大约是铁二斤四两得铜一斤。槽中没有被化的铁片可保留，另外加新铁片，再为浸制。用这种浸铜法生产铜，世界上以我国为最早。这是水法冶金技术的起源，是宋朝人民向自然界索取铜原料的一项重大发明。绍圣年间，当时管理饶州兴利场的张潜曾总结了工匠们胆水浸铜的经验，写有《浸铜要略》一书，原书失传，现只保存了一篇序言。

宋朝有许多大型铸件，其中有针灸铜人，铜制浑仪、铜鼎等。宋徽宗时所铸的九鼎共重二十二万斤，即每鼎重二万多斤。留传到现在的北宋大型铸件有山西太原晋祠金人台的大铁人等。这些大型铸件说明了当时铸造工艺的技术水平。

宋朝的铸造工艺仍为传统的泥型铸造、失蜡铸造和砂型铸造。关于失蜡铸造，南宋赵希鹄的《洞天清禄集》说："古者铸器，必先用蜡为模。"这"古者"当指北宋以前的方法。关于砂型铸造，据记载南宋初仁和县出橐籥沙，可用来做鼓铸之模。《游宦记闻》中也提到蕲春钱监有沙模作。沙模就是砂型。太原晋祠的大铁人实物上有明显的接缝，一般失蜡法都是整铸，没有分段的必要。又大铁人胸部及小腿上都雕刻文字，砂型铸造本身强度低，不受雕刻，所以不象用砂型，很可能是用泥型铸造法。

铸造这样的大铸件，熔炼和浇注技术也是关键所在。《绍熙云间志》记载一〇二四年（天圣二年）铸造铜钟，说："洪炉启而祝融奋怒，巨橐扇而飞廉借力"，对掌握大炉的操作技术，十分形象。"俄而烟飞焰歇，豁然中度，华钟告成，厥功斯就"，浇注过程相当迅速。一一〇五年（崇宁四年）铸九鼎，也是"熔冶之夕，中夜起视，炎光属天，一铸而就。"由此可以推测到北宋浇注设备的程度。

制盐技术——一是海盐的煎取技术，二是井盐的汲取技术。一三三〇年（元至顺元年）陈椿所著的《熬波图咏》对海盐煎取术记载十分详细。《熬波图咏》中的"铸造铁拌图"是宋元时代高炉型的一种。图中提供了全套设备的图样，用风箱来鼓风。风箱的设施又见于北宋《武经总要》中的"行炉图"。王祯《农书》内的水排图也用到风箱。宋元时代风箱的发明是我国鼓风设备的一项重要发展。这种形式的风箱一直流传到现在。《熬波图咏》中最值得称赞的就是莲管秤试法。先把卤水分为四等，第一等是原盐卤，盐分为百分之百。第二等是三分盐卤一分水，比例为百分之七十五。第三等是一半盐卤一半水，刚好是百分之五十。第四等是一分盐卤二分水，比例是百分之三十三。然后用石莲子四枚浸过，放在一个盛水的竹管内，竹管口上用竹丝隔好不令莲子漾出。分别放在四等卤水中作试验。凡是四个莲子都浮起来的是第一等卤水，都沉下去的是第四等卤水，如果立浮于面的则看深浅程度可定为第二等或第三等。这样定出一个标准，便可以检验所得的卤水可煎或不可煎。这种道理与现在用浮沉子测量液体比重的意义大致相同。

井盐的汲取，以四川为最盛。北宋四川盐井有大口井和小口井两种。大口井沿袭旧制。小口井则为北宋所发明，称为卓筒井，简称筒井。用囷刃钻凿井口如碗口大，深达数十丈，用大竹去节作套管以保全井壁，用皮囊汲取盐卤。筒井后来叫竹井，钻掘技术仍是在北宋的基础上加以发展的。

开掘盐井时，有硫化氢气体危害性极大。后蜀广政二十三年(九六〇年)，陵州陵井井口冒出毒气，"毒气上如烟雾，炼匠人皆死"。这毒气就是硫化氢。北宋时通过观察，从实践中认识到这种毒气能溶于水，凡雨天可免中毒，故发明在井下设置水盘滴水，以保证安全施工，解除危害。

造船——宋代造船，已根据船样打造。船样又叫船式。一〇〇〇年(咸平三年)，造船务匠项绾等曾献转海船式。船样有的是编成图册以供选用。有的是设计船型，制成模型，然后制造。有的即据实体仿造。一二〇三年(嘉泰三年)，池州秦世辅先造新样铁壁铧嘴船和平面海鹘战船两种，经过试验后确属快便。宁宗下诏，三衙江上诸军如要修造战船都照池州船样。凡定船样时都考虑到船舶的总体布置，为了防止船舶部分破坏而影响整体，已有密舱的设备。船型根据需要各有区别。沿海航行和远洋航行船型不同。南宋沿海航行已有防沙平底船。一一五八年(绍兴二十八年)，福建路安抚转运司言，鮿鱼船只是明州上下浅海去处，风涛低小，可以差使；如果福建广南出海航行，则海道深阔，非明州沿海可比，所以要另制船样，造尖底海船使用。

一九七四年，福建泉州湾后渚港西南海滩发掘出一艘南宋时代木造海船，尖底，有十三个船舱，分舱密室的残形还依稀可见。船中还发现大量香药、铜钱等。可见这是一艘航行于我国南海一带的货运海船。

据记载，宋朝以"料"作为船舶载重的计量单位。最

福建泉州出土南宋海船

小的船为五十料，最大的达五千料。大概内河船行的民船和战船在五百料以内,沿海航行、远洋航行的则在四百料以至五千料不等。漕运纲船，每五百料船二十五只,或四百料船三十只,叫一纲。一纲可载重一万二三千石。船舶主要结构尺寸大致也根据料的标准而定。如三百料的长四十五尺阔十尺，八百料的长七十尺阔十八尺等。宣和年航行到高丽的海船,"客舟"长一百多尺阔二十五尺,"神舟"长阔三倍于客舟,更为高大了。

南宋初,陈傅良论"治大舟",对控制船舶航行的三大重要部分: 推进、操纵和系泊装置都有阐述。关于推进方式，宋朝船舶主要仍是风帆。徐兢说宣和时到高丽的船,"舟行终不若驾风之快也"。当时航行时风正、风偏和风息,都以大帆或小帆调节使用。南宋初,还大量制造车船,用车轮作推进装置。杨太起义军曾以车船大败宋军。踏车回旋,横冲直撞,将宋军人船数百只尽碾没入水。建炎中,平江造船场造八橹战船、四橹海鹘船等。乾道时,建康造船场造一车十二桨四百料战船。冯堪造多桨战船,一艘用桨四十二枚,橹和桨都是传统的推进工具。

关于操纵机构，主要是船尾舵。南宋后期已知道"柁与船首,适得其平",因为如果舵太长或太短都妨害了操纵船舶的航行。宋朝海船的船尾舵有正舵大小二等,在远洋航行时还用到副舵。系泊设备主要是矴(碇)。海船用矴可重达千斤,"千斤铁矴系船头,万丈

566

滩中得挽留。"近山抛泊叫抛矴或放矴。还有游矴在风涛紧急时应用。掌管舵的叫舵手,掌管矴的叫碇手。

北宋熙宁中已设置船坞,修治长二十余丈的龙船。南宋平江府一带有藏船屋, 是为保护船只避免在露天受自然界的损害而制造的。

据《金史》记载,当时还创造了滑道下水法。船舶造成后,用新的秫秸铺在地上,又用大木头在两旁夹紧,乘霜滑拉动, 这样不很费力的下入水中。据南宋周密《癸辛杂识》记载,遇海船搁浅时,一种方法是把船装的货取出,以减轻负重,如还无效, 便缚排求活。这都是利用了浮力的道理。北宋怀丙曾用两船架起沉入河中的铁牛,也是利用浮力。

宋张商英《佛国禅师文殊指南图赞》有海船图,并说:"酌海深浅,于其远近,望月观星,知来识往。""酌海深浅"是测深,"于其远近"是测程,"望月观星"是天文航海,"知来识往"是熟知海道。海船的制造与航海技术的发达是分不开的。

纺织——纺织技术分纺和织两方面,宋元时代纺的技术以元王祯《农书》中记载的水转大纺车为其代表,织则以元初薛景石《梓人遗制》集其大成。

水转大纺车是在纺的工艺上以水力代替人力的创举。原来纺车都用手摇,后来发明了脚踏纺车,有三个锭子。王祯《农书》中已记有五个锭子的脚踏纺车。由于水力的应用,元代出现了有三十个锭子的大纺车。王祯说:"车纺工多日百斤,更凭水力捷如神。"水转大纺车的锭子是直立的,改变了手摇和脚踏纺车中锭子横排的形状,这样便于操作而少占用空间。现在的纺纱机中纺锭也是直立,可能就是从这种大纺车发展而来。

《梓人遗制》有一二六三年段成已的序,说明这是元初的作品,是薛景石总结元以前的织机构造而写成的专书。序文中说道:"其所制作,不失古法,而间出新意。""求器图之所自起,参以时制,而为之图。""每一器必离析其体而缕数之,分则各有其名,合则共成一器。"现在所知,《梓人遗制》是世界上论织机构造最早的一部专书。技术专著的编纂,是宋元时代技术科学的一个特点。

《梓人遗制》中列举四种木织机,一是华机子,即提花机。一种是立机子,即立织机。一种是罗机子,即专织纱罗纹织物的木机。一种是小布卧机子,即织一般丝麻原料的另一种木机。《宋会要·食货》记宋初置有机杼院,每人管机三四张。又记九九八年(咸平元年)绫锦院旧有锦绮机四百余张。这应当包括了提花机及其他木织机。这样的规模已是很不小了。

第五节　文　化　交　流

宋金元时期,是文化和科学技术的繁荣时期,也是与域外诸国的文化交流更为发展的时期。宋朝的统治不及于西域，传统的东西交通要道受到阻隔。但通过海路，东与高丽、日本，南与南海以至非洲诸国，仍然往来频繁，交流着文化与科学。蒙古建立横跨欧亚的大国，东方与西方的交通，出现前所未有的发达景象。元朝建立后，钦察汗国与伊利汗国虽然逐渐独立，仍然与元朝保持着政治、经济和文化的联系。欧洲与中国开始有正式的使臣往来。商人与教士的往来，更为频繁。元朝与亚、非、欧三大洲的各国普遍建立了多种联系。文化交流的范围，空前地扩大了。

下面简要叙述宋金元时期文化交流的概状。

（一）高 丽 与 日 本

高丽 宋、辽、金时期，三朝与高丽公私交往都很频繁。汴京和临安都建有同文馆，接待高丽使臣。宋神宗时，高丽使臣所过州郡，官员要出城迎送。宋朝使臣去高丽，高丽也隆重接待，在开京建有专供宋使下榻的顺天馆。宋朝皇帝和高丽国王经常接见并宴请对方的使臣。高丽赠送宋朝的礼物中有罗、人参、药材、白硾纸、松烟墨、硫磺、青鼠皮、折扇、松子、柏子等；宋朝的回赠有龙凤茶、酒、乐器、建本书籍等。宋、金与高丽的民间贸易也十分频繁。宋朝商人常常几十人或几百人，由一名"都纲"率领，驾三、四艘船横渡黄海，赴高丽贸易。一般是第二纲到达高丽，第一纲必定回国，第三、四纲也是如此。高丽船舶每年初夏也来登、明州等地贸易。元朝建立前，蒙古军即已侵入高丽。元世祖时，设征东行省，把高丽作为侵略日本的基地。元朝的统治为高丽人民带来了灾难，但两国的文化交流仍在进行。

宋、金、元的统治者曾应高丽国王的请求，将一些刻印精美的书籍，诸如《九经》、《史记》、两《汉书》、《圣惠方》、《太平御览》、《文苑英华》、《册府元龟》、《大藏经》、《三经新义》等赠给高丽；高丽也以中国已经失传的古籍如《（黄帝）针经》、《（京氏）周易占》，以及高丽书籍如《三国史记》等作为回赠。元仁宗赠给高丽四千三百多册宋秘阁旧藏的善本。两国商人、僧人也各将本国的大批书籍运入对方境内。宋朝江南商人李文通等人，一次运往高丽近六百卷宋版书籍。泉州商人徐戬专为高丽在杭州雕造《新注华严经》板，然后运往高丽。高丽国王之子、僧人义天和尚归国时，带回宋佛经三千多卷。元初，高丽博士柳衍在江南购回经籍一万零八百卷。一〇二一至一〇八七年，高丽根据辽、宋佛藏，首次雕印《大藏经》。一〇八七至一一〇一年，又刻印义天和尚的《续藏》，共四千七百多卷。此后，高丽的雕板印刷业逐渐兴盛。宋仁宗时毕昇发明胶泥活字印刷术，南宋末年又发明木活字。高丽劳动人民根据这一原理，推陈出新，约在十三世纪中期，铸成一批铜字，印刷《古今详定礼》五十卷。又在一四三六年，铸成世界上最早的一批铁字和鍮（黄铜）字。

宋朝的一些文学作品如司马光、范镇的文章、王安国的诗词等，受到高丽文人的喜爱，汉诗在高丽诗歌中占有很大的比重。宋和高丽的书画家互相交流技艺。高丽不时派遣使臣和画工来宋访求、观摹书画。高丽著名僧寺兴王寺正殿两壁临摹了汴京相国寺的壁画。宋徽宗曾把自己的书画赠给高丽国王，并推崇高丽画家李宁，要宋画家向他学习。宋朝皇帝和不少士大夫都珍藏高丽画家的杰作。金朝皇帝也经常派人向高丽求取书画。元朝流行的赵孟頫书体，深受高丽文士的爱慕。

高丽的纸、墨原从中国传入。高丽的白硾纸和松烟墨传到宋朝，很受士大夫的欢迎。宋朝墨工潘谷采用高丽的松烟，制成最佳的墨，驰名国内。

高丽对宋朝的医学也很重视，高丽国王多次派人来聘请医生和求取医书、药物。一〇七四年，高丽国王王徽派遣使者入宋求医、药、画、塑四种工匠，以教导本国人。宋神宗下诏在此四种人内，召募愿行者二三人。一〇七八年，王徽患病，遣使入宋请医，宋神宗派翰林医官邢慥等前去，并带去药物一百品。一一〇三年、一一一八年，宋徽宗两次派名医牟介、杨宗立、杜舜举等人去高丽分科教授医学，为高丽培养了一批医学人材。此后，高丽正式建立医官制度和设立药局。金朝女真族早期的医药大都从高丽传入，医师也是高丽人。

高丽还派遣留学生到宋朝学习。北宋初，康戬、金行成都入国子监读书，进士科登第，在宋朝任职居官。康戬官至京西转运使、工部郎中；金行成病殁于安州通判任上。宋徽宗时，高丽进士权适、赵奭、金端等参加贡举考试，宋徽宗亲临集英殿主持他们的考试仪式，特赐上舍及第。宋朝士人侨居高丽，国王也授以官职，如萧宗明、萧鼎、萧迁、卢寅、陈渭、叶盛、慎脩等人，曾任高丽阁门祗候或阁门承旨、秘书省校书郎、参知政事等职。

程朱理学在元朝初年传入高丽。一二八九年，高丽人安珦在大都获得《朱子全书》新版，回国后，在太学讲授"朱子学"。后来，白颐正又从大都带回许多程、朱理学著作，在太学宣讲。不久，又按权溥的建议，由秘书省书籍所刊行朱熹《四书集注》。理学在高丽广泛传播，出现了李谷、李齐贤、李穑等理学大师。

日本 中国和日本是一衣带水的邻邦。唐代，两国的文化交流极为繁盛。宋朝在前代的基础上继续发展。元朝虽两次侵略日本遭到失败，但两国民间的经济文化交往，仍很密切。

北宋时，主要是宋朝商船驶往日本；南宋时，宋、日两国都有商船频繁往来；元朝时，日本商船来中国的也很多。宋、元船大都由明州或杭州、温州、泉州启航，到达日本筑前的博多或越前（今福井县）的敦贺港。日本安置宋船人员在鸿胪馆，供给膳宿。宋朝运销日本的货物，有书画、文具、铜钱、佛经等，日本运往宋朝的货物中，刀剑和折扇，颇受宋朝文人的欢迎。宋朝著名文人欧阳修、梅尧臣都曾赋诗赞美日本的宝刀。宋、元和日本的僧人不断互相访问，著名的日僧奝然、成寻、寂照、荣西等入宋，晋谒皇帝，进献礼物，然后朝拜佛迹，备受优待；宋、元僧寂圆、道隆、普宁、一山一宁、清拙正澄等著名禅僧也渡海赴日，宣扬禅风。两国商人和僧人对沟通经济文化，起了积极的作用。

商人和僧人携往日本的大批书籍中，有佛教的《大藏经》，道家、儒家书籍，《白居易文集》、《东坡指掌图》、《五代史记》、《唐书》、《太平御览》等；带来中国的书籍，有当时已经失传的儒、佛经典，如奝然曾向宋太宗进献《郑氏注孝经》、《越王孝经新义》各一卷。

随着宋代刻板书籍和佛经的大量输出，日本的印刷业日渐兴盛。宋禅院刻印佛经施舍信徒的风气传入日本，日本禅院竞相仿效，一时刻印了《法华经》、《无量义经》、《观普贤经》等大量佛经。这些佛经被称为"折供养"。一二四七年有人署名"陋巷子"，覆刻宋婺州本《论语集注》十卷，成为日本雕印儒家经典的滥觞。

这一时期，两国的绘画艺术不断交流。宋画题材丰富、画法多变，在日本得到好评。日本画家曾亲自来宋朝学习，并带回很多名画，宋朝画家也应邀赴日传艺。日本绘画也受到宋、元人的赞赏。汴京相国寺市场出售日本扇，宋人对扇上图画评价极高，认为"意思深远，笔势精妙，中国之善画者或不能也"。元朝许多高僧的墨迹传到日本，对日本的书法给予不小的影响。日本的一些书法家，如奝然、寂照、雪村友梅等人的作品，也深受宋元文人的重视。

宋朝的一些医生东渡日本行医。如郎元房在镰仓侨居三十多年，以他高明的医道赢得日本执政北条时赖和北条时宗的信赖，担任他们的侍医，对日本医学起过促进作用。宋朝的一些医书如《太平圣惠方》、《和剂局方》、法医学名著《洗冤集录》等都先后传入日本。许多中草药和成药，如麝香、金益草、银益丹、巴豆、雄黄、朱砂等，也大量输入日本。日僧荣西还从宋朝带回茶种，培植茶树，并撰成《吃茶养生记》二卷，提倡饮茶养生延寿之道，于是日本饮茶的风气再度盛行。元代，日本流行唐式茶会。

宋朝佛教禅宗日益发展，禅宗"顿悟成佛"的教义和寡欲朴素、专心修道的精神，吸引了许多士大夫。传入日本后，逐渐吸引了镰仓幕府的执政和武士们，使他们成为禅法的虔诚信奉者，从而在日本掀起了武士热心参禅究道的风习。到南宋时，日僧更是频繁入宋学禅。禅宗学说对日本的思想界产生了很大的影响。

程、朱理学在十三世纪传入日本，首先在日本传播理学的是元朝僧人一山一宁，日本的理学先驱便是一山一宁培养的弟子虎关师炼。程、朱理学和禅宗学说融为一体，长期成为日本封建统治的思想武器。

（二）东南亚与南亚诸国

宋、元时期，与南方及西南毗邻的各国之间，除了传统的陆路交通外，海上的交通空前繁荣。与南海诸岛国的联系也开始进入一个新的阶段。

中南半岛诸国　交趾（安南）、占城、真腊、缅国，与宋元王朝一直保持着密切的联系。元朝曾向这些地区进兵侵掠，但彼此之间的移民与商贩仍往来不息。一二二五年取代李氏而创立安南陈氏王朝的陈日煚便是福州长乐人，后徙居安南的南定省天长府即墨县，以渔为业，叔陈守度，取李氏王朝而立日煚。交趾的贵族多沿汉姓，如丁、黎、李、陈。交趾的李氏和陈氏王朝，先后与宋元王朝保持经常的朝贡关系，接受赐予他们的官号。彼此之间商贩往来十分频繁。宋在广西沿边邕州和钦州设立互市场，宋和交趾的富贾行商，都到这里来贸易。双方商人还经由海道运货贩卖，宋商大都以巨商为纲首，结伙从泉州、广州等地发船前往交趾、占城；交趾、占城的商人也泛海运货到泉、广州，然后贩运宋朝的货物包括书籍、纸、笔等回国。交趾、占城和宋朝到对方国家定居的人民也络绎不绝。北宋初交趾时犯占城，一批批占城人逃来宋朝，当时广州的占城流民就数以百计。宋朝一些人也侨居在占城。庆历初，广东商人邵保到占城，见到逃亡的"军贼"鄂邻百余人。人民间的往来杂处，有力地促进了经济、文化的交流。乾道中，占城与真腊战，两方皆乘大象，胜负不分。有福建人浮海往吉阳军，为风浪所逐而抵占城，教占城习骑射，因得大胜。

通过使臣和商人的不断来往，交趾、占城从宋朝获得《大藏经》和儒学书籍。十三世纪中叶，交趾出现了雕板印造的户口帖子，成为越南历史上最早的印刷品。十三世纪前，汉字是交趾唯一通用的文字。"其诵诗读书，谈性理，为文章，与中国同，惟言语差异"（《岛夷志略》）。交趾的高僧大都是著名的汉学家，能赋诗作词，与宋朝诗人唱和。占城也出现了许多能赋诗作词的文士。他们的汉文学水平可与高丽比美。十一世纪中叶，交趾国王指导宫女仿照宋朝的丝织品锦，织造锦绮，获得成功。宋朝传入交趾的中草药不断增多，宋医在交趾受到重视，甚至交趾统治者也延请宋医治病，并服用中草药。交趾的药物如使君子、藿香等，这时也传入宋朝。

真腊自称甘孛智（柬埔寨）。历史上很早就与中国交通。一〇〇八年，真腊商贾三人到广西高州贸易。一一一六年，真腊国王派遣"进奉使"等到宋，赠送礼物。此后，宋朝、真腊的使臣和商贾，不断往来两国。元成宗初年，周达观曾随元使访问真腊，到达都城吴哥，撰成《真腊风土记》一书。书中描述当时真腊人民在日常生活中普遍使用元朝的货物，以"唐人金银"为第一，其次为五色轻绢帛，再次为真州的锡铁、温州的漆盘、泉州的青瓷器，还有明州的草席以及雨伞、铁锅、铜盘、木梳、针、矮床等。宋、元时期有许多人侨居真腊经商，并娶当地妇女为妻。《真腊风土记》一书的完成，增进了中国人民对真腊的了解，也为真腊保存了可贵的历史纪录。

宋代的罗斛国（以今泰国华富里府为中心）、真里富（今庄他武里一带）、西棚（今素攀一带）等，以及元朝时的暹国，都是今泰国境内的古国。罗斛国在一一〇三年，派使臣到宋"进奉"货物。一一一五年，宋在泉州置来远驿，接待罗斛、占城国人使。元朝曾三次遣使往暹国，暹国使者也九次访问元朝。一一六四年，真里富的一位巨商在明州病死，当地官府为他准备棺木盛敛，嘱其随从护丧归国，并准许带回巨商的全部遗产。次年，真里富国王派人带信表示感谢。宋、元商船也到那里贸易，运去宋朝的特产。

宋、元时期，缅甸古国为蒲甘或缅国。一〇〇四年，蒲甘国王派遣使者从海路到宋赠送礼物，受到宋朝的欢迎，邀请他们参加上元节观灯。此后，蒲甘使者多次入宋。蒲甘又与大理国（今云南省）毗邻，蒲甘王阿奴律陀曾亲自到大理访问，与大理关系较为密切。一一三六年，蒲甘和大理使臣经广西，一起向宋朝赠送土产。蒲甘商船也经常运载金颜香等到泉州贸易。蒲甘还曾派使臣和佛僧到宋求取或赠送佛经。蒲甘王朝所建的佛教寺院，采用了宋朝形式的塔像和幅射拱门。

南海诸国　　宋代，与南海诸国的交通得到了前所未有的发展。宋王朝奖励发展海外贸易。宋太宗曾特派使者持敕书金帛，分四路招致海南诸蕃国，并在京师置榷易院。凡诸蕃国香药宝货至广州、交趾、泉州及两浙，非出于官库者，不得私相市易。市舶成为北宋重要的财源。南宋王朝也申令"市舶之利，颇助国用。宜循旧法，以招徕远人，阜通货贿"。在这种奖励海外贸易政策的推动下，宋朝与南海以及西洋诸国的经济文化交流，得到了发展。成书于一一七八年的周去非《岭外代答》一书，著录南海地名约二、三十处，稍后，赵汝适撰《诸蕃志》地名多达八、九十处。元末汪大渊附贾舶浮海，越数十国，所著《岛夷志略》一书，以亲身的见闻，报导了从东南亚远及于东非的道里风俗，大大丰富了关于这些地区的知识。

元朝在平南宋后，采取一系列措施，在南宋的基础上，发展同南海西洋诸国的关系。忽必烈曾令唆都等奉玺书十通，招谕南海诸国，占城、马八儿（印度东海岸）等俱奉表入贡。忽必烈并重用南宋的降臣蒲寿庚，利用侨居福建的外商与南海诸国的联系，招致诸蕃国，发展海外贸易。一二七九年，又遣杨庭璧出使俱兰（印度西海岸）。杨庭璧抵达俱兰时，也里可温兀咱儿撒里马及木速蛮主马合麻也在其国，闻诏使到来，都表示愿意遣使入贡。苏木达国也遣使通过俱兰向元朝臣服。因此，南海十国马八儿、须门那、僧急里、南无力、马兰丹、那旺、丁呵儿、来来、急兰亦𫚖、苏木都剌皆遣使入贡。一二八四年，忽必烈又遣使臣前往锡兰（今斯里兰卡）访求佛牙。使臣抵锡兰岛，入谒国王，求得佛牙二枚、佛遗发与供食之钵。非洲旅行家伊本·拔都他在他的游记中也记载元朝皇帝曾遣使至印度。当他在古里时，曾见有元朝船只十三只停舶在港内。元朝商人在南海十分活跃，不少人迁居南洋诸岛，与当地人民一道，为开发这一地区作出了贡献。

位于苏门达腊岛上的三佛齐是当时东南亚国际贸易的枢纽。三佛齐向宋朝派出使臣三十多次。一〇〇三年（真宗咸平六年），三佛齐王遣使李加排、副使无陁李南悲来贡，且言本国建佛寺，请赐钟及寺名。真宗诏以承天万寿为寺额，并铸钟以赐。三佛齐文字用梵书，上表章用中国汉字。阇婆（爪哇）也多次派使臣入贡。宋与三佛齐、阇婆等国商人的来往也极其频繁。宋朝商人至阇婆，备受优待。福建建溪的大海商毛旭，曾经多次运货去阇婆，归国时又为阇婆使者充作向导。

位于加里曼丹岛上的渤泥，跟宋朝人民交往甚多。九七六年，渤泥国王向打派遣使臣带着表文（国书）入宋，赠送龙脑、玳瑁、檀香、象牙等礼品，宋太宗将使臣安置在礼宾院，以贵宾相待。宋朝商舶抵达渤泥三天，国王就带领眷属、大臣前往参观，商船跳板铺上织锦迎接，设宴款待，最后分送礼物。船上货物都由国王和大臣定价，然后击鼓，召集附近百姓前来贸易。在文莱发现的一块汉文石碑，上刻"有宋泉州判院蒲公之墓，景定甲子男应(？)甲立。"这是东南亚现存最早的一块汉文碑刻。据考订，是一二六四年为宋朝知州蒲某建造的墓碑，蒲某可能是泉州人。这说明许多泉州人，包括宋朝的官员，都来渤泥侨居。

宋朝与蒲端（疑为今菲律宾班乃岛西部的武端）、麻逸（今吕宋岛）及其属国三屿（今吕宋岛西南诸岛）、蒲里喵（今吕宋岛东波利略岛）、白蒲延（今吕宋岛北的巴布延群岛）等，都有密切的文化交流。一○○三年，蒲端国王其陵派遣使臣李𠇗罕、副使加弥难入宋，向宋真宗赠送土产和红鹦鹉。次年上元节，宋朝派官员陪同使臣观灯、宴饮，并赠送钱币。从此，蒲端使臣不断来宋，从宋朝带回冠带、衣服、器币、铜钱、旗帜、金银、铠甲等物，又给宋朝带来玳瑁、龙脑、丁香等物。麻逸国商人在九八二年运宝货到广州。宋朝商船将瓷器、铁锅、乌铅、五色琉璃珠、铁针、绫绢等运到麻逸、三屿等国，又从那里买回黄蜡、吉贝、番布、真珠、玳瑁等。

印度次大陆诸国　宋人称为鹏茄罗（今孟加拉）、天竺（今印度）、注辇（今印度东部海岸）、故临（今印度西海岸柯钦一带）、南毗（即古里佛，今印度西部马拉巴海岸）、胡茶辣（今印度巴罗达一带）、麻罗华（今印度巴罗达以东）、细兰（今斯里兰卡）等南亚各国，都与宋朝保持频繁的经济文化联系。宋太宗时，天竺僧罗护哪航海至泉州，海商施金建造一座佛寺，请罗护哪主持。注辇使臣和商人入宋者更多，他们给宋朝带来了真珠、象牙、琉璃和各种香料。宋朝海船去大食各国途中，必经故临国换小船而去。宋商把檀香、丁香、脑子、金银、瓷器、马、象、丝帛等运往细兰国，又从那里购买白豆蔻、木兰皮、粗细香等回国。

　　海道之外，宋与印度次大陆诸国在陆路上的交通也很频繁。北宋建国之后，九六五年(太祖乾德三年)，沧州僧道圆自西域返还，表献贝叶梵经四十二夹。道圆是在晋天福中西去的，在途十二年，居印度六年。宋太祖亲自召见他询问所历山川道里，颇加礼待。明年，僧行勤等一百五十七人请游西域取经，朝廷各赐钱三万遣行。此后，往取经者甚多。同时期，印度僧人也纷纷东来，其中著名的有中天竺摩伽陀国法天、北天竺迦湿弥罗国僧天息灾和乌填国僧施护等。太宗崇尚释教，九八〇年(太平兴国五年)，诏立译经院(后改称传法院)，召天息灾等三人入院，从事佛经翻译，由梵学僧法进、常谨、清沼等笔受，杨悦、张泊润色。九八三年，天息灾请选召童子，学习梵文。真宗景德三年诏令"西天僧有精通梵语，可助翻演者悉馆于传法院"。传法院进行了大量的佛经翻译工作。从太平兴国七年到仁宗景祐三年的五十四年内，贡献并内出梵经无虑一千四百二十八夹，译成经论凡五百六十四卷。以后又

581

续有译作。当时来宋朝的天竺僧人很多，挟梵夹来献者不绝。

（三）中亚、西亚及东非诸国

阿拉伯沿海诸国 早在行勤西游时，便携有宋王朝致大食国王书。行勤显然完成了传递使书的任务，因此，九六八年（开宝元年），大食国王遣使来贡。宋人所说的"大食"，是中亚诸国之泛称。从行勤的行程来看，他们道出克什米尔，折而西南行，至北印度的左兰那罗国。他所致书的大食国，很可能便是当时据有锡斯坦地区的伽色尼王朝的创建者撒布克的斤。九七一年，大食国又遣使来贡，宋以其使者李诃末为怀化将军，还特以金花五色绫纸写告身以赐。从这以后，取陆路和海路东来的大食使者史不绝书。

辽王朝已与中亚诸国有密切的联系。早在天赞初，就有"波斯国来贡"、"大食国来贡"的记载。一〇二〇年，大食国王遣使为其子册哥请婚，并进象及方物。明年，复遣使来，辽以王子班郎君胡思里女可老封公主许嫁。一〇二六——一〇二七年（圣宗太平六——七年），辽又遣使至锡斯坦与伽色尼王朝联系，建议"辟联合之路而系敦睦之环"，使之从西南方牵制哈剌汗国。一〇四一——一〇四二年（道宗重熙十——十一年），为辽戍边的一万六千帐契丹人叛逃，迁入哈剌汗国。所

582

有这些关系表明，后来耶律大石的西迁不是偶然的。

成书于一一二〇年的《动物与自然属性》的作者马儿瓦齐报导，当时中国分属支那、契丹与畏兀三部分。凡是经商及从事其他事务的人皆自喀什噶尔经叶儿羌、和田，至沙州，然后由这里分道前去三国。但是当时东西间的陆路交通是艰难的。十世纪末，辽圣宗向西扩展了领地；十一世纪中，西夏又控制了河西走廊，北宋与西域的陆路交通因而一度被切断。宋神宗开熙河，与西域的交通才得恢复，但必须取道青海北部，由秦州入境。这一段旅途更加僻远迂回，彼此间的陆上联系受到限制。因此，宋与大食的联系，主要还是依靠海路进行。

宋朝与大食诸国海上交通发达，远洋船舶广泛使用罗盘针导航。大食使臣和商贾从海路到东方，多到故临国换乘东归的宋商海舶。大约在十二世纪末到十三世纪初，罗盘针传入大食，又经大食传入欧洲。宋朝有近六十种药材大量运入大食各国，其中川芎对医治采胡椒工人的头痛病有显著疗效，而牛黄约在十二世纪前又由大食人传到欧洲。这说明宋朝医学对大食医学有很深的影响。大食各种药材也被宋朝药物界广泛采用，阿维森纳创造的丸衣方法传到宋朝后，迅速得到推广。

伊斯兰教及其建筑艺术，传入宋朝，大食商人在泉州、广州建筑寺院和高楼，既保持了大食的建筑艺术风

583

格，又吸取了宋朝建筑的优点。侨居宋朝的大食各国商人数量很多，有些商人资金相当雄厚，广州官员竞相与之联姻。这些商人还在侨居地，如广州、泉州兴建蕃学。元朝时期，色目人在福建沿海定居的人数相当多。元末农民起义中，这些色目人在其首领赛甫丁的领导下，据有泉州。当时，摩尼教、伊斯兰教在这里十分流行。

十三世纪时，波斯人曾仿制宋瓷碗，绘有凤凰图案，而宋磁州窑也曾仿制波斯式的瓷壶。北宋初，有一位汉族学者在伊拉克巴格达侨居一年左右，他只用五个月时间就学会了阿拉伯文。当他准备离开巴格达时，请房主拉齐读一部阿拉伯学者的著作，拉齐读得很快，他能用汉文草书准确地速记下来。大食的天文学也对中国产生了影响。在河北宣化发掘的一座辽墓中，出土一幅彩绘的星空图。此图以中国传统的二十八宿为主，又吸取了巴比伦黄道十二道，形成自己独特的风格。

东非诸国 《诸蕃志》中，详细地记载勿斯里（今埃及）、遏根陀（今亚历山大港）、陀盘地（今杜姆亚特港）和憩野城（今开罗）等地的情况。这些情况可能是他从到达泉州的埃及商人那里听来的。他还记述遏根陀国有一座大塔，这就是古代亚历山大港的法鲁斯岛灯塔，高达一百米。憩野是勿斯里的都城，商业非常繁盛，意大利商人曾到这里来购买东方货物，其中最吸引人的

584

是宋朝的货物，主要有丝织品、瓷器、金银、铜钱等。

宋朝的瓷器驰名世界，远销勿斯里，受到当地人民的喜爱。不久，本地的陶瓷工匠便进行仿造。在十一至十三世纪时，仿制青瓷；十四至十五世纪时，又仿制青花瓷。但瓷胎使用本地的陶土，并且常有阿拉伯字的陶工名字。这些仿制品的瓷片，在福斯特（开罗古城）遗址中发现不少。十二世纪时，宋朝的皮影戏传入勿斯里，引起当地人民的很大兴趣。亚历山大港的天文学家兼地理学家多禄某的天文集，在宋、元时传入中国。据马可波罗记载，忽必烈时，朝中有巴比伦（指埃及）地方之人，被大汗派遣至福州城，授民以制糖术，用一种树灰制造。这些都说明彼此间文化交流的密切。

一〇七一年，层檀（今坦桑尼亚）首次派使臣到广州，对宋朝进行访问。一〇八三年，再次遣使入宋，赠送本国特产，宋神宗回赠银二千两。宋朝的丝织品、瓷器、铜钱等，直接或间接地由宋朝商船运到层檀销售。十九世纪末年以来，坦桑尼亚沿海一带不断发现宋瓷残片和宋朝铜钱，表明宋和层檀之间的经济文化交往相当频繁。

宋朝人称索马里古国为中理（今索马里沿岸）和弼琶啰（今索马里柏培拉港）。索马里首都摩加迪沙的地下发掘，曾发现宋瓷和宋钱。元朝统治时期，与东非的联系继续有所发展。马可波罗记忽必烈曾派使者至东非马达加斯加岛，使臣归后，将此岛之诸异闻陈告大汗,并把两枚巨大的野猪齿入呈。元朝末年,依本·拔都他游印度,曾受其王的派遣,出使中国。依本·拔都他经历地区的范围仍然是一个疑问,可能仅到过长江以南,但他的游记中却保存了元朝商人活跃在南海的记载。

(四)钦察、伊利诸汗国

蒙古西征后,形成了钦察、察合台、伊利与窝阔台四个汗国。诸汗国逐渐成为事实上各自的独立政权,但在名义上,仍奉元朝皇帝为大汗、"一切蒙古君主的君主"、"四海万民之君和成吉思汗家族之长"。在通常情况下,诸汗国汗位的承袭,必须取得元朝皇帝的认可。伊利汗国的旭烈兀汗死,遗命子阿八哈汗继位。阿八哈辞位说:没有叔父忽必烈的命令,他不能即位。因此在未得忽必烈的正式册命之前,他始终不敢就正位,而是另设一座,权行汗权。直到一二七〇年元朝所派的使臣奉诏来到后,他才遵旨重新举行登位的典礼。一二八四年阿鲁浑汗夺取了汗位,但也等到二年以后元朝的使臣到来,才正式即位为伊朗等地诸蒙古及大食民众之长。一二九一年乞合都即汗位,忽必烈赐给他藏语名亦怜真·朵儿只。合赞汗的即位与改奉伊斯兰教,同样要取得成宗铁穆耳的认可。一些有翊戴大功的贵族,也以请求元廷赐予官爵为荣。如阿鲁浑汗时期的不花，被元朝封为丞相；不赛音汗时期的出班，被元朝授以开府仪同三司、翊国公，给银印、金符。元王朝封授汗国贵族的这些官爵，显然都是来自汉族的传统官名。在特殊情况下，元廷甚至可以另派所在汗国的贵族来接替汗位。现存的资料表明：伊利汗国的国玺，是由元廷所颁赐的汉文刻印，一方为"辅国安民之宝"，另一方为"真命皇帝和顺万夷之宝"。

　　元朝皇帝与诸汗国通过赐予和朝贡保持经济上的交流。诸汗国的贡品多是西域的大珠、珍宝、玉器、水晶、马驼、文豹、狮虎、药物和特产的佩刀。元廷的回赐则为钞币、缎帛、绣采、金银和东北特产的海青猎鹰。贡使往往受命携来重金，广购元朝各种土产，使者本人也乘机贩运货物。因之，每一批使者实际上便是一支庞大的商队。元朝规定：所有使臣，从杭爱山至大都都可以乘驿前行，因而大大地便利了贡使的商贩活动。

　　在蒙古统治时期，东西方之间人民的交往也空前繁盛。早在成吉思汗西征中，一大批投附的官员、军卒、工匠和驱奴被掳东来，以后又辗转迁入内地。随后是大批中亚商贩、旅行家，沿着东西驿道，络绎东来。元人文献把他们泛称为回回人、西域人或大食人，统归色目。他们大都是伊斯兰教徒，在内地任便住坐，踪迹遍及城乡各处，但在一个地方内又往往保持小范围的聚居，嫁娶丧葬、宗教信仰仍坚持原有的习俗。在有回回人聚居的城市中，如上都、太原等地，都建有礼拜寺。元朝设立回回哈的司，管领伊斯兰教徒刑名事务，答失蛮（回教徒）与佛、道和基督教徒一样，都享有特许的优免赋役的权利。他们在定居各地之后，都在不同程度上接受了汉文化，不少人成为汉文化修养很高的写作家，同时也把中亚的伊斯兰文化传播到中国。

与此同时，也有大批蒙、汉等各族人迁入中亚和西亚诸地。当旭烈兀西征时，除大批蒙古军外，曾征调汉人匠师上千人随征，其中包括使用火药的枪手。由中国发明的火药辗转经过阿剌伯而传入欧洲，对世界文明的发展作出了贡献。随军西征的蒙古人和汉人留住在伊利汗国，因为蒙古人当时主要信仰喇嘛教，所以在伊利汗国境内，一度佛寺兴盛。藏族创立的"喇嘛教"也由此传到了中亚地区。著名的全真道士丘处机和政治家耶律楚材都曾亲历中亚；旅行家常德奉使于旭烈兀，且远及呼罗珊诸地。当时还有一部分原属西辽的黑契丹人，以博剌克·阿只卜为首，又在克尔曼地区割据自守而臣附于蒙古。他们的统治前后维持达八十余年。直到十四世纪初，完者都汗征召其主沙只罕入朝，另派蒙古官员统治其地，契丹人后裔的这个政权才告结束。

东西方之间政治、经济关系空前密切，人口交互迁移，文化上的交流也因此更为发达。中亚城邦中所习行的理算、扑买与商业斡脱组织等制度，都在元朝的政

588

治制度与社会生活中产生了影响。一些色目权臣，也多惯于把中亚的统治制度强行推行于汉地。成宗以后，这种情况才有所变化。

回回的优秀科学成果，如医学、天文学等的传入，受到元朝人民的欢迎。著名的回回天文学家札马鲁丁在至元四年进《万年历》，忽必烈曾一度下令颁行。札马鲁丁又造咱秃哈剌只（多环仪）、咱突朔八台（方位仪）、鲁哈麻亦渺凹只（斜纬仪）、鲁哈麻亦木思塔余（平纬仪）、苦来亦撒麻（天球仪）、苦来亦阿儿子（地球仪）、兀速都儿剌不（观象仪）等回回天文仪器。元朝还专设有回回司天台。在当时元廷的秘书监里，保存有大量天文历算书籍和仪器。回回医学也很负盛名。元朝在太医院下设广惠司，掌修制御用回回药物及和剂，以疗诸宿卫士及在京孤寒者。广惠司的创建者是叙利亚人、景教徒爱薛。回回药物与验方在社会引起了普遍的重视。在秘书监中还保存有《忒毕医经十三部》（忒毕，阿剌伯语义为医学）。《常德西使记》载中亚的几种特效药物：阿只儿，状如苦参，治马鼠疮；妇人损胎及打扑内损，用豆许咽之自消。阿息儿，状如地骨皮，治妇人产后衣不下；又治金疮脓不出，嚼碎敷疮上即出脓痊愈。奴哥撒儿，形似桔梗，治金疮；肠与筋断者，嚼碎敷之自续。明初刻本《回回药方》，据考证系阿拉伯著名医学家依本·贝塔儿的《简救法》一书的译本，大概是元代译出的。忽思慧所著的《饮膳正要》，是一本研究食物医药学的专著，其中也保存了一些回回药物及方剂。

大食人也黑迭儿是出色的建筑工程师，忽必烈时任茶迭儿局诸色人匠总管府达鲁花赤，兼领监宫殿。在大都宫城的设计中，"受任劳勚，夙夜不遑，心讲目算，指授肱麾，咸有成画"。后与张柔、段天祐同行工部事，管领修筑宫城，为大都城的修建作出了贡献。尼泊尔著名的绘画装塑家阿尼哥，中统元年受帝师八思巴之招，率领匠师八十人造黄金塔于吐蕃。后从帝师入京，以塑绘和工巧著名一时，两都寺观的塑像，多出其手。阿老瓦丁和亦思马因是伊利汗阿八哈应忽必烈之命而派遣来元的制炮家。他们所造的巨炮（一种投石机）曾用于进攻襄阳与常州，具有颇大的摧毁力。

中国文化也在波斯等地广泛传播。随同旭烈兀西征的有中国天文学家数人，其中包蛮子(?译音)最为著名。伊朗的著名天文学家纳速剌丁便是通过他而得以了解中国的天文推步术数。伊利汗国丞相拉施德在编纂他的世界历史名著《集史》时，曾有汉人学者李达时、倪克孙（均为译音）参与编著。《集史》中有关蒙古及元朝的某些史实，主要是得自一二八三年出使伊利汗国并留驻那里的元朝丞相孛罗的口授。拉施德还主编过一部关于中国医学的百科全书，名为《伊利汗的中国科学宝藏》。孙思邈的《千金要方》也被译成了波斯文。合赞汗曾得眼疾，延请元朝医师治疗。这位医师采用放血疗法而收到了预期的效果。合赞汗本人，略

590

知汉语，通晓中国史事，了解中国特产的草药。西亚流行的圆穹形建筑和绘画的手法与题材，也明显地反映了中国建筑与绘画艺术的影响。元朝的纸钞制度也传入伊利汗国，曾一度实行。

(五) 欧 洲 诸 国

据《宋史》记载，北宋时期，拂菻（东罗马）曾三度遣使来贡。当时陆路上的通道既远且阻，直接往来是很困难的。但间接的文化交流却一直未曾停止。经由西亚东传的景教（聂思托里派基督教），在汉地虽已不再流行，但在畏兀儿等族地区却仍然盛行。太平兴国六年，王延德使高昌，他在那里见到所谓"波斯僧"，指的便是景教徒。据西方的记载，在十一世纪初，我国西北部的突厥人已有很大一批人转奉了景教。以后景教一直在西域和西部蒙古地区盛行。克烈、乃蛮与汪古等部从辽、金以来便都是世奉景教的部族。

蒙古的几次大规模西征和四大汗国的建立揭开了中国与欧洲交通的新篇章。大批欧俄的部族，如钦察人、阿兰人、俄罗斯人被裹胁东来；一些欧洲的工匠，如日尔曼奴隶、巴黎和贝尔格莱德的俘虏也出现在和林。西征也在客观上打通了交通的道路，一大批欧洲人，包括教士、使臣、商贾和旅行家，抱着各自不同的目的涌向东方。

普兰诺·迦宾与卢卜鲁克的来使 欧洲人对蒙古，原来很不了解。拔都的西征引起了欧洲统治者们严重的不安和忧虑，因而亟力谋求了解蒙古草原的状况，阻止杀掠。一二四三年，新当选的教皇英诺森四世组织两个使团出访蒙古：普兰诺·迦宾出往俄罗斯；剌温思出往波斯。普兰诺·迦宾等在一二四五年四月从里昂出发，带着教皇写给蒙古大汗劝谕勿攻基督教民的书信，经过波希米亚、基辅，穿过南俄草原，在伏尔加河上觐见拔都。拔都认为这种关系必须取决于大汗，便派他前往蒙古。于是他与同伴别内的克特穿过康里草原，经过准噶尔盆地北部，抵达蒙古。当时正在举行选举贵由为大汗的忽里勒台。普兰诺·迦宾在蒙古逗留了四个来月。贵由写了勒令西欧的统治者们投降入贡的回信，交他带给教皇。普兰诺·迦宾于一二四六年十一月启行，大体上循原路西返，一二四七年的下半年返抵里昂。他所记的《蒙古历史》一书，是对蒙古人从生活习俗到军事装备、战略战术的一个全面纪录，其中还包括了旅途行纪，记述沿路的见闻。

一二四八年，率领第八次十字军东征的法国国王路易九世在尼可西亚接待了一个自称是蒙古驻小亚细亚的将军按只吉歹所派遣的使团，使者名大维德。明年二月，圣路易遣安德烈为使，进行回访。安德烈大概是在木干平原见到按只吉歹，然后绕行里海南岸，循锡尔河而东，抵达额敏河上贵由的行宫。这时贵由已病死，海迷失皇后执政，她接见了安德烈。一二五一年四月，安德烈返抵帕托列玛恩，觐见圣路易，递交了给海迷失皇后的回书。书中敦促称臣入贡。紧接着，圣路易又在凯撒里亚接见了据说是海迷失所派遣的菲力浦使团。使团受到圣路易的款待，逗留一年之久。一二五二年春，圣路易又派教士卢卜鲁克以传教士的名义前往蒙古。卢卜鲁克可能是从阿克儿乘船，伴同菲力浦使团抵孔士坦丁堡。然后越里海，从克里米亚半岛登陆东行，先后觐见了西欧盛传是基督教徒的蒙古诸王撒里塔，和住牧在伏尔加河上的拔都。拔都派他往见蒙哥汗。他在一二五三年十二月抵达蒙哥在汪吉河附近的冬营帐地，然后伴随蒙哥的大帐日渐北移。次年四月进入和林城。逗留五个多月之后，卢卜鲁克带着蒙哥的严厉的促降书返回。他从拔都处折而南行，穿过高加索与小亚细亚，一二五五年六月抵达塞浦路斯。他此行的使命，原是希望结好蒙古，共同抗击伊斯兰教徒，收复圣地与宣扬基督教义。这无疑是彻底失败了。但他成功地深入了解了蒙古的状况和东西交通的道路。他所著的《行纪》一书，是关于蒙古和中亚历史的有价值的资料。

马可波罗来华　忽必烈建立元朝后，欧洲的贡使、商人、旅行家和传教士，络绎东来。马可波罗以他的游记著称于世。

马可波罗出生在意大利威尼斯的商人家庭。他的父亲尼古剌和叔父玛窦从孔士坦丁堡渡黑海，前往钦察汗国的都城撒莱经商。由此继续前行，抵布哈拉。大约在一二六六年（至元三年）到达上都，受到忽必烈的接见。忽必烈决定派遣使臣随同他们西返，往使罗马教廷，命教皇遣送熟知基督教律，通晓七种艺术者百人来华。中途使者因病阻留，尼古剌兄弟持国书继续西行。他们在一二六九年抵阿克儿，向教廷呈递了蒙古的国书。二年之后，兄弟二人携带十五岁的马可波罗陪同教皇所派遣的二宣教士尼古勒与吉岳木东来。两名宣教士在半途因惧怕危险而折回。马可三人又经过长途跋涉，于一二七五年（至元十二年）夏到达上都复命。马可波罗在元朝留居十七年，颇得忽必烈的信任。忽必烈"欲见万里如在目睫"，曾派遣贺胜遍历吐蕃、云南、广海之地，往返观察。马可波罗在游记中说他也曾奉使云南、江南及占城、印度诸地。马可波罗还自称在扬州作官三年。一二九一年（至元二十八年），忽必烈应伊利汗国的请求，把阔阔真公主嫁给阿鲁浑汗。马可波罗随同阿鲁浑的使臣护送公主，由海道西行。在一二九二年左右抵达伊利汗国，完成了护送任务。马可波罗继续西行，一二九五年返抵威尼斯。根据他口述整理的《马可波罗游记》，记载了他在旅途和在元朝居留期间的见闻，对元朝的繁华和富庶备加赞扬。马可波罗的东来和游记的传播，极大地加强了欧洲人对东方的了解。

594

列边骚马出使欧洲 列边骚马原籍大都，是一个景教徒。列边是景教长老之称。据说当时在大都的景教徒多达三万多人。骚马与东胜（？）人马儿可思在一二七八年（至元十五年）奉准前往耶路撒冷朝圣。他们途经河中府、唐兀城、和田，经塔拉斯、呼罗珊而抵巴格达，因战争稽留在伊利汗境。一二八〇年，马儿可思被任命为契丹与汪古的大主教，改名为马儿亚伯剌罕。次年，在巴格达的景教总主教死，诸大主教集会，因马儿亚伯剌罕是蒙古人，而被选推为总主教，得到阿八哈汗的核准。其后阿鲁浑汗在位，企图征服巴勒斯坦与叙利亚，由马儿亚伯剌罕派遣骚马为使，前往欧洲，联络基督教国家。一二八六年骚马以阿鲁浑国王及马儿亚伯剌罕总主教的名义赴罗马，航经孔士坦丁堡，至那不勒斯登陆。这时正值旧教皇死，新教皇未立。骚马在罗马盘桓之后，去往法兰西，受到国王菲力浦四世的接见。国王表示：虽然蒙古人不是基督教徒，但如果为夺取耶路撒冷而进击阿拉伯人，他将全力应援。骚马又前往会见英王爱德华。爱德华也表示他的想法与阿鲁浑汗一致。一二八八年春，骚马返抵罗马。新教皇尼古拉四世热烈地接待了骚马，对阿鲁浑汗优礼基督教徒和打算夺回圣地表示了支持和感谢。骚马在胜利完成使命后，循原道返回，受到阿鲁浑汗的嘉奖。此后骚马与马儿亚伯剌罕一直留在伊利汗国。骚马死于一二九四年。马儿亚伯剌罕死于一三一七年。

罗马天主教士的东来 骚马的西行促使教皇尼古拉派遣传教士孟德科维诺前来东方进行联系与宣扬宗教。一二八九年，孟德科维诺携带教皇致阿鲁浑汗、海都汗和忽必烈皇帝的信件，前往大不里士。他从这里航海至印度，停居年余，在一二九三年左右泛海来到大都。孟德科维诺受到了成宗的接待，允许他在大都自由传教。他在大都皇宫附近兴建了一所教堂。到一三〇五年，先后洗礼了六千人。次年又完成了另一所教堂的兴建。他成功地促使汪古部的大贵族高唐王阔里吉思放弃景教的信仰，改宗天主教。但由于阔里吉思在对海都作战中被俘死去，嗣子尢安（这是从约翰·孟德科维诺取名的"约翰"一名的音译）年幼，阔里吉思的兄弟尢忽难又率部民奉行景教。当时，大都的天主教与景教两个教派互相排挤。孟德科维诺就曾长期受到一些景教徒的诬控。孟德科维诺在报导中还提到在大都的阿兰人有三万人，"这些人和他们的家属来投约翰兄弟。他为他们宣道，并鼓舞他们"。阿兰即《元史》里以骁勇著称的阿速军人，他们是蒙古西征时从高加索迁来的。马可波罗曾说："诸阿兰皆是基督教徒"。天主教在大都的传播，是同他们分不开的。

孟德科维诺曾两次致书罗马教皇，请求派遣教士前来协助传教。教皇于是在一三〇七年派遣了七名副主教前来，但只有格拉德、比列格林与安德烈三人约在一三一三年抵达中国。大概也就是在这一年后，泉州也创设了主教区，由格拉德任首任主教，以后则由比列格林和安德烈先后继任。大都总主教孟德科维诺约在一三二八年（文宗天历元年）病死，罗马教廷又委派了尼古拉继任总主教。尼古拉一行抵达阿力麻里，受到察合台汗的欢迎。但从这以后，下落无闻。一三三六年（后至元二年），一个由元顺帝派遣的十六人使团，包括法兰克人安德烈（可能即上述泉州主教）在内前往罗马。使团还携带阿兰贵族福定、香山、者燕不花等署名致罗马教皇的信，请求为他们派来总主教，同时也给元朝皇帝派来使者。这个使团在一三三八年抵达亚维农，受到教皇别内的克特十二世的接待。教皇立即筹组了一个包括马利诺里在内的使团东来。使团历经钦察汗国与察合台汗国，并在阿力麻里建成一所教堂，洗礼数人。一三四二年（至正二年）七月，使团抵上都，向顺帝献骏马。《元史·顺帝纪》记载："是月，拂郎国贡异马，长一丈一尺三寸，高六尺四寸，身纯黑，后二蹄皆白。"群臣于是争献《天马赋》、《天马图》，他们描写这些使者"黄须碧眼，服二色窄衣，言语不可通"。使团在大都留居三年，然后循海道西归。据马利诺里记载：当使团离去时，皇帝曾嘱咐"我或其他人很快能和一个赋予全权的红衣主教返回来，担任那里的主教"。但是，不久之后，元末农民起义爆发，元朝覆亡。基督教在中国的传播也随之停顿了。

鄂多立克的来华旅行　意大利教士鄂多立克从十四世纪初便开始了他的游历生涯。他从大不里士、巴格达而至印度。一三二一年由印度继续东行，历南海诸国而抵广州。再由广州抵扬州，循运河北上，至于大都。鄂多立克在大都停留达三年，然后经今内蒙古游历了青藏地区，再经呼罗珊至大不里士，返回威尼斯。在他讲述的游记中，关于行在（即杭州）、大都的绿山（即万寿山）和湖（即北海）以及分省置驿的情况，虽然很简略，但大体上都是准确的。

欧洲传教士陆续来华和元朝使臣远使西欧，这在元朝以前的历史上是不曾有过的。元朝统治时期的对外关系，由亚洲扩展到非洲和欧洲。元朝以后，中国历史的发展日益和世界历史的发展，发生了密切的联系。

元 代 纪 年 表

公元纪年	干支纪年	元　朝　纪　年
一二〇六	丙寅	太祖
一二二八	戊子	拖雷监国
一二二九	己丑	太宗
一二四二	壬寅	乃马真后监国
一二四六	丙午	定宗
一二四九	己酉	海迷失后监国
一二五一	辛亥	宪宗
一二六〇	庚申	世祖中统元年
一二六四	甲子	至元元年
一二九五	乙未	成宗元贞元年
一二九七	丁酉	大德元年
一三〇八	戊申	武宗至大元年
一三一二	壬子	仁宗皇庆元年
一三一四	甲寅	延祐元年
一三二一	辛酉	英宗至治元年
一三二四	甲子	泰定帝泰定元年
一三二八	戊辰	致和元年
		幼主阿刺吉八天顺元年
		文宗天历元年

公元纪年	干支纪年	元　朝　纪　年
一三二九	己巳	明宗　未改元
一三三〇	庚午	文宗至顺元年
一三三二	壬申	宁宗至顺三年十月即位，未改元
一三三三	癸酉	顺帝至顺四年六月即位，十月改元元统
一三三五	乙亥	至元元年
一三四一	辛巳	至正元年

元代农民起义年表

一二六四年（元世祖至元元年）

云南僧人舍利威等和三十七部爨人杀守将起义。

一二七六年（至元十三年）

二月，原宋镇巢雄江左军统制洪福杀元戌军。元廷派兵镇压，洪福误中宋叛臣夏贵计被杀。元军屠城。

一二七七年（至元十四年）

四月，舒州张德兴、六安野人原刘源、蕲州傅高起义抗元，据黄州、寿昌，传檄淮东四郡；进逼阳罗堡，鄂州大震。七月，元军收复寿昌、黄州。九月，司空山寨被元军攻破，张德兴牺牲。傅高出走，被捕遇害。

汀州长汀人黄广德起义，称天下都大元帅，刻都帅印，自立为天从广德皇帝，设铜将军、铁将军等号。

五月，浙江沙县人谢五十领导当地人民起义，自称挈天将军。

罗飞围永州，宝庆路新化县民张虎、周隆，常宁的黄必达，潭属的喻文才领导当地农民起义响应。

处州青田季文龙、章焱率张世杰旧部淮军起义，自署两浙安抚使，附近七县起义响应。起义军与元军战于恶溪南岸，季文龙战败溺死。

宋潭州散兵万余人在苏仲领导下起义，以广西镇龙山为根据地,活动遍及横、象、宾、贵四州。在元军的打击下,起义军溃败,苏仲叛降。

一二七八年(至元十五年)

六月,处州农民二万人在张三八领导下杀庆元县达鲁花赤也速台儿起义。

衢州农民二万人推陈千二为领袖,发动起义。

七月,湖南制置张烈良与提刑刘应龙起义,被元军击败,张烈良率余部奔思州乌思洞,与刘应龙俱战死。

十一月,建宁路政和县人黄华集结盐夫,并联络建宁、括苍及畲族首领许夫人起义,起义军发展到四万人。在元军的压力下,黄华投降,屯驻建宁。

一二八〇年(至元十七年)

四月,江西南康都昌县民杜可用(杜万一)利用白莲教会组织起义,号称杜圣人,建元万乘,自称天王,众至数万。江西和江淮元军联兵镇压,杜可用被俘至南昌磔死。

十二月,陈桂龙率畲族人民在漳州起义。桂龙侄陈大举(陈吊眼)也据漳浦峰山寨,与据水篆畲的陈三官、据梅泷长窖的罗半天、客寮畲的陈大妇等联兵反元。起义军共有山寨八十余处。

云南和泥大首领必思领导各部起义。

一二八一年(至元十八年)

云南乌蒙彝族杀万户阿忽起义。

一二八二年(至元十九年)

四月,元军用黄华为前导,攻破陈大举山寨,陈大举于千壁洞被俘,在漳州处死。陈桂龙降元。陈大举余部吴满、张飞坚持斗争,英勇牺牲。

一二八三年（至元二十年）

三月，广东新会县人林桂芳、赵良铃聚众万余起义，建罗平国，称延康年号。同知广东宣慰司事王守信率官镇压，擒杀林桂芳。

九月，广东人欧南喜在清远称王，建元称号，设官置署，众号十万，据平康下里东团村等处。增城县蔡大老、钟大老、唐大老起兵响应。官军大举进剿，起义军战败，欧王及其所署都督、丞相、兵马钤辖等二十四人均被俘磔死。

十月，建宁路黄华再次起义，聚众十余万，军士剪发文身，号"头陀军"，用"祥兴"五年年号。次年正月，黄华兵败，赴火自焚而死。

丽江路施州罗罗族人民起义。

本年内，因搆水手，造海船扰民，江南人民相继起而反抗，此伏彼起。

一二八八年（至元二十五年）

七月，广东董贤举等起义，活跃于吉、赣、韶、雄、汀诸州，官军连岁进讨，不能取胜。

诸王爱牙赤位下千户伸思伯八率众起义，断绝驿道。

一二八九年（至元二十六年）

正月，广东循州民钟明亮率众起义，攻下赣州、宁都，据秀岭。五月，钟明亮降元。闰十月，钟明亮又反，以众万余人攻梅州，分遣江罗等八千人攻漳州。韶州、雄州等地的起义军二十余处起兵响应。

二月，浙江台州宁海人杨镇龙聚众玉山县二十五都龙兴山起义，称大兴国皇帝，建元"安定"元年。起义军号称十二万，以七万攻东阳义乌，余攻嵊县、新昌、天台、永康等处，浙东大震。三月，杨镇龙起义军失利，退守龙兴山，官军纵火焚杀，起义军溃败。

本年内，江南人民起义四百余处。

蒙古别乞怜部发动起义。

杭爱山的蒙古族人阔阔台、撒儿塔台等领导当地人民起义。

一二九〇年（至元二十七年）

二月，钟明亮再降。五月，钟明亮又反，率众攻赣州，不久失败。

一二九六年（成宗元贞二年）

七月，赣州兴国县笼坑民刘六十，名季，与张大老等利用宗教组织群众起义。刘季自称刘王，张挂刘季天旗，刻皇汉高祖广新之帝并行王二印。十月，在江西行省左丞董士选的屠杀和分化下起义军瓦解。刘季被俘，自杀未死，惨遭杀害。

一三〇一年（成宗大德五年）

元军征讨八百媳妇国，沿途强征钱粮，扰害人民，云南各族人民纷纷起义反抗。

一三一〇年（武宗至大三年）

临安、大理两宣慰司和丽江宣抚司以及普安路土官所隶部曲同时起义。各路起义蜂起，连年不息。

一三一二年（仁宗皇庆元年）

沧州人阿失歹儿、睹海、塔海等聚众起义。十一月，阿失歹儿等被俘，惨遭杀害。

一三一五年（延祐二年）

四月，赣州宁都蔡五九发动起义。八月，攻陷汀州宁化县,五九自称蔡王,骑马列仪卫,张汉高旗帜。九月,江浙、江西两省联兵镇压,起义失败,蔡五九在福建木麻坑被俘。

一三一八年(延祐五年)

十月,赣州宁都县人刘景周聚众起义。

岭北戍军起义。

一三一九年(延祐六年)

晋王也孙铁木儿的部民起义。

一三二一年(英宗至治元年)

六月,陕西奉元周至县终南景谷小高山僧圆明和尚(白唐兀台)纠合苏子荣等五十余人,祀星斗,即位称帝,定于七月五日攻奉元路起义。因被人告发,七月一日,圆明等人突围沿秦岭西走途中被捕遇害。

七月,邠阳道士刘志先利用宗教组织起义。

一三二三年(至治三年)

大理护子罗率众起义。

一三二五年(泰定帝泰定二年)

六月,河南息州民赵丑厮、郭菩萨倡言弥勒佛当有天下,号召群众起义。十一月,起义失败,郭菩萨等人被杀害。

一三三七年(顺帝至元三年)

正月,广东增城县民朱光卿起义,石昆山、钟大明等率众响应,建大金国,建元赤符。四月,惠州归善民聂秀卿、谭景山等造军器,拜戴甲为定光佛,与朱光卿联兵反元。七月,起义失败,朱光卿、石昆山、钟大明等人被捕。

二月,陈州人棒胡(闰儿)利用宗教组织群众起义。胡山花及陈州人棒张、开州人辘轴李等人也起兵响应,被河南行省左丞庆童镇压。

四月,四川合州大足县民韩法师起义,自称南朝赵王。

一三三八年(至元四年)

六月,袁州僧彭莹玉、周子旺聚众五千人起义,周子旺称周王,立年号,起义失败,周子旺牺牲,彭莹玉逃亡淮西。

一三四一年(至正元年)

四月,道州人蒋丙等起义。

十一月,道州何仁甫等人起义。

十二月,云南车里寒赛等人起义。山东燕南,起义者达三百余处。

一三四二年(至正二年)

七月,庆远路莫八聚众起义。

九月,大都人民反抗活动四起。

一三四三年(至正三年)

二月,辽阳吾者野人起义。

六月,回回刺里五百余人渡河,攻解、吉、隰等州。

八月,四川上蓬反元起义。

山东起义军焚掠兖州。

九月,道州、贺州徭族蒋丙自号顺天王,攻破连、桂二州。

一三四四年(至正四年)

七月,濒海盐徒郭火你赤起义。

一三四五年(至正五年)

"岁饥民贫",各地反抗蜂起。

一三四六年(至正六年)

三月,京畿和山东地区反抗蜂起。

四月,辽阳吾者野人和水达达起义。

606

六月,汀州连城县民罗天麟、陈积万起义。

思可法在云南反,直到次年三月,才被镇压。

十月思、靖州徭民军攻武冈。

闰十月,靖州徭民吴天宝反,众至六万陆续攻下沅州,陷武冈等地。

十二月,山东、河南农民起义。

一三四七年（至正七年）

二月,河南、山东农民起义发展到济宁、滕、邳、徐州等处。

四月,临清、广平、滦河等地农民起义。

通州农民起义。

九月,八邻部落的哈刺那海、秃鲁和伯起义,切断岭北驿道。

十月,西番人民起义二百余处,攻陷哈刺火州。

十一月,长江沿岸农民起义。

湖广、云南农民起义蜂起云涌。

十二月,河南农民起义军横行无阻。

集庆花山人毕四等三十六人起义,前后坚持达三个月。

一三四八年（至正八年）

三月,辽东锁火奴起义,自称大金子孙。

吐番人民起义。

福建人民起义。

辽阳兀颜拨鲁欢自称大金子孙,假托授玉帝符,发动起义。

四月,辽阳董哈刺起义。

海宁州沭阳县等地农民发动起义。

广西峒族人民乘湖广平章伯颜带兵镇压莫万五、蛮雷等义军时,起兵反抗。

十月,广西起义军攻道州。

方国珍聚众海上起义。

一三四九年(至正九年)

正月,徭族起义军攻陷道州。

三月,吴天宝率部复攻沅州。十二月进逼辰州。

十二月,冀宁平遥等县农民起义,推曹七七为领袖。

一三五〇年(至正十年)

十月,南阳、安丰一带农民起义成群。

一三五一年(至正十一年)

五月,韩山童、刘福通等利用白莲教组织农民起义。

八月,邳县人李二(芝麻李)联络了赵君用、彭大等八人起义,攻占徐州城。

彭莹玉、徐寿辉、邹普胜为领袖的西系红巾军起义,置莲台省,建国号天完,建元治平,推徐寿辉为皇帝。

北琐红军攻克唐、邓、南阳、嵩、汝、河南府等地。

南琐红军攻克均、房、荆门、归州等地。

一三五二年(至正十二年)

正月,南琐红军攻克襄阳。

二月,定远土豪郭子兴和孙德崖等率众起义,攻占濠州。

一三五三年(至正十三年)

正月,泰州白驹场人张士诚率盐徒起义。

八月,金山人民起义。

一三五四年(至正十四年)

正月,张士诚在高邮称诚王,国号大周。

一三五五年(至正十五年)

二月,刘福通迎立韩林儿为皇帝,号小明王,国号宋,建都亳州,建元龙凤。

一三五六年(至正十六年)

正月,张士诚遣弟士德渡江破常熟。二月,攻占平江。二月,张士诚自高邮进驻平江,改名隆平府,立省院六部百司。

三月,朱元璋攻陷集庆。

一三五七年(至正十七年)

二月,龙凤将领毛贵浮海破胶州;三月,陷莱州,据益都。

龙凤将领李武、崔德绕过潼关,夺七盘,进据蓝田,直趋奉元。

六月,刘福通自帅一军攻汴梁,余军分三路北伐:关先生、破头潘等攻怀庆,深入晋冀;白不信、大刀敖等西取关中;毛贵自山东北上。

八月,天完将领倪文俊谋杀徐寿辉不成,由汉阳奔黄州,被部将陈友谅袭杀。陈友谅自称平章。

十月,白不信、大刀敖等攻克兴元,北趋凤翔。

十二月,天完将领明玉珍攻占重庆。

一三五八年(至正十八年)

二月,毛贵攻占济南。三月,毛贵北攻蓟州、漷州,进逼枣林,距大都一百二十里,战失利,退回济南。

五月,刘福通攻破汴梁,自安丰迎韩林儿,定为国都。龙凤政权中央分设六部、御史等诸官属;在山东、江南等地分设行省。

九月，汪古领地的灭里部发动反抗赵王暴政的起义，起义军攻入王府。

十二月，关先生、破头潘等攻破上都，烧元宫阙。

一三五九年（至正十九年）

正月，关先生、破头潘东攻全宁，焚鲁王府宫阙，进破辽阳，入高丽境。

八月，汴梁被察罕帖木儿攻破，刘福通与韩林儿退据安丰。

十二月，徐寿辉至江州，陈友谅尽杀其部属，以江州为都，奉徐寿辉为傀儡，自称汉王。

一三六〇年（至正二十年）

闰五月，陈友谅在采石杀徐寿辉自立，国号大汉，改元大义。

一三六二年（至正二十二年）

三月，明玉珍在重庆称帝，国号大夏，建元天统。

一三六三年（至正二十三年）

二月，张士诚将吕珍围攻安丰，城破，刘福通牺牲。

三月，朱元璋迎韩林儿至滁州。

四月，陈友谅大举攻洪都。七月，朱元璋率舟师二十万驰援洪都，大战于鄱阳湖，陈友谅中流矢死。

九月，张士诚自称吴王。

一三六四年（至正二十四年）

正月，朱元璋自立为吴王。

一三六六年（至正二十六年）

二月，明玉珍死，子升年十岁嗣立。

八月，朱元璋令徐达、常遇春率师二十万讨伐张士诚。

十二月，朱元璋遣廖永忠往滁州，伪迎韩林儿至建康，行至瓜州，凿舟沉船，韩林儿溺死。

一三六七年（至正二十七年）

九月，朱元璋兵攻入平江城，张士诚自经不死，俘至建康，仗死。吴亡。

十月，朱元璋任命汤和为征南将军，吴祯为副将军，进讨方国珍。十一月，下余姚，进逼庆元，方国珍逃入海。十二月，方国珍降。

十月，朱元璋命胡廷瑞等自江西取福建，杨璟等由湖南取广西。朱元璋以徐达为征虏大将军，北伐中原。十二月，徐达下济南。

一三六八年（至正二十八年）

正月，朱元璋在建康称帝，国号大明，建元洪武。

汤和攻克延平，陈友定自尽不死，械送建康处死，福建平定。

二月，汤和、吴祯率舟师进取广州。四月，广州守将何真降。七月，廖永忠下象州，广西平。

闰七月，徐达率马步舟师北上，进据通州。二十八日，妥欢贴睦尔北走上都。八月，明军攻入大都，元朝亡。

一三七一年（洪武四年）

正月，汤和为征西将军攻夏。六月，汤和军至重庆，明升纳降，夏亡。

元代行政区划表

　　本表主要依据《元史·地理志》编制，并据其它史籍作了一些补充和校订，也参考了《中国历史地图集》的研究成果。所列建置只限于直属行省（或相当行省）的路、府、州、军。有些少数民族地区只设宣慰司、都元帅府、宣抚司、安抚司等机构，凡直属行省的，也根据《元史·百官志》及其它史料列出。由于本表的主要根据是《元史·地理志》和《百官志》，所以它大体上只反映这两志的蓝本《经世大典》纂修时（至顺元年 公元1330年）的建置，在此前后的建置增罢和区划变化没有列入。

中书省	路	大都、上都、兴和、永平、德宁、净州、泰宁、集宁、应昌、全宁、宁昌、砂井、保定、真定、顺德、广平、彰德、大名、怀庆、卫辉、河间、东平、东昌、济宁、益都、济南、般阳府、大同、冀宁、晋宁、砂井总管府。
	州	曹、濮、高唐、泰安、德、恩、冠、宁海。
岭北行省	路	和宁（和林）。
	宣慰司	称海。
	断事官	吉利吉思、撼合纳、谦州、益兰州等处。

辽阳行省	路	辽阳、广宁府、大宁、东宁、沈阳、开元、合兰府水达达等。
	府	咸平。
河南江北行省	路	汴梁、河南府、襄阳、蕲州、黄州、庐州、安丰、安庆、扬州、淮安、中兴、峡州。
	府	南阳、汝宁、归德、高邮、安陆、沔阳、德安。
	州	荆门。
陕西行省	路	奉元、延安、兴元、巩昌。
	府	凤翔、平凉、临洮、庆阳。
	州	邠、泾、开成、庄浪、秦、陇、宁、定西、镇原、西和、环、金、静宁、兰、会、徽、阶、成。
	宣慰司	察罕脑儿。
四川行省	路	成都、嘉定府、广元、顺庆、永宁、重庆、夔州、叙州、马湖。
	府	潼川、绍庆、怀德。
	安抚司	师壁洞、永顺等处、散毛洞。
甘肃行省	路	甘州、永昌、肃州、沙州、亦集乃、宁夏府、兀剌海。
	州	山丹、西宁。

云南行省	路	中庆、威楚开南、武定、建昌、德昌、会川、乌撒、乌蒙、东川、茫部、曲靖、普安、普定、澂江、临安、广西、和泥、元江、大理、鹤庆、姚安、柔远、茫施、镇康、镇西、平缅、麓川、南甸、蒙光、云远、蒙怜、蒙莱、太公、木邦、孟定、谋粘、觩难、木连、孟爱、孟隆、木朵、孟绢。
	府	仁德、柏兴、顺宁、缥甸、通西、彻里、木来、者线蒙庆、木安、孟杰。
	宣抚司	广南西路、丽江。
江浙行省	路	杭州、湖州、嘉兴、平江、常州、镇江、建德、庆元、衢州、婺州、绍兴、温州、台州、处州、宁国、徽州、饶州、集庆、太平、池州、信州、广德、福州、建宁、泉州、兴化、邵武、延平、汀州、漳州。
	府	松江。
	州	江阴、铅山。
江西行省	路	龙兴、吉安、瑞州、袁州、临江、抚州、江州、南康、赣州、建昌、南安、广州、韶州、惠州、南雄、潮州、德庆、肇庆。
	州	南丰、英德、梅、南恩、封、新、桂阳、连、循。

614

湖广行省	路	武昌、岳州、常德、澧州、辰州、沅州、兴国、靖州、天临、衡州、道州、永州、郴州、全州、宝庆、武冈、桂阳、静江、南宁、梧州、浔州、柳州、思明、太平、田州、来安、镇安、雷州、化州、高州、钦州、廉州。
	府	汉阳、平乐。
	州	归、茶陵、耒阳、常宁、郁林、容、象、宾、横、融、藤、贺、贵。
	军	南宁、万安、吉阳。
	宣慰司	八番顺元等处。
	宣抚司	播州、思州。
	安抚司	庆远南丹溪洞等处、乾宁。
宣政院	宣慰司 （乌思藏十三万户）	吐蕃等处（朵思麻）、吐蕃等路（朵甘思）、乌思藏纳里速古鲁孙三路。 沙鲁、搭里八、乌思藏、速儿麻加瓦、撒剌、出蜜、嫠笼答剌、思答笼剌、伯木古鲁、加麻瓦、扎由瓦、牙里不藏思八、必力工。
畏兀儿地	都元帅府	北庭、曲先塔林。

地 名 表

本表所收限于见于本册的古代地名。今地名只是指示与古地相当的大致方位，供读者参考。由于元朝疆域广阔和涉及外国史事较多，本表也选收了若干外国的古地名，以便检索。

二 画

丁呵儿　马来半岛古国

丁溪〔场〕　江苏东台县北

八只巴寨　四川德昌县西南境

八华山　浙江东阳县境

八百媳妇　即八百大甸。伊洛瓦底江以东，老挝以西，泰国北部及缅甸东北地区

八哈塔　伊拉克首都巴格达

八剌沙衮　苏联吉尔吉斯共和国托克马克

八 番　贵州贵阳市以南地区

八番罗甸　贵阳市以南和安顺市周围地区

八邻〔万户〕　额尔齐斯河以东至鄂毕河上游地区

九十九泉　内蒙古卓资山北灰腾梁大黑河发源处

九龙山　日本长崎县北松浦郡鹰岛町

三 画

三山驿　福建福州市西南

三 山　广东南海县境

三叉〔驿〕　陕西凤县东

三 屿　菲律宾吕宋岛西南

三佛齐　印度尼西亚苏门答腊岛上

三 沙　上海市崇明岛。原分为三，称三沙

三峰山　河南禹县南

干 额　元于此设镇西路，云南盈江县城

上京（金）　哈尔滨市东南

上 都　内蒙古正蓝旗

上　党　潞州治,山西长治市
上　海　元设县,上海市区
上　蓬　唐羁縻州,元仍作地名,
　　　四川雅安县境
上　虞　浙江上虞县,治在今丰
　　　惠镇
上　蔡　河南上蔡县
土兀剌河　蒙古人民共和国境,
　　　土拉河
大宁路　金北京路大定府,治大
　　　定,内蒙古昭乌达盟宁
　　　城县。元设大宁路
大　同　山西大同市
大同路　金西京路大同府,元改
　　　路,治大同,山西大同市
大　名　河北大名县,治在今城
　　　南
大名路　治河北大名县
大兴府　金中都,贞元二年更府
　　　名大兴,治在今北京市
大　足　宋为县,元废,隶合州。
　　　明初复置,四川大足县
大昌原　甘肃东北宁县南
大定府　见大宁路
大理城　云南大理县
大理路　治大理城(元设太和
　　　县),云南大理县
大　都　北京市
大散关　陕西宝鸡市西南
万里石塘　南沙群岛
兀失蛮　岭北行省境
兀泷古河　新疆北部之乌伦古河

兀剌海路　内蒙古阿拉善右旗境
兀鲁灰河　内蒙古东乌珠穆沁乌
　　　尔盖河
兀鲁塔黑山　蒙古人民共和国科
　　　布多河畔乌列盖附近
山　阴　绍兴路附郭,浙江绍兴
　　　县
山　塘　苏州西北
乞儿吉思　苏联图瓦自治州北叶
　　　尼塞河,阿巴根河流域
乞　瓦　苏联乌克兰境基辅
乞湿泐巴失海子　新疆北部布伦
　　　托海
义　乌　浙江义乌县
广宁府路　治辽宁北镇县
广　平　河北广平县
广平路　治永年县,河北永年县
　　　东
广西路　云南泸西县
广　州　元设路,治南海、番禺,
　　　广东广州市
广　昌　江西广昌县
广　南　云南广南县
广　德　安徽广德县
卫　州　治汲县,金贞祐三年改
　　　治胙城,元改卫辉路
卫辉路　河南汲县、辉县等地
也儿的失河　额尔齐斯河
也孙木伦　额尔齐斯河支流
也孙斡伦　青海达日县以西黄河
　　　上游
也　里　阿富汗赫拉特

617

也烈赞　苏联梁赞
小孤山　**江西彭泽县北长江中**
马八儿　印度半岛南端佩内尔河
　　　　以南
马龙州　**云南马龙县**
马兰丹　苏门答腊岛古国
马　湖　四川屏山县
马湖路　治四川屏山县，辖四川
　　　　宜宾市西马湖江流域及
　　　　大凉山地区
马　鲁　苏联土库曼共和国马里

四　画

扎失蛮　岭北行省境
云内州　**内蒙古托克托县东北七**
　　　　十里古城
云远路　缅甸伊洛瓦底江西，印
　　　　度曼尼坡东
云　间　宋松江府之古称
云南州　**云南祥云县境**
元江路　治云南元江县
无　锡　宋为县，元贞元年升州。
　　　　江苏无锡市
天　山　内蒙古阴山
天　山　新疆天山山脉东段
天山县　净州治。内蒙古四子王
　　　　旗西城卜子村
天　长〔府〕　越南南定市北即墨
　　　　社
天目山　浙江临安县西天目山
天　台　浙江天台县
天台山　**浙江天台县东北境**

天　竺　印度
开元万户府　黑龙江东宁县
开元路　治吉林省农安县
开　平　上都路治，内蒙古正蓝
　　　　旗
开　州　河南濮阳县
开　封　汴梁路治，河南开封市
开　京　朝鲜开城
不儿罕山　蒙古人民共和国大肯
　　　　特山
不花剌　苏联乌兹别克共和国布
　　　　哈拉
不里阿耳　苏联伏尔加河上游地
　　　　区
不黑都儿麻河　苏联斋桑泊以
　　　　北，额尔齐斯河支流布
　　　　克图尔玛河
木儿古兀彻　阿尔泰山西北地名
木　干　里海西岸
木瓜坝　贵州遵义市以南
木兰皮　十一至十二世纪统治非
　　　　州北部与西班牙南部之
　　　　马格里布王朝
木安府　泰国难府以北地区
木朵路　缅甸景栋以北地区
木邦路　怒江以西缅甸南北掸邦
　　　　地区
木来州　云南孟连自治县南部
　　　　由路改州，又改府
木连路　云南澜沧、孟连等县
木连城　缅甸曼德勒以南
木肯寨　缅甸景栋

618

木驴寨　湖北宜昌市附近
王　京　朝鲜开城
五　河　安徽五河县
五条河　岭北行省西境
五坡岭　广东海丰县城北
五虎门　福建福州市东闽江口
牙里不藏思　西藏泽当县
车　里　云南景洪
车里路　云南西双版纳及缅甸景
　　　　栋以北地区
丰　州　内蒙古呼和浩特市东白
　　　　塔
丰　县　江苏丰县
太公路　缅甸伊洛瓦底江东岸老
　　　　蒲甘城
太平府　元为路，明改府。治当
　　　　涂，安徽当涂县
太和岭　山西雁门关以北
太原府　蒙古改路，治阳曲，山西
　　　　太原市
太原路　金为府，蒙古改路，大德
　　　　九年改冀宁路，治阳曲，
　　　　山西太原市
太　康　河南太康县
太湖县　安徽太湖县
巨津州　云南丽江自治县西北部
　　　　巨甸镇
中庆路　治昆明县，云南昆明市
中兴府　西夏都城，宁夏银川市
中兴路　西夏中兴府，蒙古改路，
　　　　元改宁夏府路，治宁夏
　　　　银川市

中兴路　治江陵，湖北江陵县
中　牟　河南中牟县
中　都　金改燕京为中都。蒙古
　　　　克中都，又称燕京。至元
　　　　元年又改中都，九年改
　　　　大都。今北京市
中　都　即旺兀察都，河北张北
　　　　县北
中　理　非洲索马里海岸
中滦镇　河南封丘县西南
贝　州　宋庆历八年改恩州，治
　　　　清河，河北清河县
仁　和　宋临安府、元杭州路附
　　　　郭县
仁德府　治今云南寻甸县
牛渚矶　安徽当涂县西长江中
分　宁　江西省修水县
升　山　浙江吴兴县东
长　汀　福建省长汀县
长宁军　四川省长宁县
长　安　奉元路治，陕西西安
　　　　市
长　安　越南宁平市附近
长　沙　天临路治，湖南长沙
　　　　市
长乐邑　福建长乐县
长芦镇　河北沧州市
长　清　山东长清县
长　葛　河南长葛县东北
爪　哇　印度尼西亚爪哇岛
乌江峰　贵州遵义市南乌江畔
乌沙堡　金抚州以北边堡

619

乌思·藏·纳里速古鲁孙　西藏　前藏、后藏、阿里三部

乌蒙路　治云南昭通县

乌撒路　治云南威宁自治县

勿斯里　埃及

凤　州　属高丽西海道

凤　州　陕西凤县凤州镇

凤　翔　陕西凤翔县

六　安　安徽六安县

六盘山　宁夏南部

文　州　宋州名，甘肃文县

文　安　河北文安县

方　山　江苏南京市南

火　里　贝加尔湖西南地区

邓　州　河南邓县

孔士坦丁堡　土耳其伊斯坦布尔

巴儿忽　贝加尔湖巴尔忽真河流域

巴达哈伤　阿富汗东北和苏联塔吉克共和国南部

巴里黑　阿富汗北部巴尔赫

水　西　即亦奚不薛，贵州鸭池河西地区

水　东　贵州鸭池河东地区

五　画

邛部州　四川越西、甘洛县境

平　州　元升平滦路，又改永平路，治河北卢龙县

平江府　宋政和三年以苏州升，元改路，治今江苏苏州市

平江路　元改府为路，治吴县，长洲，江苏苏州市

平　阳　金为府，元改路，大德九年又改晋宁路。治临汾，山西临汾县

平　阳　宋晋州（政和六年升平阳府），治临汾县。古亦名平阳

平　夷　云南绥江县

平凉府　治平凉，甘肃平凉县

平壶岛　日本佐世保西平户岛

平缅路　云南陇川县境

正　阳　夹淮河之东西二镇，东属安徽寿县，西属颍上

玉　山　浙江玉山县

玉门关　甘肃敦煌县西

玉龙杰赤　苏联土库曼共和国库尼亚乌尔根奇

古北口　北京市密云县东北

古　里　印度半岛西南端科泽科德

甘　州　甘肃张掖县

甘孛智　柬埔寨

东　川　南诏东川郡，后为阁畔部所据，元置东川军民府，治云南会泽县

东　平　山东东平县

东宁府　至元八年以高丽西京改，十三年升路，今朝鲜平壤

东安州　河北安次县西

东　阳　浙江东阳县

东 昌	治聊城,山东聊城县	叶密立	新疆额敏河附近
东 京	金东京,元改辽阳路,治辽阳,辽宁辽阳市	旦当岭	云南丽江北部
		申 河	印度河
东 阿	山东东阿县南	四安镇	浙江长兴西南四安溪北岸
东胜州	内蒙古托克托县		
东 莞	广东东莞	四 明	鄞县西南山名,亦称鄞县为四明
石 州	山西离石县		
石 村	山东鄄城县境	代 州	山西省代县
石 城	云南曲靖县一带	失呵儿	南疆和田附近
龙 江	江苏南京市郊	失连真河	内蒙古东乌珠穆沁旗色野尔集河
龙兴山	浙江玉山县境		
龙兴路	以隆兴路改。明又改洪都府。治南昌,江西南昌市	失思失惕河	小叶尼塞河南源锡什锡德河
		白土关	陕西平利县
龙虎山	江西贵溪县西南	白水江	云南盐津县东横江支流牛广河
龙虎台	北京市昌平以西		
龙 泉	浙江龙泉县	白 古	元代缅甸古国
龙 泉	江西遂川县	白 坡	河南孟津县黄河北岸
龙 湾	江苏南京市西北	白茅堤	河南兰考县北至山东曹县旧黄河堤
可失哈耳	新疆喀什噶尔		
可疾云	伊朗德黑兰西加兹温	白驹场	江苏东台县北白驹镇
占 城	越南中南部古国	白崖甸	云南弥渡县
旧 馆	浙江吴兴县东	白蒲延	菲律宾吕宋岛北巴布延群岛
归 州	治秭归,湖北秭归县		
归善县	惠州路治,广东惠州市	白鹿洞	江西庐山五老峰下
归德府	治睢阳,河南商丘县	瓜 州	甘肃安西县
北京路	金贞元元年以中京改,元至元七年改大宁路,治大定,内蒙古宁城县	瓜 洲	江苏扬州市南长江北岸
		句 容	江苏句容县
		处 州	元升路,治丽水,浙江丽水县
北胜府	云南永胜县		
北 庭	即别失八里	乐平州	江西乐平县
叶 县	河南叶县	乐 安	江西乐安县

汀　州　元升路,治长汀,福建长
　　　　汀县
汉　口　湖北武汉市汉口
汉　川　湖北汉川县
汉　州　四川广汉县
汉阳府　治汉阳县,湖北武汉市
　　　　汉阳
汉延渠　宁夏银川市东古渠
兰　州　甘肃兰州市
兰　那　即八百媳妇地
宁　化　福建宁化县
宁国路　宋为府,又改路,治宣
　　　　城,安徽宣城县
宁　波　元庆元路,明初改宁波
　　　　府,治鄞县,浙江宁波市
宁夏府路　西夏中兴府,元至元
　　　　二十五年改,治宁夏银
　　　　川市
宁　海　浙江宁海县
宁　都　江西宁都县。元贞初升
　　　　为州
宁都州　元贞初由县升州,江西
　　　　宁都县
宁　德　福建省宁德县
永宁州　贵州省关岭县境
永宁州　云南宁蒗自治县北境
永宁路　四川省叙永县境
永　年　广平路治,河北永年县
　　　　东南旧永平
永　州　元升路,治零陵,湖南零
　　　　陵县
永兴军　北宋京兆府军名。又领

路安抚司,辖京兆、河中
府及陕西、晋西南若干
州县
永昌府　治云南保山县
永昌路　至元十五年以永昌王宫
　　　　殿所在立,降西凉府为
　　　　州隶之,治甘肃永昌县
永　康　浙江永康县
永　嘉　宋温州,元温州路治,浙
　　　　江温州市
加麻瓦　西藏墨竹工卡县西
必力公　西藏墨竹工卡县东北直
　　　　孔
弘　州　河北阳原县
台　州　元升路,治临海,浙江临
　　　　海县
司空山　安徽太湖县西北
辽　阳　辽阳路治,辽宁辽阳市
辽阳路　金东京路辽阳府,元改
　　　　辽阳路,治辽阳,辽宁辽
　　　　阳市

六　画

邢　州　元改顺德府,治邢台,河
　　　　北邢台市
巩　昌　金末升州为府,元改路,
　　　　治陇西,甘肃陇西县
芒　布　云南镇雄县境,元没茫
　　　　部路
吉　州　元升为路,又改名吉安,
　　　　治庐陵,江西吉安市
吉　州　山西吉县

622

吉安路　由吉州路改,治庐陵,江西吉安市

老　告　老挝

老告路　老挝境内

老思刚　今青海达日县附近

西宁州　青海西宁市

西　京　辽金西京,府名大同,山西大同市

西　京　朝鲜平壤市

西凉州　甘肃武威县

西凉府　西夏和蒙古时期为西凉府,元降为州,隶永昌路。甘肃武威县

西　棚　泰国素攀一带

共　城　河南辉县

成　山　山东半岛最东北角

成　都　成都路治,四川成都市

成都府　宋置,属成都府路。元改成都路

成都路　宋为府,元改路,治成都,四川成都市

夹　河　安徽砀山县西南旧黄河支分处

扬　州　元升路,治江都,江苏扬州市

毕里纥都　蒙古人民共和国哈尔和林西北土拉河西支流附近

夷　都　马湖江南岸夷都溪口,初为马湖路治所

光化军　元改县,治湖北光化县西北

光　州　治定城,河南潢川县

光　泽　福建光泽县

同　安　福建同安县

曲先塔林　即曲先,又译苦叉,新疆库车县

曲先脑儿　蒙古人民共和国乌兰巴托正南

曲　阜　山东曲阜县

曲靖路　治南宁,云南曲靖县

朱仙镇　河南开封市南

朱　皋　河南固始县北村镇

任　城　济州治,山东济宁市

华　亭　松江府治,上海市松江县

延平路　治南平,福建南平市

延安府　元改路,治肤施,陕西延安市

自　杞　贵州兴义、兴仁、安龙等县,中心在兴义

全宁路　治全宁,内蒙古昭乌达盟翁牛特旗

会川路　治四川会理县南

会　昌　江西会昌县

会通河　运河会通镇以南至寿张以北段

会通镇　山东省临清县城关镇

会理州　四川会东县

合　州　四川合川县

合渤合河　内蒙古呼伦贝尔盟、哲里木盟西哈拉哈河

合　肥　庐州路治,安徽合肥市

合刺温山　大兴安岭南脉

623

合迷力　新疆哈密县

朵甘思　青海西南部、西藏昌都
　　　　地区和四川西部

朵思麻　青海东北部和甘肃东南
　　　　地区

刘家岛　山东威海市

刘家港　江苏太仓县东北浏河入
　　　　江处

亦马儿河　苏联鄂毕河上游

亦剌八里　新疆伊宁市

亦奚不薛　贵州鸭池河以西、威
　　　　宁自治县以东的今毕节
　　　　地区

亦　堵　伊塞克湖北之山

亦集乃城　内蒙古阿拉善盟额济
　　　　纳旗驻地东南

交　趾　今越南北部国名

庆　元　浙江庆元县

庆元府　南宋置，元改路，治鄞
　　　　县，浙江宁波市

庆元路　元改府为路，治鄞县，浙
　　　　江宁波市

庆阳府　金治安化，甘肃庆阳县

庆远路　治宜山，广西宜山县

庆　符　四川高县西北

汗八里　元大都

江头城　缅甸伊洛瓦底江与瑞丽
　　　　江汇流处以北杰沙

江宁镇　南京市西南江宁镇

江　华　湖南江华瑶族自治县

江华岛　朝鲜汉江口

江州路　宋江州，元升路，治德

化，江西九江市

江　阴　宋为军，元改州，江苏江
　　　　阴县

江陵府　元改路，又改中兴路，治
　　　　江陵，湖北江陵县

池　州　元改路，治贵池，安徽贵
　　　　池县

汝宁府　治汝阳，河南汝南县

汝　州　河南临汝县

安　丰　安徽寿县南安丰塘

安宁州　云南安宁县

安宁州　云南富宁县

安民山　山东梁山县北

安　庆　宋为府，元改路，治怀
　　　　宁，安徽安庆市

安　州　治葛城，河北安新县西
　　　　安州镇

安　州　宋宣和元年升德安府，
　　　　治安陆，湖北安陆县

安　岳　普州治，四川安岳县

安　陆　德安府治，湖北安陆县

安陆府　治长寿，湖北钟祥县

兴　元　宋为府，元升路，治南
　　　　郑，陕西汉中县

兴化县　北宋隶泰州，建炎四年
　　　　改隶高邮军，江苏兴化
　　　　县

兴化路　宋置兴化军，兴安州，元
　　　　改兴化路，治莆田，福建
　　　　莆田县

兴　国　江西兴国县

兴和路　元以隆兴路改。治高原，

624

河北张北县

米仓关　通过陕西汉中市西南川陕界米仓山的米仓道

许　州　河南许昌市

讹答剌　苏联哈萨克锡尔河右岸阿雷斯河口附近

祁　阳　湖南祁阳县

那　旺　南海古国

那黑沙不　苏联乌兹别克卡尔施

寻　甸　明改仁德府为寻甸府，云南寻甸县

阳平关　陕西宁强县西北嘉陵江东岸

阳逻堡　湖北黄冈县西百余里长江北岸

阶　州　甘肃武都县西北白龙江北岸

阴　山　元指新疆博格多山脉和伊犁河谷以北的婆罗科努山

阴　山　内蒙古阴山山脉

红　河　云南元江，流入越南称红河

七　画

寿安山　北京西郊

寿　张　山东梁山县北

寿　昌　南宋升武昌县为寿昌军，元升府，后仍为武昌县，今湖北鄂城县

均　州　治武当，湖北均县西北

杉　关　福建光泽县西北九十里

闽赣交界处

丽　水　处州路治，浙江丽水县

丽　水　伊洛瓦底江

丽　江　金沙江

丽江路　云南丽江纳西族自治县

孝感县　今湖北孝感县

芜　湖　安徽芜湖市

苏木达　南印度比拉尔王朝之都城

苏木都腊　印度尼西亚苏门答腊岛西北古国名

苏　州　宋政和三年升平江府，元改路，明初改苏州府。治江苏苏州市

赤木儿城　新疆霍城西

赤秃哥儿　又译赤秃哥、赤科，即鬼蛮，元于其地设普定路，贵州安顺市

赤岩寨　福建政和县东百里

杏　冈　河南商丘市东南

邳　州　治下邳，江苏邳县西南古邳镇

辰　州　元升路，治沅陵，湖南沅陵县

辰　溪　湖南辰溪县

忒　剌　四川松潘

来　来　南海古国

扶　风　陕西扶风县

抚　州　元升路，治临川，江西抚州市

抚　州　金置，元中统三年升隆

	兴府，至元四年升路。	
	河北张北县境	
连　州	广东连县	
连　城	南宋至元为莲城县，至	
	正六年改连城，福建连	
	城县	
别失八里	新疆济木萨尔县治北	
	后堡子以北之破城子	
吴　江	宋为县，元贞元年升州	
吴　兴	唐曾改湖州为吴兴郡，	
	故宋元仍称湖州为吴兴	
吴　哥	柬埔寨古都	
里　州	四川美姑县	
利　津	山东利津县	
利津河	大清河至利津入海之河	
秃木合	岭北行省境	
秀　山	云南通海县南	
秀　州	宋庆元元年升嘉兴府，	
	治嘉兴，浙江嘉兴市	
秀　岭	江西宁都县北	
秀　容	忻州治，山西忻县	
伯木古鲁	西藏乃东县	
你沙不儿	伊朗东北境尼沙普	
	尔	
皂　林	浙江桐乡县北皂林镇	
彻彻儿山	呼伦或贝尔湖附近	
余　杭	浙江杭州市西余杭镇	
余　姚	元贞初升州，浙江余姚	
	县	
删　丹	元改山丹州，甘肃山丹	
	县	
辛克兰	广东广州市	

应天府	元集庆路，明改。治上	
	元、江宁，江苏南京市	
应里县	元改应理州，宁夏中卫	
	县	
应　昌	元设路，治应昌，内蒙古	
	克什克腾旗达里诺尔西	
	岸	
庐　州	元升路，治合肥，安徽合	
	肥市	
庐　陵	宋吉州（元吉安路）治，	
	江西吉安市	
怀　仁	山西怀仁县	
怀庆路	治河内，河南沁阳县	
怀　州	元太宗四年行怀孟州	
	事，至元二年改怀孟路，	
	延祐六年改怀庆路	
怀　来	河北怀来县，旧城在县	
	城东，已为官厅水库所	
	淹	
怀　孟	太宗四年并怀孟二州为	
	怀孟州。元升路。延祐	
	六年改怀庆路	
汪吉河	蒙古人民共和国汪吉河	
沅　州	元升路，治卢阳，湖南芷	
	江县	
沐　川	四川沐川县	
沂　州	治临沂，山东临沂县	
沛　县	江苏沛县	
沔　州	陕西勉县	
沔阳府	治玉沙，湖北沔阳县西	
	南沔城	
沙门岛	山东长岛县	

沙　州　元升路,甘肃敦煌县
沙　县　福建沙县
沙　河　河北沙河县。治在县北沙河镇
沙　洋　湖北荆门县东南百四十里沙洋镇
沙　鲁　西藏日喀则东南
沧　州　河北沧州市
汴　京　汴梁开封城,金初称汴京
汴梁路　治开封,河南开封市
汶　水　山东大汶河
沈　丘　河南沈丘县,治县南沈丘城
沁　州　山西沁县
良　乡　县今废。北京市西南良乡镇
灵　州　宁夏灵武县
灵　武　灵州旧称
灵　璧　安徽灵璧县
层　檀　非洲桑给巴尔
阿力麻里　新疆霍城西北克根河西岸
阿不罕山　蒙古哈腊湖以南山脉
阿母河　经苏联中亚流入咸海南端的阿姆河
阿加寨　贵州鸭池河以西
阿禾江　云南腾冲太平江东支流
阿来岭　新疆阿勒泰以北奎屯岭
阿昔江　云南太平江上游

阿剌脑儿　青海鄂陵湖
阿剌模忒堡　里海南
阿　都　部名,元改州,四川美姑县
阿浦水　苏联叶尼塞河支流阿巴坎河
阿鲁欢　即阿不罕山,蒙古阿尔洪山。在哈腊湖以南
陇　州　陕西陇县
陈　州　河南淮阳县
邵　武　福建邵武县
邵武路　宋为军,元改路,治邵武
鸡足山　云南大理县北
鸡鸣汉　湖北汉川县西百二十里
纳土原山　云南行省北胜州境
纳忽山崖　蒙古人民共和国鄂尔浑河以东土拉河西的山岭

八　画

青　山　云南威信县境
青　山　湖北随县东南
青　田　浙江青田县
奉元路　宋永兴军路,金京兆府路,至元十六年改安西路,皇庆元年改奉元路,治咸宁、长安,陕西西安市
奉　符　泰安州治,山东泰安县
武冈路　宋为军,元升路,治武冈,湖南武冈县

武　宁　江西武宁县

武　关　陕西商南县西北

武　州　山西五寨县北

武安山　邢台市西南太行山一部

武当山　湖北均县西南

武昌县　湖北鄂城县

武昌路　治江夏，湖北武汉市武昌

武定路　治南甸，云南武定县

坤　闾　新疆库尔勒

析　津　辽以幽州为南京，府名幽都，开泰元年更名析津府，以析津县为倚郭，金贞元二年府、县皆更名大兴，今北京市

松江府　治华亭，上海市松江县

松　滋　湖北松滋县，治县北老城

杭州路　治钱塘、仁和，浙江杭州市

刺　桐　福建泉州市

直　沽　天津市

茂　州　四川茂汶羌族自治县

苦　叉　又译曲先，新疆库车县

范阳县　涿州治，河北省涿县

茅　山　江苏句容县东南

昔木土脑儿　蒙古苏赫巴托省南部

枣　阳　宋枣阳军，元降为县。湖北枣阳

枣　林　北京市通县东南

者　阑　云南瑞丽江南今南坎地区

者线蒙庆甸　泰国北边湄公河西岸昌盛

采　石　安徽当涂西北江东采石山有采石镇

砀　山　安徽砀山县

郁林州　广西南流县

厓　山　广东新会县南海岛

押赤城　云南昆明市

拂　郎　波斯语对地中海东岸欧洲人的称呼

拂　菻　东罗马及西亚地中海沿岸诸地

虎牢关　河南汜水县西

呵　札　岭北行省境

呼罗珊　伊朗东北和阿富汗西北部

旺兀察都　河北张北县西北

明　州　宋绍熙五年升庆元府，元改路，治鄞县，浙江宁波市

明　溪　驿站名，福建明溪县

宁远县　湖南宁远县

盱　眙　江苏盱眙县

昆　山　江苏太仓县

昆阳州　云南晋宁县

昆明县　中庆路，云南昆明市

昆　泽　云南宜良县

昌　平　北京市昌平县

昌　州　延祐六年改宝昌州，内蒙古宝昌县境

昌　州　德昌路直辖州，四川德

昌县南

昌国州　宋置县,元升州,浙江定
　　　　海县

易　州　河北易县

易　娘　元于此设益良州,云南
　　　　彝良县

昂哥剌河　苏联西伯利亚安加拉
　　　　河

罗　卜　新疆若羌

罗　山　信阳州治,河南罗山县

罗　田　湖北罗田县

罗必思庄　云南梁河县南

罗佐山　云南盐津县西

罗罗斯　四川西昌地区及凉山彝
　　　　族自治州

罗　斛　以泰国华富里府为中心
　　　　的地区

罗雄州　云南罗平县

罗　殿　又称普里,贵州省安顺、
　　　　普定、六枝、镇宁、关岭
　　　　等县境

罗槃甸　云南元江县

凯撒里亚　土耳其开塞利

图苏湖城　蒙古哈尔和林以南

钓鱼城　四川合川县东

和　州　安徽和县

和　林　蒙古人民共和国哈尔和
　　　　林

和泥路　云南红河、元阳、金平
　　　　等县

迭怯里古　蒙古人民共和国吉尔
　　　　格朗图以西之山

垂　河　苏联伊塞克湖西之楚河

岳　州　元升路,治巴陵,湖南岳
　　　　阳县

欣都思　印度

徂徕山　山东泰安县东南

径　山　浙江杭州市西北

郃　阳　陕西合阳县

金　山　即阿尔泰山

金　华　婺州路治,浙江金华县

金　州　陕西安康县

金　州　金末置,元改金复州万
　　　　户府,辽宁金县

金　州　高丽州名,朝鲜釜山西
　　　　金海

金　坛　江苏金坛县

金　沟　运河闸,江苏沛县境

金沙江　长江大小凉山以西的上
　　　　流

金　齿　云南德宏傣族景颇族自
　　　　治州等地区

金　堤　山东范县至东阿县南境

金　陵　江苏南京市

肥　膩　云南东部

鱼儿泊　内蒙古克什克腾旗达里
　　　　诺尔

忽牙思　阿力麻里附近

忽　炭　新疆和田县

周至县　陕西周至县

周泥驿　贵州毕节县西

於　潜　杭州路属县,治浙江临
　　　　安县西潜阳镇

京　兆　金京兆府路,领京兆府

等地，元改安西、奉元
路，治在今西安市

京　城　高丽都城开城

兖　州　山东兖州

府州（宋）　治府谷、陕西府谷县

怯失迷儿　克什米尔

怯　台　新疆且末县东南

怯绿连河　蒙古人民共和国克鲁
伦河

阏　畔　云南会泽县

净　州　元升路，内蒙古四子王
旗西城卜子村

沭　阳　江苏沭阳县

河　中　以撒马尔罕为中心的阿
姆、锡尔两河之间地区

河中府　西辽以撒马尔罕为中心
的河中地区为河中府

河中府　治河东县，山西永济县
蒲州镇

河　州　甘肃临夏县

河　间　金为府，元改路，治河间
县，河北河间县

河间路　元至元二年改府为路，
治河间，河北河间县

河罗县　疑即西夏卓罗和南军

河南府路　治洛阳，河南洛阳市

沾益州　云南宣威县

泸　州　四川泸州市

泸沟桥　北京市卢沟桥

泸　沽　四川冕宁县南部

泗　州　江苏盱眙县

注　辇　今印度东南科罗曼德尔

海岸

泥　溪　四川屏山县

波丽吐番　一说在青海柴达木盆
地附近

波丽国　云南元江一带

泽　州　山西晋城县

泾江口　江西湖口县东北江北岸

宝山州　云南丽江玉龙山西北

宝　鸡　陕西宝鸡市

宝　应　江苏宝应县

定　远　安徽定远县

定昌路　元初设，后罢，辖昌州、
普济州，四川德昌县西
南，米易县西北

定　海　庆元府（路）属县，浙江
镇海县

宕　昌　唐于此设宕州和宕昌
郡，元仍旧称此地为宕
州或宕昌，甘肃宕昌
县

官　山　内蒙古卓资山北灰腾梁

郓　城　山东郓城县

房　州　湖北房县

屈　部　南诏，大理部名，元改昌
州，四川德昌县西南

屈流大雄甸　茫布路治，云南镇
雄县北

居庸关　北京市西北

肃　州　元升路，甘肃酒泉县

建水州　云南建水县

建　宁　福建建宁县

建宁路　元升府为路，治建安、瓯

宁,福建建瓯县

建　安	宋建州,建宁府,元建宁 路治,福建建瓯县
建　州	南宋绍兴三十二年升建 宁府,元改路,治建安
建　阳	福建建阳县
建昌军	北宋太平兴国四年以建 武军,改治南城,江西 南城县
建昌府	元建昌路,朱元璋改 府,治南城,江西南城 县
建昌府	南诏改越嶲郡为建昌 府,元改路,治建昌,四 川西昌县
建昌路	元升军为路,治南城,江 西南城县
建昌路	治今四川西昌县
建　都	南诏建昌府,当地人称 建都
建　都	缅甸北部地区
建康府	南宋建炎三年以江宁府 改,元改路
建康路	元升府为路,天历二年 改集庆路。治上元、江 宁,江苏南京市
建　德	安徽东至县
建　德	浙江建德县,治今县东 梅城
建德路	元升府为路,治建德,浙 江建德县
陕　州	河南陕县

迦坚茶寒	蒙古人民共和国哈尔 和林西北
迦湿弥罗	又译怯失迷儿,今克 什米尔
参卜郎	四川雅江县以北雅砻江 流域
细　兰	斯里兰卡
绍　兴	宋为府,元改路,治会 稽、山阴,浙江绍兴县
孟乃甸	缅甸蒙米特东北,瑞丽 江南岸
孟　广	云南瑞丽县西南缅甸境 瑞丽江南地区
孟弄州	云南景洪县东依邦
孟定路	云南耿马勐定街
孟杰府	泰国清迈以北地区
孟爱路	缅甸景栋东北
孟密路	缅甸蒙米特
孟隆路	缅甸景栋以东
孟绢路	泰国清迈以南
孟缠路	孟定以西

九　画

珍　岛	朝鲜半岛西南端
相　州	金明昌三年升彰德府, 元改路,治安阳,河南安 阳市
柳　林	北京市西南郊
栎　社	浙江鄞县南十五里
政　和	福建政和县
故　临	印度半岛西海岸柯钦一 带

631

胡茶辣　印度古国，今古吉拉特
　　　　邦及其附近地区
荆　门　元升军为府，又降州，治
　　　　长林，湖北荆门县
剌　里　黑龙江南拉林河流域
南　山　山西河中府与河南分界
　　　　处的中条山
南无力　印尼苏门答腊岛西北亚
　　　　齐角及其附近地
南　丰　元升州，江西南丰县
南丹州　广西南丹县
南　阳　南阳府治，河南南阳市
南阳府　元升申州为府，治南阳
南甸军民总管府　云南盈江、腾
　　　　冲二县之间
南京(金)　开封府，河南开封市
南　城　建昌路治，江西南城县
南　毗　印度西部马拉巴海岸
南剑州　元升州为路，又改延平
　　　　路。治剑浦，后改南平，
　　　　福建南平市
南泉山　江西宜春县境
南恩州　治阳江，广东阳江县
南　康　江西南康县
南康军　元改路。治星子，江西
　　　　星子县
南康路　元升军为路
莒　州　山东莒县
答儿海子　内蒙古克什克腾旗达
　　　　里诺尔
答哈城　爪哇葛朗国都城
答阑版朱思　蒙古人民共和国克

鲁伦河上游北
答阑答八思　或译达兰达葩，蒙
　　　　古人民共和国哈尔和林
　　　　西南
答阑捏木儿格思　哈拉哈河上游
茫施路　云南潞西县
茫部路　元以芒布设路，治镇雄
　　　　县北茫部镇
荡坦驿　沾益州(云南宣威县)东
　　　　北
荣　州　金末升荣河县为州，元
　　　　废州仍为县。山西万荣
　　　　县西南荣河镇
赵　州　云南下关市凤鸣镇
砂　井　内蒙古四子王旗红格尔
　　　　公社
硇　洲　广东湛江市东南硇洲岛
咸　平　辽咸州，金元为咸平
　　　　府，治辽宁开原县北
威龙州　四川米易县北、德昌县
　　　　南境
威　楚　威楚路治，云南楚雄县
威楚路　治威楚
括　苍　浙江丽水县古名
临川县　宋抚州，元抚州路治，江
　　　　西抚州
临　江　宋为军，元升路，治清
　　　　江，江西清江县
临　安　杭州路属县，浙江杭州
　　　　市西
临安府　南宋置。元改杭州路。
　　　　治杭州市

632

临安路	治通海，云南通海县	毡 的	苏联哈萨克共和国克齐尔-奥尔达东南锡尔河北岸	
临洮府	治狄道，甘肃临洮县			
临 清	山东临清县	重 庆	宋为府，元改路，治巴县，四川重庆市	
临 潢	内蒙古昭乌达盟巴林左旗	保宁府	治阆中，四川阆中县	
哈马丹	伊朗西部城市	保 定	霸州属县，河北霸县南新镇	
哈剌火州	新疆吐鲁番县东三十里	保定路	治清苑，河北保定市	
哈剌和林	即和林，蒙古哈尔和林	信 丰	江西信丰县	
		信 州	元升路，治上饶，江西上饶市	
哈剌章	云南省大理等地区	信 阳	宋为军，元改县，隶信阳州，河南信阳市	
峡 州	元升路，治夷陵，湖北宜昌市	信阳州	宋为军，元改府，又改州，由信阳徙治罗山，河南罗山县。	
虹 县	安徽泗县			
郢 州	元改安陆府，治长寿，湖北钟祥县			
品 甸	云南祥云县东南	顺天路	窝阔台时升保州为顺天路，元初改保定路	
星宿海	即火敦脑儿，在黄河源			
昱岭关	浙江昌化县西，安徽歙县东北两省交界处	顺元路	贵阳市北部	
		顺宁府	云南凤庆县	
贵 州	贵州贵阳市	顺 州	北京市顺义县	
思 州	元设宣抚司，治龙泉平，贵州凤冈县	泉 州	元升路，治晋江，福建泉州市	
思明州	广西宁明县	鬼 蛮	即赤秃哥儿	
钜 野	宋济州，元济宁路治，山东巨野县	须门那	又译苏木达	
		须 城	东平路治，山东东平县	
钟 离	安徽凤阳县东北临淮关	叙 州	元升路，治宜宾，四川宜宾市	
钦 州	元改路，治安远，广西钦州			
		剑 门	剑门关，即剑阁，四川剑阁县北	
钦 察	苏联乌拉河至黑海北钦察人居地			
钧 州	河南禹县	独山城	新疆奇台县	

633

独松关　浙江安吉县南，杭州市西北

饶州路　元升州为路，治鄱阳，江西波阳县

施　州　至元十五年立，十七年改北胜州，二十五年升府。云南北胜县程海东南

闻　喜　山西闻喜县

洪　泽　洪泽湖西镇名，今为湖所淹

洪都府　明初置，又改南昌府，治今江西南昌市

洧　川　今废。河南新郑县东南洧川镇

洞霄宫　浙江杭州市西大涤山上

浍河堡　河北省怀安县东

洺　州　金旧名，窝阔台时置邢洺路，蒙哥时改洺磁路，元改广平路。治永年，河北永年县东南旧永年

洛　阳　河南府路治，河南洛阳市

济宁路　治巨野，山东巨野县

济　州　治任城，山东济宁市

济　阴　曹州治，山东菏泽县

济　南　元改府为路，治历城，山东济南市

宣　城　宁国路治，安徽宣城县

宣　德　宣德府治，河北宣化县

美　原　元初并入富平，陕西富平县东北

姜　州　四川会东县西南境

神庄江　云南洱海东南

费纳客忒　苏联乌兹别克共和国西南锡尔河北

眉　山　宋为县，眉州治。至元二十年并县入州。四川眉山县

姚　州　云南姚安县

姚安路　天历初升姚州为路，治云南姚安县

怒谋甸　大理地名，云南潞西县

柔远路　云南龙陵县境

绛　州　治正平，山西新绛县

绛　部　大理部名，元于此设会理州，姜州，四川会东县

统　矢　元改姚州

统格黎河　蒙古人民共和国克鲁伦河上游支流

十　画

班朱尼湖　呼伦湖西南

秦家渠　宁夏吴忠、灵武县境黄河以东水渠

泰　州　江苏泰州市

桓　州　内蒙古正蓝旗市区北

桂　州　南宋绍兴三年升静江府，元改路，治临桂，广西桂林市

耿冻路　云南西双版纳自治州东部地区，治整董

耽　罗　朝鲜济州岛

都　昌	江西都昌县	钱　塘	杭州路治，浙江杭州市
真　州	江苏仪征县	铁门关	新疆伊宁北
真　阳	河南正阳县	铅山州	江西铅山县。治县东南
真里富	泰国庄他武里一带	积石州	青海循化撒拉族自治县
真　定	河北正定县	称海城	蒙古哈腊乌斯湖南
真定路	蒙古灭金后即改府为 路，治真定	俱　兰	印度西海岸
真　腊	柬埔寨	俱轮泊	呼伦湖
袁　州	元升路,治宜春,江西宜 春县	息　州	河南息县
		徐　州	江苏徐州市
壶　关	山西壶关县	般阳路	治淄川，山东淄博市南 淄川镇
莱　州	治掖县，山东掖县		
莱州大洋	莱州湾	翁　源	广东翁源县，治在县西 北
莎合水	蒙古人民共和国科布多 西北索果克河		
		胶　州	山东胶县
哥疾宁	阿富汗加兹尼	高　州	元改路，治茂名，广东高 州县
晋　州	宋政和六年升平阳府， 治临汾，山西临汾		
		高安寨	福建漳州市西北
晋宁州	云南晋宁县东晋城	高　邮	江苏高邮县
晋宁路	大德九年改平阳路为晋 宁路，治临汾，山西临汾 县	高邮府	元升军为路，又改府，治 高邮
		高　苑	山东高青县东南高苑镇
恶　溪	浙江丽水县城东五里	高梁河	北京市西郊
速古台	泰国古国名	高　昌	哈剌火州
夏　州	内蒙古乌审旗南无定河 北岸	亳　州	安徽亳县
		唐　州	河南唐河县
夏　县	山西夏县	唐来渠	宁夏银川市西之唐徕渠
捕鱼儿海	贝尔湖	唐麓岭	蒙苏边境唐努山
匪力沙	新疆和田西南喀拉喀什 河畔苏盖提	剡	汉置县名，宋宣和八年 改嵊县，浙江嵊县
柴　关	陕西留坝县西北	凉　州	西夏西凉府，元改州， 甘肃武威县
鸭儿看	新疆莎车县	浦　城	福建浦城县

涟　水　宋几度改军，后仍为县。
江苏涟水县

海　丰　广东海丰县

海宁州　治朐山，江苏连云港市
西南

海　州　元初升路，又改海宁府，
未几降为州，治朐山

海押立　苏联巴尔喀什湖东卡帕
尔城附近

海剌儿　内蒙古海拉尔市附近海
拉尔河流域

海剌秃　岭北行省境

海　盐　宋为县，元元贞元年升
州，浙江海盐县

海　陵　泰州治，明省县入州，江
苏泰州市

浮　梁　元贞元年升州，江西景
德镇市北浮梁

浚　州　河南浚县

朔　州　山西朔县

益兰州　苏联图瓦自治州境

益良州　云南彝良县

益　都　山东益都县

益都路　元升府为路，治益都

诸　暨　元贞元年升州，浙江诸
暨县

祥　符　汴梁路附郭县，河南开
封市

陵　川　山西陵川县

陵　州　唐置，宋熙宁五年改陵
井监，后改隆州，四川仁
寿县

桑沽儿河　蒙古人民共和国克鲁
伦河源流一支臣赫尔
河

通　州　北京市通县

通　州　江苏南通市

通安州　云南丽江纳西族自治县

通惠河　大都至通州的运河

邕　州　元升路，泰定元年改南
宁路，治宣化，广西南宁
市

十 一 画

梧　州　元升路，广西梧州市

梅　州　广东梅县

萧　县　江苏萧县，治今城西北

萨　迦　西藏萨迦县

萨矢山　云南行省澂江路境

营　道　道州路治，湖南道县

黄　州　元升路，治黄冈，湖北
黄冈县

黄州府　元黄州路，明改府

黄州路　元升州为路，治黄冈，
湖北黄冈县

黄　岩　宋为县，元元贞元年升
州，浙江黄岩县

黄家湾堡　湖北钟祥县南

黄梅山　湖北黄梅县北

黄陵冈　山东曹县西旧黄河渡口

曹　州　治济阴，山东菏泽县

乾　州　陕西乾县

雩　都　江西于都县

常　宁　元升州，湖南常宁县

常　州	元升路，江苏常州市
常　熟	元升州，江苏常熟县
野狐岭	河北张家口市西北
鄂　州	元升路，大德五年改武昌路。治江夏，湖北武汉市武昌
崖　州	北宋称崖州，南宋至元称吉阳军，明又改崖州，治广东崖县西北崖城
崇　仁	江西崇仁县
崇　安	福建崇安县
崇　明	上海市长江口崇明岛
崇明州	元于崇明岛设州。上海市崇明县
累格尼察城	波兰西南部
铜　山	四川中江县东南，宋为县，元初并入中江
移米河	内蒙古海拉尔市南伊敏河
盘龙江	纵贯云南昆明市流入滇池之河
猫儿垭	四川叙永县境
猛　交	即孟艮
猛　老	即老挝
猛　泐	即车里
脱里北	岭北行省境
象　州	广西象州县
旌　德	安徽旌德县
商　州	陕西商县
望建河	额尔古纳河
康　里	咸海北
康撒儿	西藏境

鹿邑县	河南鹿邑县
麻龙县	四川会理县东
麻阳县	湖南麻阳县，治今县西南
麻罗华	印度巴罗达以东纳巴达河北马尔瓦一带
麻　逸	菲律宾民都洛岛，一说包括吕宋岛
阇　婆	爪哇
阇　鄽	新疆且末县
清水县	甘肃清水县
清化府	越南清化省清化
清　州	治会川，河北青县
清　江	临江路治，江西清江县
清　远	广东清远县
清　河	河北省清河县
清　流	福建清流县
淇　门	御河畔镇名，河南淇县东南新镇
淮　安	南宋绍定元年升楚州山阳县为淮安军，改县为淮安县，端平元年改军为淮安州，元升淮安路，治今江苏淮安县
涿　州	河北涿县
深　州	治静安，河北深县南
淄　州	元改般阳路，治淄川，山东淄博市南淄川镇
盖　州	辽宁盖县
宿　州	安徽宿县
密　州	治诸城，山东诸城县
谋粘路	云南耿马自治县

隆平郡	张士诚改平江路为隆平郡		壹歧岛	日本福冈西对马海峡中
隆　州	本陵州，宋改陵井监，仙井监，隆兴元年改隆州，治仁寿，四川仁寿县		惠　州	元升路，治归善，广东惠州市
隆　安	金贞祐初升隆州为隆安府，治利涉，吉林农安县		惠　州	河北宽城县北
			越　前	日本福井县
			越　嶲	建昌路地
隆　兴	宋为府，元改路，又改名龙兴。治南昌、新建，江西南昌市		确　山	河南确山县
			雄　州	五代南汉置，宋改南雄州，元改路，治保昌，广东南雄县
隆　兴	金抚州、元升隆兴府，又改路，又改名兴和。治高原，河北张北县北			
			雁　门	中统四年并入代州。山西代县
隆德县	宁夏隆德县		搽里八	西藏拉萨市附近
绵　竹	四川绵竹县		雅　州	四川雅安县
绵　州	四川绵阳县		紫荆关	河北易县西

十 二 画

			景　兰	西双版纳景洪
琼　州	元改乾宁军民安抚司，治琼山，广东琼山县		景　老	老挝
			景　州	河北景县
博　多	日本福冈		景　洪	西双版纳傣族自治州治所
塔失玄	苏联乌兹别克共和国境塔什干			
塔里寒	阿富汗东北塔利甘		景　线	八百大甸东北，澜沧江附近的小八百地区
塔剌思	苏联哈萨克斯坦塔拉斯河畔江布尔城			
			景德镇	江西景德镇市
棣　州	山东惠民县		黑　水	内蒙古达茂联合旗艾不盖河
韩州(金)	治临津，吉林省梨树县东北			
			黑水大洋	黄海远海处称黑水大洋
彭　泽	江西彭泽县			
葛郎国	爪哇古国		黑水河	由甘肃流入额济纳旗的弱水
蒋　山	南京市东北锺山			
			黑水城	亦集乃城
			黑　林	蒙古人民共和国乌兰巴托东南

遏根陀　埃及亚历山大港

鹅湖寺　江西铅山县东南鹅湖山

集宁路　元升县为路，内蒙古集宁市东南古城

集庆路　天历二年改建康路为集宁路，治今江苏南京市

御　河　即卫河，包括下游山东临清至天津市的南运河

循　州　治龙川，广东龙川县佗城

舒　州　安庆路北宋时旧称

颍　州　安徽阜阳县

鲁　木　在小亚细亚半岛

鲁克尘　新疆吐鲁番东南

敦　煌　甘肃敦煌县

阔亦田　内蒙古新巴尔虎旗辉河南奎腾河附近

阔帖兀阿阑　蒙古人民共和国克鲁伦河上游

湖　口　江西湖口县

湖　州　南宋末改安吉州，元改湖州路，治今浙江吴兴县

渤　泥　加里曼丹岛西岸

温　州　元升路，治永嘉，浙江温州市

滑　州　治白马，河南滑县

滁　州　安徽滁县

普　州　四川安岳县

普安路　贵州普安等县

普定路　即赤秃哥儿，贵州安顺市等地区

普定府　元初置，大德七年改路

普　刺　新疆博罗县

善阐府　大理置，元改中庆路。治押赤城，云南昆明市

富　州　江西丰城县

富良江　即红河

道　州　元升路，治营道，湖南道县

谦谦州　苏联西伯利亚图瓦自治州西南境

谦　河　苏联叶尼塞河上游

禄　丰　云南禄丰县

禄劝州　云南禄劝县

弼琶罗　索马里柏培拉港

婺　州　元升路，治金华，浙江金华县

婺　源　江西婺源县

登　州　治蓬莱，山东蓬莱县

十 三 画

瑞　州　元升路，治高安，江西高安县

瑞　安　元贞元年升州，浙江瑞安县

榆　林　官厅水库东

颖绖　南诏，大理部名，元改德州，四川德昌县

蓟　州　河北蓟县

蒲　甘　缅甸蒲甘

蒲里嚕　菲律宾马尼拉

蒲　端　菲律宾班乃岛西之武端

蒙化州　云南巍山自治县

639

蒙庆府	泰国北边昌盛		新 城	后改名静安、德宁,内蒙
蒙光路	缅甸孟拱			古达茂联合旗鄂伦苏木
蒙阳甸	缅甸腊戌附近		新 城	湖北潜江县西北汉水西
蒙怜路	云南瑞丽县西缅甸八莫			南
	南瑞丽江以北地		新 添	贵州贵定县
蒙莱路	蒙怜路以西地		新 喻	元元贞元年升州,江西
碉 门	四川天全县			新余县
感木鲁	即合迷力,新疆哈密		雍真葛蛮	贵州息烽县东
雷 坡	四川雷波县		满 城	河北满城县
零丁洋	广东珠江口外伶仃洋		溧 水	江苏溧水县
揶罗县	兰州西北卓啰城		溧 阳	元升县为路,又降州。江
嵊 县	浙江嵊县			苏溧阳县
睢 阳	归德府治,河南商丘县		滏 阳	磁州治,河北磁县
路 甸	元于此置路南州,云南		滦 州	河北省滦县
	路南县		滦 城	河北省栾城
路 睒	元初置路睒千户,至元		漷 州	天津市武清县北运河西
	十二年改广通县,云南			岸河西务
	楚雄县东北广通镇		窦地甸	乌蒙路治所在,云南昭
嵩 州	河南嵩县			通县
盟 津	即孟津,河南偃师县北		福安县	福建福安县
鹏茄罗	印度半岛孟加拉		福 州	元改路。福建福州市
腾冲府	云南腾冲县		福 清	元贞元年升州,福建福
腾 越	元初一度设腾越州,治			清县
	腾越县,后改腾冲府,			
	州、县皆罢			**十 四 画**
解 州	治解县,山西解县		静安路	治静安,内蒙古达茂旗
靖 州	元升路,治永平,湖南靖			北鄂伦苏木古城。后改
	县			德宁路
新 化	湖南新化县		静 江	元改府为路,治临桂,广
新 会	广东新会县			西桂林市
新兴州	云南玉溪县		斡耳寒河	蒙古人民共和国鄂尔
新 昌	浙江新昌县			浑河

640

翰里扎河　蒙古人民共和国乌勒吉河

翰罗思　俄罗斯

翰难河　蒙古人民共和国鄂嫩河

翰端　或译忽炭，新疆和田

嘉禾　本建阳县，宋景定元年改嘉禾，元复改建阳，福建建阳县

嘉兴　浙江嘉兴县

嘉兴府　元升府为路，治嘉兴

嘉定　元贞元年升州。上海市嘉定县

蔡州　至元三十年升汝宁府。治汝阳，河南汝阳县

碣石　苏联撒马尔罕南沙赫里夏勃兹

磁州　治滏阳，河北省磁县

舞阳　河南舞阳县

僧急里　印度半岛西南岸科钦西北克兰加努尔港

韶州　元改路，治曲江，广东韶关市

彰八里　新疆昌吉县

彰德路　元升府为路，治安阳，河南安阳市

漳州　元升路，治龙溪，福建漳州市

漳浦峰山　福建漳浦县南

澉浦　浙江海盐县南澉浦镇

察罕脑儿　伊克昭盟乌审旗南

察罕脑儿　河北沽源县北

肇州　黑龙江肇州县东

陕州　治河曲，山西河曲县南。元初省入保德州

骠甸路　平缅路即骠甸，云南陇川县地

十五画

增城　广东增城县

横山　贵州普安县北

横相乙儿　新疆青河县南

蕲水　湖北浠水县

蕲州　元升路，治蕲春

蕲春　蕲州路治，湖北蕲春县蕲州镇

撒儿都鲁　一说在内蒙古奈曼旗南什喇陀罗海

撒麻耳干　苏联乌兹别克共和国撒马尔罕

撒里豁勒　苏联塔吉克山地巴达赫尚自治州萨里库利

撒莱　黑海北伏尔加河东岸

撒黑辛　里海北岸地区

播州　贵州遵义市

暹国　泰国

憩野城　埃及开罗

镇西路　治云南盈江县旧盈江城

镇江　元升府为路，治丹徒，江苏镇江市

镇巢军　宋置。元改府，又改巢州、巢县。安徽巢县

镇康路　云南镇康、永德等县地

黎州　治汉源，四川汉源县北

德平路　治四川西川地区德昌县

641

德　宁　由静安县改，德宁路治
　　　　内蒙古达茂联合旗北鄂
　　　　伦苏木古城
德兴府　元改奉圣州，复改保安
　　　　州。河北涿鹿县
德安府　治安陆，湖北安陆县
德昌路　由德平、定昌二路合并，
　　　　治四川西昌地区德昌县
德胜湖　江苏兴化县东
虢　州　治虢略。元废州，改治
　　　　略县，又废县并入灵宝。
　　　　今河南灵宝县
樊　城　湖北襄樊市汉水以北市
　　　　区
滕　州　治滕县，山东滕县
摩伽陀　印度恒河南古国
潮　州　元升路，治海阳，广东潮
　　　　安县
潮　阳　广东潮阳县
潭　州　元改路，天历二年改天
　　　　临路，治长沙、善化，湖
　　　　南长沙市
澂江路　治云南澄江县
潼川府　治四川三台县
潼　关　陕西、山西、河南三省接
　　　　界处
澄州（金）辽宁海城县
鹤庆路　云南鹤庆县

十　六　画

薛灵哥河　蒙古人民共和国色楞
　　　　格河

燕　京　至元元年改中都，九年
　　　　改大都。北京市
整　迈　八百大甸
整　东　即孟艮，缅甸景栋
霍　博　新疆和布克赛尔县境
冀宁路　大德九年以太原路改，
　　　　治阳曲，山西太原市
黔　阳　湖南黔阳县，治今县西
　　　　南黔城
潞　州　治上党，山西长治市
澧　州　元升路，治澧阳，湖南澧
　　　　县
澱山湖　江苏吴江县东上海市西
　　　　淀山湖
隰　州　山西隰县

十　七　画

檀子山　北京市东南
檀　州　北京市密云县
藏　　　西藏后藏地区
徽　州　元升路，治歙县，安徽歙
　　　　县
襄　阳　湖北襄樊市汉水南市区
襄阳府　元改路，治襄阳
濮　州　治鄄城，山东鄄城县北
　　　　旧城
濠　州　治钟离，安徽凤阳县西
　　　　北临淮关
豁儿纳黑主不儿　苏联赤塔南鄂
　　　　嫩河以北地

642

十 八 画

藁　城　河北藁城县
瞿　塘　四川奉节县东瞿塘峡附
　　　　近有地名瞿塘

十 九 画

龙川路　云南瑞丽县境

二 十 画

耀　州　陕西耀县

二十一画

霸　上　陕西西安市东霸水附近

霸　州　河北霸县
赣　州　元升路,治赣县,江西赣
　　　　州市
夔　州　元升路,治奉节,四川奉
　　　　节县

二十二画

懿　州　辽宁省彰武县西

二十四画

衢州路　元升路,治西安,浙江衢
　　　　县
麟州(宋)　治新秦,陕西神木县
　　　　北

人 名 索 引

本索引所收人名,一律依据见于本书的称谓。同一人的姓名、字号、以至帝王庙号、谥号等,仍分别排列,不予合并。同姓名的不同人物,亦统依姓名笔划排列,不予分别。书中引述前代史事和后人著述而涉及的人名,没有录入。

七　画

654

658

659

660

662

663

666

668

670